DELIUS KLASING

ARMIN HERB | DANIEL SIMON

# BERGHÜTTEN

## DIE SCHÖNSTEN TAGESTOUREN MIT DEM MOUNTAINBIKE UND E-MTB

DELIUS KLASING VERLAG

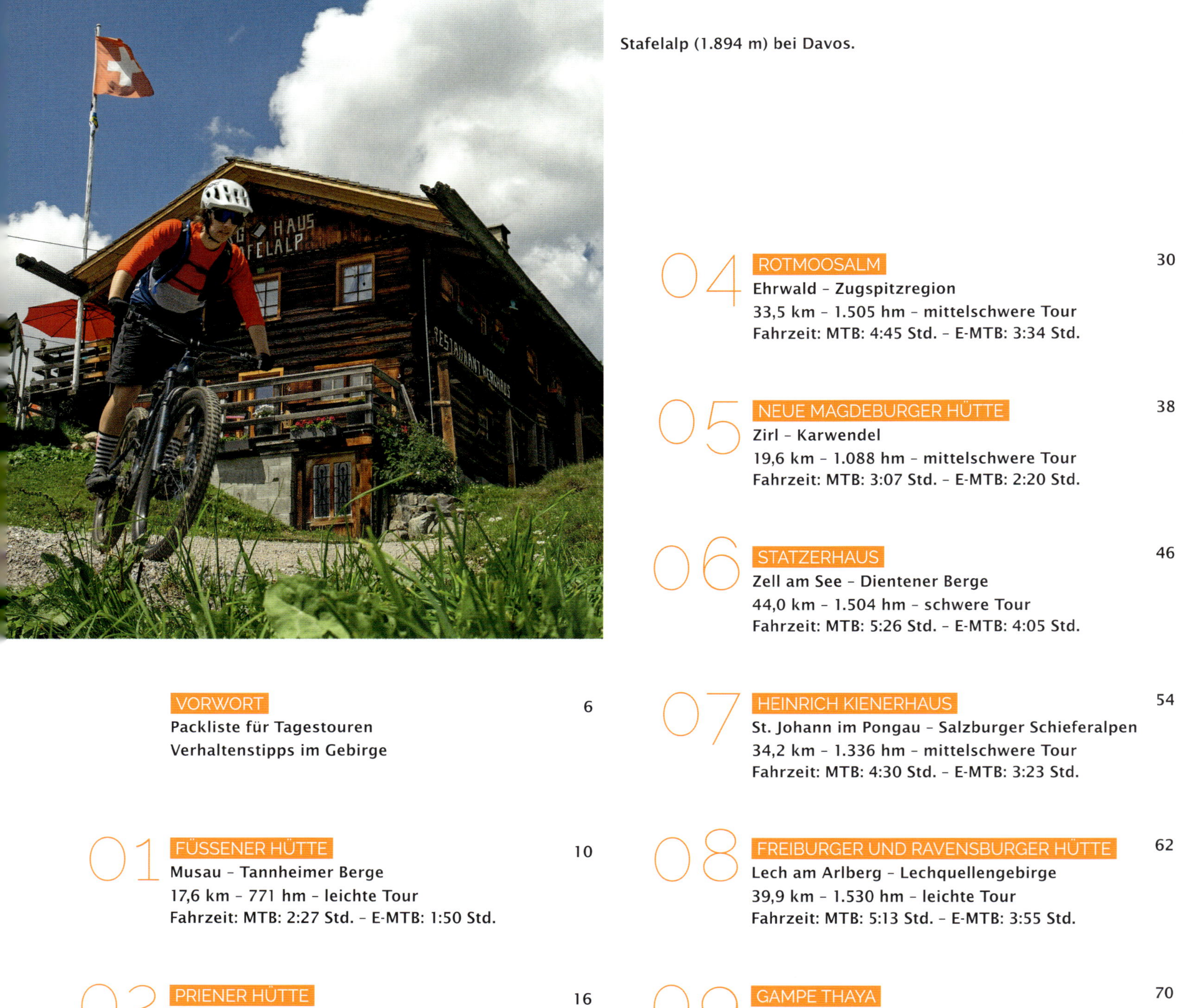

Stafelalp (1.894 m) bei Davos.


VORWORT 6
Packliste für Tagestouren
Verhaltenstipps im Gebirge

01 FÜSSENER HÜTTE 10
Musau – Tannheimer Berge
17,6 km – 771 hm – leichte Tour
Fahrzeit: MTB: 2:27 Std. – E-MTB: 1:50 Std.

02 PRIENER HÜTTE 16
Sachrang – Chiemgauer Alpen
24,0 km – 1.016 hm – mittelschwere Tour
Fahrzeit: MTB: 3:18 Std. – E-MTB: 2:29 Std.

03 KÜHROINTHÜTTE 22
Ramsau – Berchtesgadener Alpen
18,0 km – 920 hm – leichte Tour
Fahrzeit: MTB: 2:44 Std. – E-MTB: 2:03 Std.

04 ROTMOOSALM 30
Ehrwald – Zugspitzregion
33,5 km – 1.505 hm – mittelschwere Tour
Fahrzeit: MTB: 4:45 Std. – E-MTB: 3:34 Std.

05 NEUE MAGDEBURGER HÜTTE 38
Zirl – Karwendel
19,6 km – 1.088 hm – mittelschwere Tour
Fahrzeit: MTB: 3:07 Std. – E-MTB: 2:20 Std.

06 STATZERHAUS 46
Zell am See – Dientener Berge
44,0 km – 1.504 hm – schwere Tour
Fahrzeit: MTB: 5:26 Std. – E-MTB: 4:05 Std.

07 HEINRICH KIENERHAUS 54
St. Johann im Pongau – Salzburger Schieferalpen
34,2 km – 1.336 hm – mittelschwere Tour
Fahrzeit: MTB: 4:30 Std. – E-MTB: 3:23 Std.

08 FREIBURGER UND RAVENSBURGER HÜTTE 62
Lech am Arlberg – Lechquellengebirge
39,9 km – 1.530 hm – leichte Tour
Fahrzeit: MTB: 5:13 Std. – E-MTB: 3:55 Std.

09 GAMPE THAYA 70
Sölden – Ötztaler Alpen
20,1 km – 928 hm – mittelschwere Tour
Fahrzeit: MTB: 2:53 Std. – E-MTB: 2:10 Std.

10 BLASERHÜTTE 78
Gschnitztal – Stubaier Alpen
15,5 km – 994 hm – mittelschwere Tour
Fahrzeit: MTB: 2:41 Std. – E-MTB: 2:01 Std.

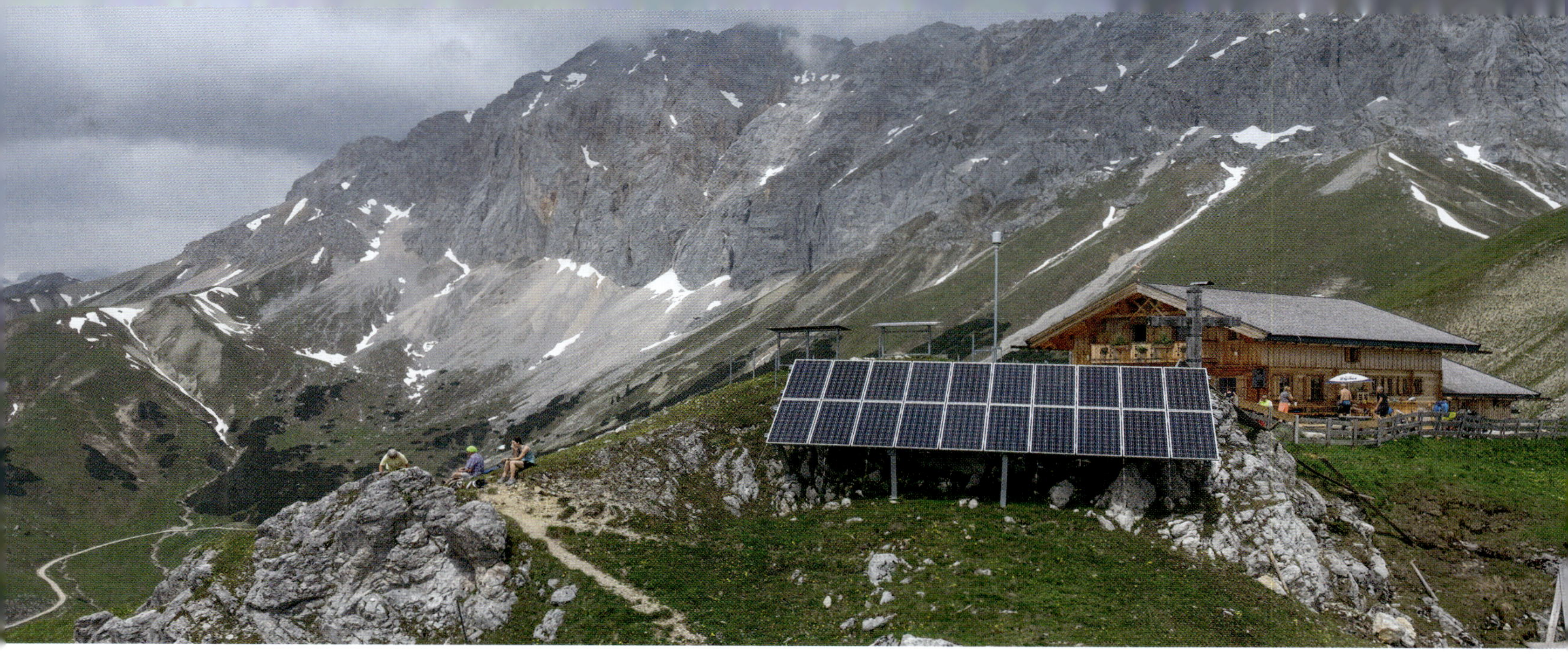

Nachhaltigkeit wird heute auf vielen Hütten großgeschrieben: Rotmoosalm (2.030 m) vor dem Wetterstein-Massiv.


11 JOHANNISHÜTTE 86
Prägraten – Venedigergruppe
21,9 km – 1.220 hm – mittelschwere Tour
Fahrzeit: MTB: 3:30 Std. – E-MTB: 2:38 Std.

12 PRÄAU-HOCHALM 94
Dorfgastein – Hohe Tauern
19,9 km – 1.036 hm – leichte Tour
Fahrzeit: MTB: 3:04 Std. – E-MTB: 2:18 Std.

13 BERGHAUS VEREINA 102
Klosters – Silvretta
27,0 km – 851 hm – leichte Tour
Fahrzeit: MTB: 3:13 Std. – E-MTB: 2:24 Std.

14 STAFELALP 110
Davos – Plessuralpen
28,4 km – 1.198 hm – schwere Tour
Fahrzeit: MTB: 3:54 Std. – E-MTB: 2:56 Std.

15 NATURNSER ALM 118
Naturns – Vinschgau
37,2 km – 1.515 hm – schwere Tour
Fahrzeit: MTB: 5:01 Std. – E-MTB: 3:46 Std.

16 VÖRANER ALM UND MÖLTNER KASER 124
Hafling – Sarntaler Alpen
34,3 km – 1.220 hm – mittelschwere Tour
Fahrzeit: MTB: 4:20 Std. – E-MTB: 3:15 Std.

17 ALPE SAN ROMERIO 130
Val Poschiavo – Livigno-Alpen
32,9 km – 1.267 hm – schwere Tour
Fahrzeit: MTB: 4:19 Std. – E-MTB: 3:14 Std.

18 MALGA DI ROMENO 138
Val di Non – Monte Roen
25,2 km – 954 hm – leichte Tour
Fahrzeit: MTB: 3:16 Std. – E-MTB: 2:27 Std.

19 BAIT DEL GERMANO 144
Molveno – Paganella
31,8 km – 1.128 hm – mittelschwere Tour
Fahrzeit: MTB: 4:00 Std. – E-MTB: 3:00 Std.

20 CAPANNA GRASSI 152
Riva del Garda – Gardaseeberge
23,1 km – 1.091 hm – mittelschwere Tour
Fahrzeit: MTB: 3:22 Std. – E-MTB: 2:32 Std.

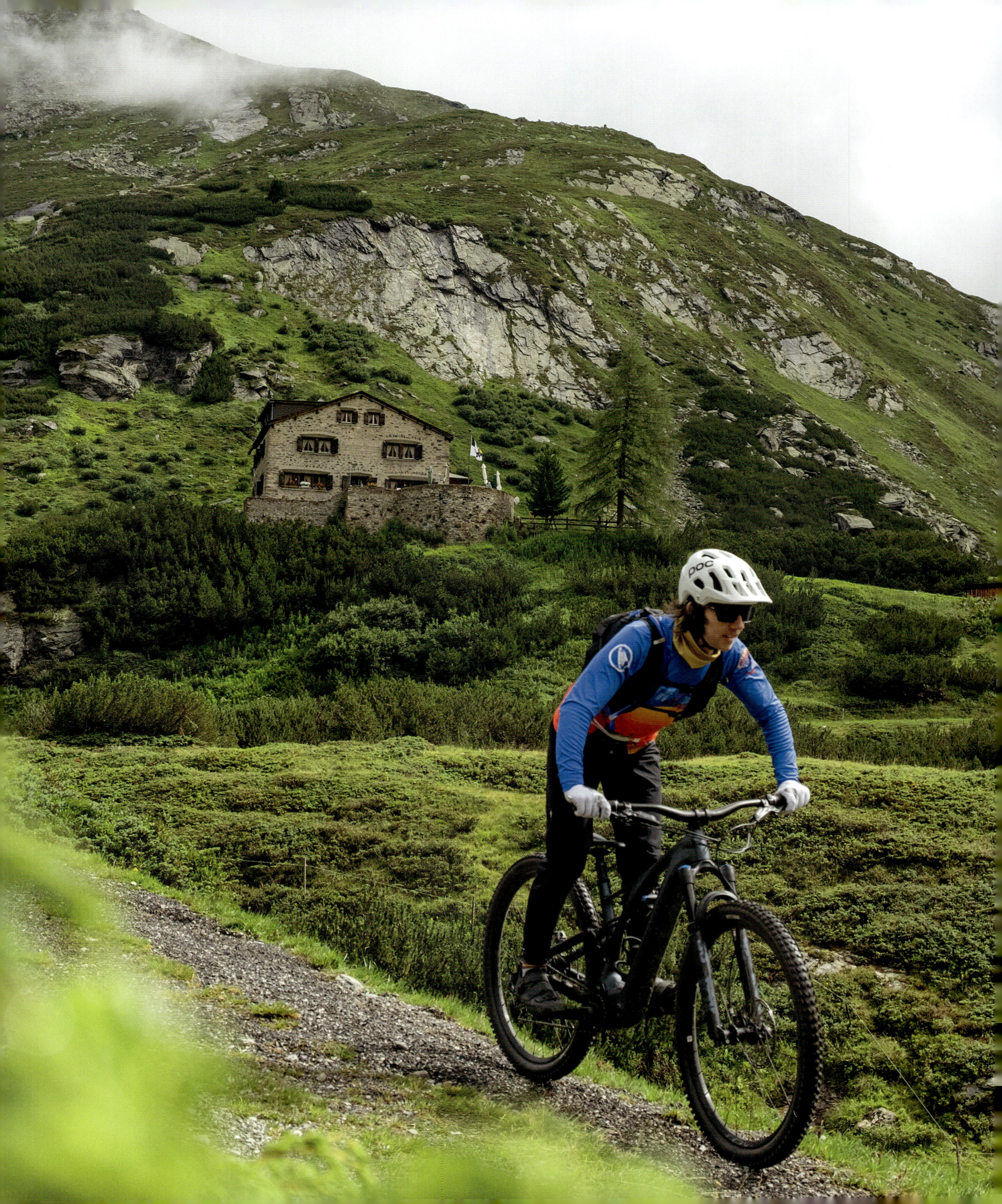
POC

# EIN HOCH AUF DIE BERGHÄUSER

Der Weg ist das Ziel! Konfuzius' alte Weisheit ist sogar für Mountainbiker ein prägendes Motto: Eindrucksvolle Almwege, spannende Trails, faszinierende Ausblicke locken uns Bergradler in die Alpen. Das Schöne daran: Egal, ob in Graubünden, Oberbayern, Tirol, Südtirol oder im Trentino – überall sehen die Berge und die Felsmassive anders aus und üben immer wieder eine neue Faszination aus. Genauso abwechslungsreich wie das Gebirge gestalten sich die Routen.

Aber für viele Mountainbiker ist der Weg nicht das alleinige Ziel. Eine gelungene Biketour ist eben nicht nur Bewegung an der frischen Luft durch schöne Alpenlandschaft. Es braucht noch etwas mehr: ein Ziel zum Durchatmen, zum In-die-Landschaft-Schauen, zum Genießen – oder auch, um mit anderen Bikern über Tour und Natur zu sinnieren. Am besten ist das Ziel eine gemütliche Alpenvereinshütte, ein traditionelles Berggasthaus oder eine urige Alm mit Bewirtung und leckerer Küche. Denn die Liebe zu den Bergen geht auch durch den Magen – nicht nur bei uns. So mancher Genussbiker kann sich ohne Aussicht auf Einkehr erst gar nicht in die Berge aufraffen. Was gibt es denn Schöneres, als am rustikalen Holztisch in der Sonne zu sitzen, vor sich ein Brotzeitbrett mit Bergkäse, Holzofenbrot und ein süffiges Weißbier oder eine frische Buttermilch. Und gratis dazu einen herrlichen Ausblick in die umliegende Bergwelt, auf saftige Wiesen und glückliche Kühe. Eine zünftige Brotzeit mit lokalen Produkten oder ein lecker duftender Kaiserschmarrn frisch aus der Pfanne heben sofort die Stimmung und bringen verbrauchte Energie schnell zurück, selbst wenn das Wetter mal nicht so mitspielt, wie es sich die Mountainbiker vorstellen. Denn dann kann man sich meist in einer gemütlichen, holzvertäfelten Stube mit Kachelofen aufwärmen. Die nicht immer guten, alten Zeiten, als auf Hütten nur Erbsensuppe und Dosenwürstchen die Speisekarte bestimmten, gehören längst der Vergangenheit an. Initiativen, wie »So schmecken die Berge« der Alpenvereine, bewirken, dass das Essen auf Berghütten heute oft besser schmeckt als in vielen Gasthäusern im Tal. Kulinarische Entdeckungen sind dabei nicht selten, vor allem in Südtirol und im Trentino, wie zum Beispiel in der Capanna Grassi am Gardasee.

**erghaus Vereina (1.944 m) in der Silvretta.**

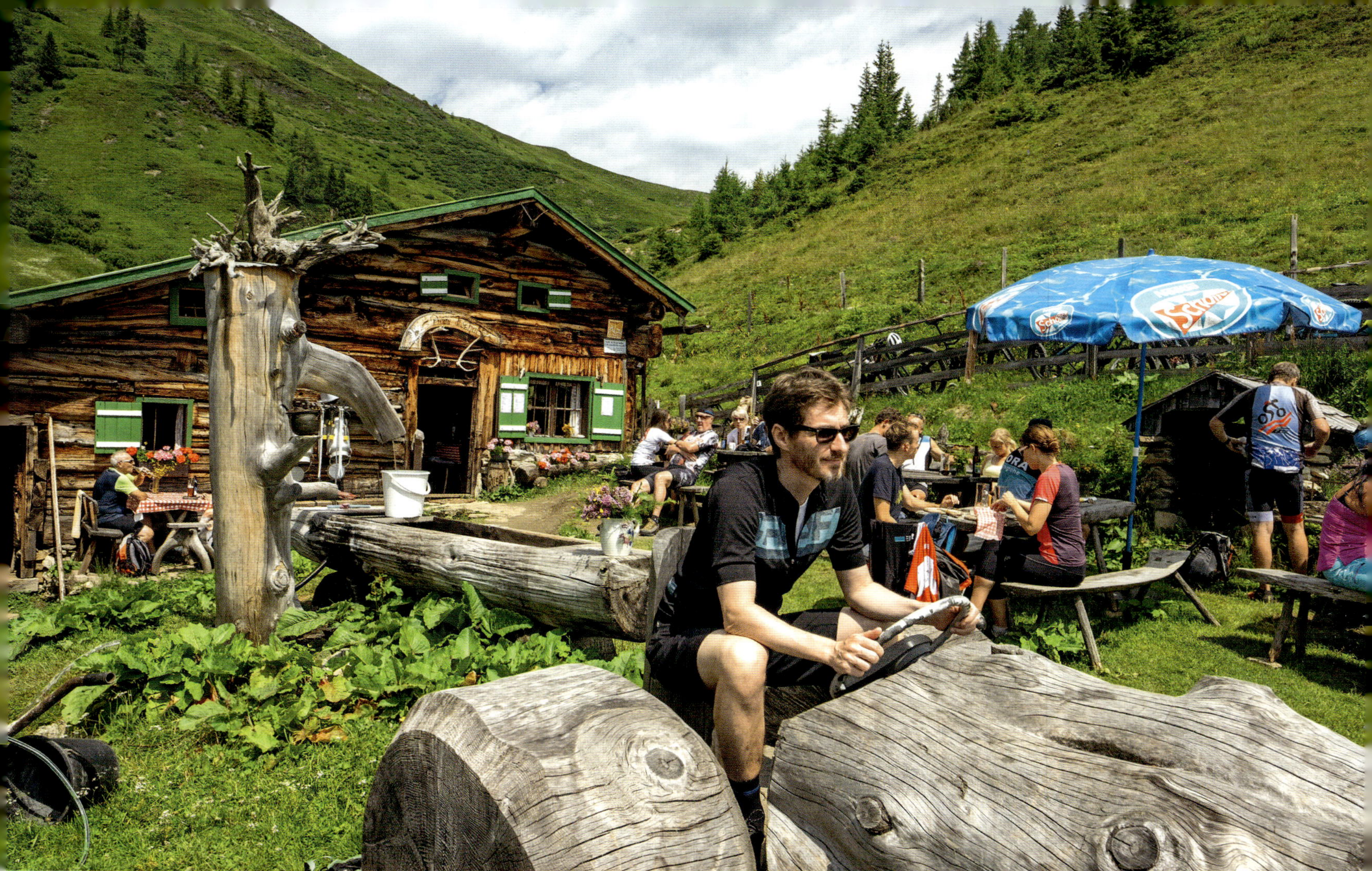

## Packliste für Tagestouren

- Bike-Rucksack inkl. Regenhaube (12 bis 20 Liter)
- Fahrradhelm
- Trinkflasche oder Trinksystem
- Mini-Tool, Flickzeug, Taschenmesser, Ersatzschlauch
- Kabelbinder und Tape
- Bike-Handschuhe
- Sonnenbrille und Sonnencreme
- Armlinge und Beinlinge
- Radtrikot zum Wechseln
- Funktionsunterhemd zum Wechseln
- Windweste
- Buff und/oder Unterhelmmütze
- Erste-Hilfe-Set
- Energieriegel als Notnahrung
- Handy
- Regenjacke und Regenhose (je nach Wetterprognose)
- Isolationsjacke (je nach Temperatur und Höhenlage)
- Ladegerät bei E-MTB (je nach Tourenlänge)

Wer schon einmal zur alten Präau-Hochalm im Gasteinertal hochgeradelt ist, oder zur Johannishütte, hoch oben in der Venedigergruppe, oder zur Kührointhütte am Watzmann, der weiß, was damit gemeint ist. Alle 20 Berghäuser in diesem Buch sind solche attraktiven, gemütlichen Alpenziele mit ordentlicher Küche ohne Chichi. Jede Hütte, jedes Berghaus hat etwas Besonderes, etwas Eigenes – sei es eine spannende Geschichte, ein besonders netter Hüttenwirt oder auch eine Hüttenwirtin, eine urgemütliche Stube, nicht alltägliche Gerichte oder sogar alles zusammen.

Das Glück vieler Mountainbiker liegt heute zudem in der Verbesserung der Infrastruktur, in der besseren Erreichbarkeit der Hütten und Almen. Während es früher meist nur über waghalsige Pfade in stundenlangem Marsch in die

Präau-Hochalm (1.808 m) über dem Gasteinertal.

Berge ging, führen heute oft Fahrwege mit erträglichen Steigungen und gnädigem Untergrund dorthin. Und selbst wenn einige Steilrampen zu befürchten sind: Das E-Mountainbike ermöglicht durch seine Tretunterstützung auch weniger Konditionsstarken eine Tagestour zu Hütten weit oben in Zweitausender-Regionen. Eine halbwegs sichere Fahrtechnik sollte allerdings immer die Grundvoraussetzung sein.
Die vorliegenden Tagestouren zu Berghäusern wurden von uns so ausgewählt, dass sie alle auch mit dem E-Mountainbike fahrbar sind und keine schwierigen Tragepassagen darin vorkommen, im Ausnahmefall vielleicht mal ein nicht allzu langes Schiebestück. Auch auf ausgesetzte Passagen wurde weitestgehend verzichtet. Falls sie unumgänglich sind, so sind sie nur kurz und relativ problemlos schiebend zu überwinden.
Viel Spaß und ein schönes Bergerlebnis wünschen Armin Herb und Daniel Simon!

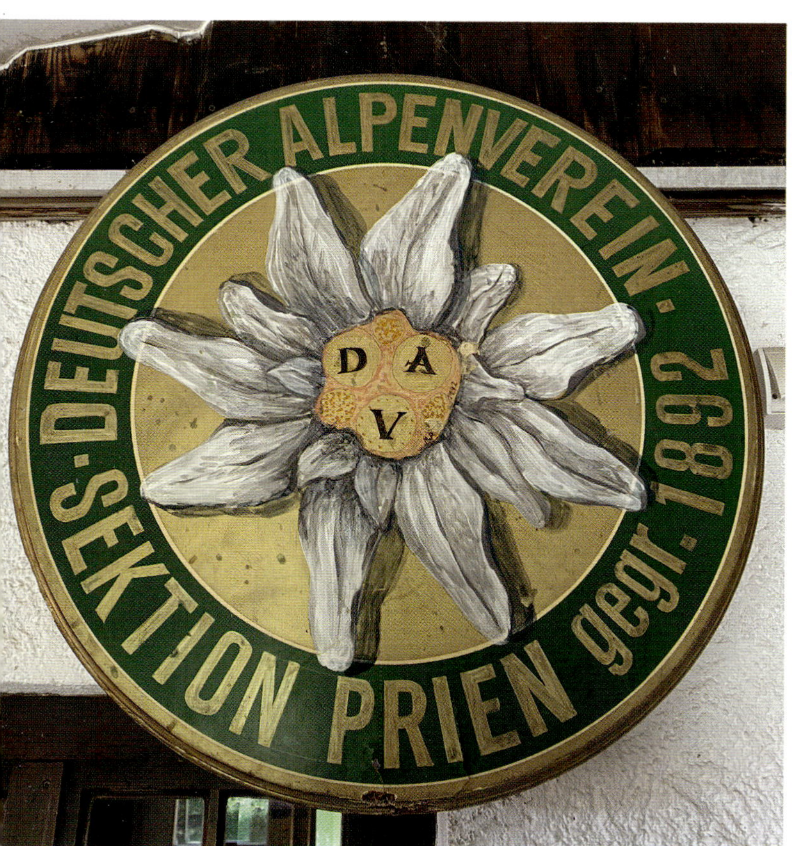


## Verhaltenstipps im Gebirge

**Nur geeignete und erlaubte Wege benutzen**
Querfeldein ist tabu! Eignung der Wege je nach Steilheit, Beschaffenheit, Belag, Witterung und Wandererfrequenz beurteilen. Notfalls schieben!

**Wanderer und Spaziergänger haben Vorrang**
Dieser Grundsatz gilt überall. Aus diesem Grund Pfade möglichst nur nutzen, wenn keine Wanderer unterwegs sind.

**Rücksicht nehmen**
Wanderer und andere Mountainbiker nicht durch hohe Geschwindigkeit oder blockierende Reifen erschrecken. Auf schmalen Pfaden notfalls absteigen und zur Seite gehen.

**Keine Spuren hinterlassen**
Bremsen mit blockierenden Reifen ist tabu, wegen zu starker Erosion.

**Rücksicht nehmen auf Wildtiere und Weidevieh**
Möglichst leise unterwegs sein, um Wild- und Weidetiere nicht in Panik zu versetzen. Weidegatter nach der Durchfahrt unbedingt wieder richtig schließen.

**Wichtig**
Mountainbiken ist mit gewissen Risiken behaftet. Bitte behalten Sie jederzeit Ihre Kondition, Ihr Fahrkönnen und den technischen Zustand Ihres Sportgerätes im Auge! So setzen die in diesem Buch beschriebenen Touren auch ein gewisses Grund-Level an Fahrtechnik, Erfahrung und Ausdauer voraus.

**Wetter**
Erfahrene Alpenfahrer kennen die Wetterkapriolen. Der Wechsel von strahlendem Sonnenschein zu Eisregen passiert oft in kürzester Zeit. In großen Höhen können selbst im Hochsommer krasse Temperaturstürze und Schneeschauer drohen. Deshalb hat ein zuverlässiger Wetterbericht elementare Bedeutung. Und umso wichtiger ist eine vorausschauende und umsichtige Planung der Radetappen. Mit folgenden Wetterstationen haben wir sehr gute Erfahrungen gemacht:
**Bayern, Tirol, Salzburg, Kärnten:** www.zamg.ac.at
**Schweiz:** www.meteoschweiz.admin.ch
und www.meteonews.ch
**Südtirol, Italien:** www.ilmeteo.it/Italia
und www.provinz.bz.it/wetter/home.asp

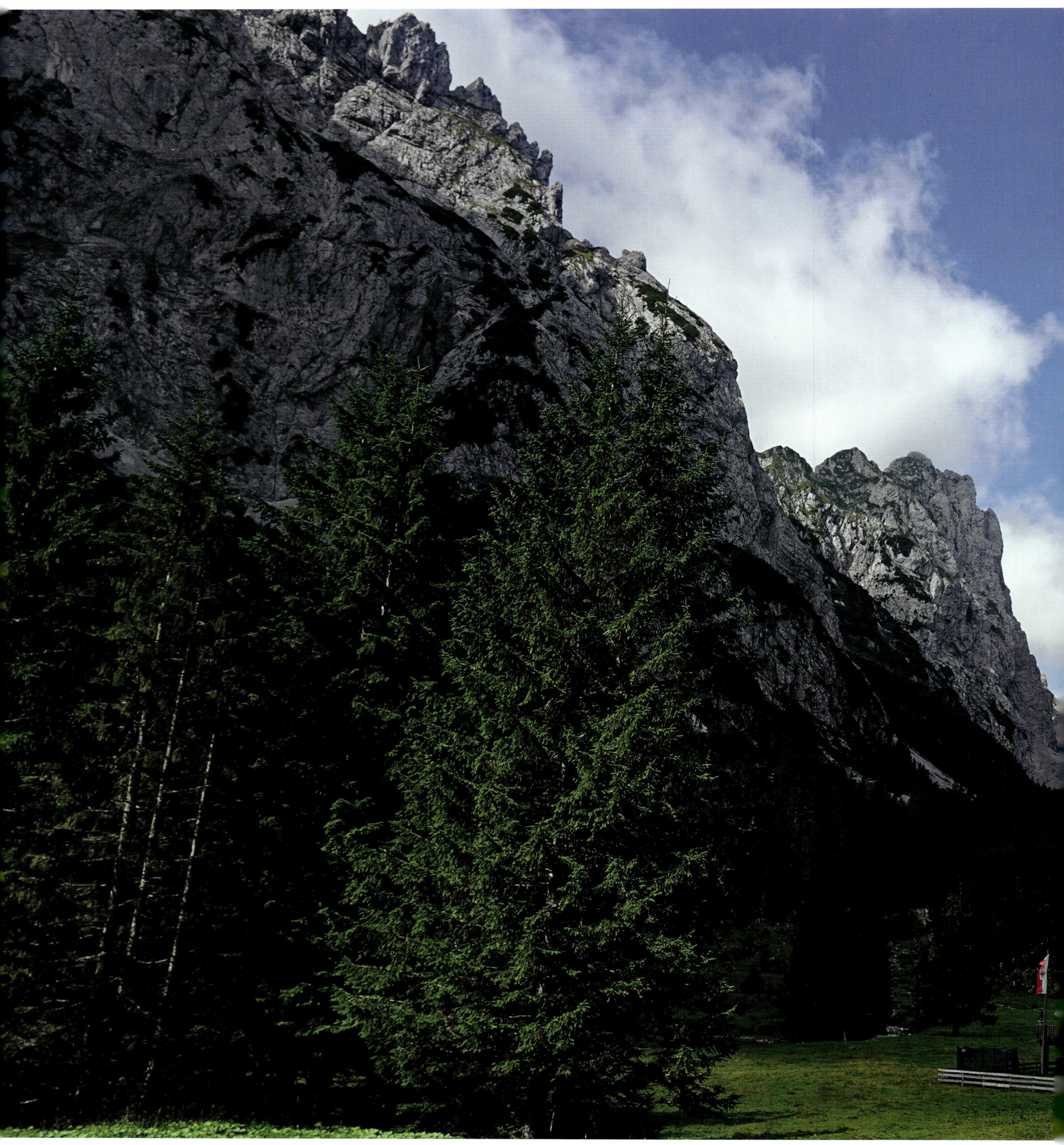

Streckenlänge: 17,6 km | Höhenmeter: 771 m | Schwierigkeit: leicht | Fahrzeit: MTB: 2:27 Std. – E-MTB: 1:50 Std.

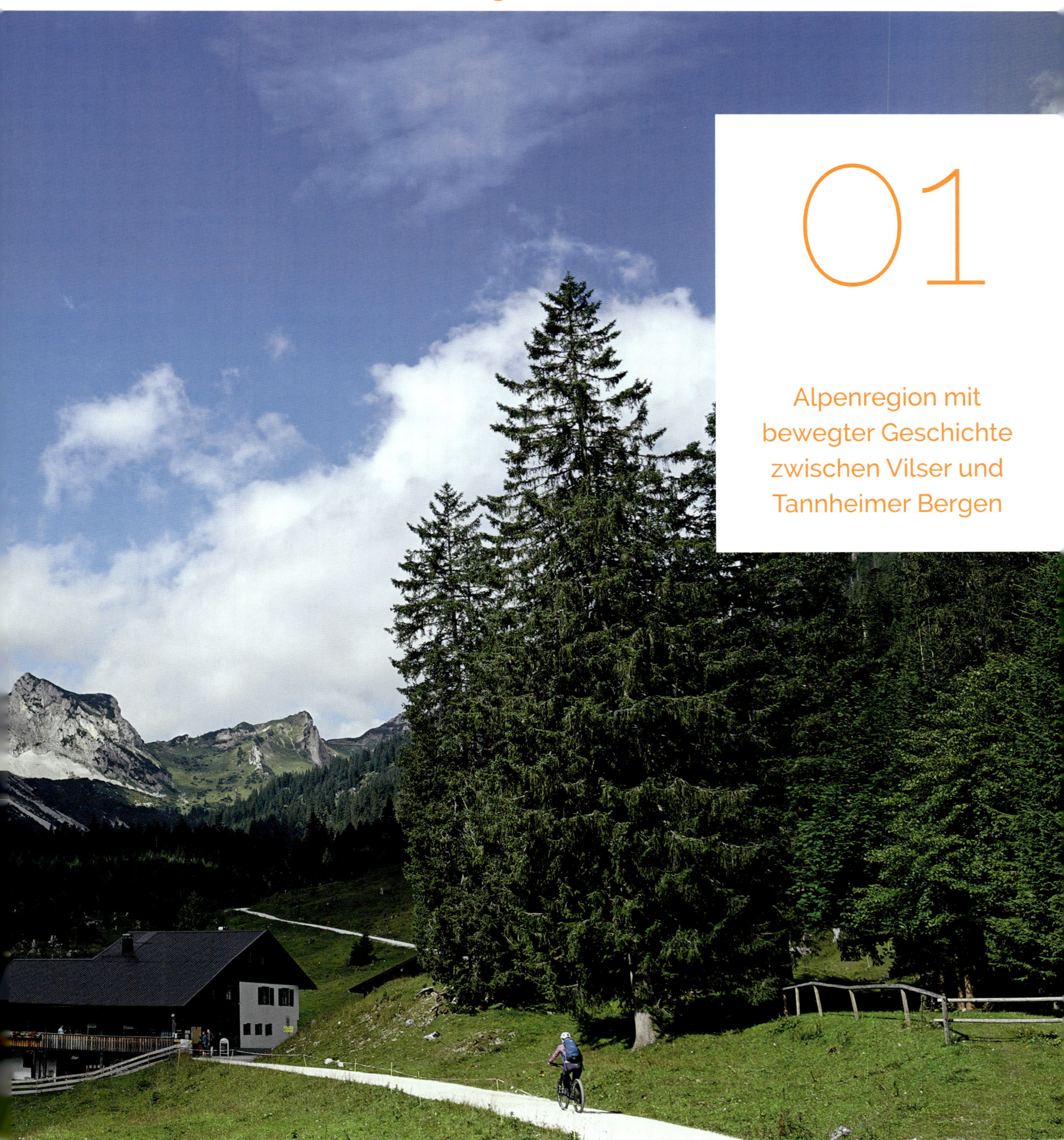

# 01

## Alpenregion mit bewegter Geschichte zwischen Vilser und Tannheimer Bergen

Musauer Alm in Bilderbuchlage.

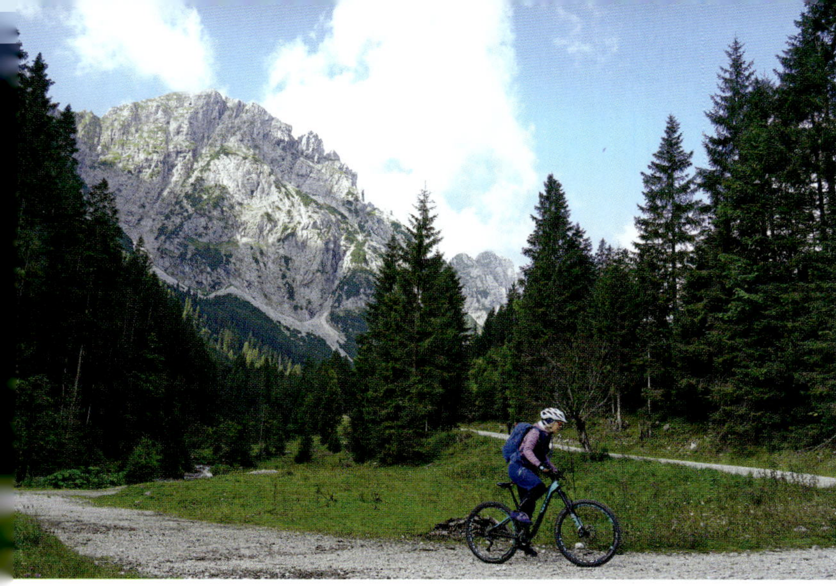

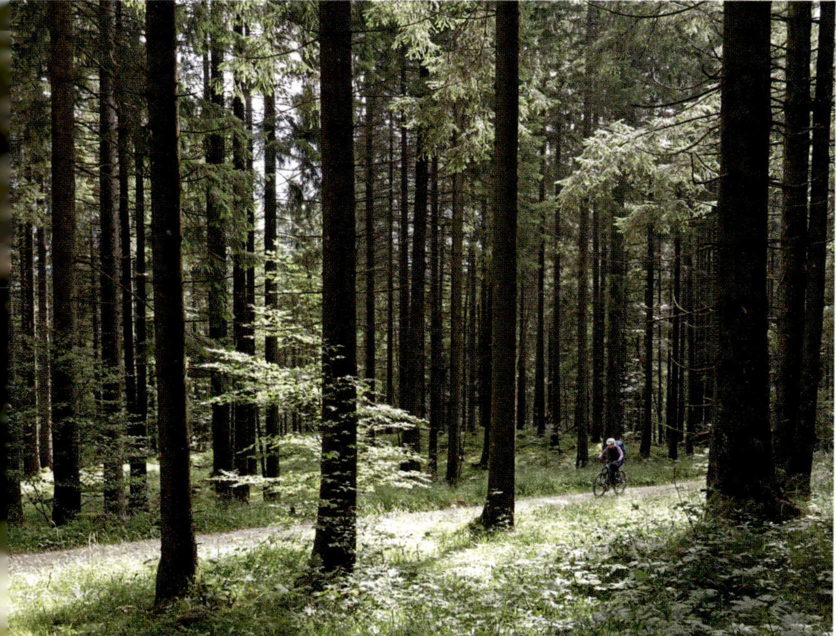

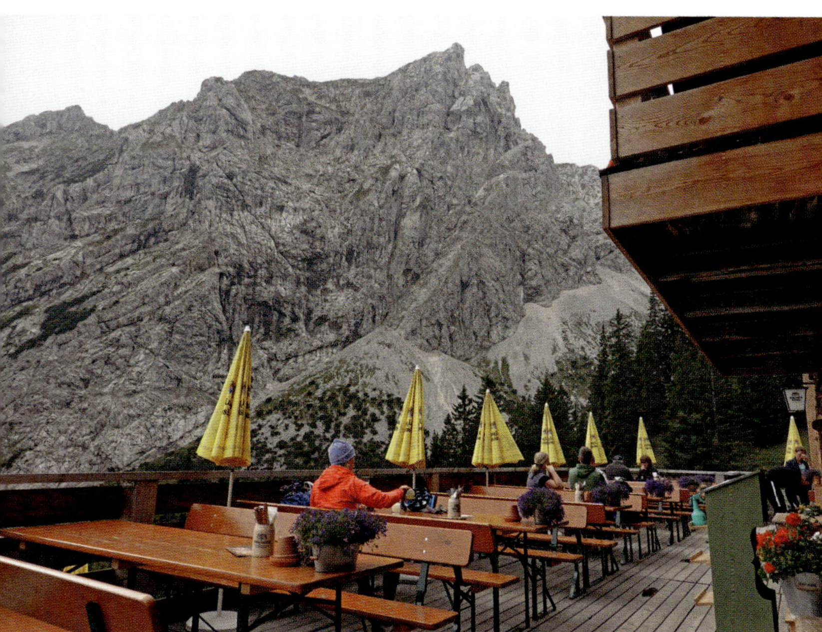

**Angenehme Streckenführung:** Flachpassage bei der Musauer Alm.

**Schattiger Beginn:** Bergwald im Raintal.

**Von Felswänden umgeben:** Terrasse der Füssener Hütte.

Dass die Füssener Hütte auf einem Areal der Stadt Füssen liegt, das klingt nicht ungewöhnlich. Aber dass sich dieses Gebiet in Tirol befindet, und nicht wie Füssen im Allgäu, das klingt nicht ganz plausibel. Diese Tatsache ist auf eine wechselhafte Geschichte zurückzuführen, die bis weit ins Mittelalter zurückreicht. Wir möchten hier jetzt keinen Geschichtsunterricht abhalten, aber so viel in Kürze: 1955 wurde im Zuge des österreichischen Staatsvertrages der gesamte Füssener Besitz hoch oben im Raintal zugunsten der Republik Österreich enteignet. Die Rückgabe erfolgte 1962, nachdem der damalige Füssener Bürgermeister Dr. Enzinger die Entstehungsgeschichte des Besitzes dargelegt hatte.

Also biken wir hinauf zu Tiroler Almen und Bergwald, die zur Stadt Füssen gehören. Zugegeben, das Raintal ist nicht allzu weit entfernt von der bayerischen Kreisstadt, die bekanntlich direkt an der österreichischen Grenze liegt. Der kleine Startort Roßschläg liegt ungefähr in der Mitte zwischen Füssen und Reutte. Deshalb starten eifrige Mountainbiker ihre Tour auch in oder bei Füssen und steuern das Raintal via Königsschlösser und Alpsee an. Wir entscheiden uns für die kürzere Variante und steigen am Waldrand beim Gasthaus Bärenfalle aufs Rad. Das

Ziel in Sicht: Anfahrt zur Füssener Hütte.

Mächtige Steinwände: Hinter der Musauer Alm wird's felsig.

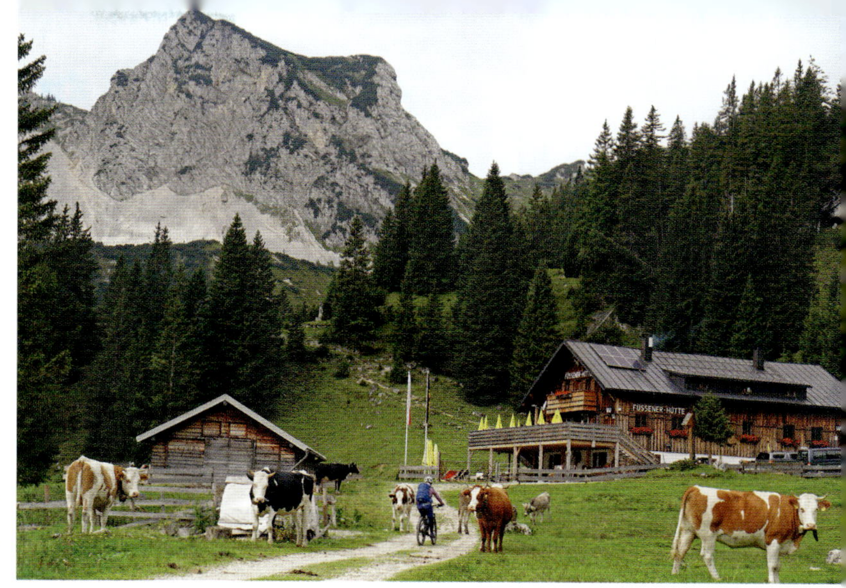

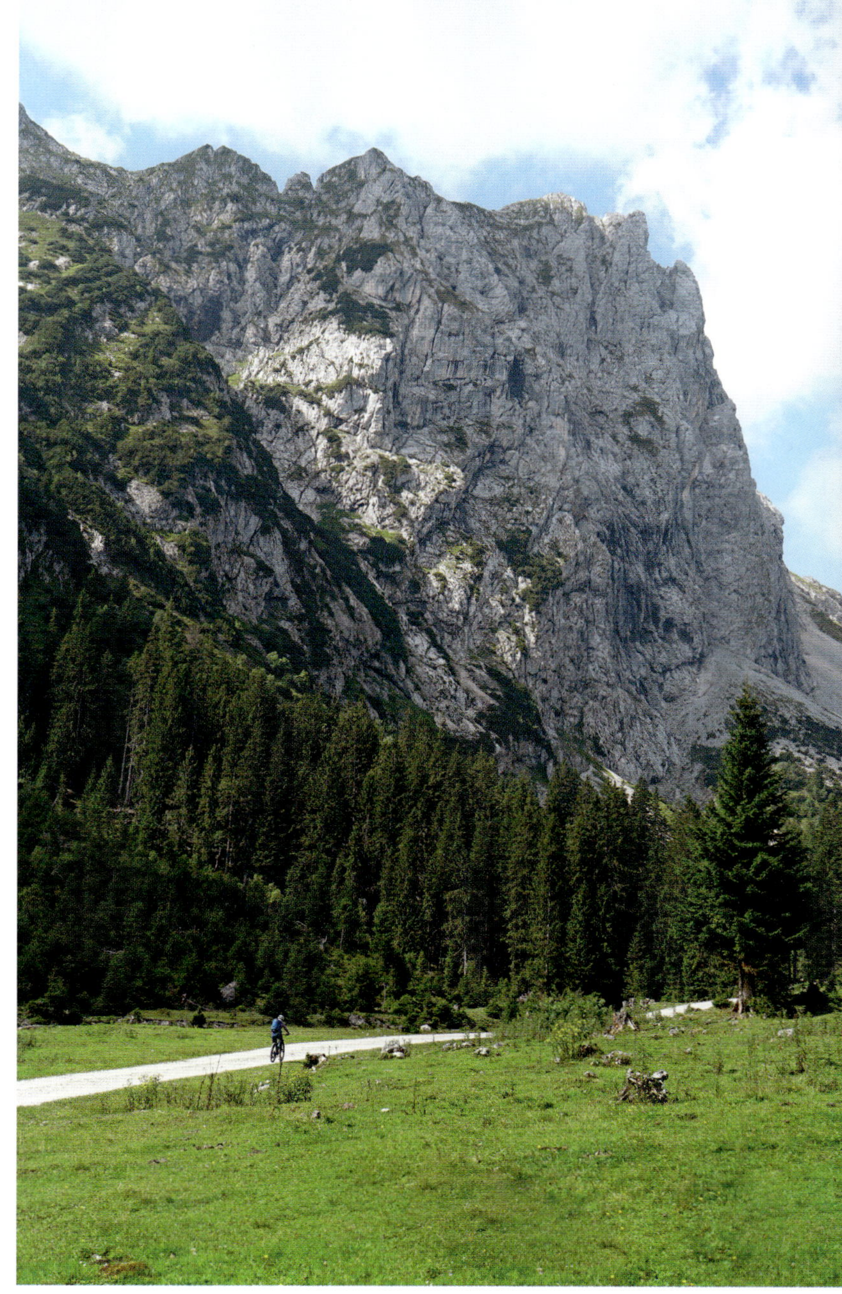

Schotterband taucht gleich für ein paar Kilometer in den Bergwald ein. In heißen Sommermonaten bedeutet das erträgliche Temperaturen. An einer ausgeholzten Lichtung eröffnet sich ein schöner Blick aufs Lechtal und die Ausläufer der Ammergauer Alpen. Danach kurven wir auf guter, glatter Schotterfahrbahn durch dichten Wald weiter. Die Steigungen bleiben gnädig. Nach rund der Hälfte der zu fahrenden Höhenmeter schiebt sich hinter den Bäumen die erste wuchtige Felswand ins Bild. Sie gehört zum Massiv der Köllenspitze (2.238 m). Zu deren Füßen breitet sich kurz darauf auch die Musauer Alm (1.290 m) aus. Instagram-tauglich schmiegt sich das Almhaus in die Wiesen vor den Kalkfelsen. Für einige Genussbiker ist hier Endstation bei selbst gemachtem Käse und einem kühlen Weißbier. Sie sparen sich die restlichen 300 Höhenmeter zur Füssener Hütte. Vielleicht scheuen sie auch nur den Weg, der ab der Alm steiler und ausgewaschener wird.

Wir dagegen verzichten auf die kulinarischen Verlockungen der Musauer Alm – wo man übrigens auch urig übernachten kann – und radeln stetig bergauf. Nach ein paar Serpentinen ist es geschafft. Wie in einer riesigen Naturarena, umgeben von Zweitausendern und Fast-Zweitausendern, liegen die Almwiesen rund um die Füssener Hütte (1.550 m). Dabei wundern wir uns, dass fast in Spuckweite noch eine zweite attraktive Hütte wartet – die Otto-Mayr-Hütte (1.530 m) der Alpenvereinssektion Augsburg. Wir entscheiden uns für die Füssener Hütte. Vielleicht weil dort mehr Mountainbikes vor dem Haus stehen. Auf der Holzterrasse lassen wir uns Speckknödel und danach leckeren Zwetschgenkuchen servieren – stets mit Blick auf den Gimpel (2.173 m), den zweithöchsten Felsklotz in der Kulisse. Ein Tipp – nicht nur für Fans der Bergflora: Wenige Höhenmeter oberhalb der Füssener Hütte beginnt der angelegte Alpengarten des Alpenvereins. Dort lassen sich im Sommer nicht nur Klassiker wie Edelweiß und Enzian bewundern, sondern auch weniger bekannte Blumen wie die Alpen-Glockenblume, die Alpen-Aurikel und die Tauben-Skabiose. Rundherum wachsen auf einer Fläche von 1.500 $m^2$ rund 350 heimische Pflanzen des Raintals in ihrem natürlichen Umfeld.

Unsere Pflanzenschau müssen wir schließlich etwas abkürzen, denn die angekündigten Regenwolken kommen bedenklich nahe. Deshalb schwingen wir uns schnell auf den Sattel und düsen ohne Stopp zurück zur Bärenfalle. Als wir dann endlich im Auto sitzen, prasseln wahre Sturzbäche vom Himmel. Glück gehabt! Auch wenn die komplette Regenausstattung sicherheitshalber mit im Rucksack war.

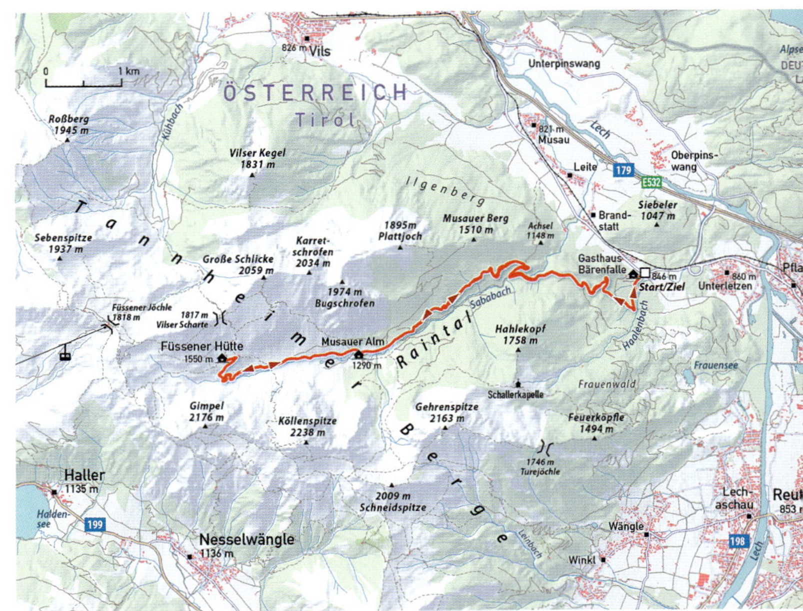


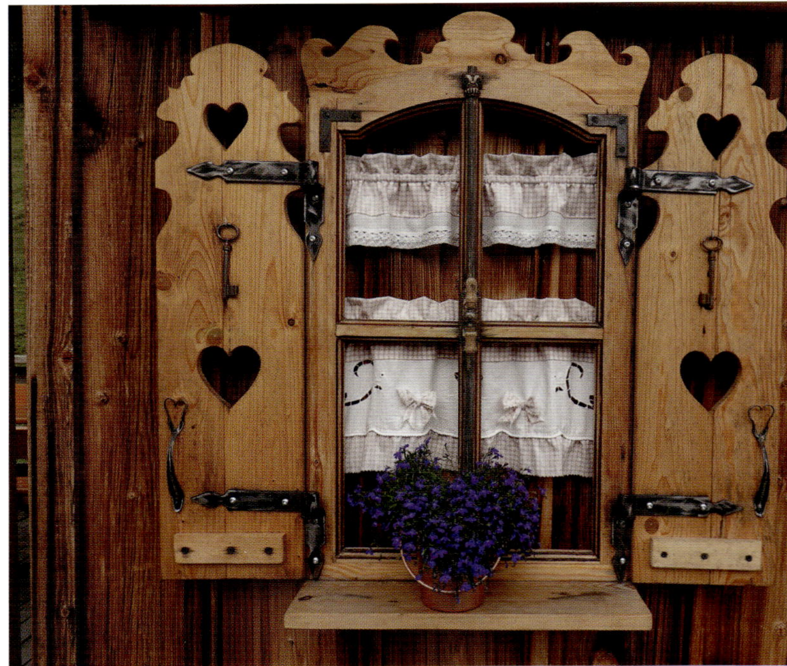

Täuschend schön: Fake-Fenster an der Füssener Hütte.

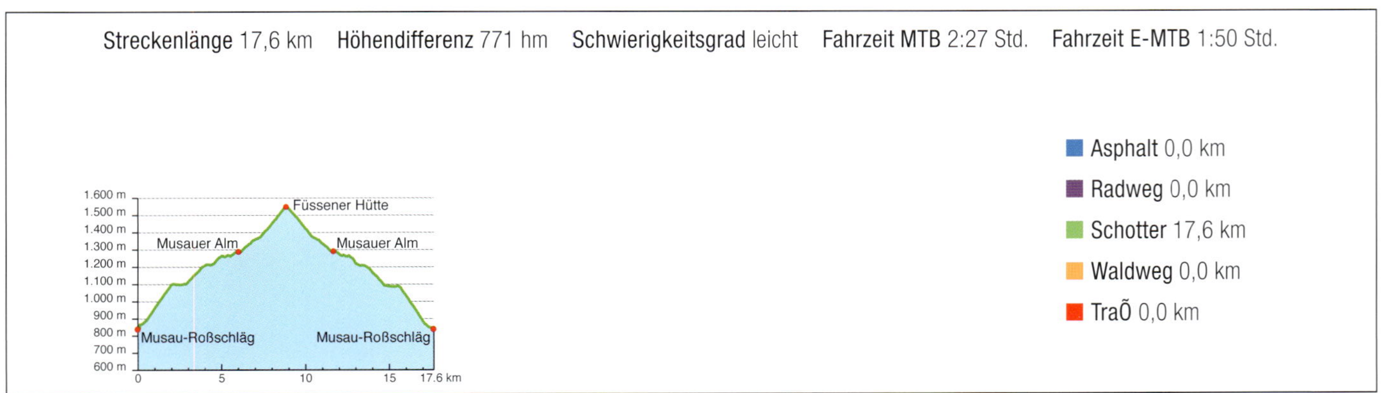

## INFOS

**DIE HÜTTEN**

Die **Füssener Hütte** (1.550 m) ist ein privat geführtes Berghaus am Fuß des Füssener Jöchle (1.818 m), einem Übergang ins Tannheimer Tal. Es steht, obwohl in Tirol, historisch bedingt auf dem Grund der Stadt Füssen. Seit 1837 stand dort oben eine Sennalpe, die später zur Behausung des Gebirgsjäger-Regiments Füssen umgebaut wurde. Mit dem Ende des Zweiten Weltkrieges wurde daraus wieder eine Berghütte. Wer in den Bergen übernachten möchte: Es gibt 50 Schlafplätze in Zwei- und Vierbettzimmern sowie in aufgeteilten Lagerräumen für drei bis sechs Personen. Geöffnet ist die Füssener Hütte von Mitte Mai bis Mitte Oktober (Montag Ruhetag). Kontakt: Melanie Kerpf und Matthias Nack, Roßschläg 1, A-6600 Musau/Tirol, Tel. +43 83 62 88 09 8 49, www.fuessener-huette.at

Die **Otto-Mayr-Hütte** (1.530 m) ist eine Alpenvereinshütte der DAV-Sektion Augsburg und nur rund 50 Meter von der Füssener Hütte entfernt in Sichtweite. Die Otto-Mayr-Hütte wurde im Jahr 1900 erbaut.Bereits 1903 folgten die ersten Erweiterungen an der Unterkunft, weitere dann im Jahr 1909. Sie verfügt über 47 Schlafplätze in Zwei- und Mehrbettzimmern und 37 Schlafplätze in Matratzenlagern. Geöffnet von Mitte Mai bis Mitte Oktober. Hütten-Telefon +43 56 77 84 57, www.ottomayrhuette.com

**BIKE-REGION**

Das Mountainbike-Revier rund um Reutte geht quasi fließend in die Nachbarregionen von Füssen und der Tiroler Zugspitz Arena über. Das Angebot an klassischen Biketouren aller Schwierigkeitsgrade ist immens. Wer nur Trails fahren möchte, findet ein eher kleines bis durchschnittliches Angebot oder orientiert sich gleich Richtung Zugspitze.

**TOURCHARAKTER**

Die vergleichsweise kurze Tour führt auf mehr oder weniger guten Forst- und Almwegen durchs Raintal hinauf zur Füssener Hütte. Für sichere Schotterfahrer eine Genusstour!

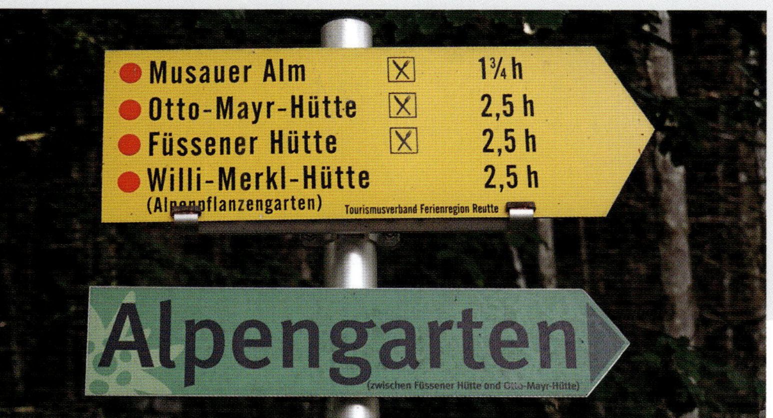


Die Route zur Füssener Hütte ist gut beschildert.

**TOURSTART**

Wir steigen aufs Bike am Wanderparkplatz beim Gasthaus Bärenfalle außerhalb von Roßschläg – zwischen Musau und Reutte.

**VARIANTE**

Eine schöne erweiterte Version dieser Tour (45 km, 1030 hm) beginnt in Füssen bzw. an den Königsschlössern in Hohenschwangau und führt via Alpsee und Pinswang ins Lechtal und weiter ins Raintal.

**WEITERE EINKEHRTIPPS**

**Musauer Alm** (1.290 m) Schöne Sennalpe mit Käseverkauf und Übernachtungsmöglichkeit vor dem Schlussanstieg zur Füssener Hütte (Mitte Mai bis Mitte Oktober; Dienstag Ruhetag). www.musaueralm.at

**BIKE-VERLEIH**

**Intersport Reutte** Lindenstraße 25 in Reutte, www.intersport.at
**Intersport Keller** Reichenstraße 1 in Füssen, www.intersport.de

**GEFÜHRTE TOUREN**

**Herbst Ski Berg Bike** Lofer 1a, A-5090 Lofer, Tel. +43 65 88 7 24 61, www.bike-lofer.at

**BIKE-HOTELS**

**Hotel-Gasthof Klause** in der Burgenwelt Ehrenberg bei Reutte, Tel. +43 56 72 6 22 13, www.ehrenberg.at/de/zimmer-und-appartements.html
**Der Tannenhof** Hinterbichl 12, A-6600 Lechaschau bei Reutte, Tel. +43 56 72 6 38 02, www.tannenhof-reutte.at

**LANDKARTEN**

**Kompass-Karte WK4** *Füssen, Außerfern* 1:50.000

**BIKE-INFOS**

www.reutte.com/erleben/radfahren/rad-und-e-mtb-strecken
www.outdooractive.com/de/mtb-touren/musau/mtb-touren-in-musau/1468784

**TOURIST-INFOS**

**TVB Naturparkregion Reutte** Untermarkt 34, A-6600 Reutte, Tel. +43 56 72 6 23 36, www.reutte.com/orte/musau

# 02

## Bike-Vergnügen zwischen Geigelstein und Kaiserwinkl

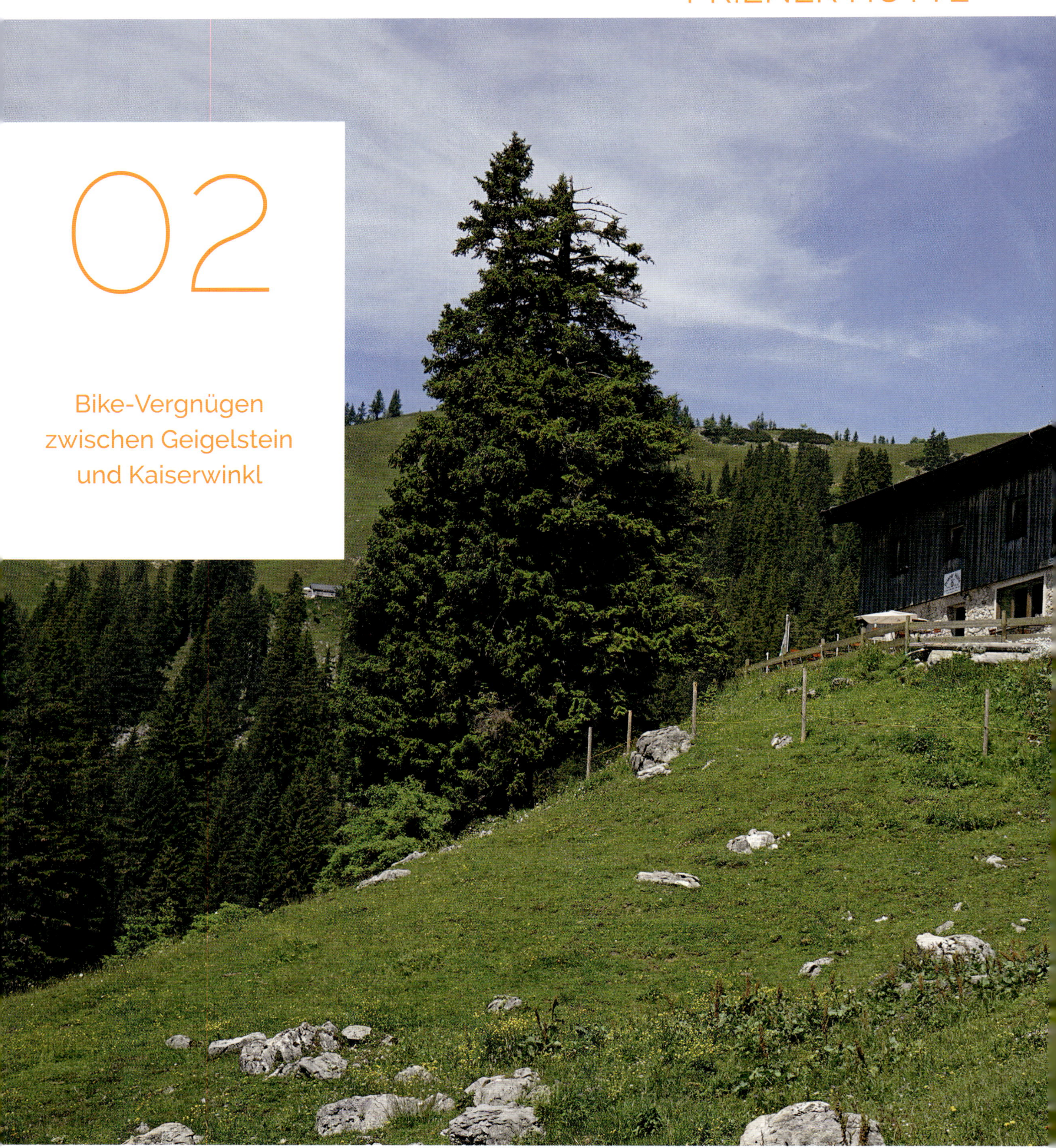

Priener Hütte am Fuß des Geigelsteines.

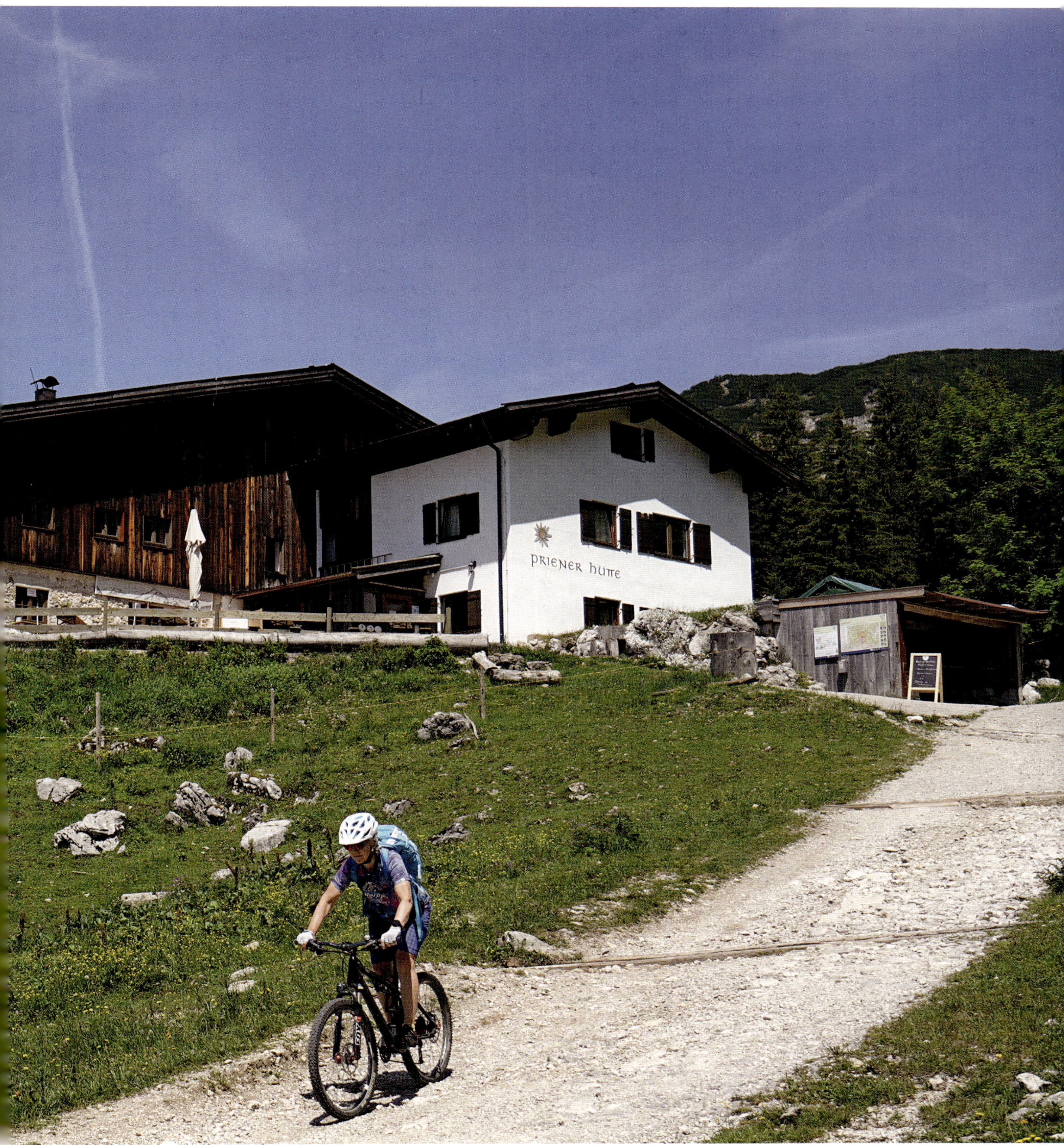


Streckenlänge: 24,0 km | Höhenmeter: 1.016 m | Schwierigkeit: mittel | Fahrzeit: MTB: 3:18 Std. – E-MTB: 2:29 Std.

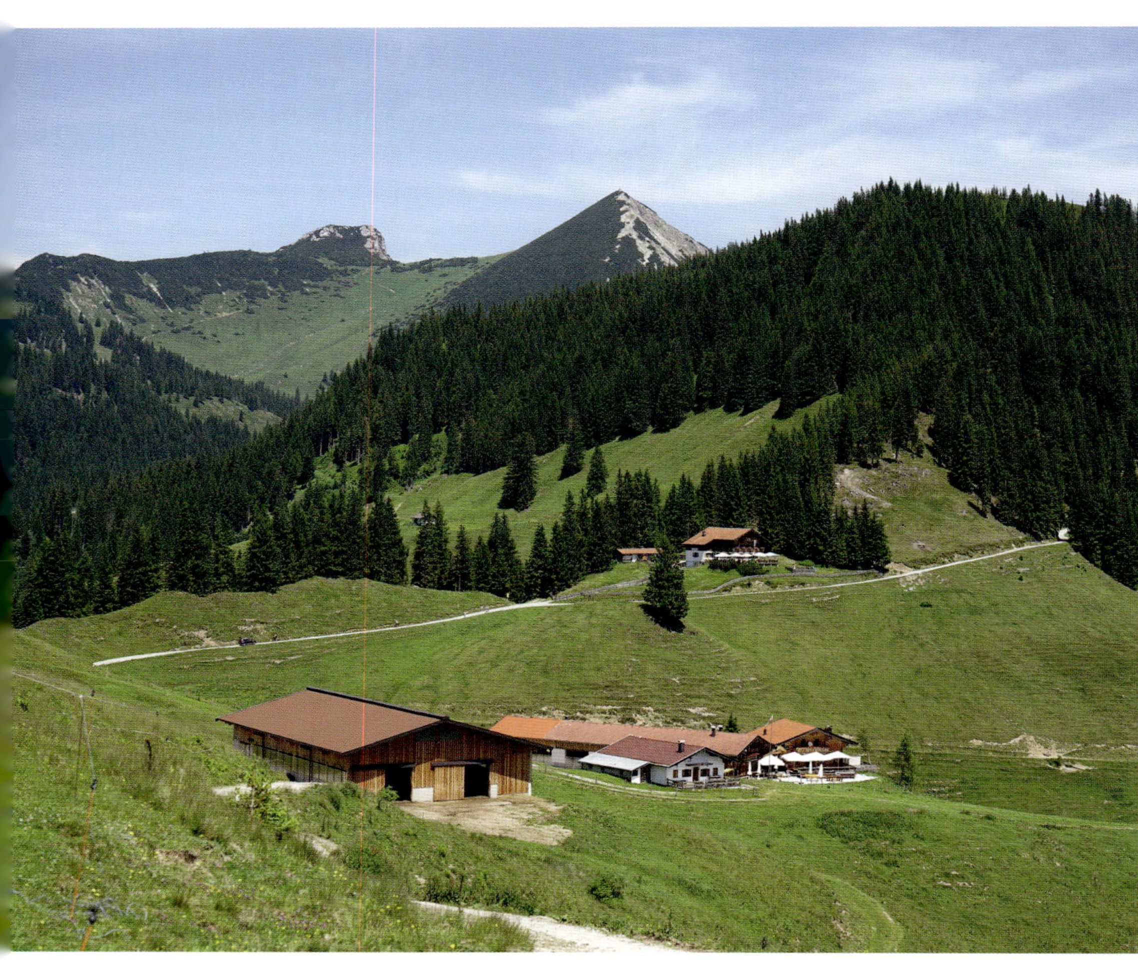

**Chiemgauer-Alpen-Panorama: Geigelstein mit Burgeralm und Wandberghütte.**

**Kleiner Traum für Trail-Fan[s] Downhill mit Inntalblic[k]**

**Innehalten und in die Ferne blicke[n] Bankerl und Marterl bei der Priener Hütt[e]**

Vom Bergsteigerdorf zum Blumenberg, von Sachrang zum Geigelstein – lautet das Motto unserer Tour in den Chiemgauer Alpen. Wobei wir ehrlicherweise zugeben müssen: Wir biken nicht zum Gipfel, sondern nur zur Priener Hütte am Südhang des Geigelsteins (1.808 m). Diesen Berg und diese Region umgibt bis heute im Chiemgau ein gewisser Mythos. Wie sagte schon der bekannte Filmemacher Werner Herzog, der dort seine Kindheit verbrachte: »Sachrang, der Geigelstein und die Sennerin dort oben, die Mare, das ist für mich die Essenz von Bayern.« Mare, genauer gesagt Maria Wiesbeck, war übrigens Bayerns ungewöhnlichste Sennerin, die von 1941 bis 2017, also mehr als ein Dreivierteljahrhundert, nicht nur jeden Sommer, sondern auch den Winter allein auf der Oberkaseralm verbrachte – ohne Kühlschrank, ohne Waschmaschine, ohne medizinische Versorgung. Sie überlebte sogar mehrere Lawinenabgänge. Krankheiten und Verletzungen behandelte sie mit Tinkturen und Salben aus Heilkräutern.

Am Rande des Bergsteigerdorfes schwingen wir uns in den Sattel, um gleich darauf in den Bergwald einzutauchen. Nur wenige Meter bleiben zum gemütlichen Einfahren, dann beginnt die Strecke steiler zu werden. Mit rund zwölf Prozent Steigung führt die Schotterpiste durch den Forst. Nach kurzer Flachpassage zum Verschnaufen bäumt sich bei der nicht bewirtschafteten Talalm (1.110 m) der Weg wieder auf. Dafür öffnet sich aber der Blick auf die herrliche Berglandschaft rundherum mit all ihren unterschiedlichen Grüntönen – hinüber zum Spitzstein (1.598 m) und hinauf zum Wandberg (1.454 m). Wer ohne Motorunterstützung unterwegs ist, sollte im folgenden

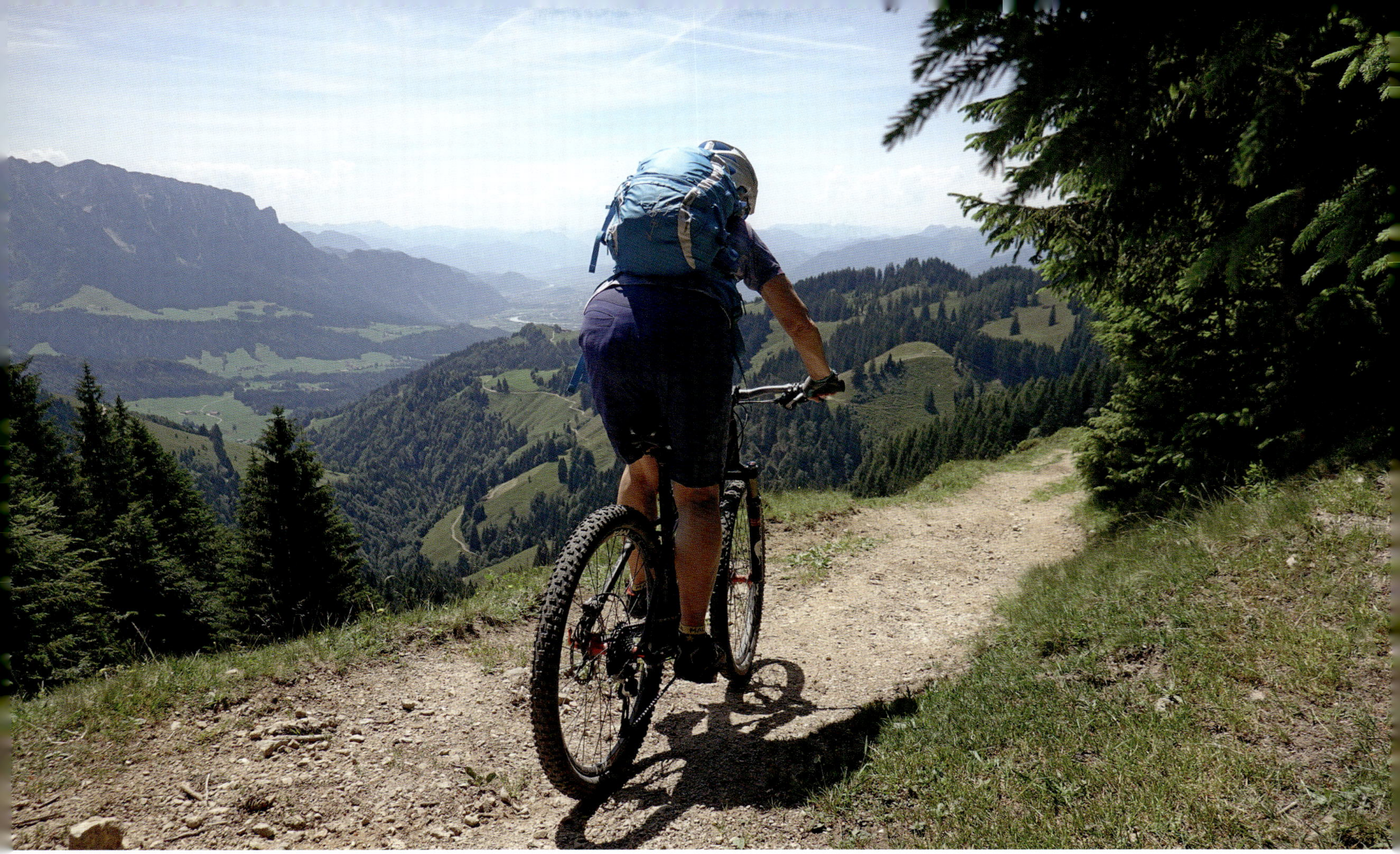

Flachstück noch etwas Luft holen für die härteste Rampe der Tour. Mit teilweise mehr als 20 Prozent Steigung geht es auf nicht immer festem Schotterbelag einen halben Kilometer bergauf. Nach dieser Rampe zeigen sich Weg und Landschaft umso lieblicher: rechts unten ein kleiner Teich mit Steg, links oben die saftigen Almwiesen des Geigelsteins und mittendrin die Priener Hütte. Vor der verdienten Rast bei Knödelsuppe und (alkoholfreiem) Weißbier wartet nur noch ein kurzer Uphill über rund 20 Höhenmeter. Dann ist Pause mit Kaiserblick. Wie ein riesiges Alpen-Poster markieren die Felszacken des Wilden Kaisers den Horizont. Bei sonnigem Wetter möchte man hier stundenlang sitzen und in die Berge schauen. Da wir jedoch nicht einfach wieder zurück ins Tal rollen möchten, machen wir uns auf den Weg ins nahe Österreich.

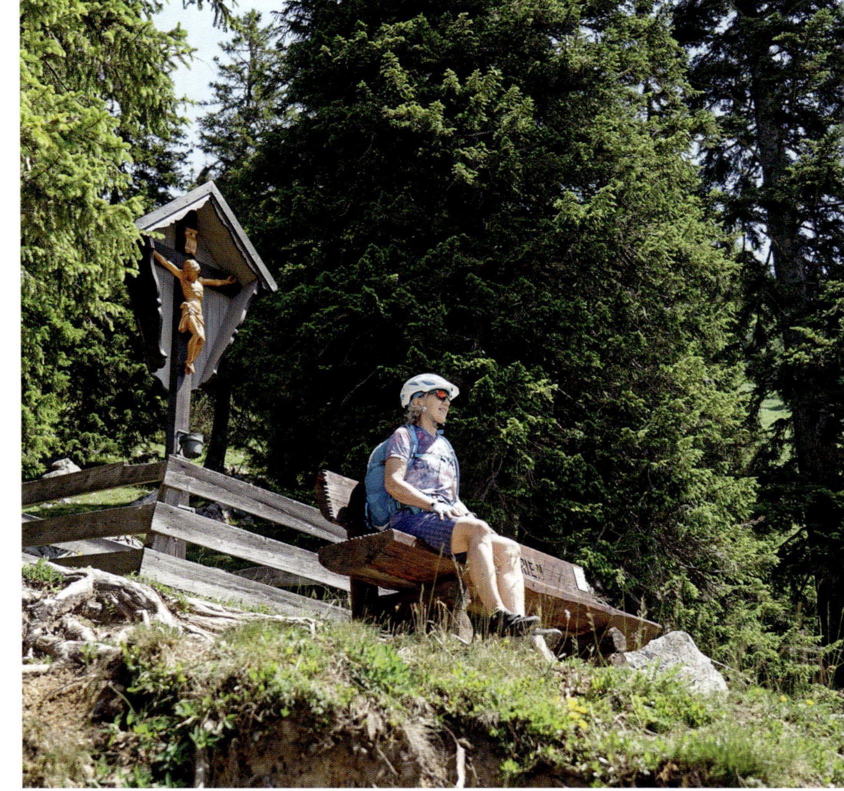

Als wir wenige Höhenmeter weiter unten bei der urigen Ackeralm das Weidegatter hinter uns schließen, befinden wir uns bereits auf einem Trail in Tirol – weit und breit ist keine Grenze zu sehen, nicht mal ein Schild. Dafür ist im Wald ein kleiner Kraftakt erforderlich, eine kurze Tragepassage bergauf und bergab. Richtung Wandberghütte (1.350 m) verbreitert sich der Trail bald wieder zu einem Waldweg.

Priener Hütte, Ackeralm, Wandberghütte – an verlockenden Versorgungsstationen mangelt es auf dieser Runde nicht. Gleich liegt noch die Burgeralm (1.330 m) mit eigener Käserei am Weg. Danach geht es in den Schlussanstieg, mit unverbautem Kaiserblick zur Obermaurachalm. Und dann folgt für die meisten Mountainbiker das Sahnestück: ein schöner, langer Wald- und Wiesen-Trail mit Aussicht ins Inntal. Wer gut auf dem Rad sitzt, kann hier problemlos alles fahren. Oberhalb der Rettenbachalm biegen wir wieder in einen Waldweg ein.

Leider herrscht auf dem aussichtsreichen Wiesen-Trail zwischen Melchbichlalm und Wildbichler Alm Bikeverbot. Deswegen heißt es auf dem Almsträßchen über den Weiler Feistenau bis ins Tal nach Rettenschöß rollen. Kein Trail-Vergnügen mehr, aber dafür gemütliches Panorama-Biken. Der Radweg bringt uns nach einem kurzen Anstieg schließlich wieder zurück von Tirol ins bayerische Bergsteigerdorf Sachrang.

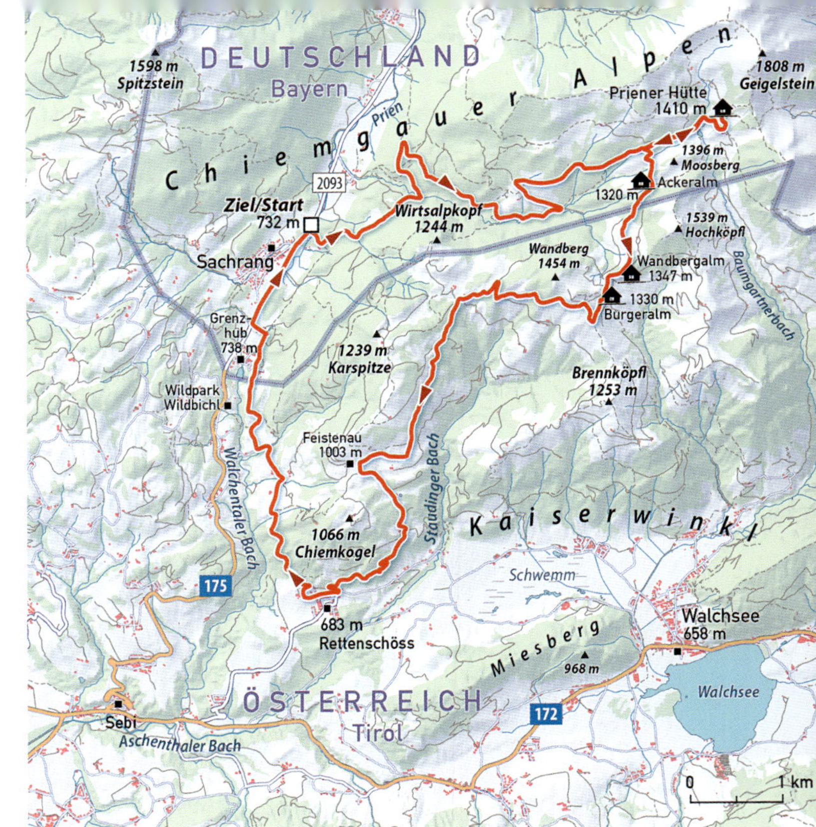


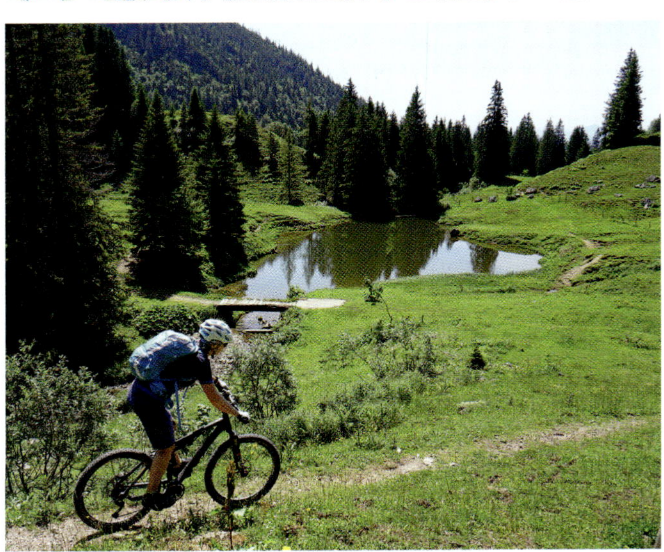

**Niedlich und klein: Teich bei der Priener Hütte.**

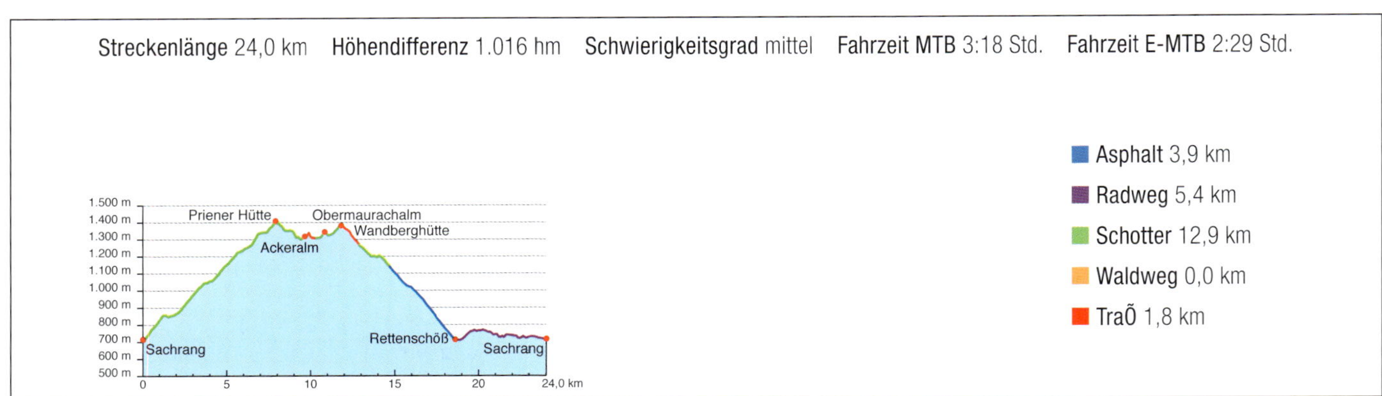

## INFOS

**DIE HÜTTE**
Die **Priener Hütte** (1.410 m) ist eine Alpenvereinshütte der DAV-Sektion Prien am Chiemsee. Das Berghaus steht am Fuß des Geigelstein (1.808 m) und orientiert sich kulinarisch am Qualitätssiegel »So schmecken die Berge« des DAV, das auf regionale und ökologische Berglandwirtschaft setzt. Übernachten kann man in Mehrbettzimmern und Matratzenlagern. Die Hütte ist ganzjährig geöffnet, zwischen September und Juni sind Montag und Dienstag Ruhetage. www.alpenverein-prien-prod.de/priener-huette

**BIKE-REGION**
Die Bike-Welt in den Chiemgauer Alpen rund um Aschau und Sachrang sowie im direkt angrenzenden Tiroler Kaiserwinkl zeigt sich recht vielfältig und abwechslungsreich. Sowohl Mountainbike-Beginner wie auch erfahrene Bike-Tourer kommen hier auf ihre Kosten. Angelegte Trails in Bikeparks gibt's nicht allzu viele, dafür viele Touren mit Trail-Abschnitten aller Schwierigkeitsgrade.

**TOURCHARAKTER**
Diese Tour hat (fast) von allem etwas: Schotterauffahrt mit Steilpassage, mehrere gut fahrbare Trail-Abschnitte, kurze, etwas anstrengende Schiebestrecke, gemütliche Asphaltpassagen. Dazu gibt's immer grandiose Ausblicke ins Inntal und in die Felsbastion des Wilden Kaisers sowie lohnende Einkehrstopps. Für Einsteiger ist die Tour noch nicht zu empfehlen.

**TOURSTART**
Wir steigen aufs Bike am Wanderparkplatz Huben am Ortseingang von Sachrang.

**VARIANTE**
Wer nur eine kurze Stichtour zur Priener Hütte fahren möchte, rollt einfach auf dem Anfahrtsweg zurück.

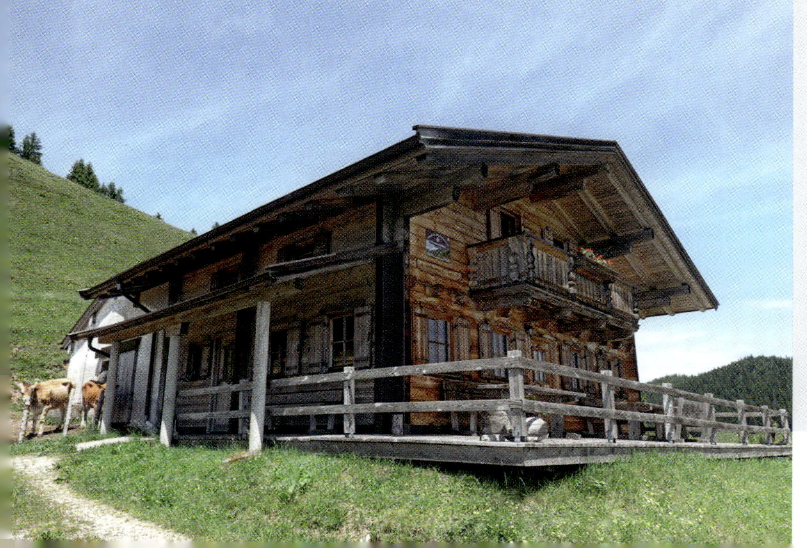

**WEITERE EINKEHRTIPPS**
**Wandberghütte** (1.350 m) Privates Berghaus mit Tiroler Küche und genialem Kaiserblick (Dienstag Ruhetag. Mitte November bis Ende Dezember geschlossen).
**Burgeralm** (1.330 m) Almwirtschaft mit eigener Käserei hoch über Rettenschöß (Tirol). Anfang Mai bis Anfang November geöffnet. www.burgeralm.at.
**Ackeralm** (1.320 m) Urige Almwirtschaft direkt an der deutsch-österreichischen Grenze. Hinter dem Weidegatter ist Tirol. Geöffnet von Juni bis Ende Oktober.

**BIKE-VERLEIH**
**XC-Bikes** Am Hofbichl 3c in Aschau, www.xc-bikes.de/e-bikeverleih.html

**GEFÜHRTE TOUREN**
**XC-Bikes** Am Hofbichl 3c in Aschau, www.xc-bikes.de/e-bikeverleih.html

**BIKE-HOTELS**
**Hotel Hohenaschau Kampenwandstraße** 94a, 83229 Aschau/Chiemgau, www.hotel-hohenaschau.de (Mountainbike- und E-MTB-Verleih im Haus).
**Walchsee Sport Resort** Johannesstraße 1, A-6344 Walchsee/Tirol, www.daswalchsee.at

**LANDKARTEN**
**Kompass-Karte WK10** *Chiemsee, Chiemgauer Alpen,* 1:50.000

**BIKE-INFOS**
www.aschau.de/mountainbiken
www.outdooractive.com/de/mtb-touren/walchsee/mtb-touren-in-walchsee/3604836

**TOURIST-INFOS**
**Tourist Info Sachrang Dorfstraße** 20, 83229 Sachrang, Tel. 08057 90 97 37, www.chiemsee-chiemgau.info, www.sachrang.de, www.chiemsee-alpenland.de

**Tolle Lage, aber keine Bewirtung: Obermaurachalm.**

# 03

## Der Watzmann ruft – mit dem Mountainbike an den Fuß des berühmten Felsmassives

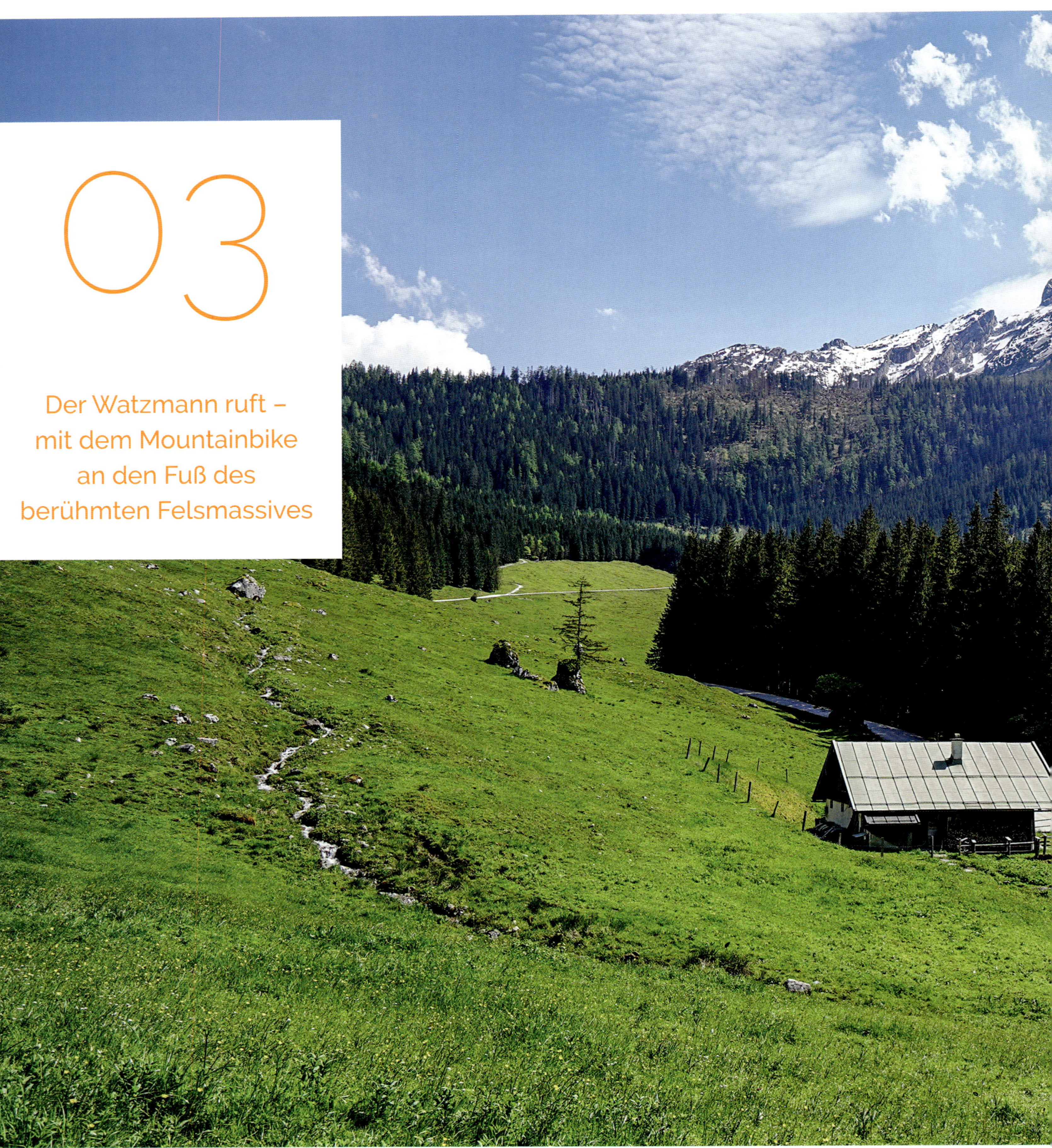

Watzmann-Blick von der Schapbachalm.

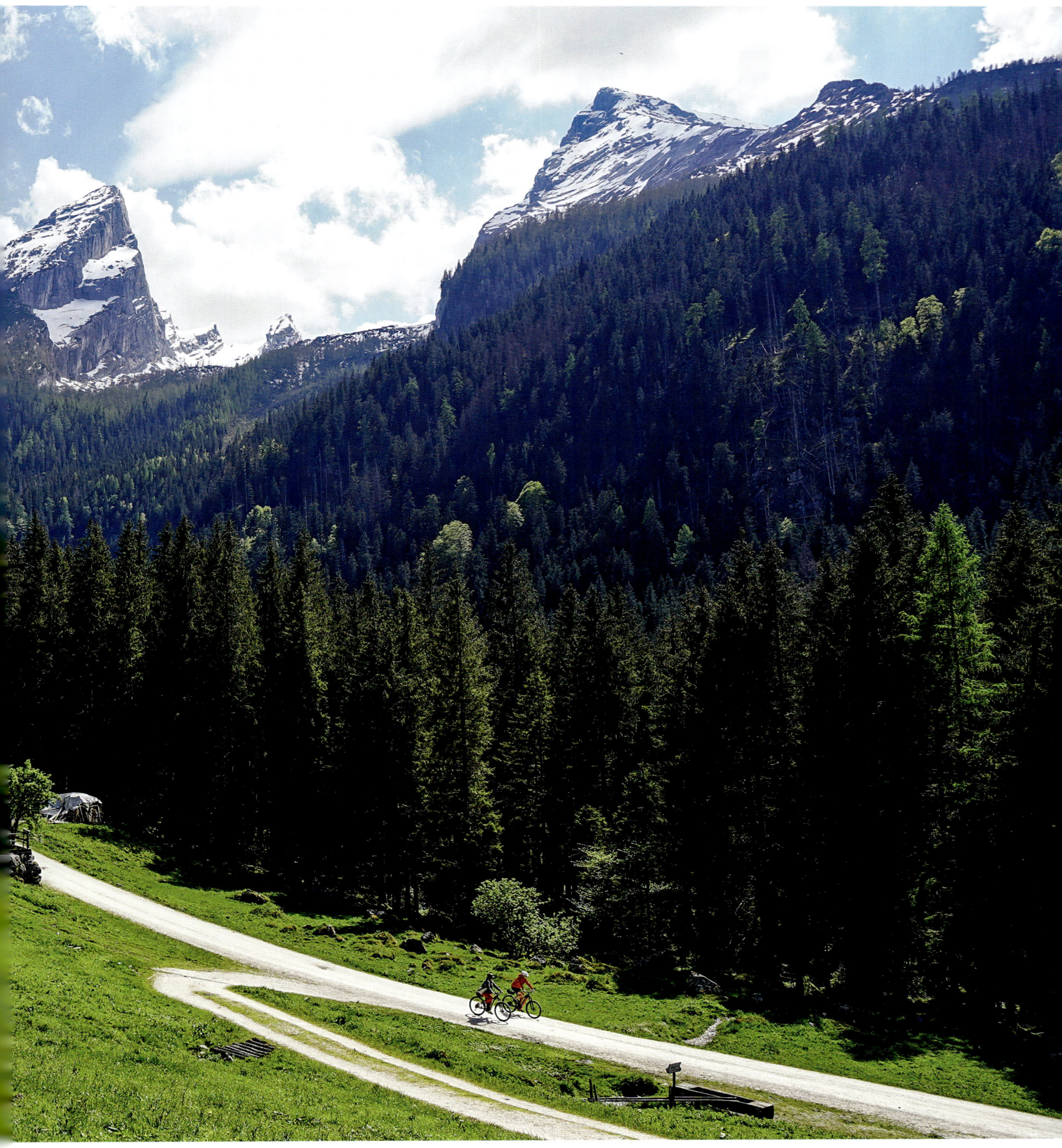

Streckenlänge: 18,0 km | Höhenmeter: 920 m | Schwierigkeit: leicht | Fahrzeit: MTB: 2:44 Std. – E-MTB: 2:03 Std.

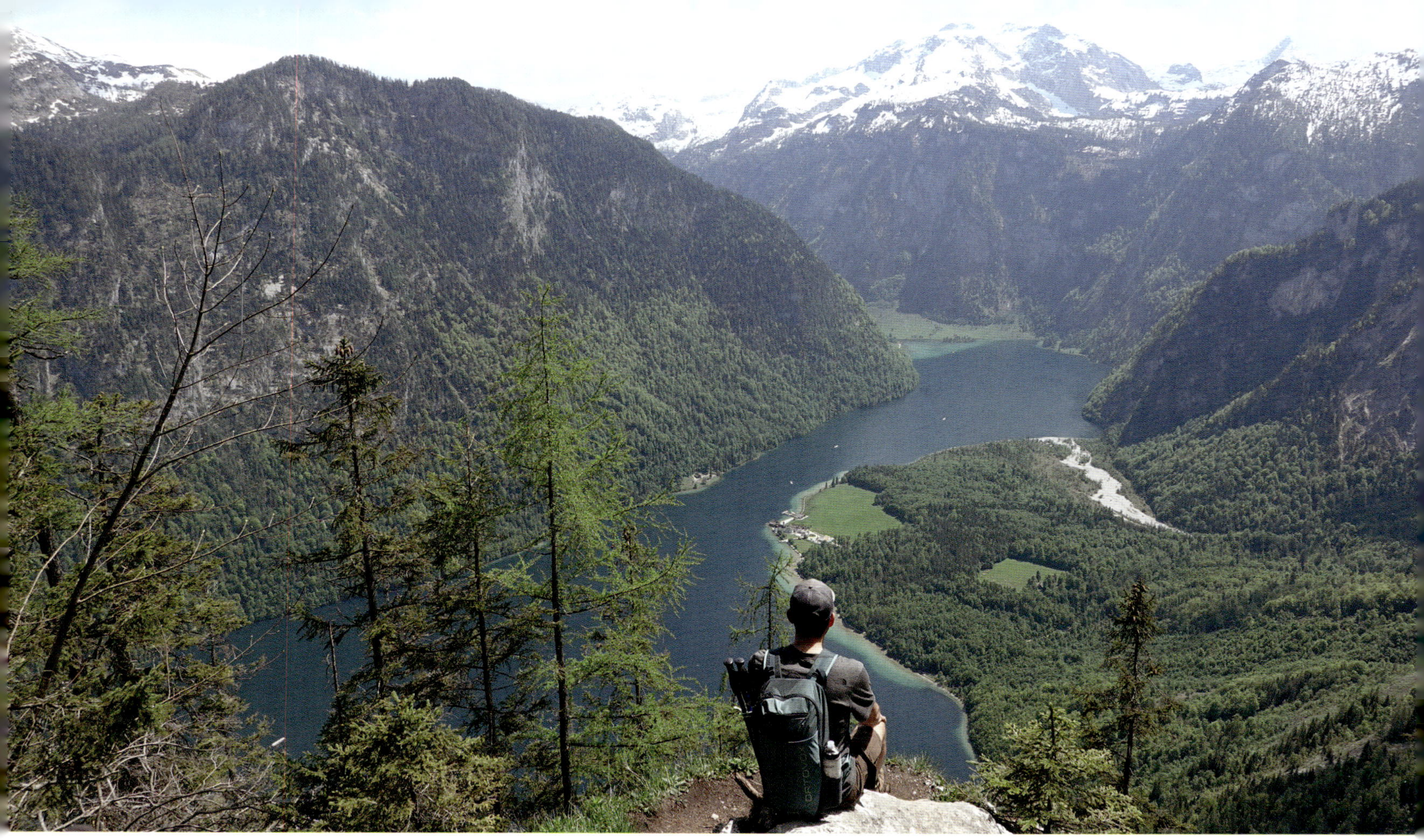

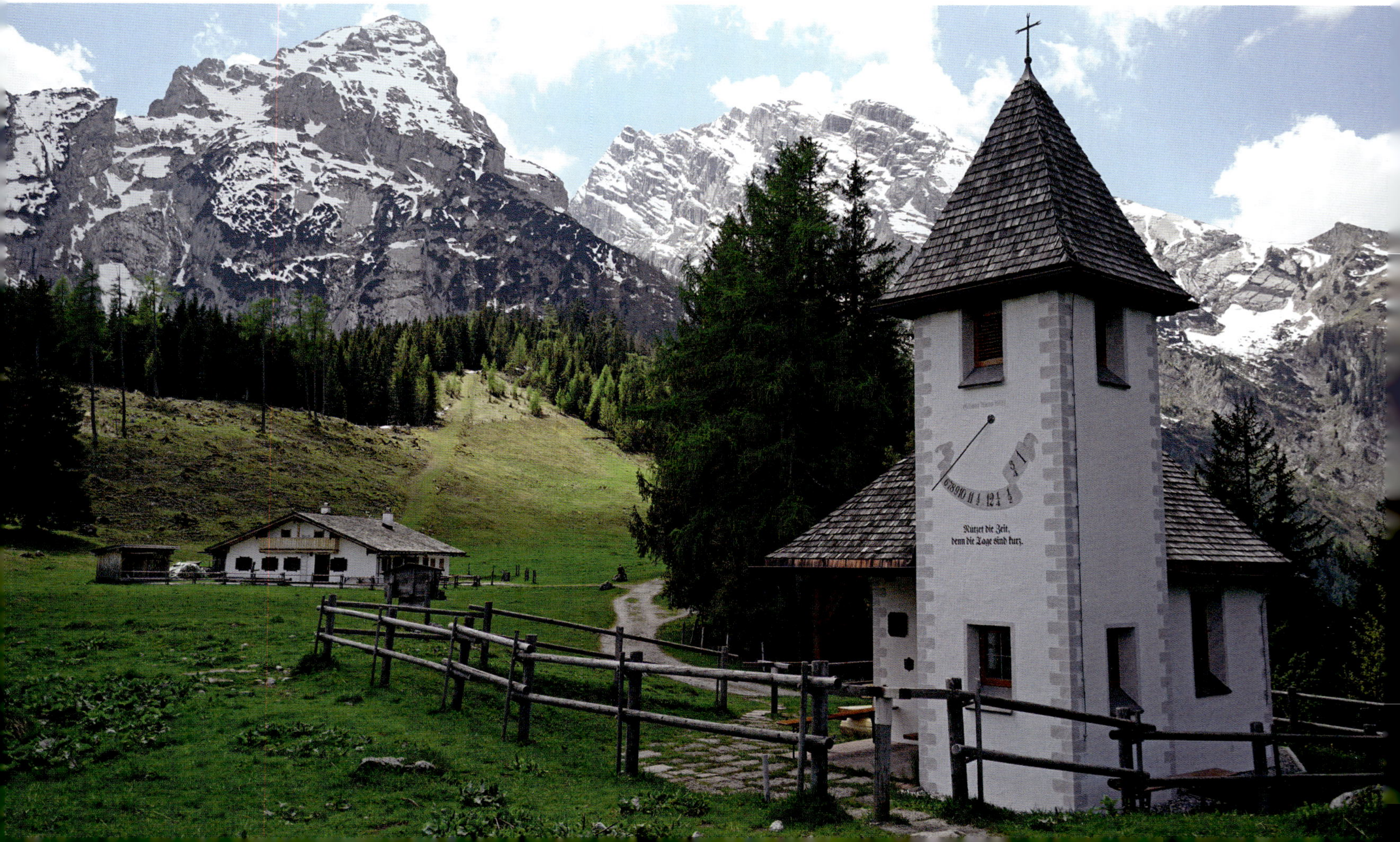

Nutzet die Zeit,
denn die Tage sind kurz.

Schwindelerregende Faszination:
Königssee-Blick an der Archenkanzel.

Schönstes Alpen-Klischee:
Almkapelle mit Watzmann-Massiv.

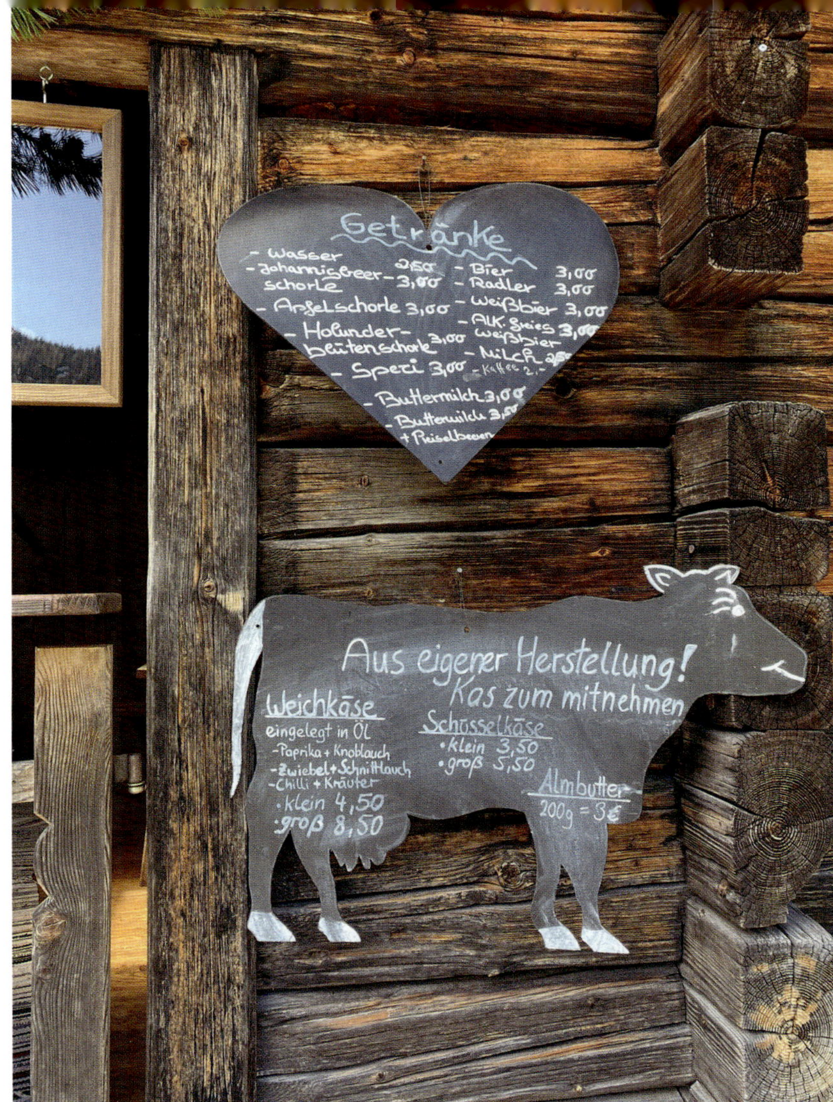


Almwirtschaft mit Hofladen:
Speisekarte auf der Schapbachalm.

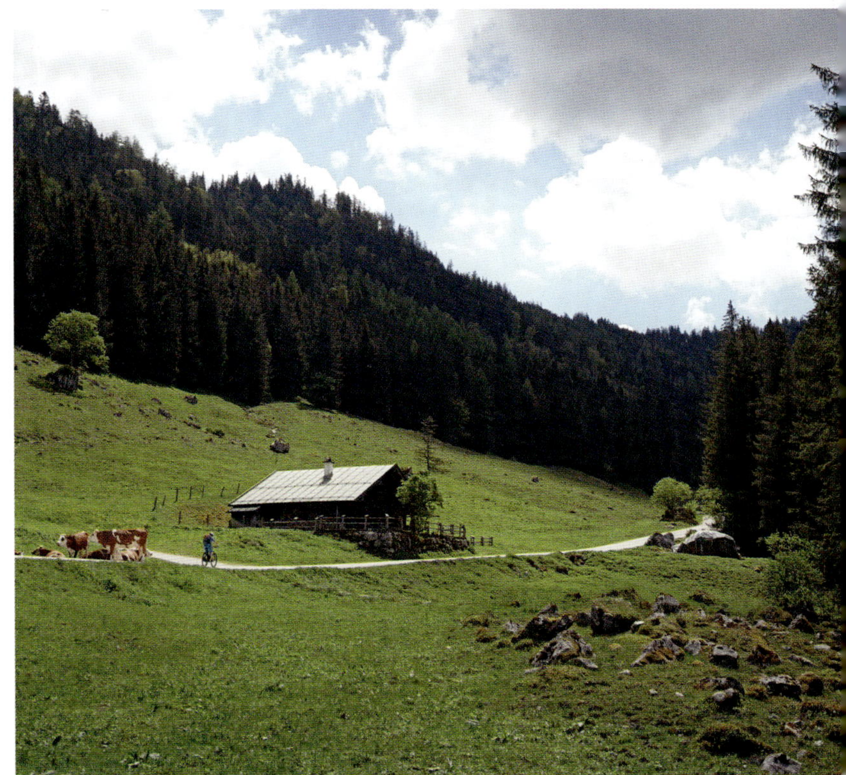

Zum Durchschnaufen: Flachstück vor dem
Steilanstieg zur Kührointalm.

Die Felsflanken hängen voller Schnee – fast wie im Winter. Dabei haben wir schon Anfang Juni. Im Hochgebirge können die Schneeperioden eben manchmal bis in den Sommer dauern. Trotzdem reiben wir uns verdutzt die Augen, als uns immer wieder Mountainbiker mit breiten Freeride-Ski am Rad entgegenkommen. Bike-and-Ski scheint der aktuelle Frühlings-Trend in den Alpen zu sein.

Die Wimbachbrücke bei Ramsau zählt zu den Hauptpforten in den Nationalpark Berchtesgaden. Hier beginnen mehrere Bergwanderungen, eine Aufstiegsvariante zum Watzmann und eine der wenigen erlaubten Mountainbike-Routen zur Kührointhütte. Beim Start ist noch wenig von der erwarteten Hochgebirgskulisse zu sehen, eigentlich nur Bergwald und Kuhweiden. Wo nach wenigen Hundert Metern das Asphaltsträßchen in einen Schotterweg übergeht, gerät so mancher Biker ins Schmunzeln. Der Grund ist ein übergroßes Schild mit der Aufschrift: »GPS – Google is wrong. Road closed«. Und das zusätzlich in japanischen Schriftzeichen. Anscheinend haben schon öfters diverse Mietwagen-Navis ihre Fahrer fälschlicherweise auf den Almweg gelotst, der selbstverständlich für Privatautos gesperrt ist. Uns interessiert aber mehr ein anderes Hinweisschild:

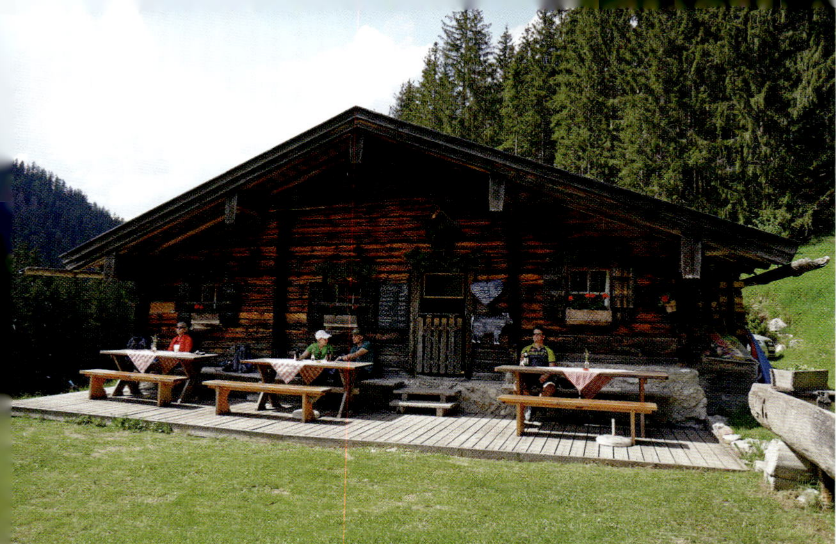

Rast bei Buttermilch und hausgemachtem Käse auf der Schapbachalm.

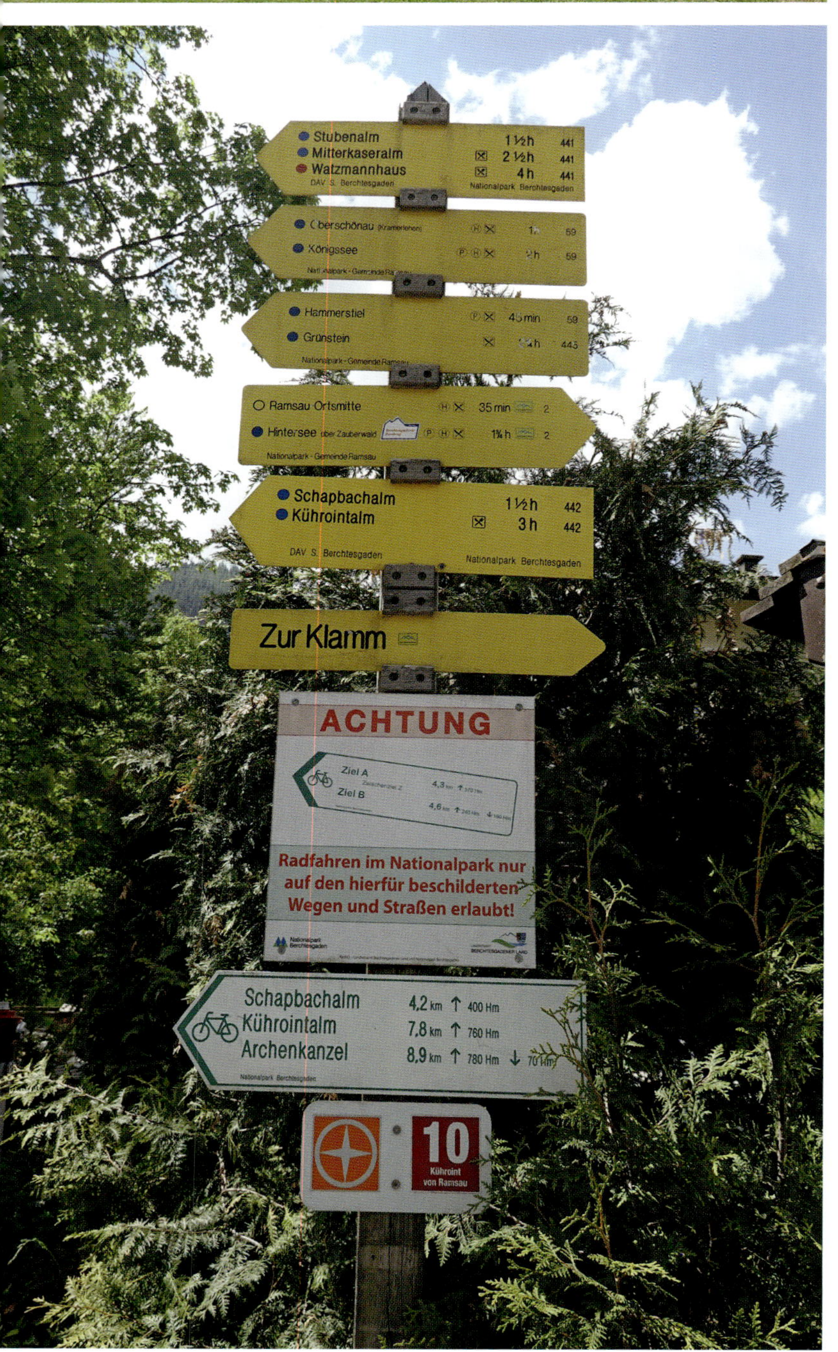



Nationalpark-Schilderbaum: viele Wege für Wanderer, wenige für Biker.

Der Watzmann ist immer präsent

Aussichtsbankerl an der Steilpassage

»Kührointhütte am Watzmann – Mir ham geöffnet!« Also auf geht's, und in die Pedale treten. Einige Steilpassagen fördern den ersten Schweißausbruch. Doch an der urigen Schapbachalm wollen wir nach knapp 400 Höhenmetern nicht gleich pausieren, auch wenn die Almidylle zwischen grasenden Kühen so verlockend erscheint. Kurz darauf schiebt sich das verschneite Watzmann-Massiv mächtig ins Bild und bleibt uns über weite Strecken als Kulisse erhalten. Zum Staunen bleibt vorerst wenig Muße, denn hinter der Alm nehmen die Steigungsprozente merklich zu und bleiben auch eine ganze Zeit lang locker zweistellig. Zur Abwechslung zieren hin und wieder geschnitzte Holzfiguren wie etwa ein stilisierter Steinadler den Wegesrand. Als der Berg immer formatfüllender die Szenerie bestimmt, haben wir die Kührointhütte erreicht. »Instagrammable!«, würden sicher viele Besucher aus Übersee jubilieren. Tatsächlich haben wir ein Alpen-Klischee-Bild vor uns: mehrere kleine Holzhäuser, eine Kapelle, ein Almhaus, saftige Almwiesen mit Kühen darauf und dahinter das verschneite Watzmann-Massiv. Dass solch eine Szenerie viele Wanderer und Mountainbiker anzieht, versteht sich fast von selbst. Aber wir finden trotzdem ein gemütliches Plätzchen mit Bergblick. Bleibt nur die Frage: Probieren wir den Brotzeitteller mit selbst gemachtem Almkäse, oder löffeln wir eine sättigende und wärmende

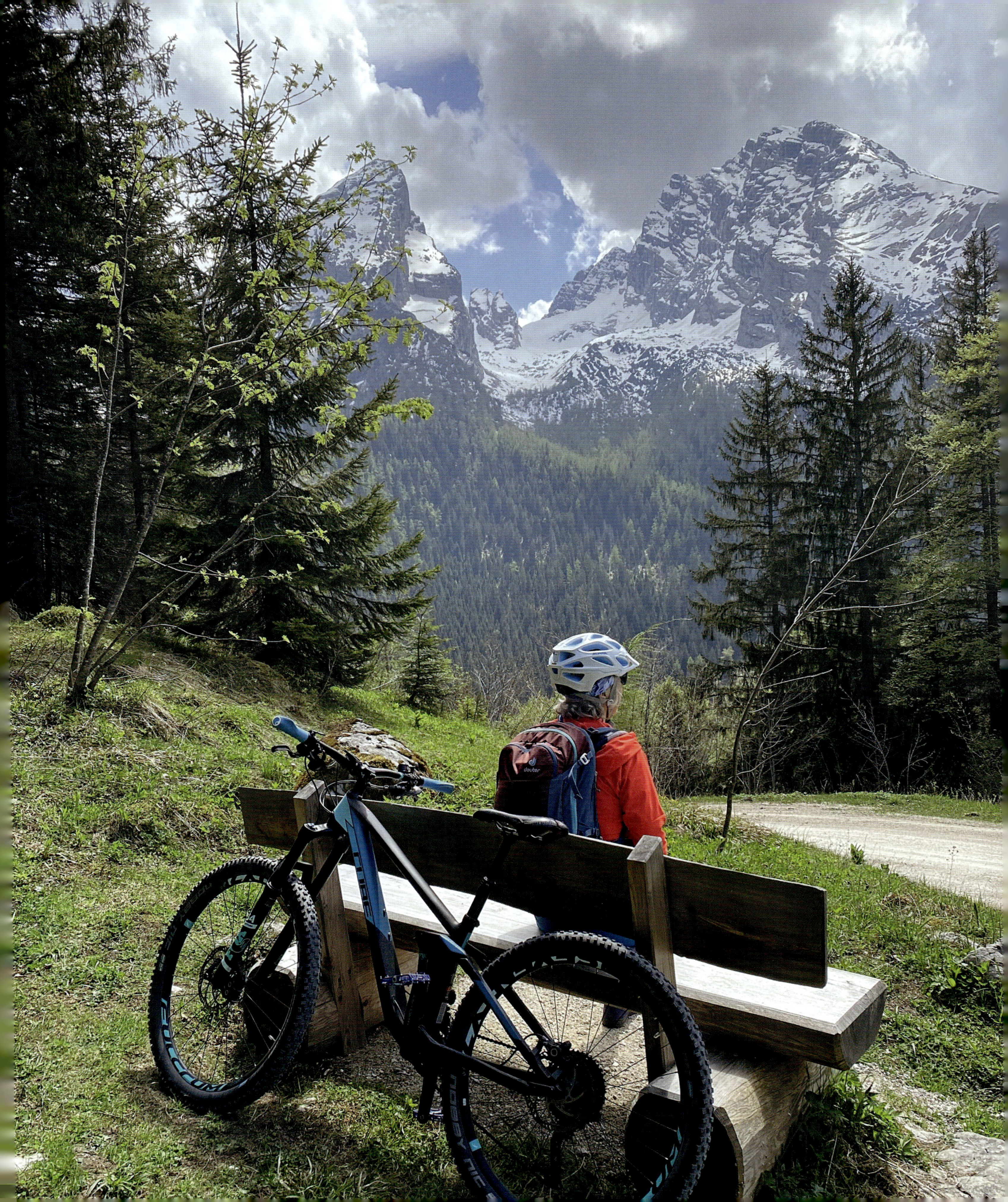

Knödelsuppe? Am besten von beidem etwas. Rund um die Hütte wuselt es zwar vor Bergbegeisterten, aber trotzdem möchte man dieses Panorama ausgiebig betrachten. Irgendwann ist g'nug g'schaut, denn der Tourwendepunkt ist noch nicht erreicht. Die Archenkanzel wartet auf uns. Der Weg dorthin führt sogar etwas bergab. Für die letzten fünf, sechs Minuten durch den Bergwald muss das Bike jedoch stehen bleiben – der Weg ist unfahrbar, und außerdem herrscht Bike-Verbot. Und dann darf wieder gestaunt werden über den einzigartigen Tiefblick. Vom mit Holzgeländern gesicherten Aussichtspunkt fällt der Blick auf den Königssee, der sich mehrere Hundert Höhenmeter weiter unten blau schimmernd wie ein Fjord zwischen den Felsen ausbreitet. »Wow«, hört man es mehrfach rundherum. Kaum einer schenkt der großen geschnitzten Holzskulptur neben dem Abgrund seine Aufmerksamkeit. Eigentlich schade. Aber gegen dieses Nationalpark-Panorama kommt eben nichts an.

So euphorisiert, beschließen wir für den Rückweg noch einen Stopp an der Schapbachalm. Mit einem Glas Buttermilch mit Preiselbeeren auf dem Tisch und den Rücken an die warme Holzwand gelehnt, blinzeln wir in die Sonne und freuen uns am Almidyll. Vor den Holztischen grasen die Kühe, und darüber wacht wuchtig der Watzmann.

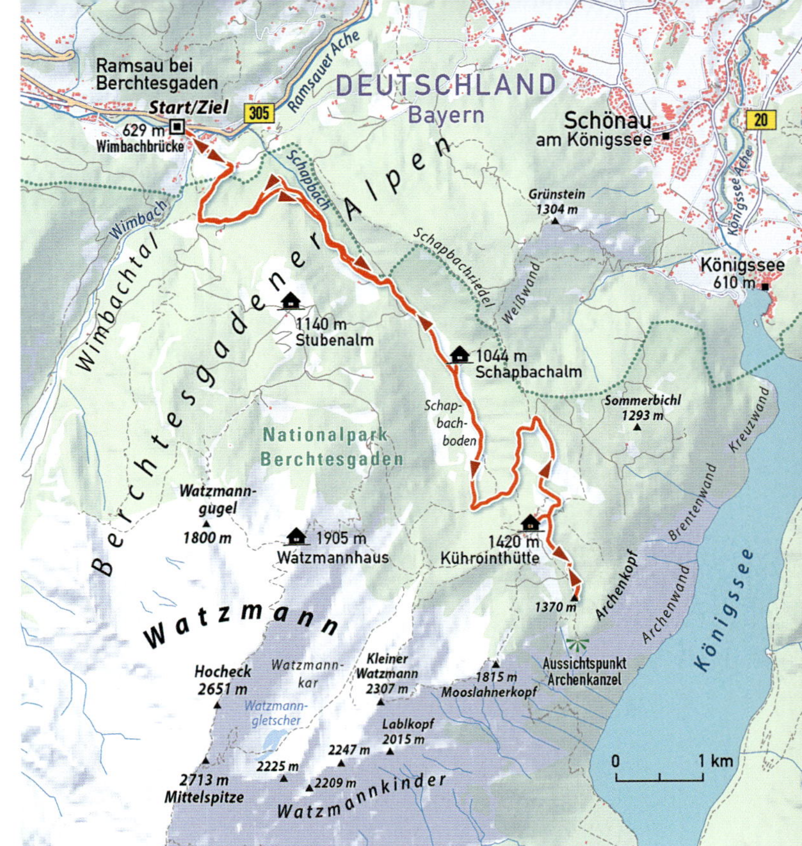


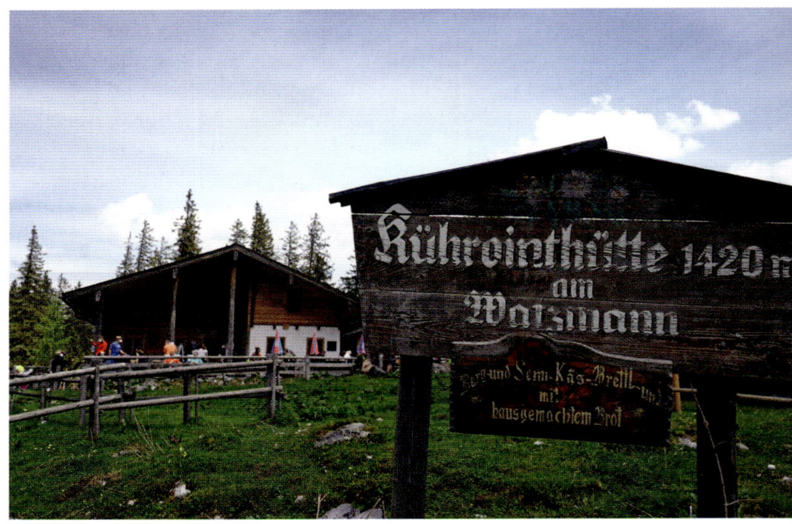


Alm im Nationalpark: Kührointhütte am Watzmann.

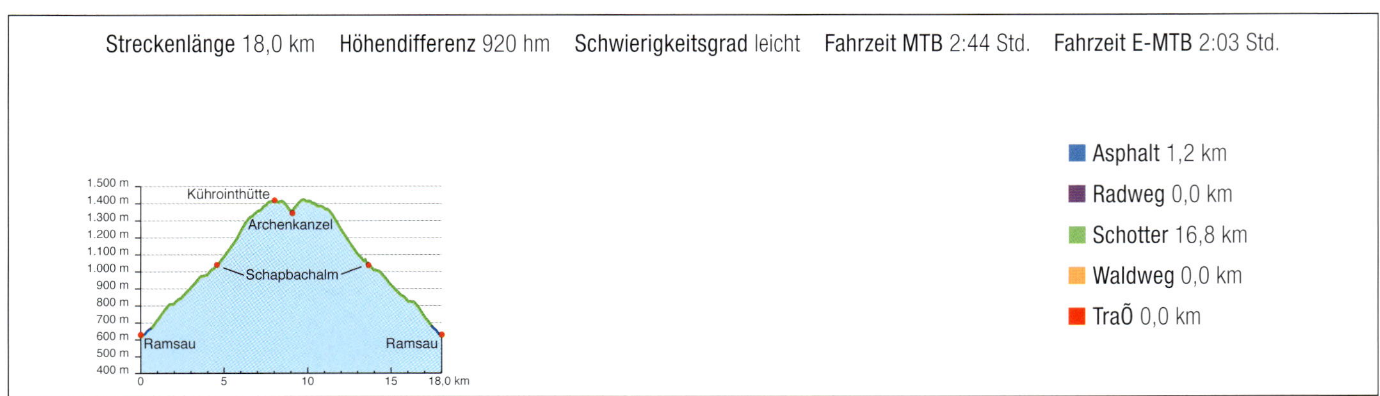

## INFOS

### DIE HÜTTE

Die **Kührointhütte** (1.420 m) ist ein privat geführtes, gemütliches Berghaus mit großer Sonnenterrasse auf der drei Hektar großen Kührointalm. Eine Übernachtungsmöglichkeit besteht in Lagern (ein bis sechs Personen) und Mehrbettzimmern (ein bis fünf Personen). In einem Nebengebäude der Kührointhütte ist die höchstgelegene Informationsstelle des Nationalparks Berchtesgaden untergebracht. Geöffnet Mitte Mai bis Ende Oktober. www.kuehroint.com

### BIKE-REGION

25 Touren, mehr als 700 Kilometer Streckenlänge und knapp 23.000 Höhenmeter! Das sind die Eckdaten des Mountainbike-Wegenetzes zwischen Königssee, Berchtesgaden, Bad Reichenhall und dem Rupertiwinkel. Von den 25 beschilderten Mountainbike-Touren sind 16 Rundkurse. Ein landschaftlich grandioses Revier! Wer vor allem Trails sucht, wird hier nicht so oft fündig.

### TOURCHARAKTER

Die Fahrbahnen, ob kurz auf Asphalt oder danach auf Schotter, sind durchweg gut fahrbar. On Tour warten zwischen Schapbachalm und Kührointhütte jedoch einige Steilpassagen, die auch bergab eine saubere Fahrtechnik erfordern. Zum Aussichtspunkt Archenkanzel geht es vom Wendepunkt nur zu Fuß weiter (fünf bis zehn Minuten).

### TOURSTART

Los geht's an der Wimbachbrücke zwischen Schönau und Ramsau.

### VARIANTE

Man kann die Tour auch in Berchtesgaden oder Schönau beginnen. Die Route trifft dann im Bergwald vor der Schapbachalm auf die beschriebene Strecke. Siehe www.bergfex.de.

### WEITERER EINKEHRTIPP

**Schapbachalm** (1.044 m) Kleine, urgemütliche Sennalm mit Käseverkauf auf halber Strecke der Tour.
Tipp: Buttermilch mit Preiselbeeren

### BIKE-VERLEIH

**Intersport Renoth** Triftplatz 1 in Schönau, Tel. 08652 97 50 00, www.sport-renoth.de
**Sport M & R Brandner Bergwerkstraße** 52 in Berchtesgaden, Tel. 08652 14 34, www.sportbrandner.de

### GEFÜHRTE TOUREN

**Watzmann Bikeaktiv** Albert Herbst, Oberschönauer Straße 73, 83471 Schönau am Königssee, Tel. 0151 12 33 39 41, www.watzmann-bikeaktiv.de

### BIKE-HOTELS

**Explorer Hotel Berchtesgaden** Hofreitstraße 7, 83471 Schönau am Königssee, Tel. 08652 9 77 15 00, www.explorer-hotels.com/berchtesgaden
**Alpenhotel Beslhof** Hinterseer Straße 45, 83486 Ramsau, Tel. 08657 9 83 99 91, www.alpenhotel-beslhof.de

### LANDKARTEN

**Kompass-Karte WK 794** *Berchtesgadener Land,* 1:25.000

### BIKE-INFOS

www.berchtesgaden.de/rad-bike/mountainbike
www.bergfex.de/sommer/berchtesgaden/touren/mountainbike/

### TOURIST-INFOS

**Zweckverband Bergerlebnis Berchtesgaden**
Abteilung Destinationsmanagement, Maximilianstraße 9, 83471 Berchtesgaden, Tel. 08652 6 56 50-0, www.berchtesgaden.de

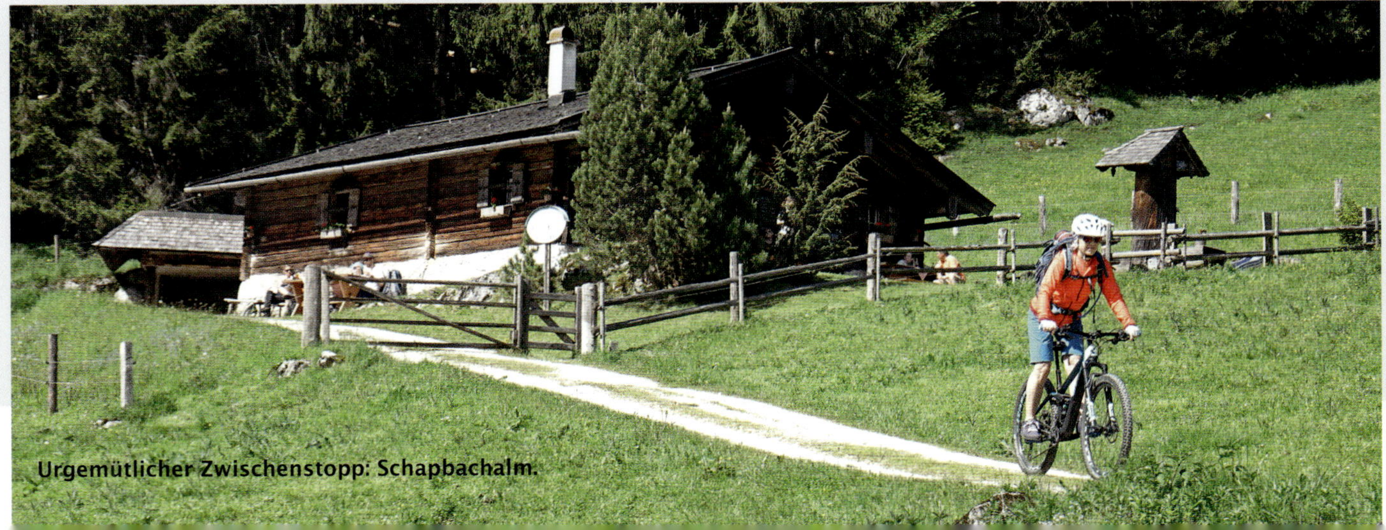
Urgemütlicher Zwischenstopp: Schapbachalm.

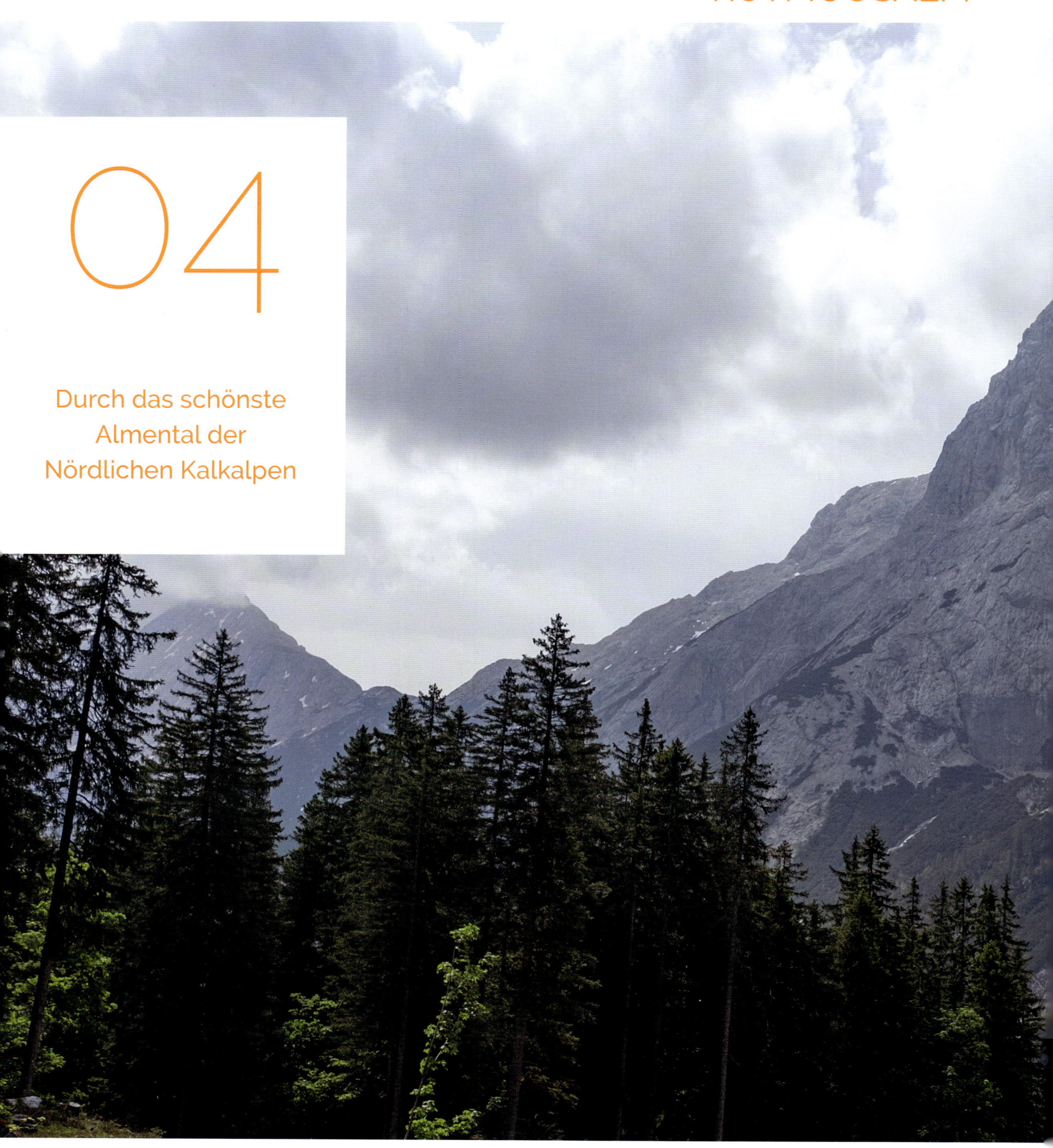

# 04

## Durch das schönste Almental der Nördlichen Kalkalpen

Mächtige Kulisse: Hochwand (2.719 m) in der Mieminger Kette.

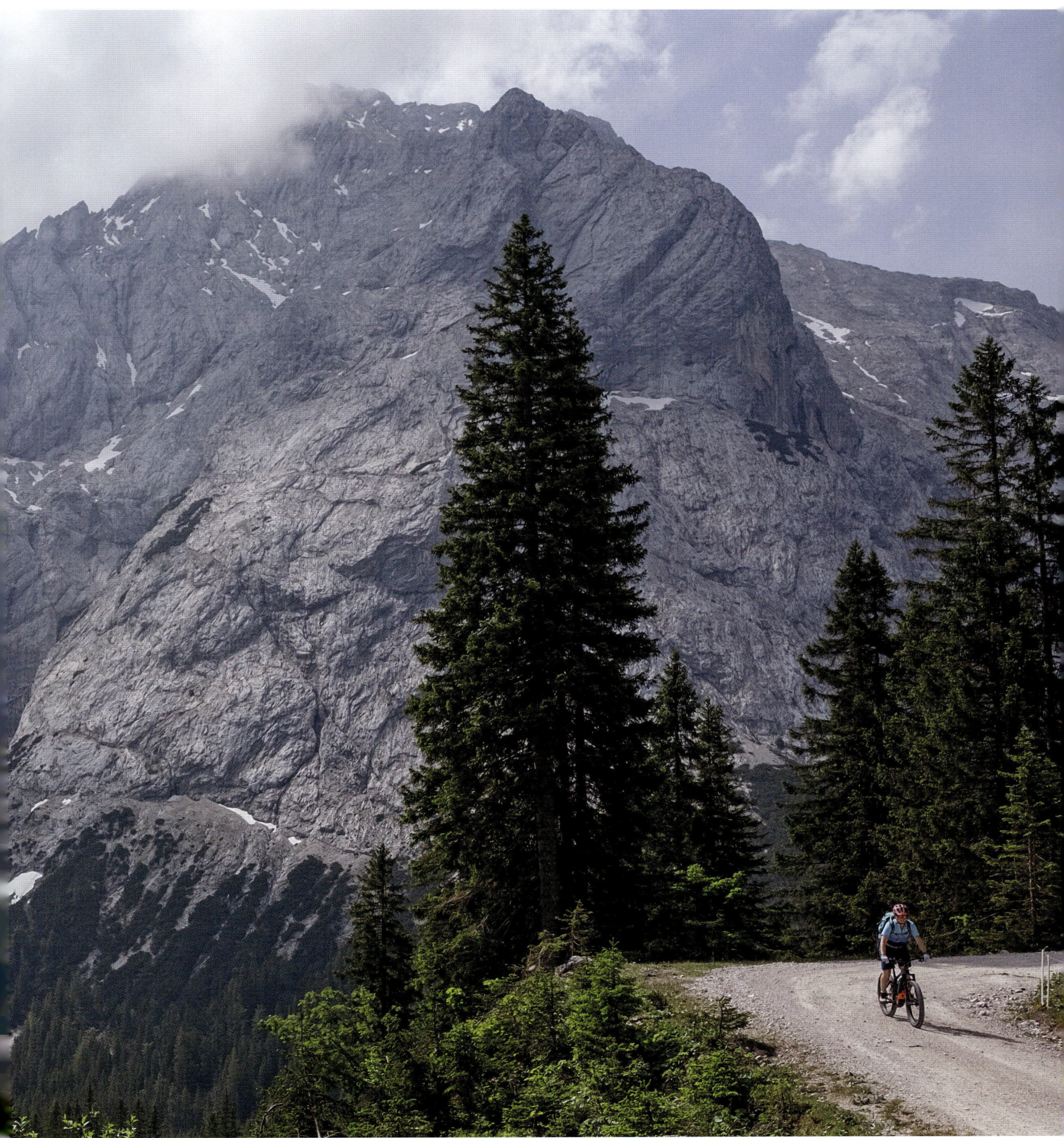

Streckenlänge: 33,5 km | Höhenmeter: 1.505 m | Schwierigkeit: mittel | Fahrzeit: MTB: 4:45 Std. – E-MTB: 3:34 Std.

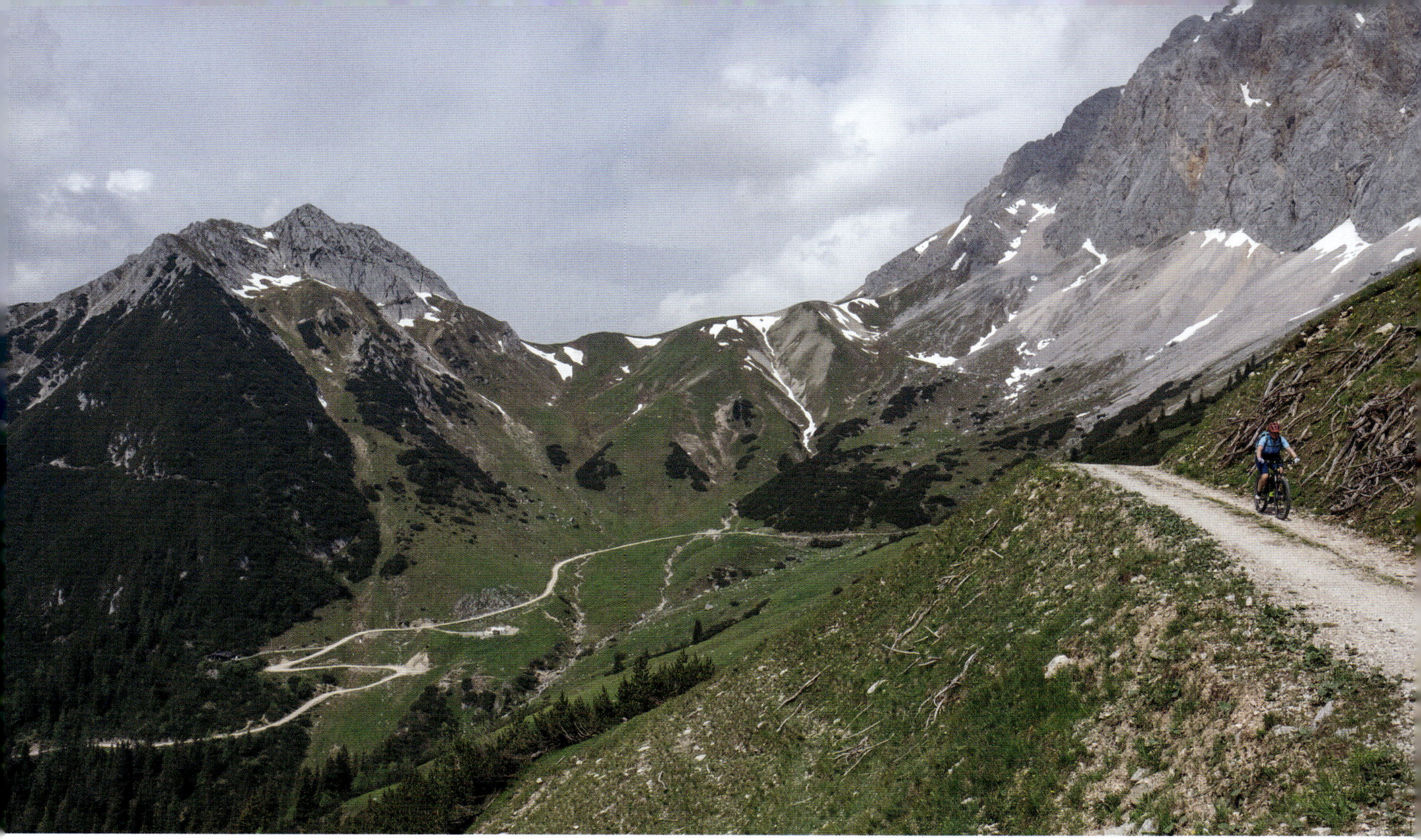

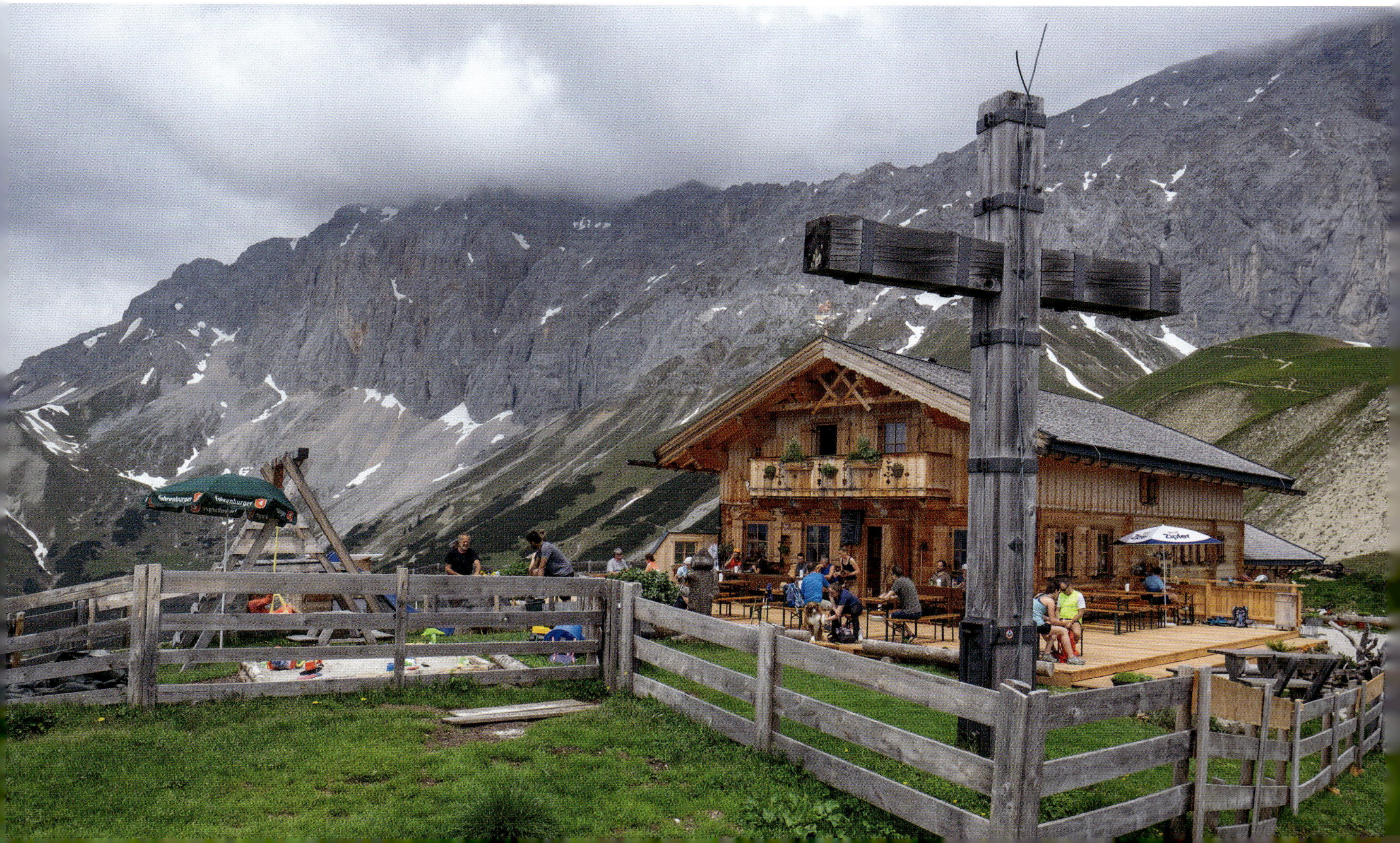

Auf den letzten Höhenmetern: Tief unten die Ruine der alten Rotmoosalm.

Exponierte Lage: Die neue Rotmoosalm.

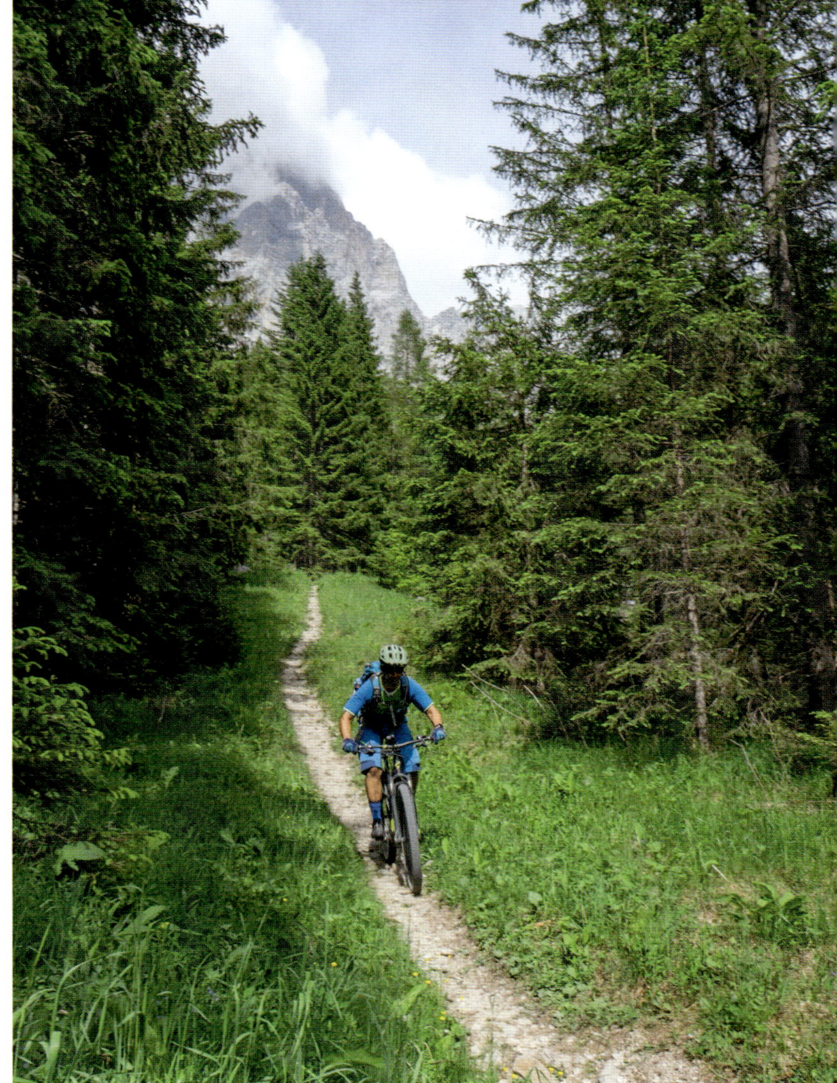

Schöne kurze Trail-Abschnitte auf der Abfahrt nach Ehrwald.

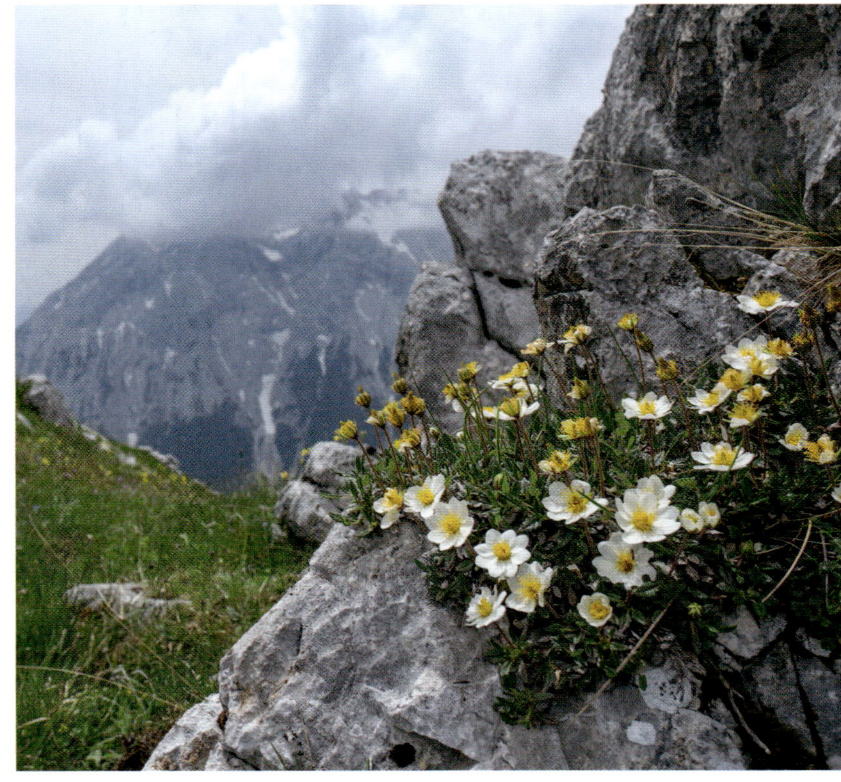

**Weiße Silberwurz** *(Dryas octopetala).*

Es scheint, als wollte die Rotmoosalm immer höher hinauf. Bereits im Jahr 1900 wurde an der Südseite des Wetterstein-Massives eine kleine Almhütte gebaut, die den Viehhirten in den Sommermonaten eine Unterkunft bot. 1953 wurde 150 Meter weiter oben ein neues, größeres Gebäude errichtet, das in den 1970er-Jahren durch einen Schotterweg erschlossen wurde und bereits als Almwirtschaft diente. 2009 wurde die Hütte bei einem Lawinenabgang vollständig zerstört. Um die Bauzeit der dritten Rotmoosalm zu überbrücken, versorgte die alte, mittlerweile sanierte Hütte von 1900 Wanderer und Biker. Wie es das Schicksal so wollte, wurde auch sie von einer Lawine weggerissen. Die heutige Rotmoosalm liegt lawinensicher noch höher auf 2.030 Metern am Grat des Schönberg.

Es wartet also ein gutes Stück Arbeit auf uns Mountainbiker, um die höchstgelegene Hütte im Gaistal zu erreichen. Wer am Start an der Talstation der Ehrwalder Almbahn gleich mit seinem Bike in die Gondel steigt, spart sich die ersten 390 Höhenmeter. Die meisten Biker nutzen aber die weitgehend asphaltierte Auffahrt zur Ehrwalder Alm. Das Gaistal, malerisch zwi-

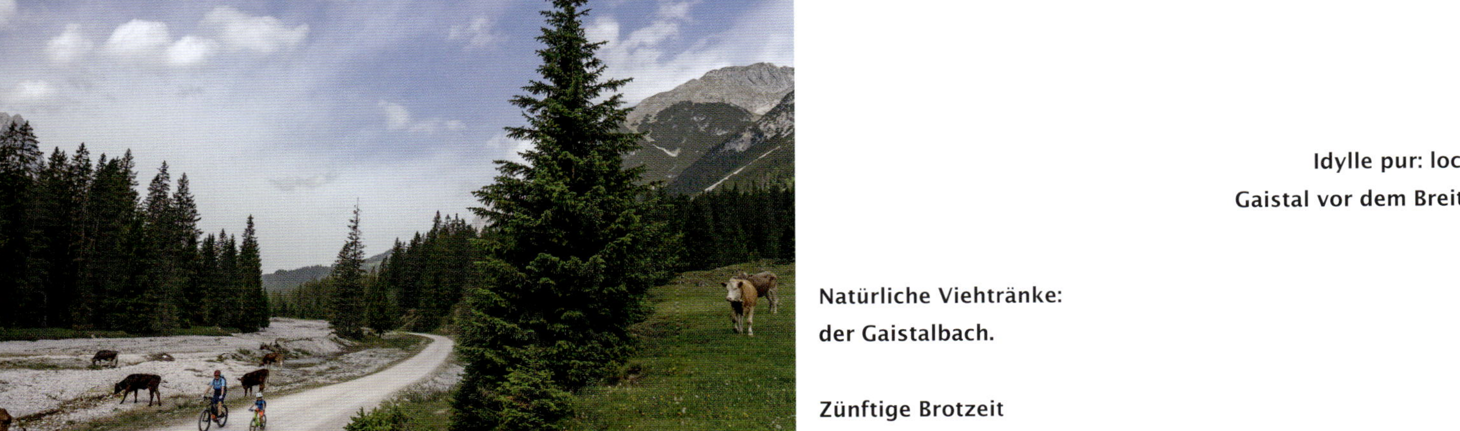

Idylle pur: lockere Fahrt durch
Gaistal vor dem Breitenkopf (2.469 m

Natürliche Viehtränke:
der Gaistalbach.

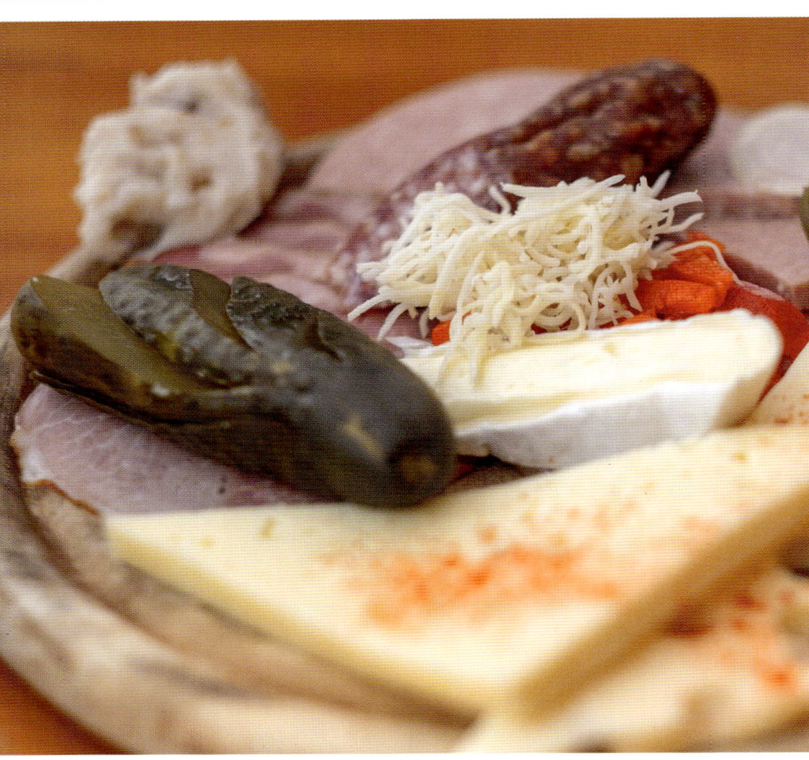

Zünftige Brotzeit
auf der Rotmoosalm.

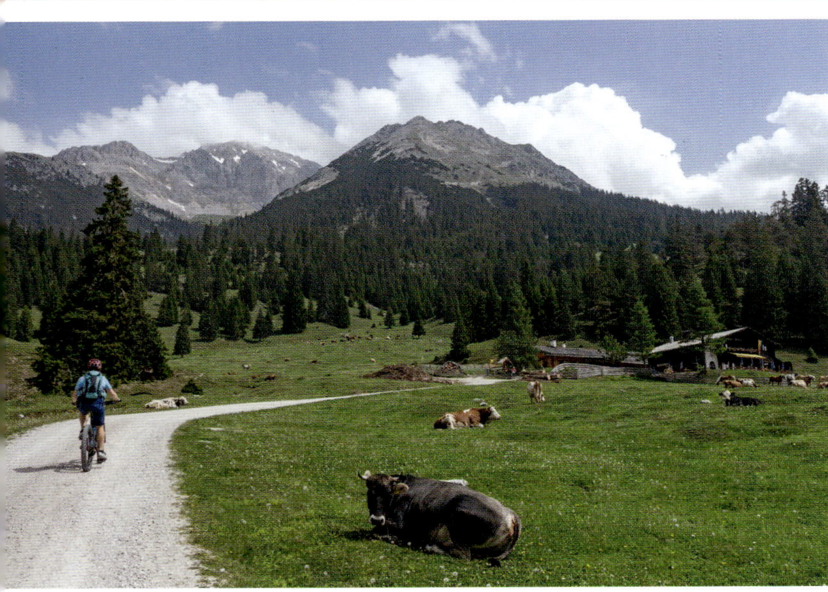

Beginn des steilen Anstiegs
bei der Gaistalalm.

schen dem Wetterstein-Massiv und den mächtigen Felsgipfeln der Mieminger Kette gelegen, ist nicht nur von der Ehrwalder Seite, sondern auch von Leutasch aus zugänglich. Trotz seiner Beliebtheit hat es sich seinen ursprünglichen Hochgebirgs- und Almencharakter erhalten. Der Neubau des trutzigen Tiroler Hauses auf der Ehrwalder Alm wirkt dagegen wenig authentisch – die Toilettenräume erreicht man über eine Rolltreppe! Da die Almseerunde sogar als kinderwagenfreundlich beworben wird, herrscht hier an Wochenenden ein ziemlicher Rummel. Aber je weiter wir ins Gaistal fahren, desto ruhiger wird es, und schon bald treffen wir nur noch gelegentlich auf andere Biker oder Wanderer. Unsere Route verläuft mit ein paar Steigungsmetern entlang der Bergflanke der Wettersteinseite. Nach einer Abfahrt erreichen wir den Talboden und fahren die Leutascher Ache, die im Oberlauf Gaistalbach genannt wird, ein Stück flussabwärts. Hier kommt man der romantischen Vorstellung von den Alpen schon sehr nahe. Ludwig Ganghofer verewigte das Gaistal in seinem Roman *Das Schweigen im Walde*. Der bayerische Schriftsteller verbrachte 20 Jahre lang die Sommer nahe der Tillfussalm (1.382 m) in seinem Jagdhaus.

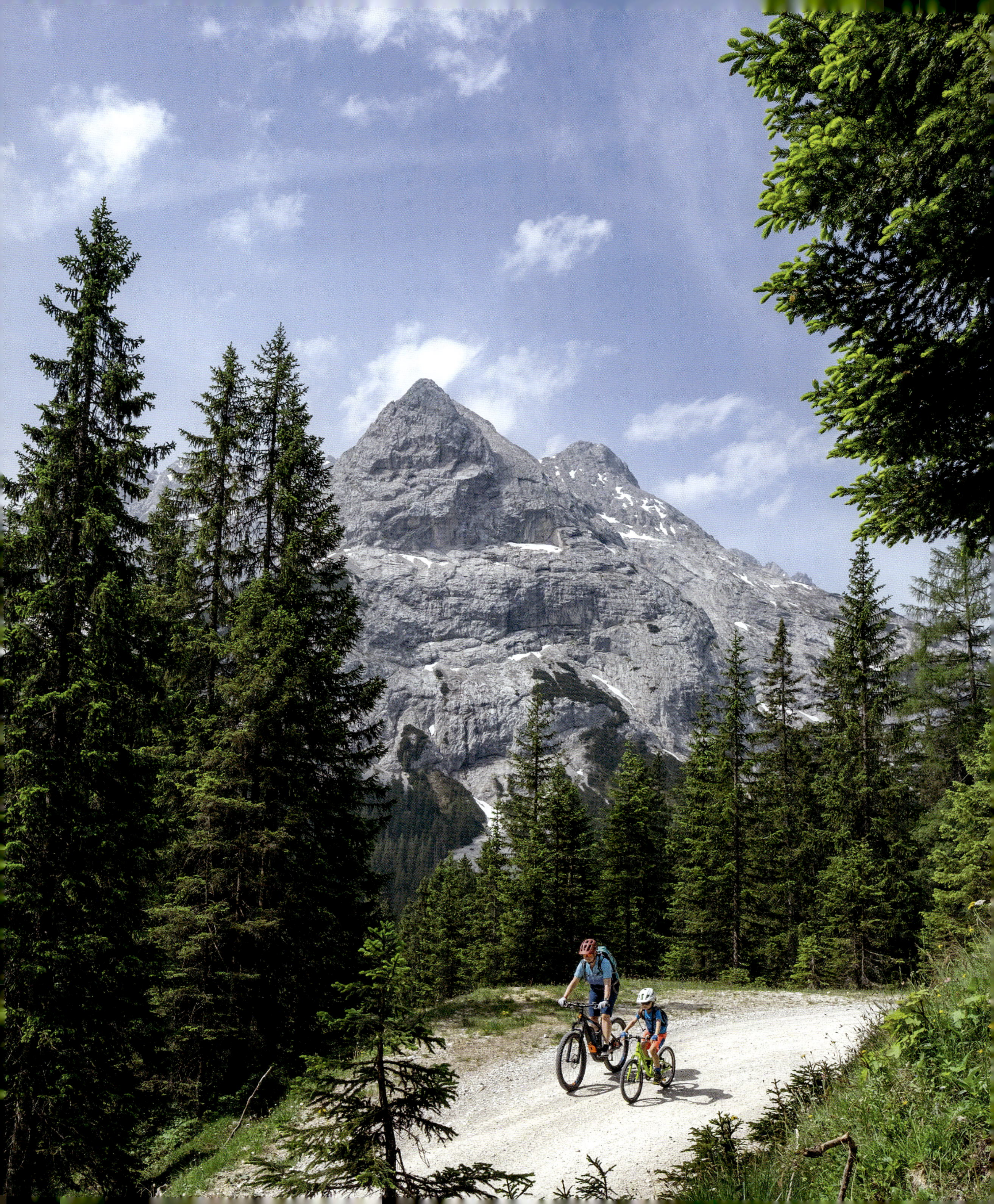

Mit der Romantik ist es spätestens an der Gaistalalm (1.366 m) vorbei. Nun heißt es kräftig in die Pedale treten. Über sechs Kilometer arbeiten wir uns aus der sanften Almenlandschaft ins Hochgebirge vor. Die letzten 250 Höhenmeter ab der Ruine der alten Rotmoosalm haben es mit einigen Steilrampen noch mal in sich. Auch wenn die Muskeln brennen, klettern wir vor dem Essen ein paar Meter auf die Felsen vor der schönen Holzhütte. Belohnt werden wir mit einem 360-Grad-Panoramablick auf die schroffen Wände des Wettersteins und fast alle Gipfel des Mieminger Gebirges.

Die flotte Abfahrt führt uns auf dem Anfahrtsweg zurück zum Gaistalbach, dem wir nun flussaufwärts bis zum Igelsee folgen. Der schöne Wiesensee hat oberirdisch weder Zu- noch Abfluss, gehört aber dennoch zum Einflussgebiet der Leutascher Ache. Wir biegen auf den Weg zur Coburger Hütte und zum Seebensee ein. Auf der Rückfahrt zur Ehrwalder Alm herrscht auf dem beliebten Wanderweg wieder reges Treiben. Die bereits bekannte Bergstraße hinunter nach Ehrwald verspricht noch einige lustige Trail-Abstecher. Achtung: Die Einstiege sind während der teils steilen Abfahrt leicht zu übersehen. Im unteren Teil zieht ein sanfter Wiesenpfad durch den Wald, der erst kurz vor unserem Ziel wieder auf der Straße landet. Ein würdiger Abschluss dieses schönen Klassikers.

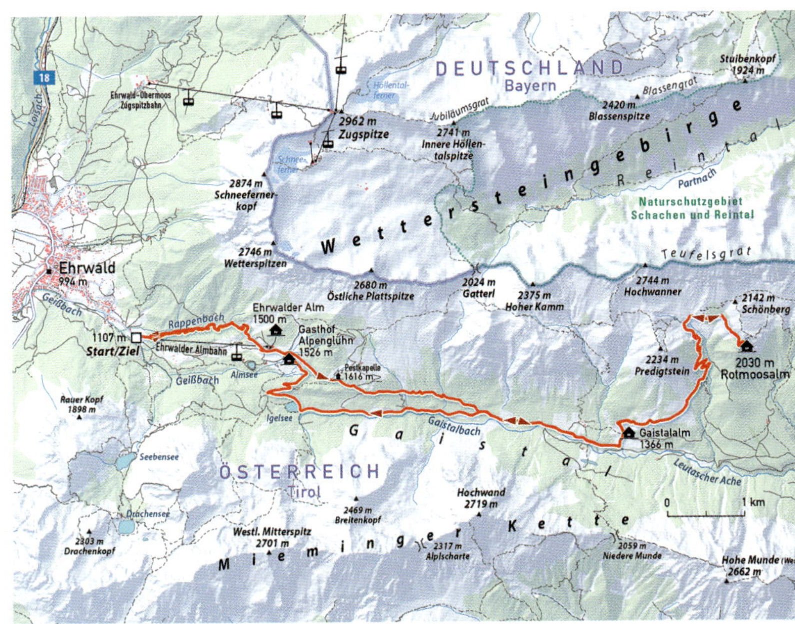


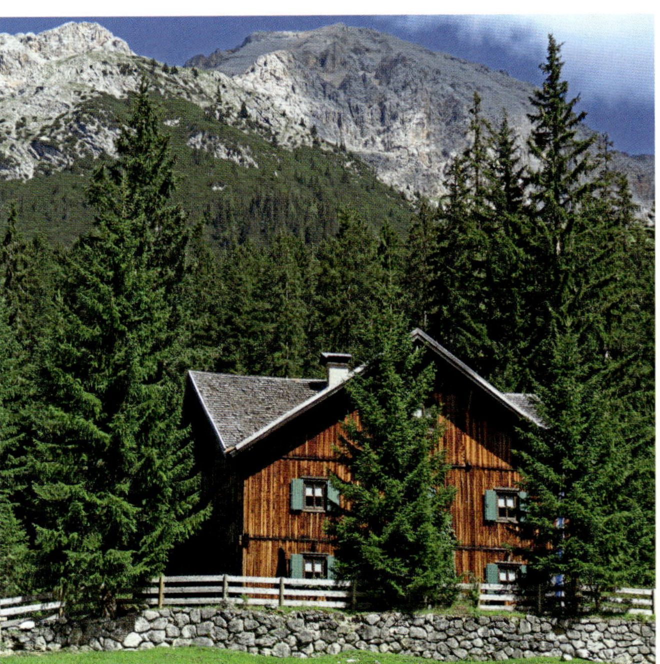

**Ludwig Ganghofers Jagdhaus auf der Tillfussalm.**

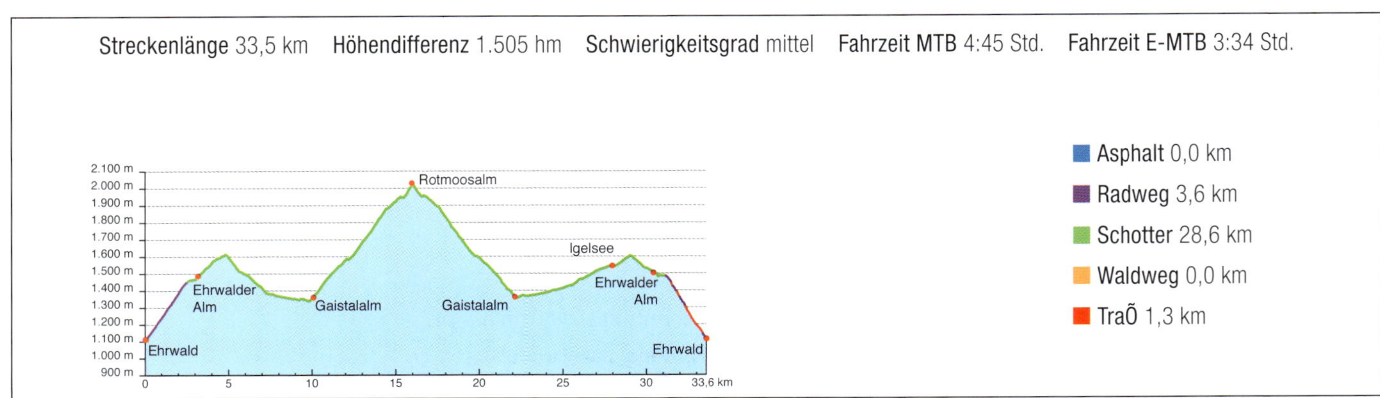

# INFOS

**DIE HÜTTE**

Aussichtsreich auf einem Wiesenbuckel am Grat des Schönbergs gelegen, ist die **Rotmoosalm** (2.030 m) ein beliebtes Ziel im Gaistal. Die große Terrasse ist dem Wind ausgesetzt, daher sollte man immer etwas zum Überziehen mitnehmen. Da auch auf der Rückfahrt noch Steigungen warten, gehört für E-MTBler das Ladegerät in den Rucksack. Die Hütte bietet Steckdosen, aber keine Ladestation.
Mitte Mai bis Ende Oktober geöffnet, www.rotmoosalm.at, Tel. +43 67 64 51 69 00

**BIKE-REGION**

Das Revier rund um die sieben Orte zwischen Wettersteingebirge, Mieminger Bergen, Ammergauer Alpen und Lechtaler Alpen zählt zu den beliebtesten Mountainbike-Zielen in Österreich. Die Auswahl an Trails und Routen ist wirklich umfangreich und spricht alle an, vom Einsteiger bis zum Pro. Das gesamte Streckennetz umfasst mehr als 100 offizielle Touren auf mehr als 3.000 Kilometern und 100.000 Höhenmetern und erstreckt sich ausgehend von Ehrwald und Lermoos, gemäß dem Verlauf der Seitentäler, in alle vier Himmelsrichtungen. Die Trail-Fans orientieren sich vor allem zum Grubigstein, wo neben dem berühmten Blindseetrail noch einige andere attraktive Strecken wie Forest One und Forest Two warten.

**TOURCHARAKTER**

Technisch unkomplizierte, aber wegen der Länge und der knackigen Anstiege auf Forst- und Bergstraßen konditionell anspruchsvolle Tour. Die technischen Trail-Abschnitte auf der letzten Abfahrt können alle auf der Bergstraße umfahren werden.

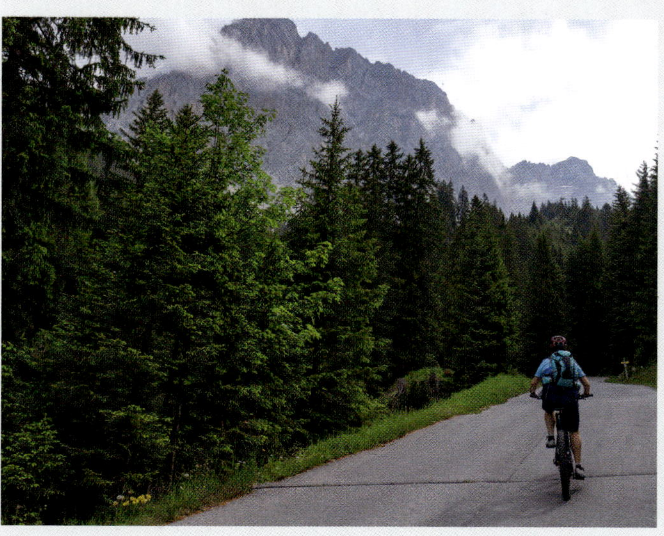

**Perfekt zum Warmfahren: Anstieg zur Ehrwalder Alm.**

**TOURSTART**

Die Tour startet an der Talstation der Ehrwalder Almbahn.

**WEITERE EINKEHRTIPPS**

**Gaistalalm (1.366 m)** Kleiner Alpengasthof mitten im Gaistal, Mitte Mai bis Mitte Oktober geöffnet, www.gaistalalm.at
**Ehrwalder Alm (1.500 m)** Moderner Almgasthof im Retro-Stil, Mitte Mai bis Mitte Oktober geöffnet, www.ehrwalder-alm.com

**BIKE-VERLEIH**

**Intersport Leitner** Kirchplatz 12+13, A-6632 Ehrwald, www.intersport-leitner.com
**Zweirad Zirknitzer Zugspitzstraße** 16, A-6632 Ehrwald, www.2rad-zirknitzer.at

**GEFÜHRTE TOUREN**

**Bikeguiding Zugspitzarena** Unterdorf 6, A-6631 Lermoos, www.bikeguiding.at

**BIKE-HOTELS**

**Hotel Ehrwalderhof Alpenhofstraße** 4, A-6632 Ehrwald, www.ehrwalderhof.at
**Sporthotel Schönruh** Florentin-Wehner-Weg 32, A-6632 Ehrwald, www.hotel-schoenruh.com

**LANDKARTEN**

**Kompass-Karten**
**WK 5** *Wettersteingebirge – Zugspitzgebiet,*
**WK 25** *Zugspitze – Mieminger Kette,* 1:50.000

**BIKE-INFOS**

www.zugspitze.com/de/urlaubswelt/aktiv-sommer/bike-und-rad

**TOURIST-INFOS**

**Tiroler Zugspitz Arena**
Kirchplatz 1, A-6632 Ehrwald,
Tel. +43 56 73 20 00 02 08,
www.zugspitzarena.com

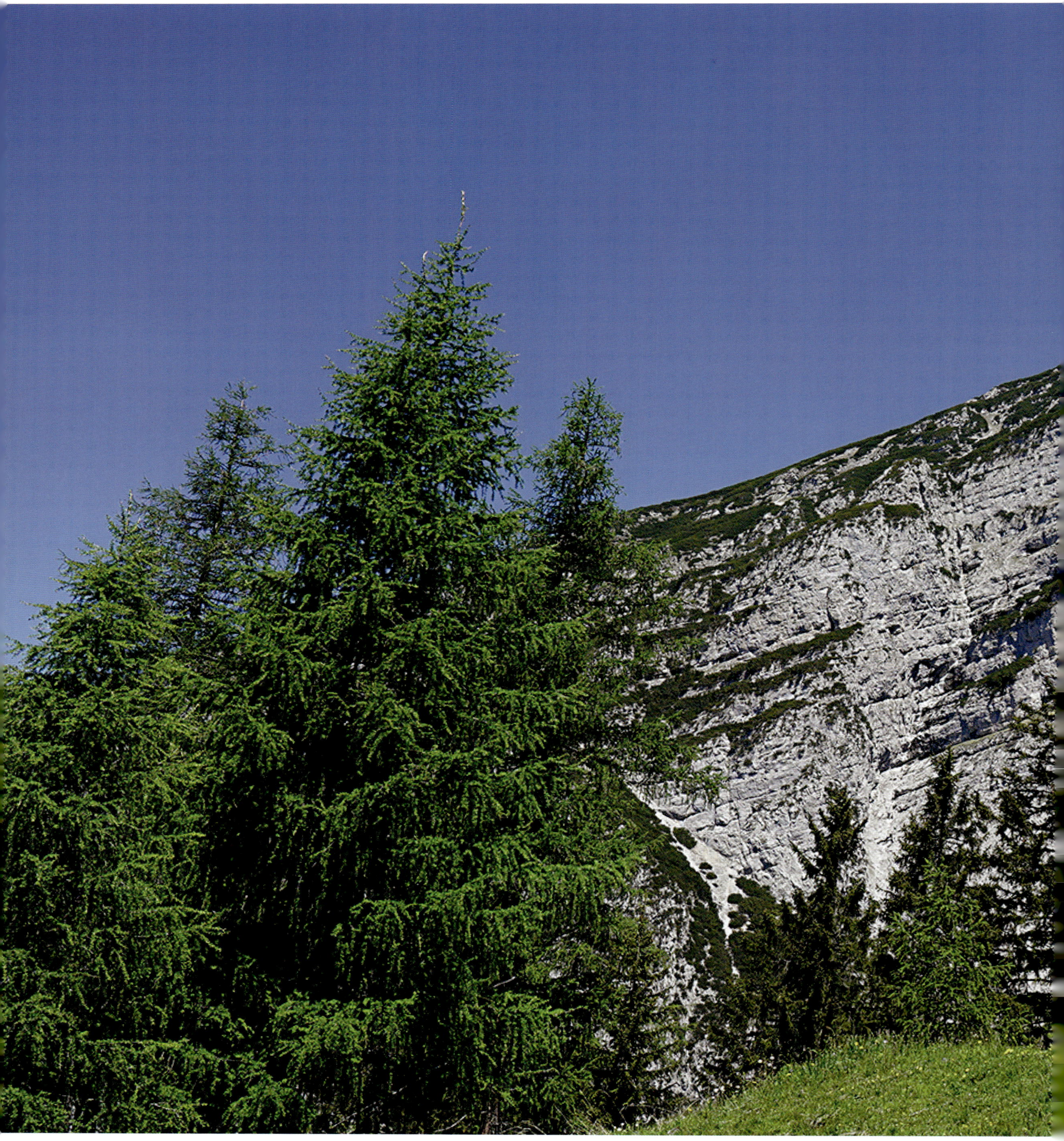



Streckenlänge: 19,6 km | Höhenmeter: 1.088 m | Schwierigkeit: mittel | Fahrzeit: MTB: 3:07 Std. – E-MTB: 2:20 Std.

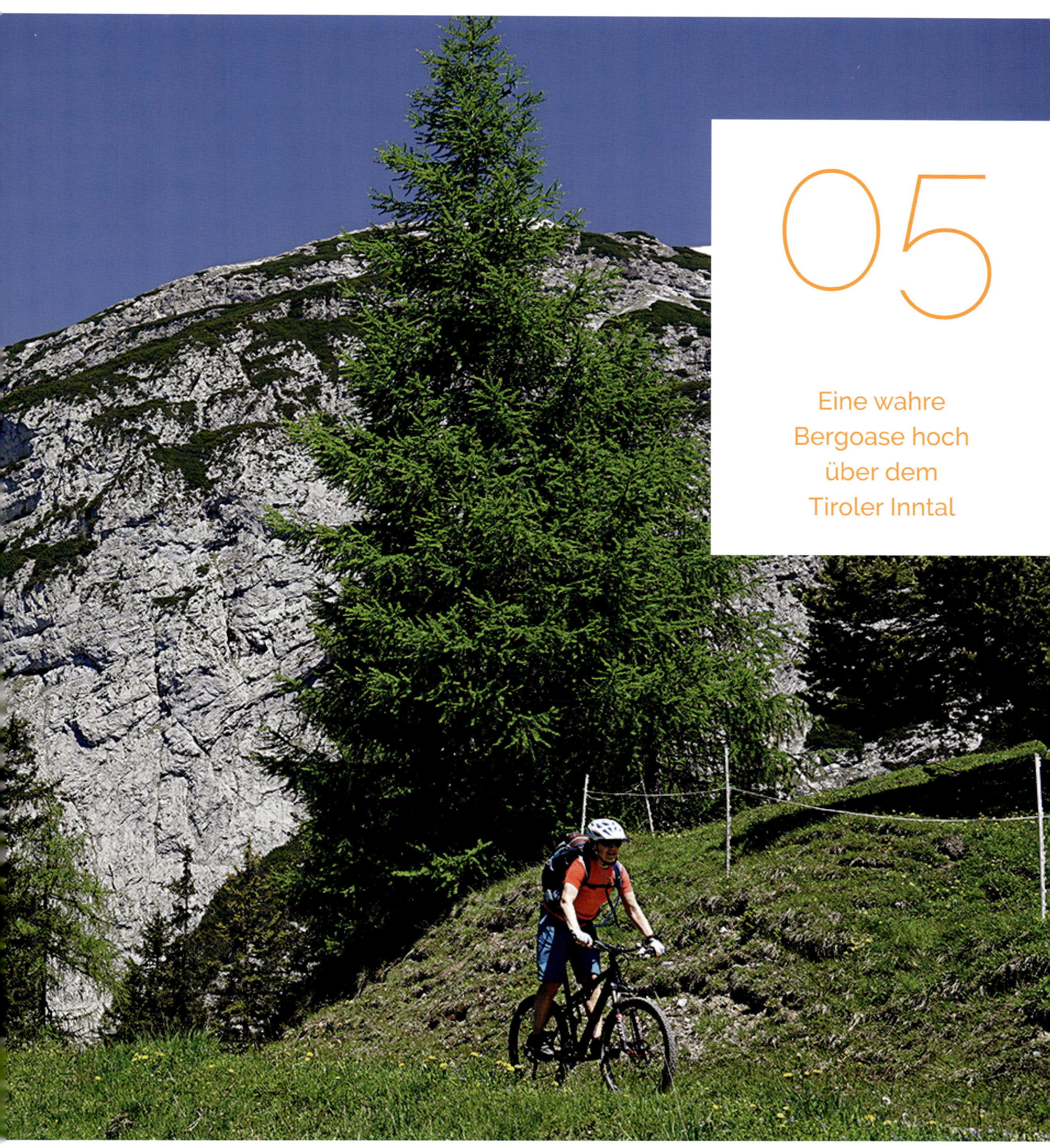

# 05

## Eine wahre Bergoase hoch über dem Tiroler Inntal

Felskulisse kurz vor der Neuen Magdeburger Hütte.

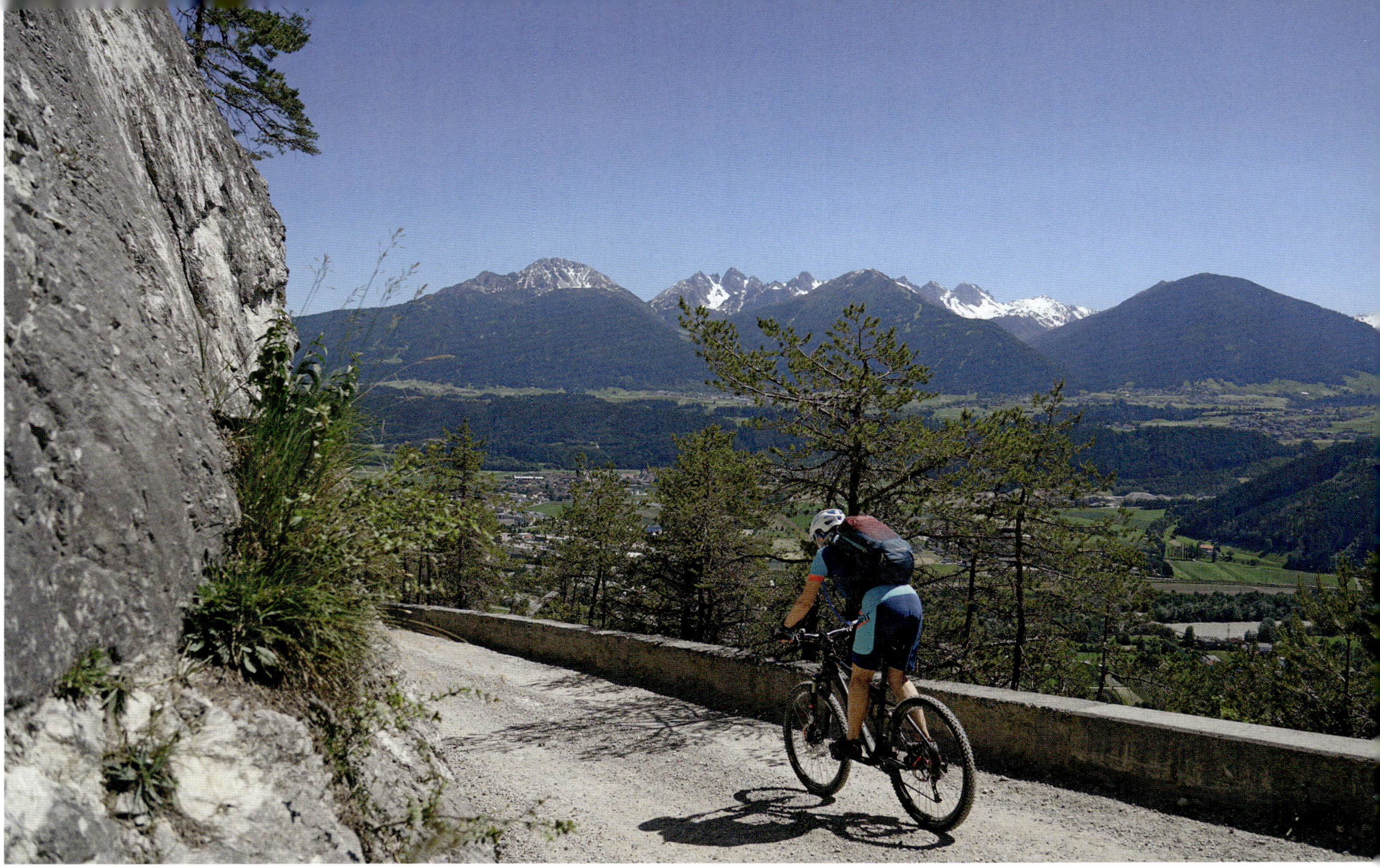

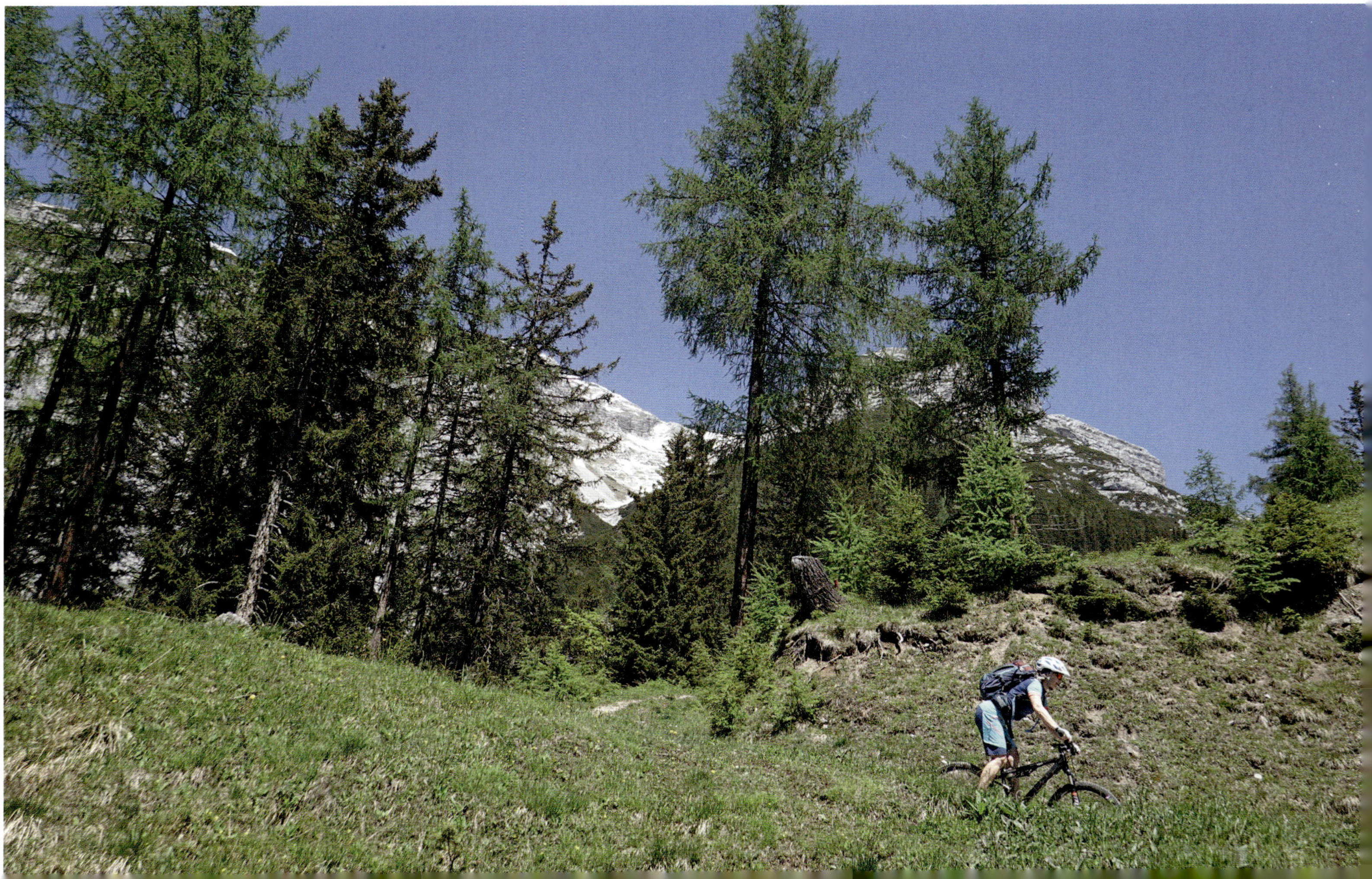

ick in die Sellrainer Berge:
hotterweg beim Zirler Steinbruch.

hweißtreibendes Auf und Ab:
ırze Abfahrt vor dem Bergziel.

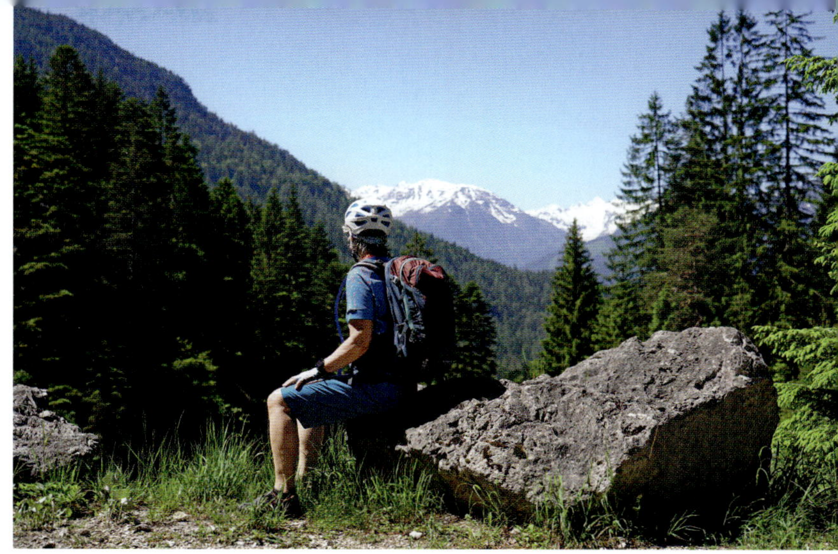

Pause mit Schneeblick: Fernsicht in die Stubaier Alpen.

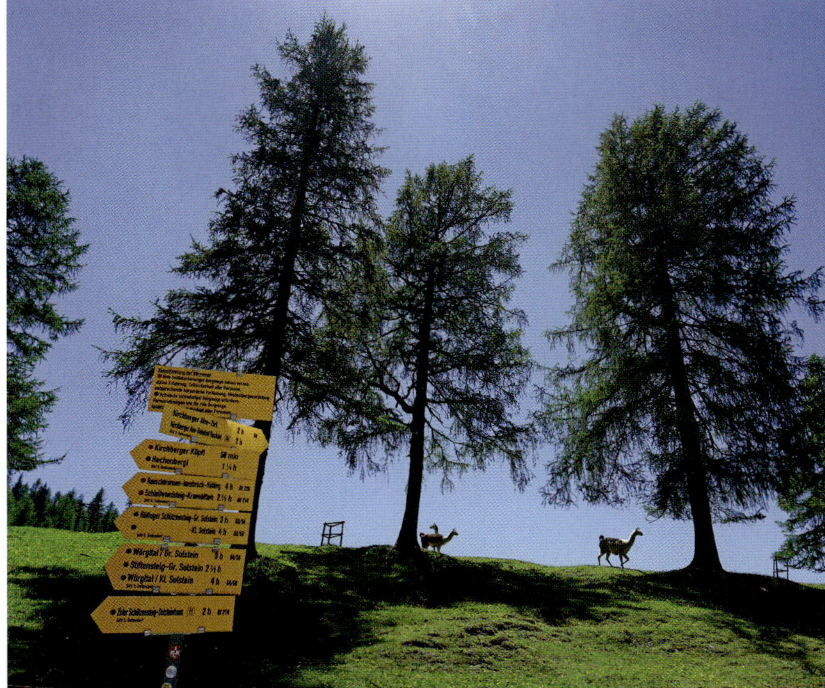

Anden-Ambiente: Lamas auf den Karwendelwiesen.

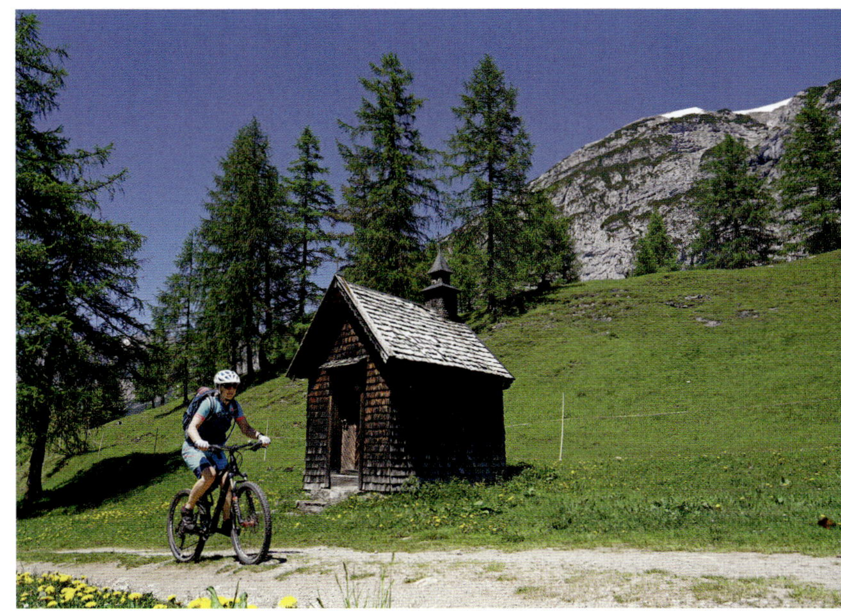

Almmähder mit Minikapelle.

Leidenschaftliche Mountainbiker kennen das Karwendel, eine Gebirgsgruppe der Nördlichen Kalkalpen zwischen dem jungen Isartal im Norden, Seefeld im Westen, dem Achensee im Osten und dem Inntal im Süden. Seinen Namen trägt das Karwendel laut Lexikon nach dem altdeutschen Familiennamen Gerwentil, erstmals im Jahr 1280 erwähnt, der ursprünglich nur auf das lange Karwendeltal bei Scharnitz begrenzt war. Fast das gesamte Bergmassiv umfasst heute Österreichs größten Naturpark mit einer Fläche von rund 727 Quadratkilometern. Insgesamt liegen 80 Prozent des Gebietes auf Tiroler Seite und rund 20 Prozent auf der bayerischen.

Aber damit genug der geografischen Fakten. Wir wollen ja nur zum Biken ins Karwendel, und zwar dieses Mal auf die weniger bekannte Südseite. Obwohl »weniger bekannt« nicht ganz stimmt: Die Locals aus Innsbruck und Umgebung sind in der vom Inntal aus steil aufragenden Bergwelt sehr wohl eifrig auf Tour.

Los geht's für uns in Zirl. Sportliche Innsbrucker fahren direkt in Tirols Landeshauptstadt los und nehmen für die zehn Kilometer bis Zirl den Innradweg zum Warmfahren.

Wir biegen vom Parkplatz beim Roten Kreuz erst mal auf die Bergstraße Richtung Hochzirl

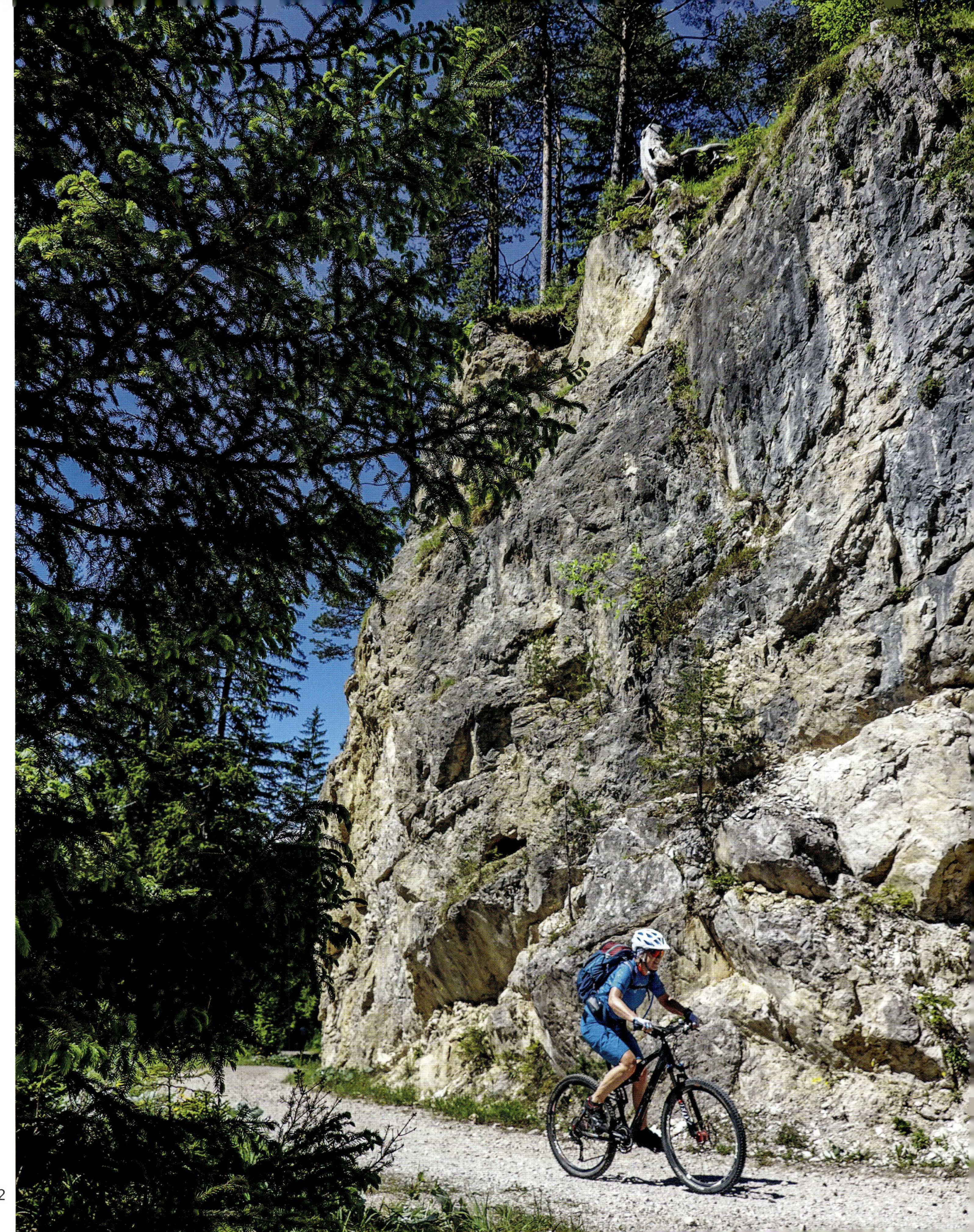

Felsen und dichter Wald:
Weg oberhalb der Ehnbachklamm.

Ersehnte Erfrischung:
Brunnen beim Brunntal-Gasthof.

Heimelige Umgebung: Froschteich
an der Magdeburger Hütte.

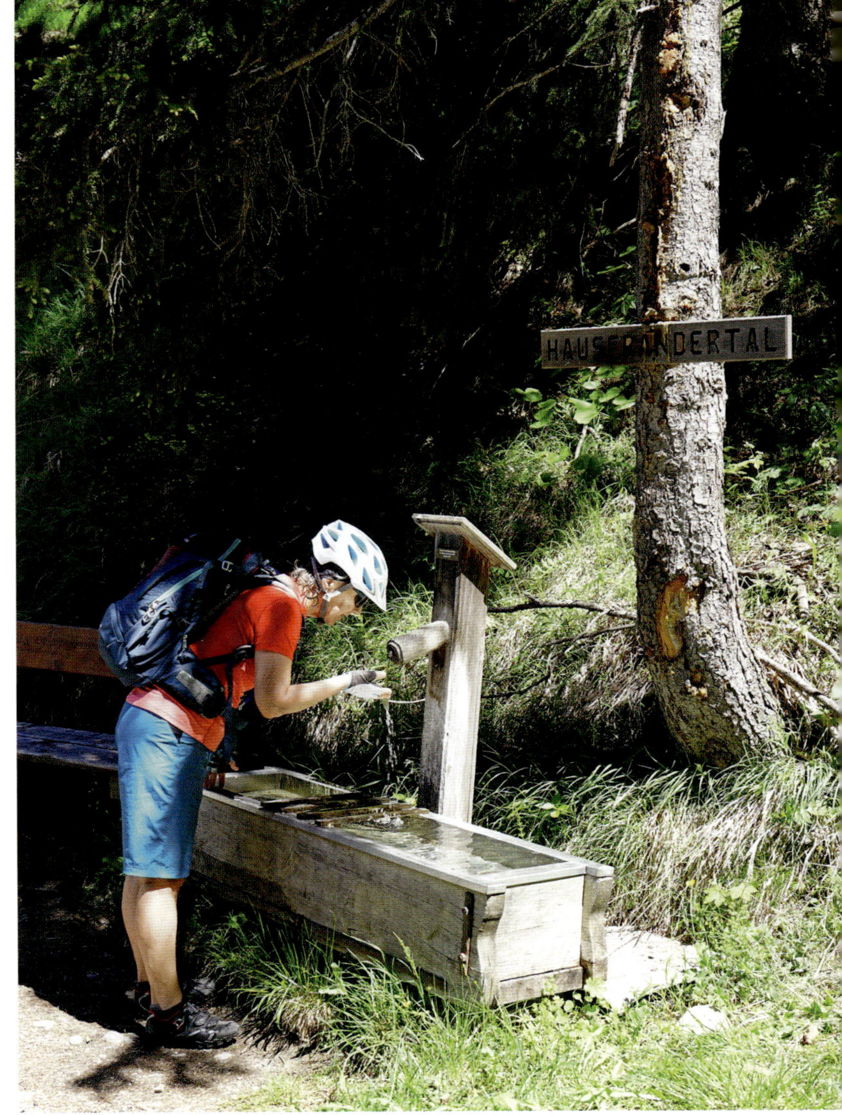


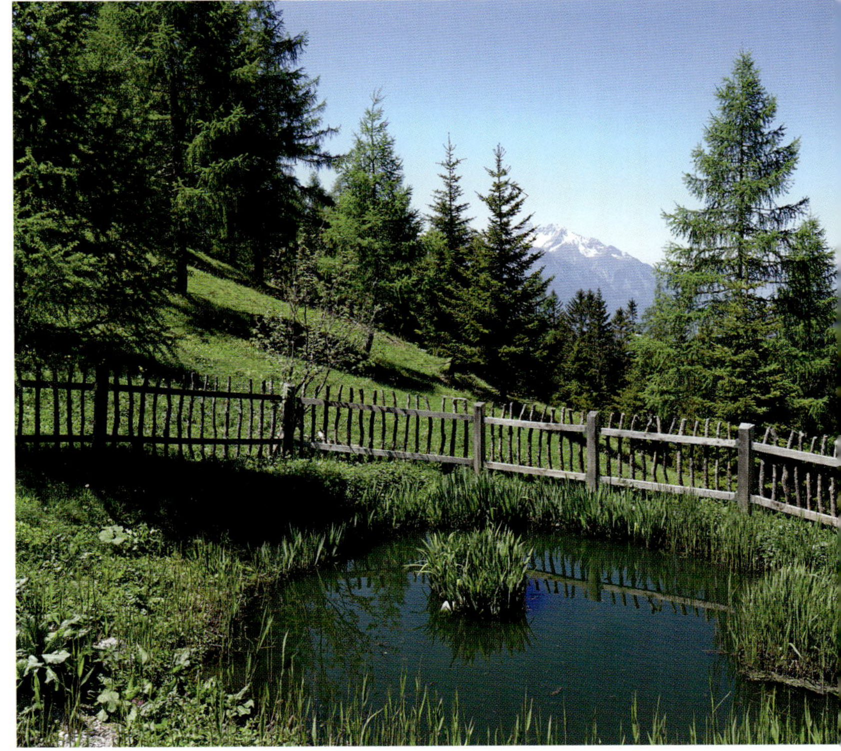

ab, nicht zu verwechseln mit der Passstraße Zirler Berg. Nach drei Serpentinen Asphaltkurbelei zweigen wir ab in den dichten Bergwald oberhalb der Ehnbachklamm. Leider ist von der Schlucht von oben kaum etwas zu erspähen. Andererseits darf man hier ganz froh sein über die Schatten spendenden Bäume. Die Südseite des Karwendels ist nämlich für intensive Sonneneinstrahlung bekannt. Auf rund 1.150 Metern Höhe überqueren wir an einer gemauerten Furt aus wuchtigen Steinquadern den Ehnbach. Bei der Jausenstation Brunntal, idyllisch gelegen in einer Waldlichtung, beginnt dann die fordernde Phase der Tour. Ein erfrischender Tankstopp zuvor ist - heute - leider nicht möglich. Montag und Dienstag Ruhetag! Also schwitzen wir uns die restlichen viereinhalb Kilometer und 500 Höhenmeter den Berg hinauf. Ab und zu blitzt eine Felswand des Garberskopfes (1.903 m) durch die Bäume. Ein wenig später der Große Solstein (2.541 m). Nach einer Linkskurve aus dem Wald hinaus liegt die Neue Magdeburger Hütte plötzlich vor uns. Aber diese ist nicht nur eine stattliche holzvertäfelte Alpenvereinshütte, sondern ein ganzes kitschig-schönes Alm-Ensemble mit Froschteich, kleiner Holzkapelle, einem Almhaus und einem Bergsee. Nur ein Detail irritiert etwas: Auf den saftigen Wiesen grasen keine Kühe, sondern Schafe und Lamas.

Die Sonne scheint kräftig auf die Terrasse vor der Hütte. Am besten erst noch mal einschmieren, sonst fordert die berühmte Karwendel-Südseite ihren Tribut in Form eines Sonnenbrandes. Das Team um Hüttenwirt Hermann Isser serviert schmackhafte Tiroler Küche, von Speckknödeln bis Kaiserschmarrn. Es schmeckt! Das ist nicht nur Ernährung, sondern schon leckeres Essen. Und der Kaffee ist ebenfalls so, wie er sein sollte – heiß und kräftig im Geschmack. Als wir die Bikes wieder klarmachen, denken wir uns: Dieses idyllische Alm-Ambiente würde die ideale Kulisse für einen kitschigen Alpen-Spielfilm abgeben. Oder vielleicht lieber doch nicht!? Sonst wird es künftig zu voll am Fuß der Solsteine.

Von der Neuen Magdeburger Hütte ins Inntal geht's nur noch bergab, sodass die Bremsscheiben fast glühend heiß werden. Bis zur Jausenstation verläuft die Route auf dem Anfahrtsweg, danach nehmen wir die Direttissima Richtung Zirler Steinbruch. Achtung, einige kleine Abschnitte sind ziemlich steil und der Schotterbelag rutschig! Endlich ergeben sich auch lohnende Ausblicke aufs Inntal und die gegenüberliegenden Sellrainer Berge. Kurz oberhalb von Zirl verläuft der staubige Schotterweg spektakulär durch eine Felswand, in die stundenlang die Sonne brennt. Schließlich noch eine Haarnadelkurve, und kurz darauf rollen wir wieder auf den Parkplatz der Rettung.

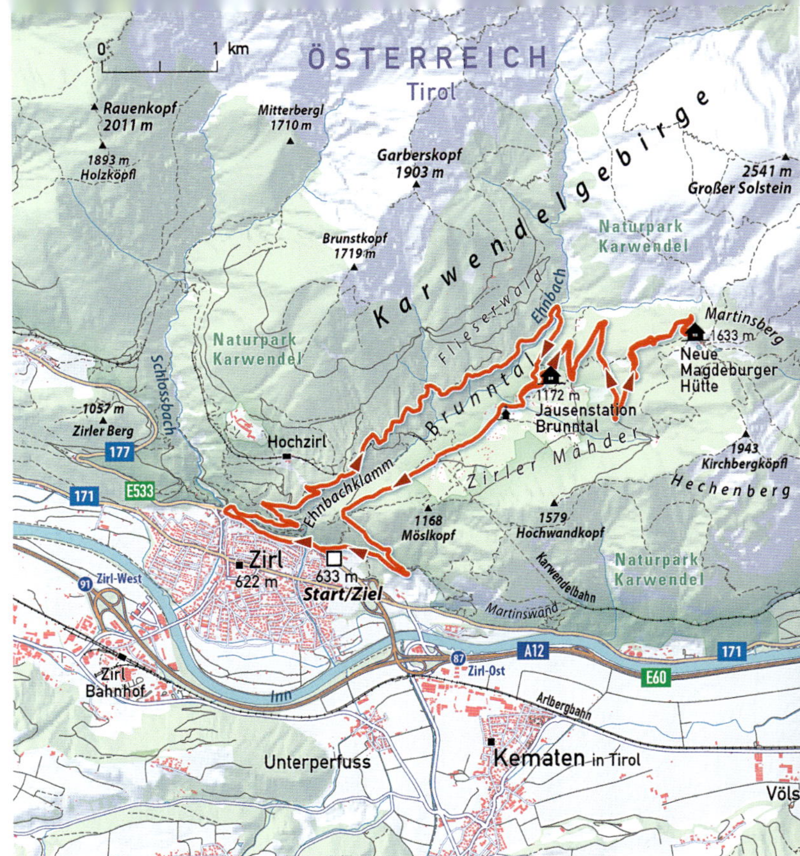


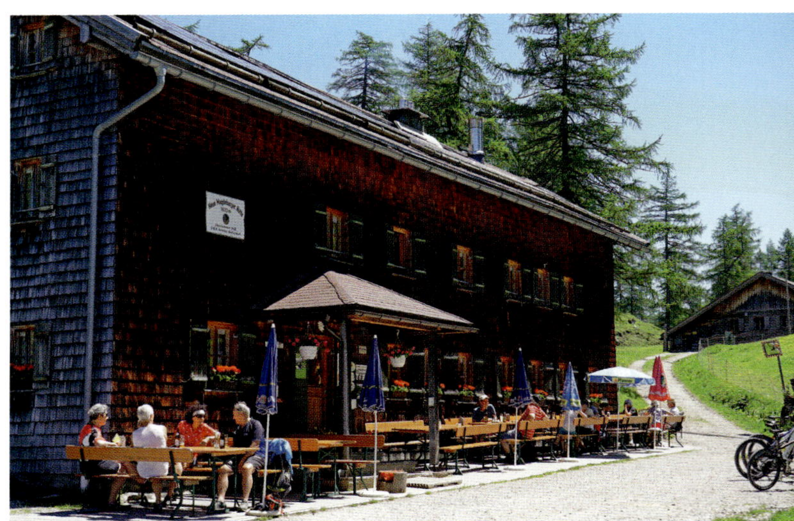

Sonnengegerbte Fassade: Neue Magdeburger Hütte.

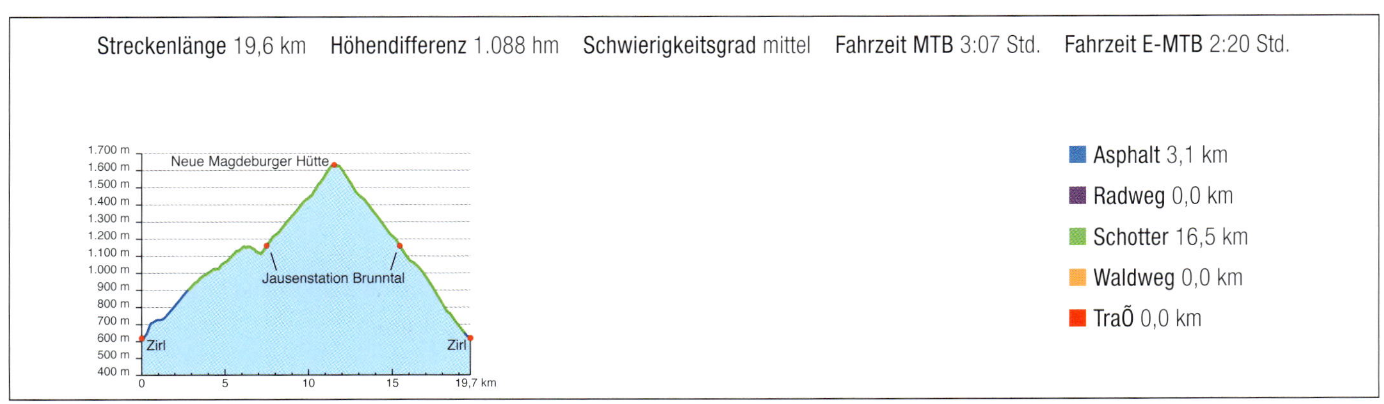

# INFOS

## DIE HÜTTE

Die **Neue Magdeburger Hütte** (1.633 m) ist eine Alpenvereinshütte der DAV-Sektion Geltendorf und liegt am Fuß der Solsteine in lieblichem Almgelände im südwestlichen Karwendel. Ursprünglich standen hier eine Alm und ein Jagdhaus, das von der DAV-Sektion Magdeburg gekauft und umgebaut wurde. Nach dem Zweiten Weltkrieg übernahm die Sektion Geltendorf die Hütte, der Name Neue Magdeburger Hütte wurde beibehalten. Zum Übernachten gibt's 68 Schlafplätze (sechs Lager und vier Mehrbettzimmer). Geöffnet ist Mitte Mai bis Mitte Oktober. www.magdeburger-huette.at

## BIKE-REGION

Das Karwendelgebirge zählt unter Mountainbikern zu den Klassiker-Regionen, vor allem die Touren in den langen, archaischen Karwendeltälern zwischen Achensee und Mittenwald/Scharnitz/Seefeld. Allerdings sind viele Touren auf der Südseite des Felsmassives nur den Locals aus dem Raum Innsbruck und Inntal ein Begriff. Dazu gehört auch die Strecke zur Neuen Magdeburger Hütte.

## TOURCHARAKTER

Diese Karwendel-Tour zählt zur einfacheren Kategorie. Nach den ersten Landstraßen-Serpentinen biegen wir ab auf Forst- und Bergwege. Die sind zwar hin und wieder ganz schön steil, aber der Schotterbelag zeigt sich mehr oder weniger gut gepflegt. Etwas Vorsicht ist geboten bei der steilen Abfahrt oberhalb des Steinbruches von Zirl. Hier sollte man nicht zu schnell werden, um nicht ins Rutschen zu geraten.

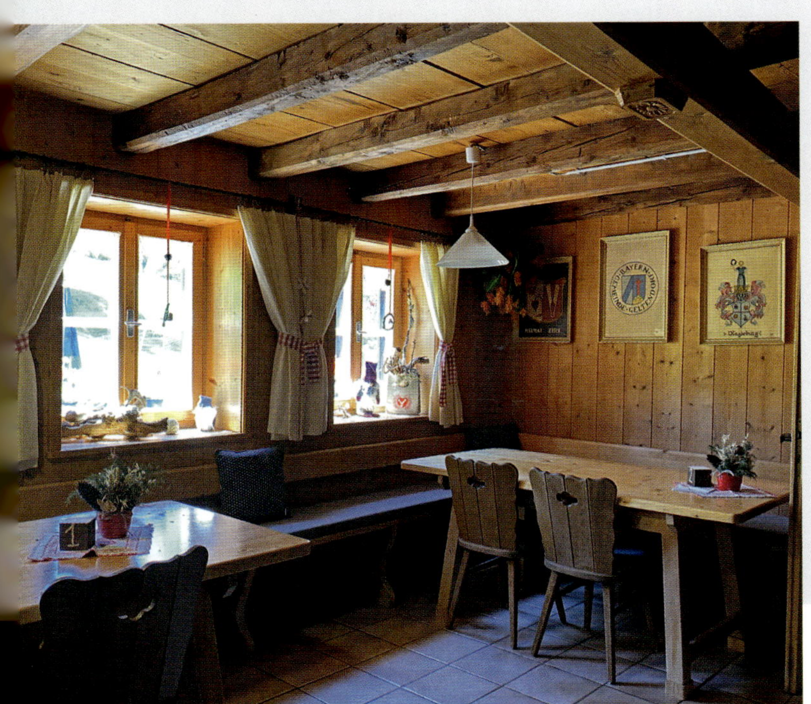

## TOURSTART

Wir starten in Zirl am Wanderparkplatz beim Roten Kreuz. Wer mit der Bahn ab Innsbruck anreist, steigt am Bahnhof Zirl aufs Rad.

## VARIANTE

Man kann die Tour auch in umgekehrter Richtung fahren, d. h. vom Parkplatz direkt Richtung Geistbühelweg und Steinbruch. Aber diese Variante beginnt dann sofort mit relativ steilen, der Sonne ausgesetzten Passagen.

## WEITERER EINKEHRTIPP

**Jausenstation Brunntal** (1.172 m) Uriges Wirtshaus im Bergwald oberhalb von Zirl (Montag und Dienstag Ruhetag)

## BIKE-VERLEIH

**Bike Base** (Verleih und Werkstatt), Tom Mang, Meilstraße 54 in Zirl, Tel. +43 66 44 84 24 45
**Gregor's E-Bikes** (Verleih und Werkstatt), Meilstraße 7 in Zirl, www.gregorsebikes.at

## BIKE-HOTELS

**Hotel Tyrolis** Meilstraße 36, A-6170 Zirl, www.hotel-tyrolis.at
**Hotel Seespitz** in Seefeld, Innsbrucker Straße 1, A-6100 Seefeld, www.seespitz.at

## LANDKARTEN

**Kompass-Kartenset WK 290** *Rund um Innsbruck*, 1:50.000

## BIKE-INFOS

www.seefeld.com/sommer/biken/bike-touren
www.outdooractive.com/de/mtb-touren/zirl/mtb-touren-in-zirl/1433474/

## TOURIST-INFOS

**Tourismus Information Zirl** Dorfplatz 2, Tel. +43 5 12 53 56 61 70, A-6710 Zirl, www.innsbruck.info/destination/orte/zirl.html

**Bei kühlem Wetter geht's in die gemütliche Stube der Neuen Magdeburger Hütte.**

# 06

## Lange Runde auf den höchsten Gipfel der Salzburger Schieferalpen

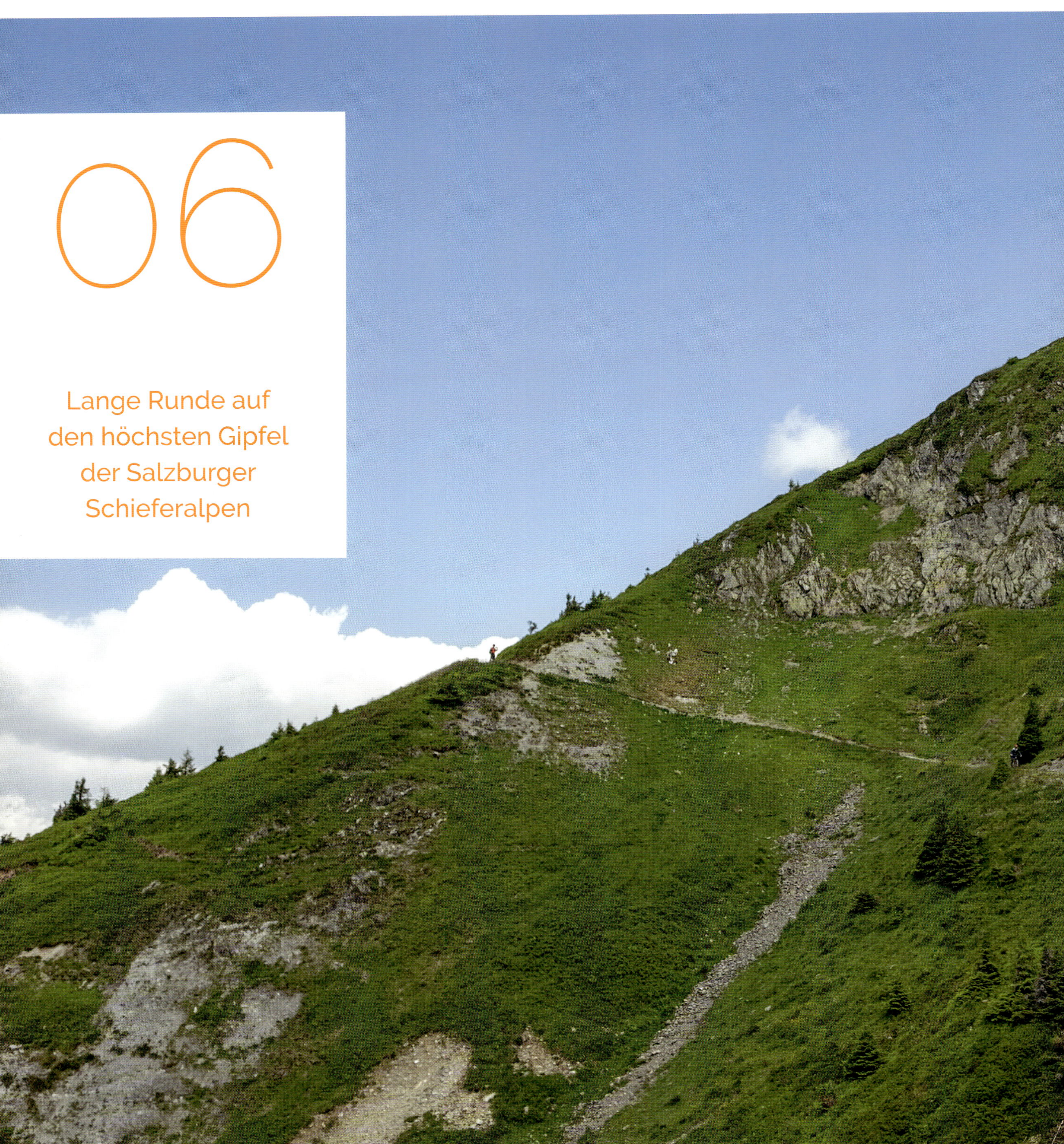

Trail an der Grasflanke des Hundsteins (2.117 m).

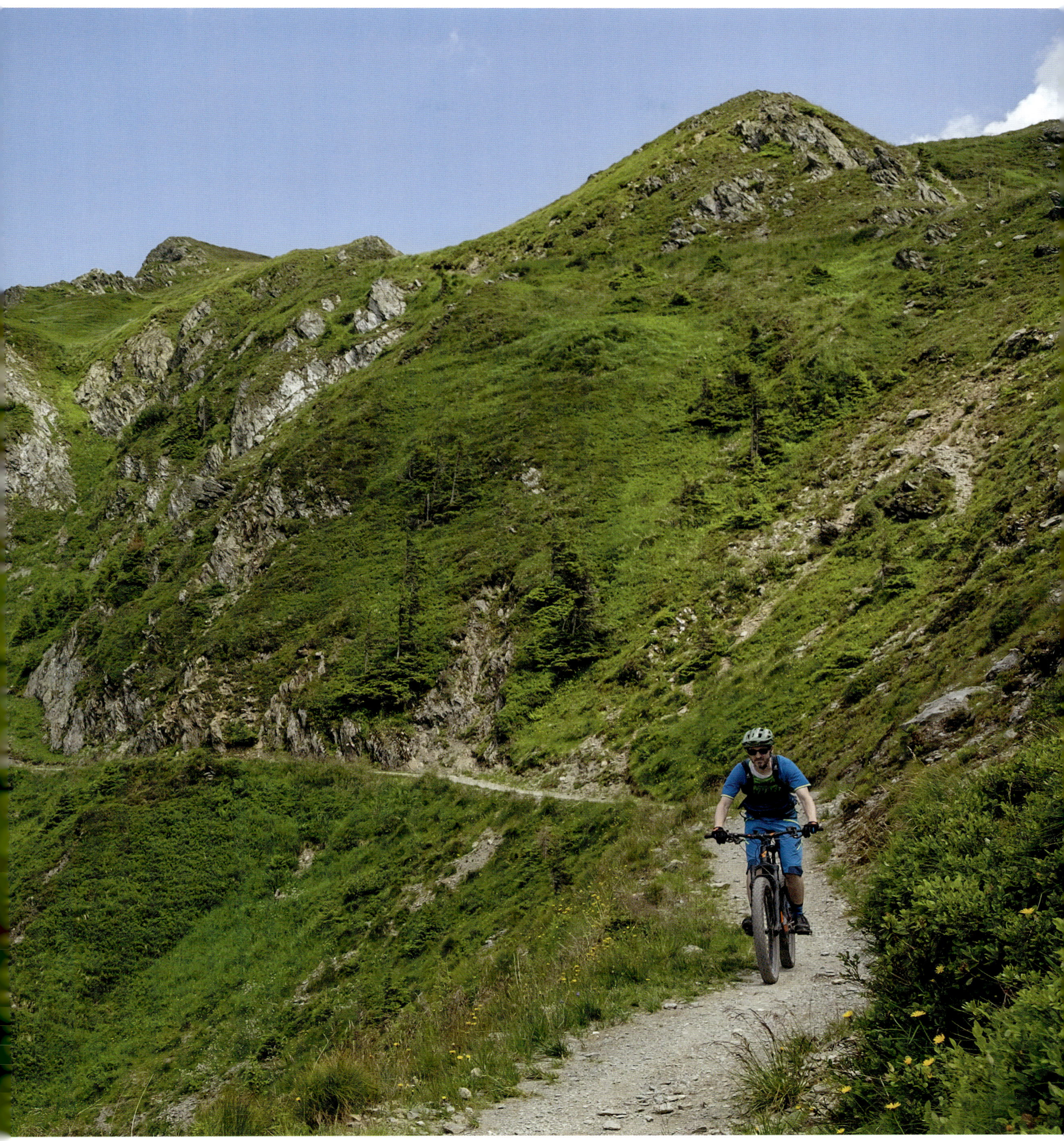

Streckenlänge: 44,0 km | Höhenmeter: 1.504 m | Schwierigkeit: schwer | Fahrzeit: MTB: 5:26 Std. – E-MTB: 4:05 Std.

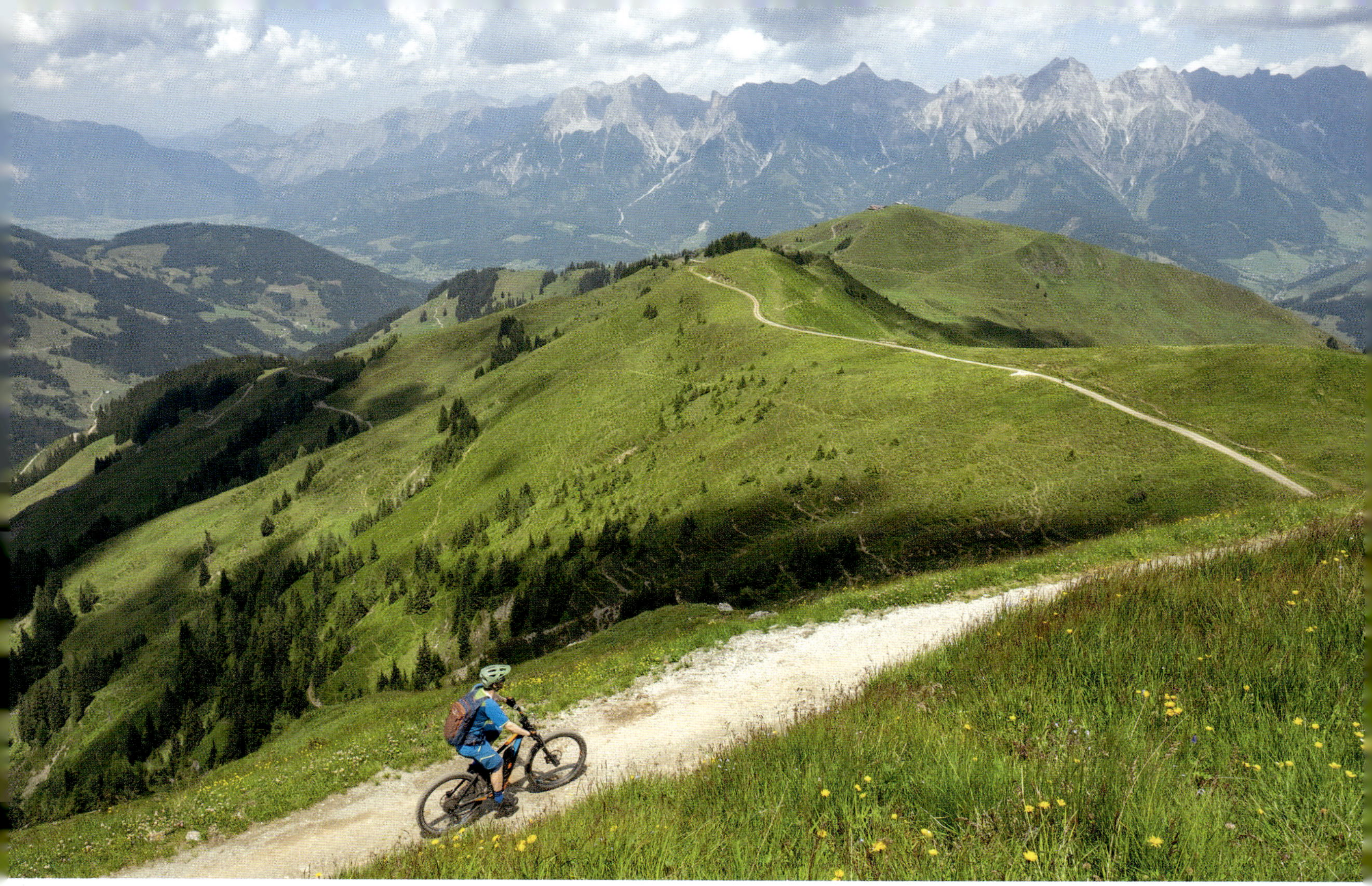

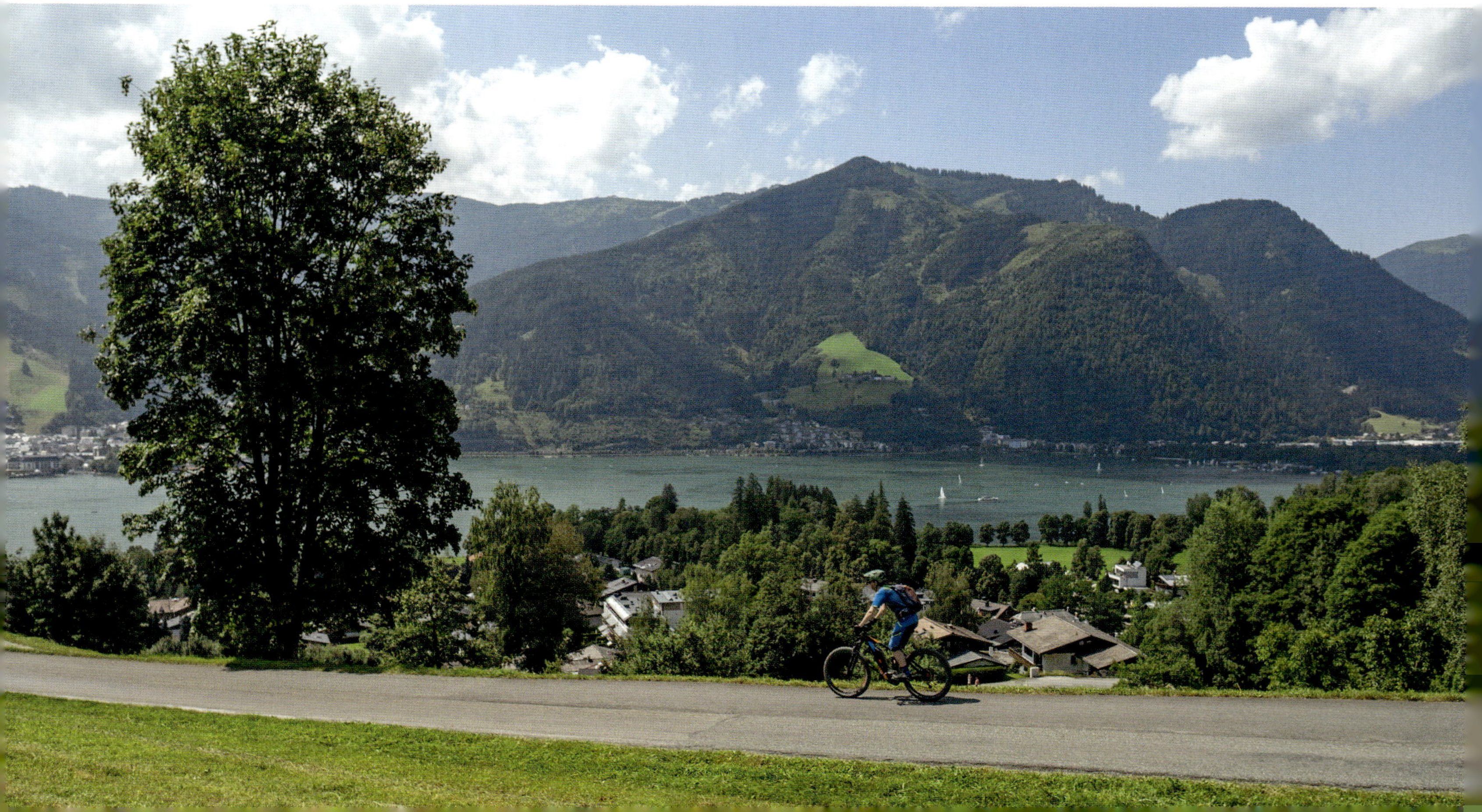

'lick auf die Schönfeldspitze (2.653 m)
m Steinernen Meer.

bfahrt nach Thumersbach
m Zeller See.

Erst Gipfelfoto, dann Mittagessen:
am Gipfel des Hundsteins (2.117 m).

Im Alpenkendlwald
am Schafskopf (1.833 m).

Erfrischung vor dem langen Anstieg:
Unterlettlhof in Almdorf.

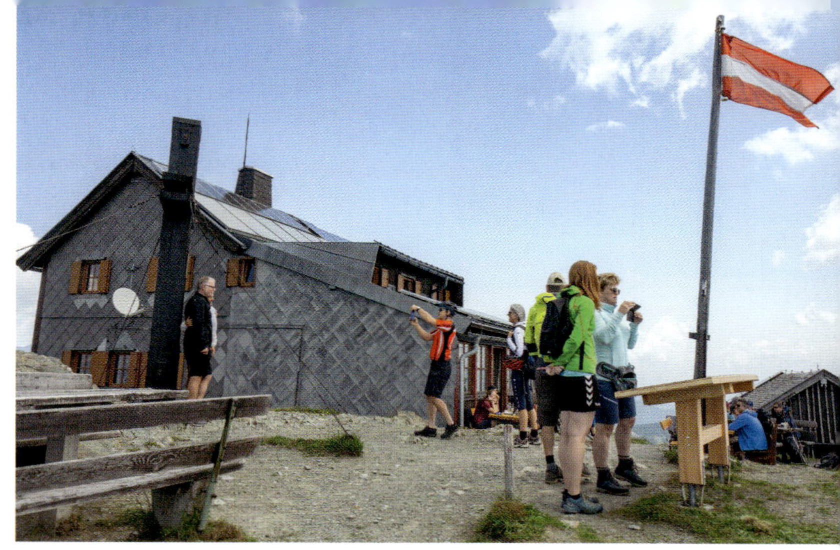

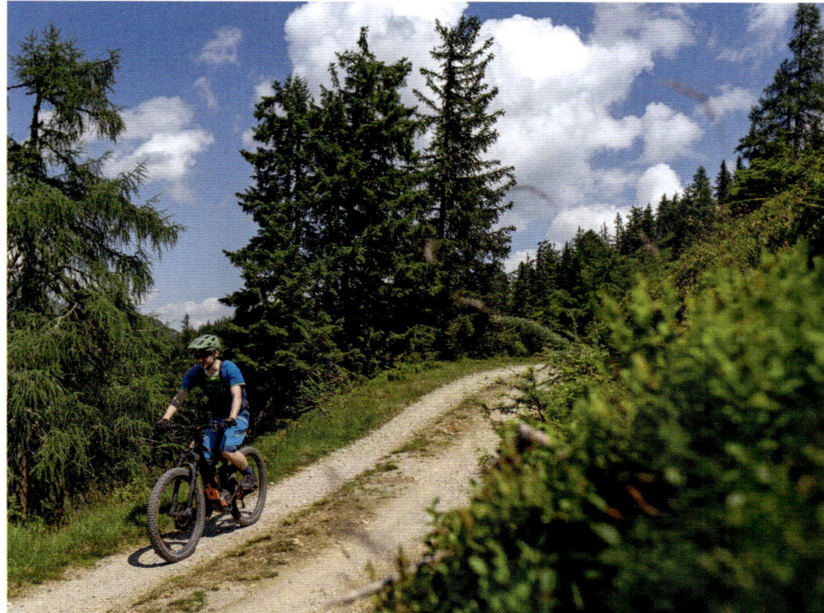

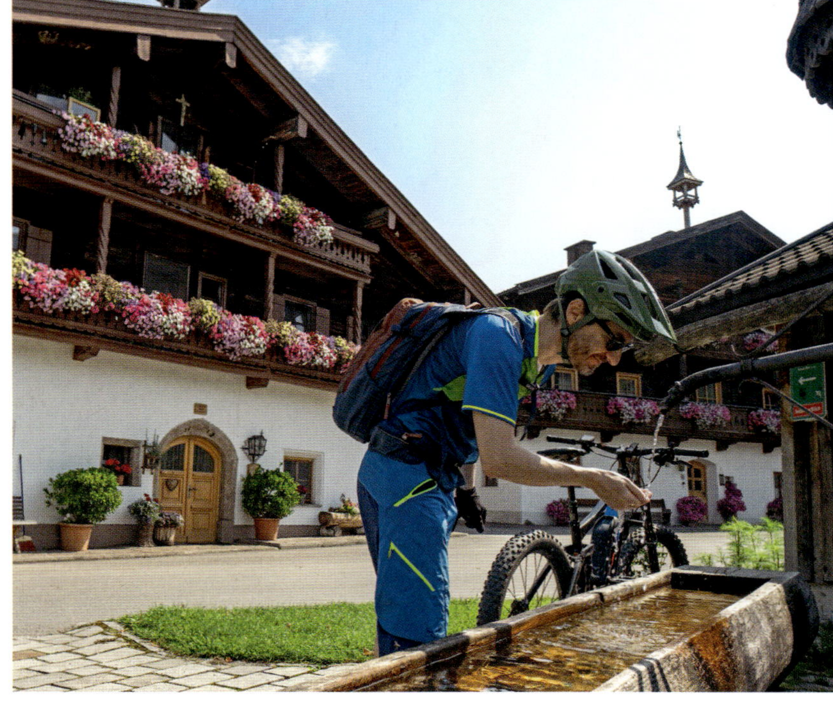

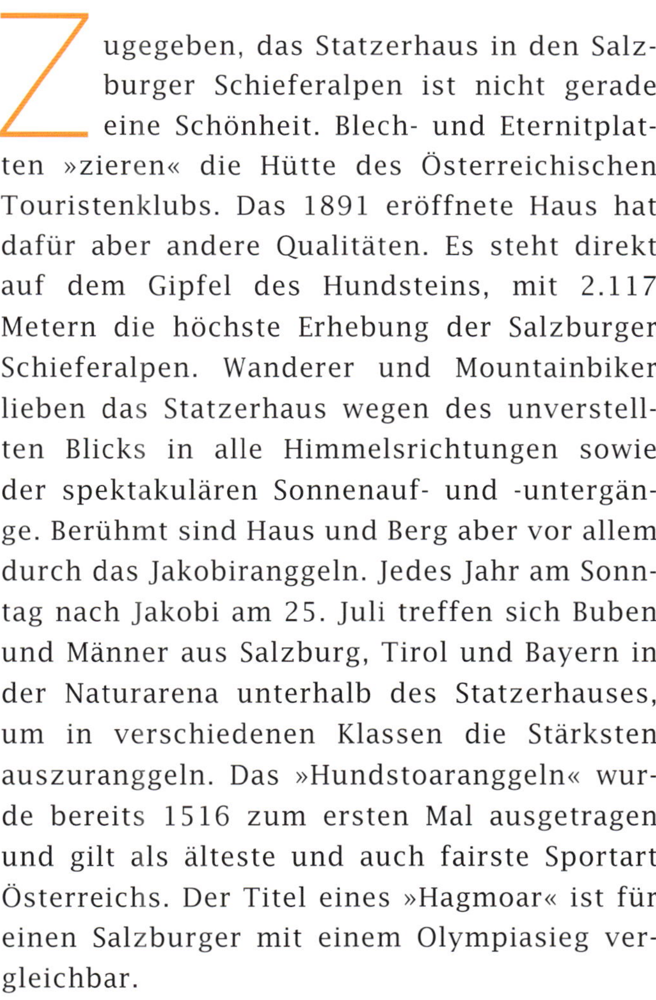

Zugegeben, das Statzerhaus in den Salzburger Schieferalpen ist nicht gerade eine Schönheit. Blech- und Eternitplatten »zieren« die Hütte des Österreichischen Touristenklubs. Das 1891 eröffnete Haus hat dafür aber andere Qualitäten. Es steht direkt auf dem Gipfel des Hundsteins, mit 2.117 Metern die höchste Erhebung der Salzburger Schieferalpen. Wanderer und Mountainbiker lieben das Statzerhaus wegen des unverstellten Blicks in alle Himmelsrichtungen sowie der spektakulären Sonnenauf- und -untergänge. Berühmt sind Haus und Berg aber vor allem durch das Jakobiranggeln. Jedes Jahr am Sonntag nach Jakobi am 25. Juli treffen sich Buben und Männer aus Salzburg, Tirol und Bayern in der Naturarena unterhalb des Statzerhauses, um in verschiedenen Klassen die Stärksten auszuranggeln. Das »Hundstoaranggeln« wurde bereits 1516 zum ersten Mal ausgetragen und gilt als älteste und auch fairste Sportart Österreichs. Der Titel eines »Hagmoar« ist für einen Salzburger mit einem Olympiasieg vergleichbar.

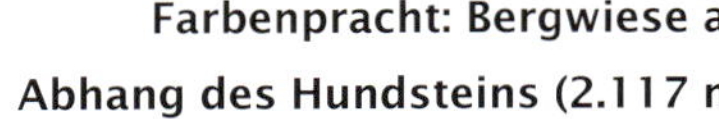

Farbenpracht: Bergwiese a
Abhang des Hundsteins (2.117 m

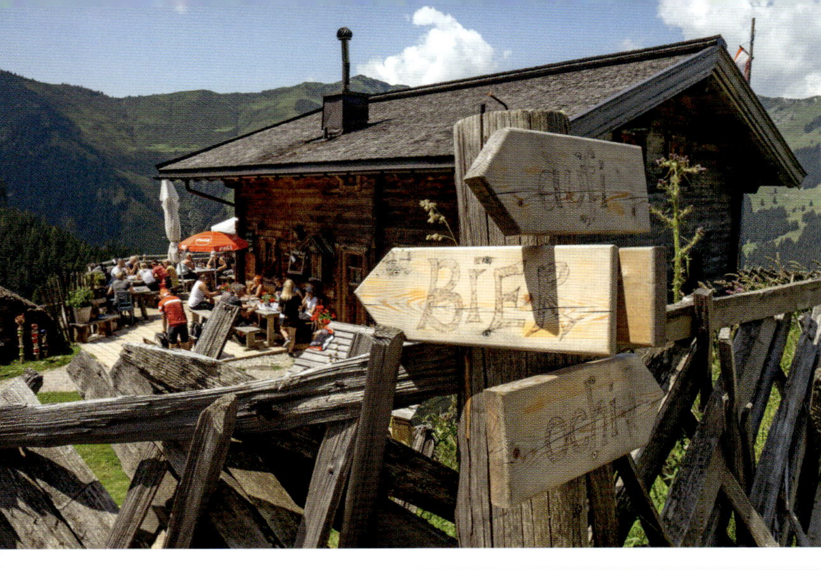


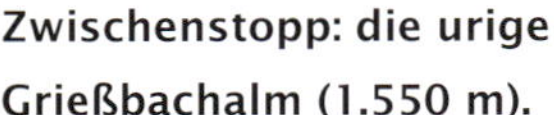

Zwischenstopp: die urige Grießbachalm (1.550 m).

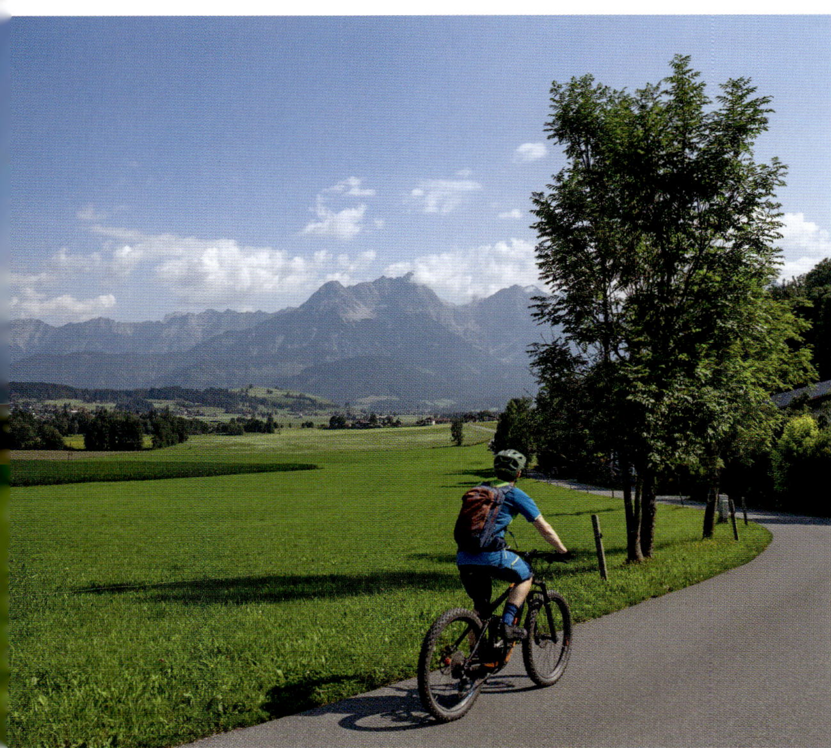

Gemütliches Einrollen auf dem Tauernradweg nach Maria Alm.

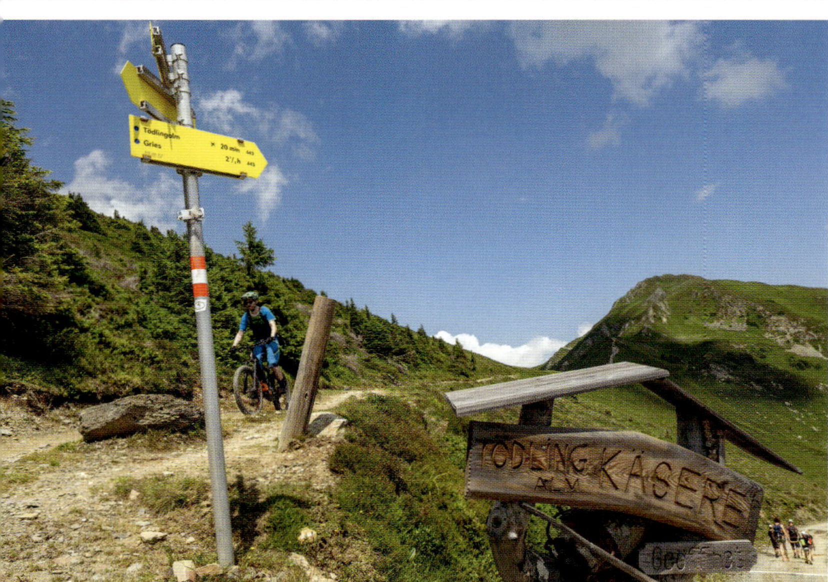

Trail-Ende am Abzweig zur Tödling Hochalm (1.784 m).

Uns zieht's nicht zum Ranggeln, sondern auf eine lange, ausgesprochen schöne Biketour über den grandiosen Aussichtsberg zwischen Zell am See, Maria Alm und Bruck. Nach dem Start in Thumersbach am Zeller See ist aber erst einmal Genussradeln angesagt. Gute 16 Kilometer rollen wir fast eben auf durchweg asphaltierter Strecke einen wunderschönen Abschnitt des Tauernradweges entlang. Hinter Maria Alm am Steinernen Meer geht's dann aber zur Sache. Meter für Meter kurbeln wir in ziemlich konstanter Steigung hoch ins Skigebiet von Maria Alm, das zur Region Hochkönig gehört. Ist die Baumgrenze erreicht, breiten sich große grüne Buckel und Kegel aus, die über lange Kämme verbunden sind. Kaum ein Fels ragt aus dem alpinen Rasen heraus. Die Dientener Berge gehören geologisch – wie auch die Allgäuer und Kitzbüheler Alpen – zu den Grasbergen.

Vor der urigen Grießbachalm auf 1.550 Metern sorgt ein kurzes Flachstück für Pulsberuhigung. Wir haben das Statzerhaus hoch oben am Horizont schon im Blick, es liegt aber noch ein gutes Stück Weg vor uns. Eine Pause auf der sonnigen Terrasse der Alm bietet sich an, auch weil die Steigung ab der Hütte wieder merklich anzieht.

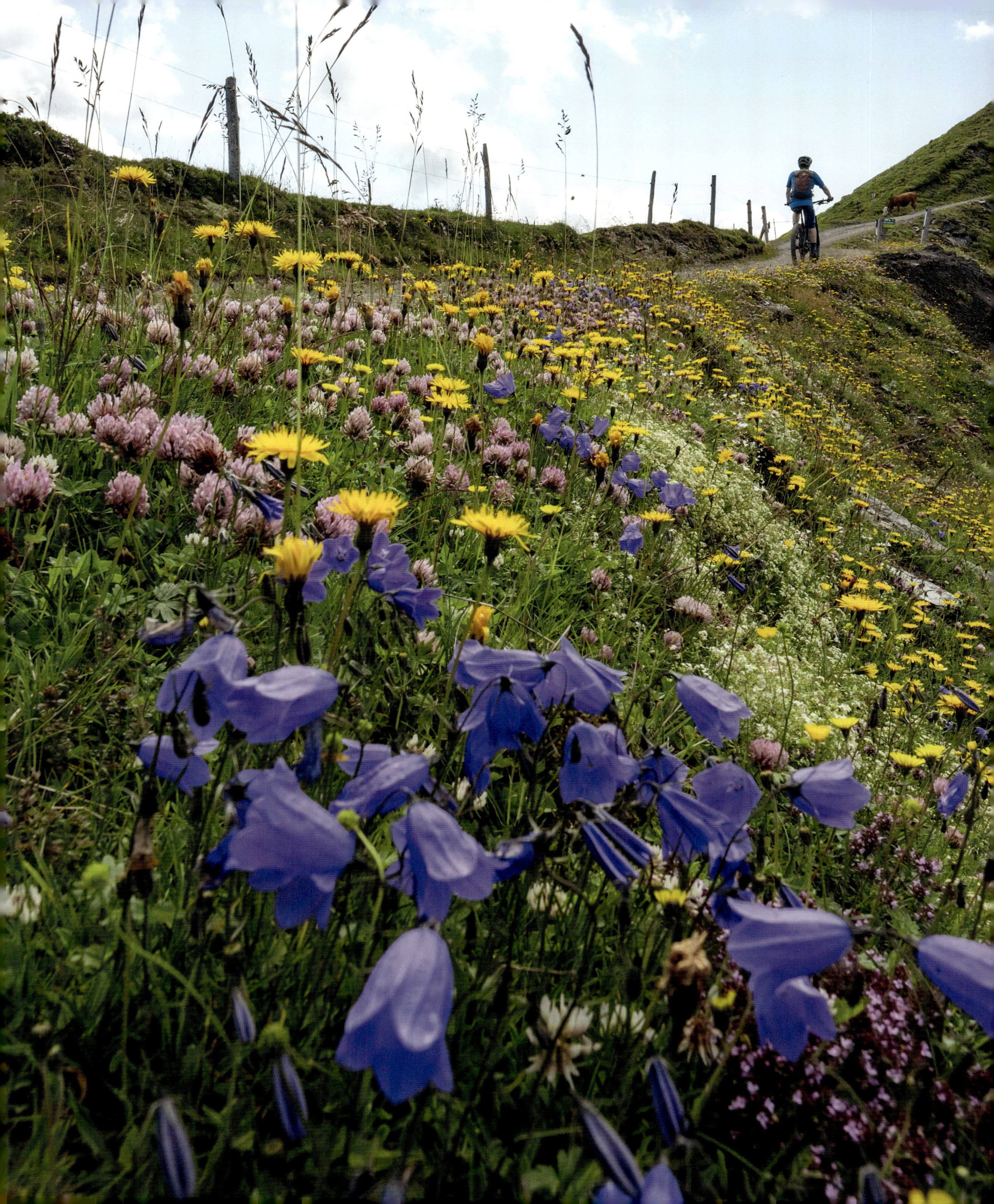

Die Ausblicke – mal links vom Weg ins Dachstein-Massiv, mal rechts in die Zillertaler Alpen – bringen Abwechslung in die lange Auffahrt. Wenn man dann endlich nach einem harten letzten Anstieg oberhalb des Hundsteinsees auf dem Gipfel angekommen ist, kann man in aller Ruhe noch viel mehr Gebirge in einer Rundumschau studieren. Apps helfen dem nicht ganz so versierten Bergbetrachter heutzutage ja gut bei der Gipfelbestimmung. Viel Platz gibt es vor dem Statzerhaus nicht, aber irgendwo findet sich schon eine Sitzgelegenheit, und alle rücken gern zusammen. So kommt man ins Gespräch. Unsere Sitznachbarn berichten ziemlich erschöpft von ihrer schweren Auffahrt. Ohne Karte sind sie den direkten Weg von Thumersbach hochgekommen. Das letzte Stück mussten sie schieben.

Umgekehrt ist's leichter, und so fahren wir den Trail entlang der grasigen Hangkante mit viel Spaß runter. Der Pfad wird zum Forstweg, und auf der flotten Abfahrt rauschen wir bald an den ersten Bäumen vorbei. Ab der Enzianhütte, die etwas unromantisch unter einer surrenden Hochspannungstrasse liegt, vernichten wir die letzten Höhenmeter auf Asphalt. Der Blick auf den Zeller See mit vielen weißen Segelbooten verkündet schon das nahe Ziel.

Da die Tour an einem so schönen Bergsee endet, bietet sich – vor allem an warmen Tagen – ein erfrischender Sprung ins türkisblaue Wasser an.

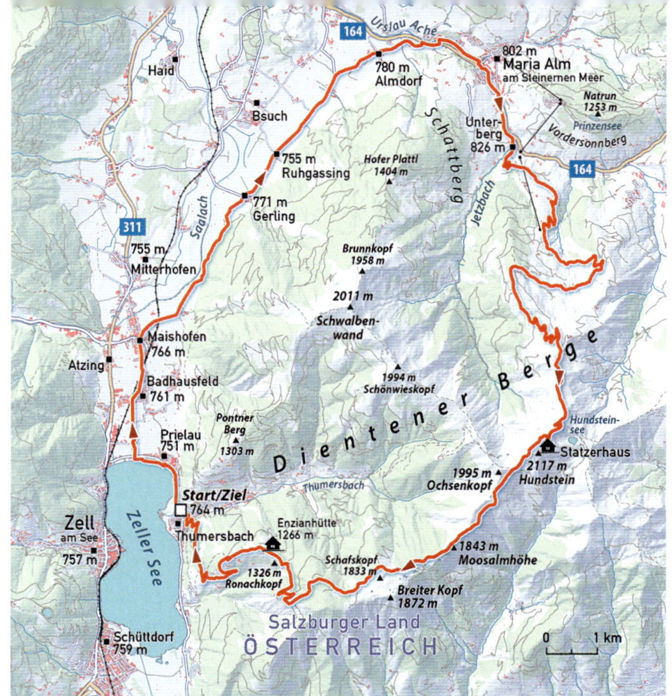


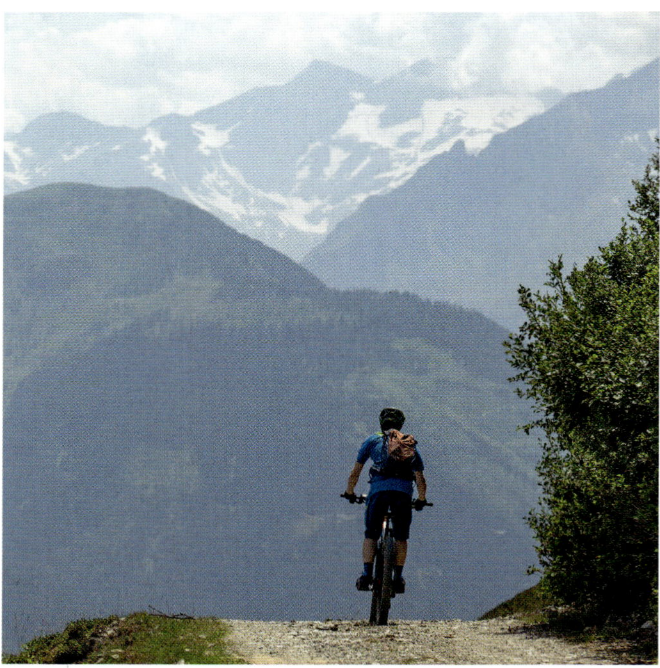

Abfahrt vor der schneebedeckten Glocknergruppe.

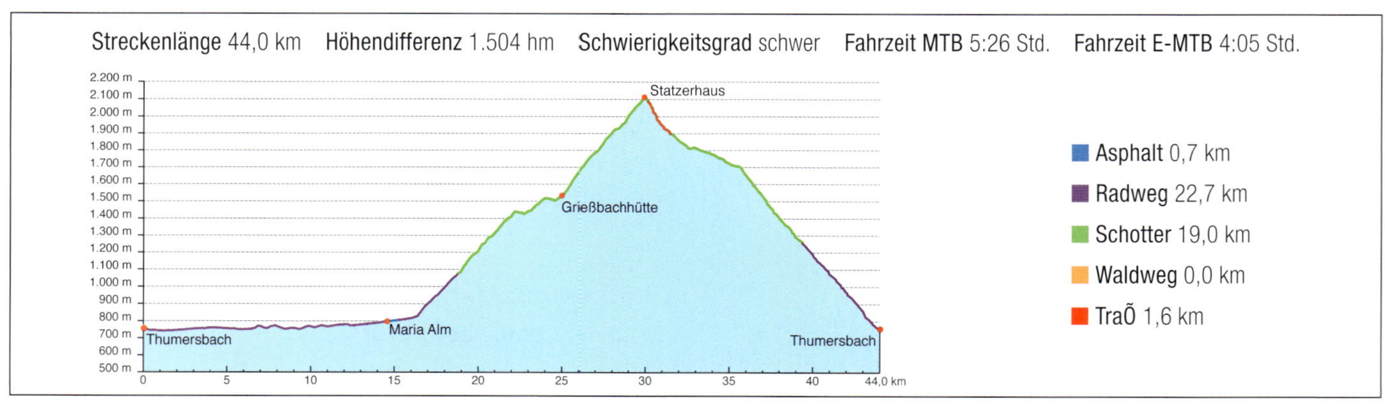

## INFOS

**DIE HÜTTE**
Die einzigartige Lage direkt neben dem Gipfelkreuz des Hundsteins (2.117 m) macht das **Statzerhaus** zum beliebten Ausflugsziel. Eine bewegte Geschichte hat das Haus ebenfalls zu bieten. 1891 eröffnet, brannte die Hütte 1897 bei einem Diebstahl vollkommen aus und musste abgerissen und neu gebaut werden. Katharina Schneider, die mehr als 30 Jahre Hüttenwirtin auf dem Hundstein war, wurde 1953 von einem Raubmörder erschossen. Heute genießen Wanderer und Biker das friedliche Zusammensein. Wer einen Sonnenuntergang erleben möchte, kann hier oben auch übernachten. Es gibt sechs Betten und 27 Lager. Geöffnet ist von Ende Mai bis Mitte Oktober. Tel. +43 65 42 7 44 38

**BIKE-REGION**
Abwechslungsreich lässt es sich in der Region Zell am See-Kaprun biken. Während am Zeller See genussvolle Almentouren und sportliche Routen auf Mountainbiker und E-MTBler warten, können am Kitzsteinhorn bei Kaprun harte Freeridestrecken unter die Stollen genommen werden.

**TOURCHARAKTER**
Für E-Mountainbiker eine Genusstour, sind die 44 Kilometer und 1.505 Höhenmeter für klassische Bergradler schon eine ausgewachsene Tagestour, die gute Kondition erfordert. Nach langer Einrollphase ist fast die komplette Steigung zum Hundstein-Gipfel am Stück zu bewältigen – anfangs auf Asphalt, später auf guten Schotterwegen. Die Trail-Abfahrt zu Beginn ist gut fahrbar, verläuft aber am steilen Grasabhang. Die restliche Abfahrt zurück nach Thumersbach ist einfach zu fahren.

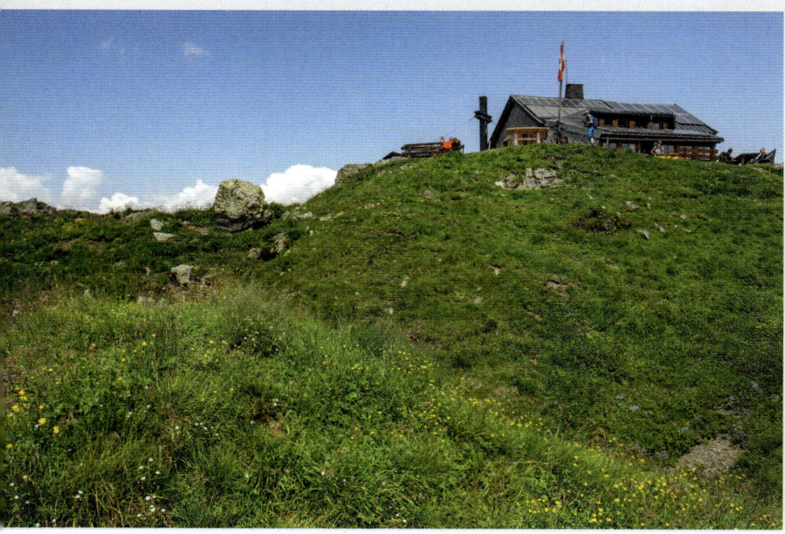

**TOURSTART**
Los geht's am großen Parkplatz von Kurpark und Seebad am Ortsausgang von Thumersbach.

**WEITERER EINKEHRTIPP**
**Grießbachalm** (1.550 m) Sonnige Almwirtschaft auf halber Strecke zum Hundstein. Geöffnet ab Ende Mai bis Mitte Oktober. Tel. +43 66 42 14 28 20, www.griessbachalm.com

**BIKE-VERLEIH**
**Intersport Scholz**
Bahnhofstraße 13, A-5700 Zell am See,
Tel. +43 65 42 7 26 06, www.intersport-scholz.at
**Adventure Service**
Salzachtal Bundesstraße 22, A-5700 Zell am See,
Tel. +43 65 42 7 35 25, www.adventureservice.at

**GEFÜHRTE TOUREN**
**Adventure Service Outdoorsports**
Salzachtal Bundesstraße 22, A-5700 Zell am See,
Tel. +43 66 45 05 99 20, www.rafting-zellamsee.at

**BIKE-HOTELS**
**Seehotel Bellevue**
Seeuferstr. 41, A-5700 Zell am See/Thumersbach,
Tel. +43 65 42 2 18 28, www.seehotel-bellevue.at
**Sporthotel Alpenblick**
Alte Landesstraße 6, A-5700 Zell am See,
Tel. +43 65 42 54 33, www.alpenblick.at

**LANDKARTEN**
**Kompass-Karte WK 30**
*Saalfelden, Saalbach-Hinterglemm, Zell am See,* inkl. Offline-Verwendung in der Kompass-App, 1:50.000

**BIKE-INFOS**
www.zellamsee-kaprun.com/de/aktivitaeten/sommer/rad-bike

**TOURIST-INFOS**
**Zell am See-Kaprun Tourismus GmbH**
Brucker Bundesstr. 1a, A-5700 Zell am See,
Tel. +43 65 42 7 70, www.zellamsee-kaprun.com

**Aussichtsreich: Das Statzerhaus steht auf dem Gipfel des Hundsteins.**

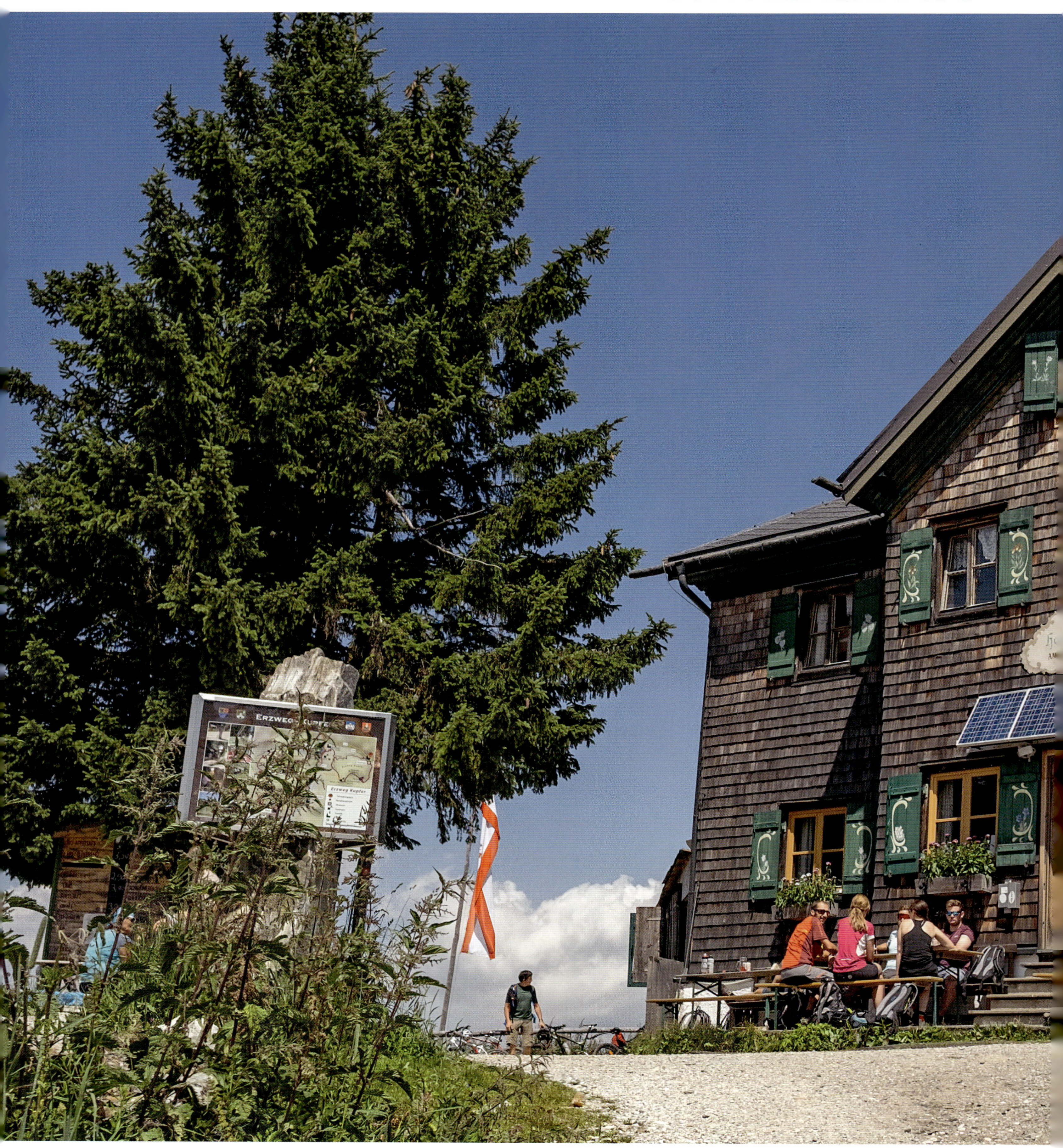



Streckenlänge: 34,2 km | Höhenmeter: 1.336 m | Schwierigkeit: mittel | Fahrzeit: MTB: 4:30 Std. – E-MTB: 3:23 Std.

# 07

## Auf einen der schönsten Aussichtsberge Österreichs

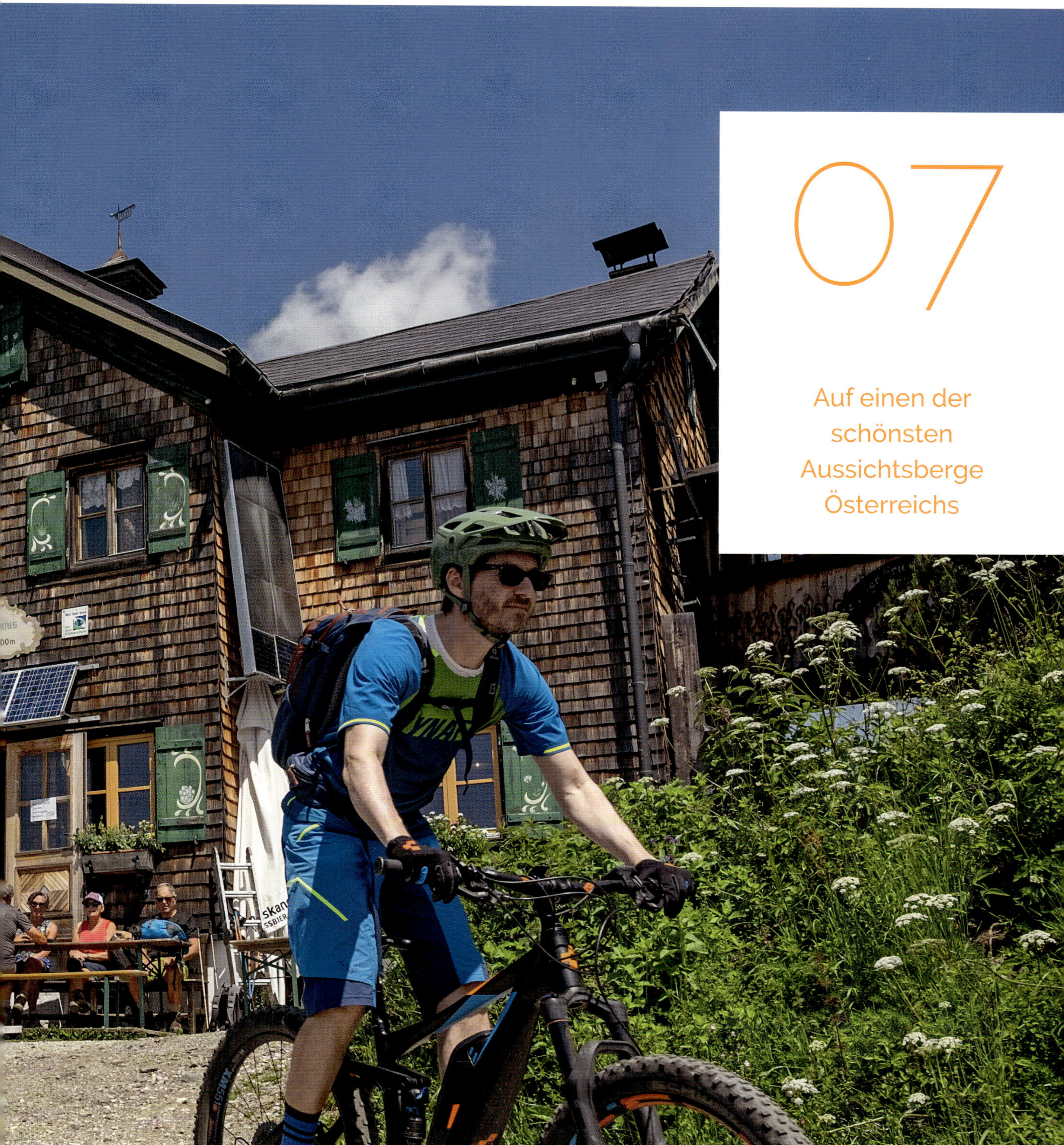

Schöne alte Bergarchitektur: Heinrich Kienerhaus.

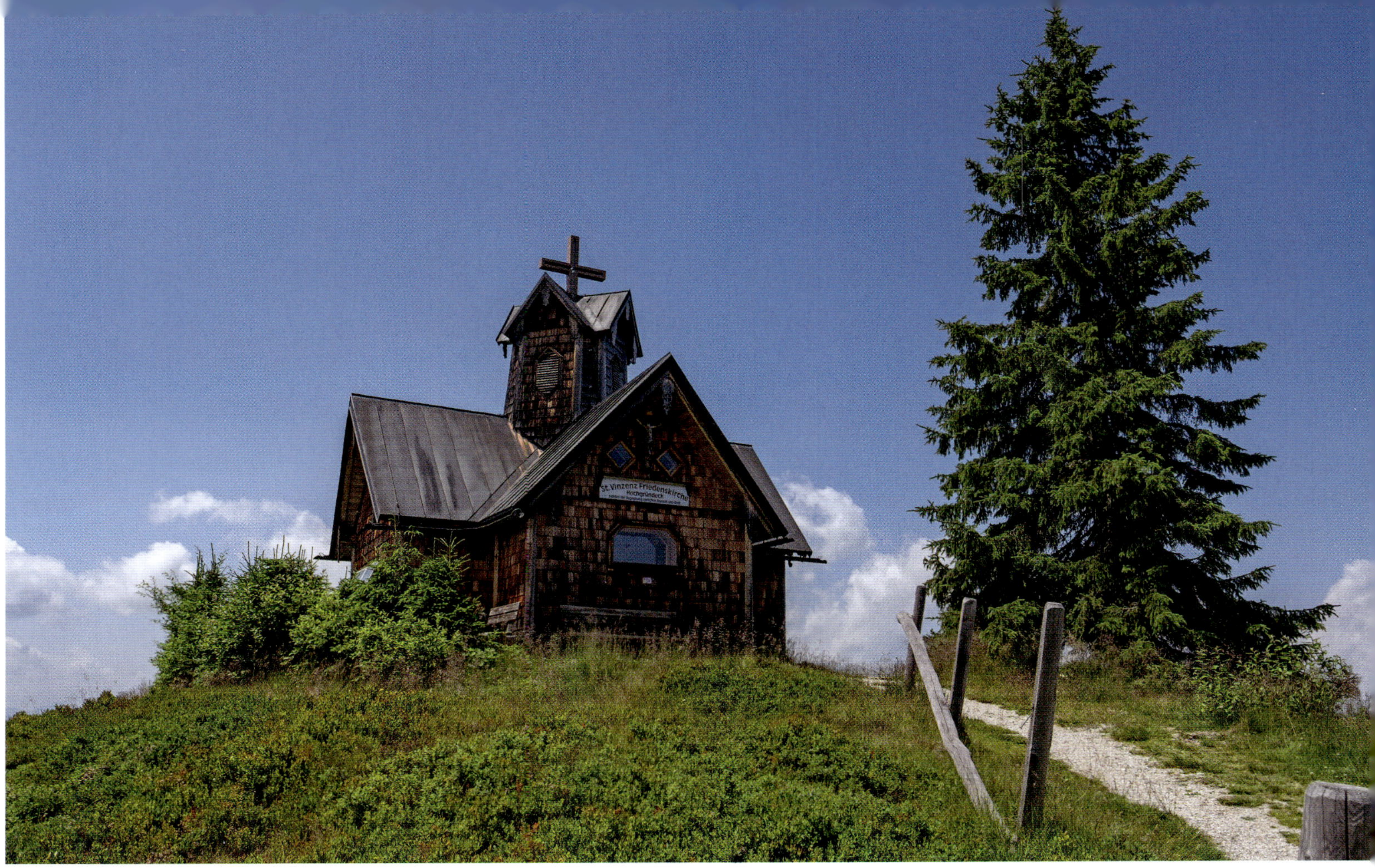

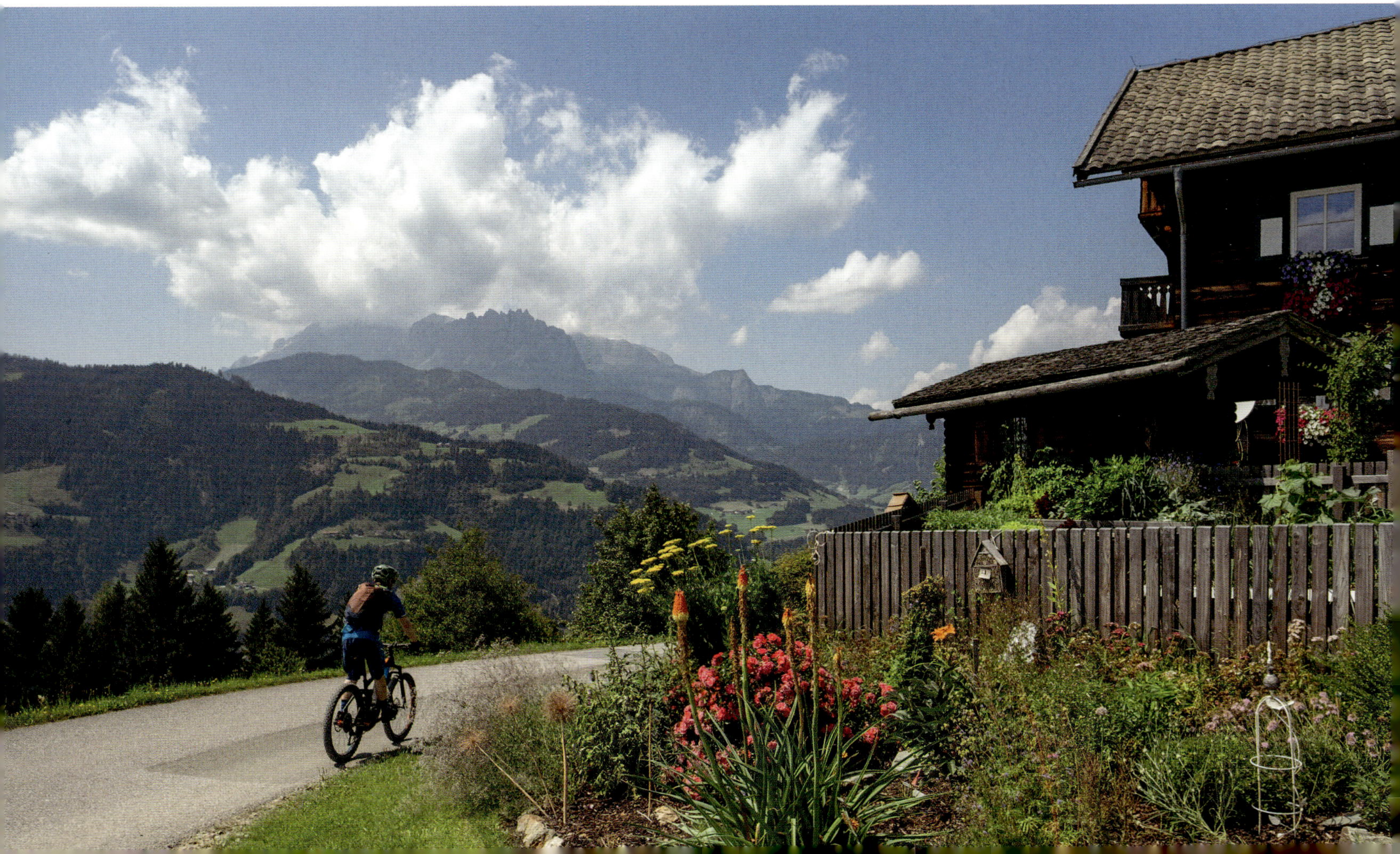

**;anz nah am Himmel:**
**t.-Vinzenz-Friedenskirche.**

**.andidyll bei Schwaig:**
**\bfahrt hinunter ins Salzachtal.**

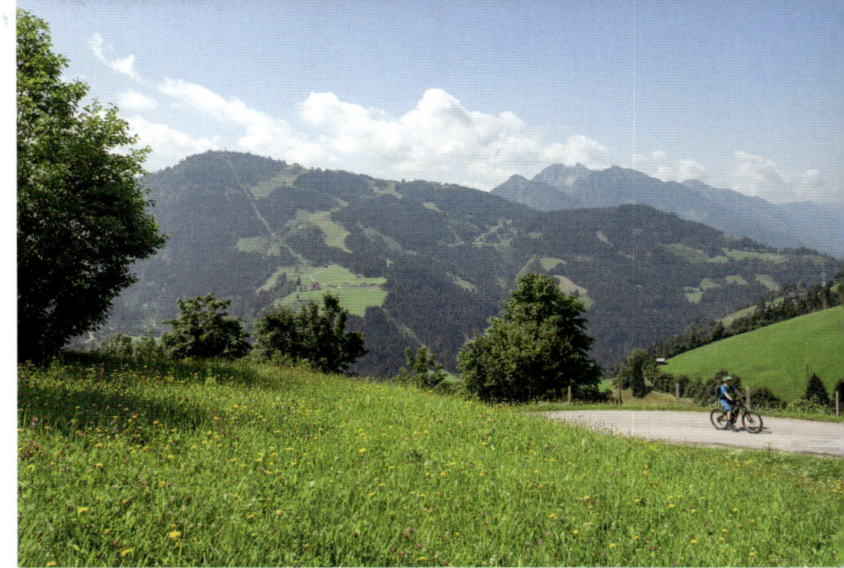

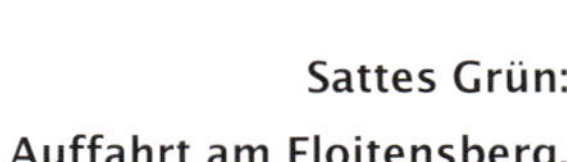

**Sattes Grün:**
**Auffahrt am Floitensberg.**

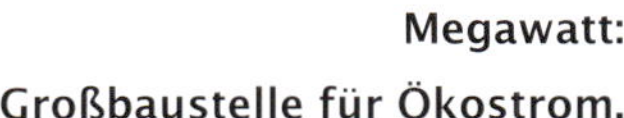

**Megawatt:**
**Großbaustelle für Ökostrom.**

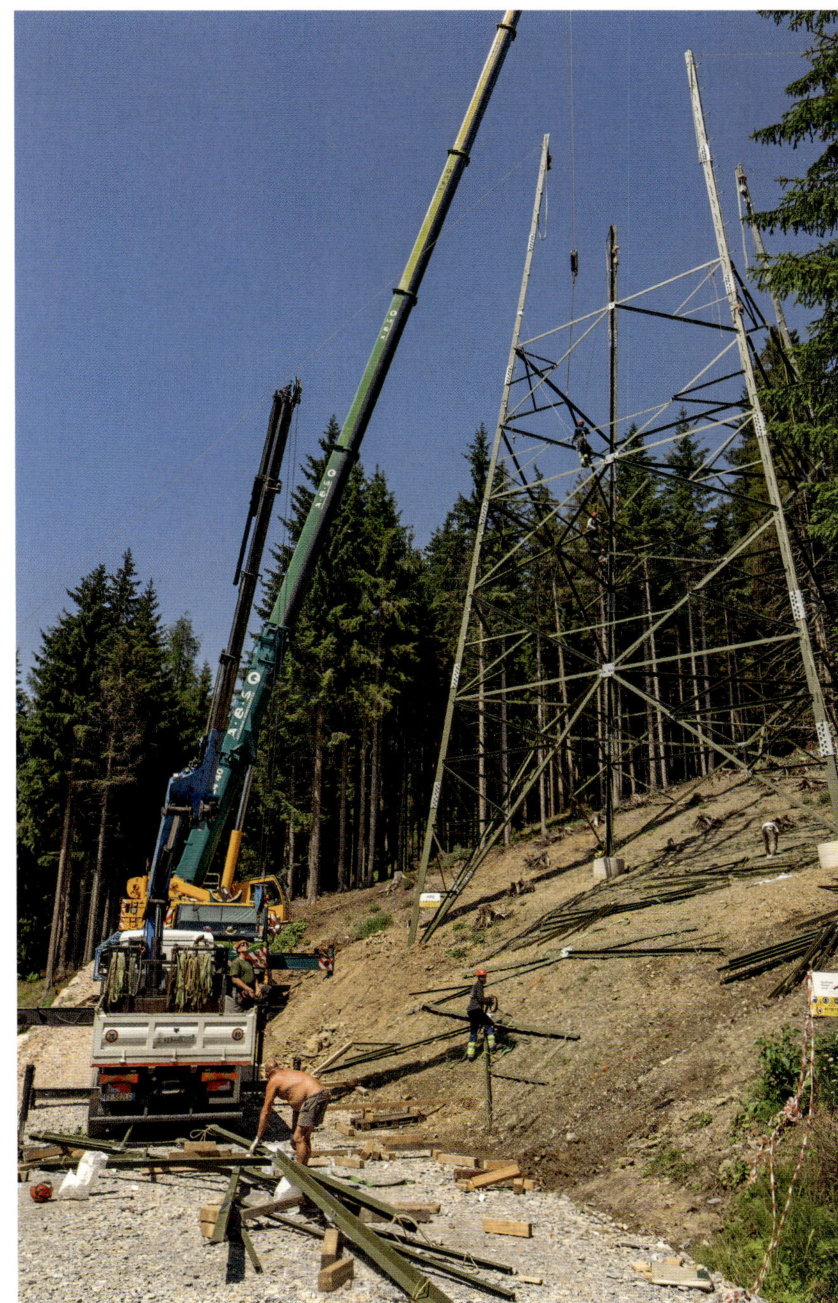

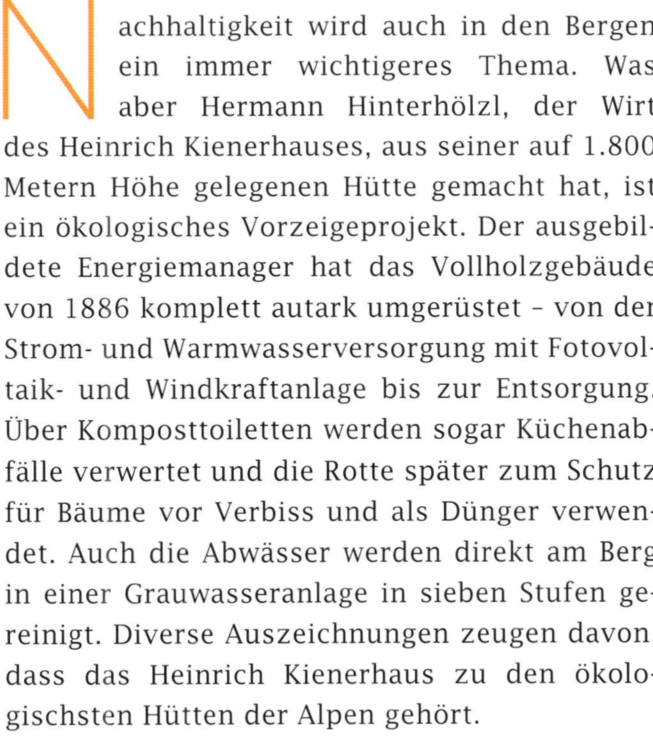

Nachhaltigkeit wird auch in den Bergen ein immer wichtigeres Thema. Was aber Hermann Hinterhölzl, der Wirt des Heinrich Kienerhauses, aus seiner auf 1.800 Metern Höhe gelegenen Hütte gemacht hat, ist ein ökologisches Vorzeigeprojekt. Der ausgebildete Energiemanager hat das Vollholzgebäude von 1886 komplett autark umgerüstet – von der Strom- und Warmwasserversorgung mit Fotovoltaik- und Windkraftanlage bis zur Entsorgung. Über Komposttoiletten werden sogar Küchenabfälle verwertet und die Rotte später zum Schutz für Bäume vor Verbiss und als Dünger verwendet. Auch die Abwässer werden direkt am Berg in einer Grauwasseranlage in sieben Stufen gereinigt. Diverse Auszeichnungen zeugen davon, dass das Heinrich Kienerhaus zu den ökologischsten Hütten der Alpen gehört.

Das privat geführte Berghaus liegt auf einem Aussichtsplateau par excellence, unweit des Gipfels des Hochgründecks (1.827 m), der einer der höchstbewaldeten Berge Europas ist. Der Rundblick geht im Osten über die Radstädter und Schladminger Tauern sowie den Dachstein, im

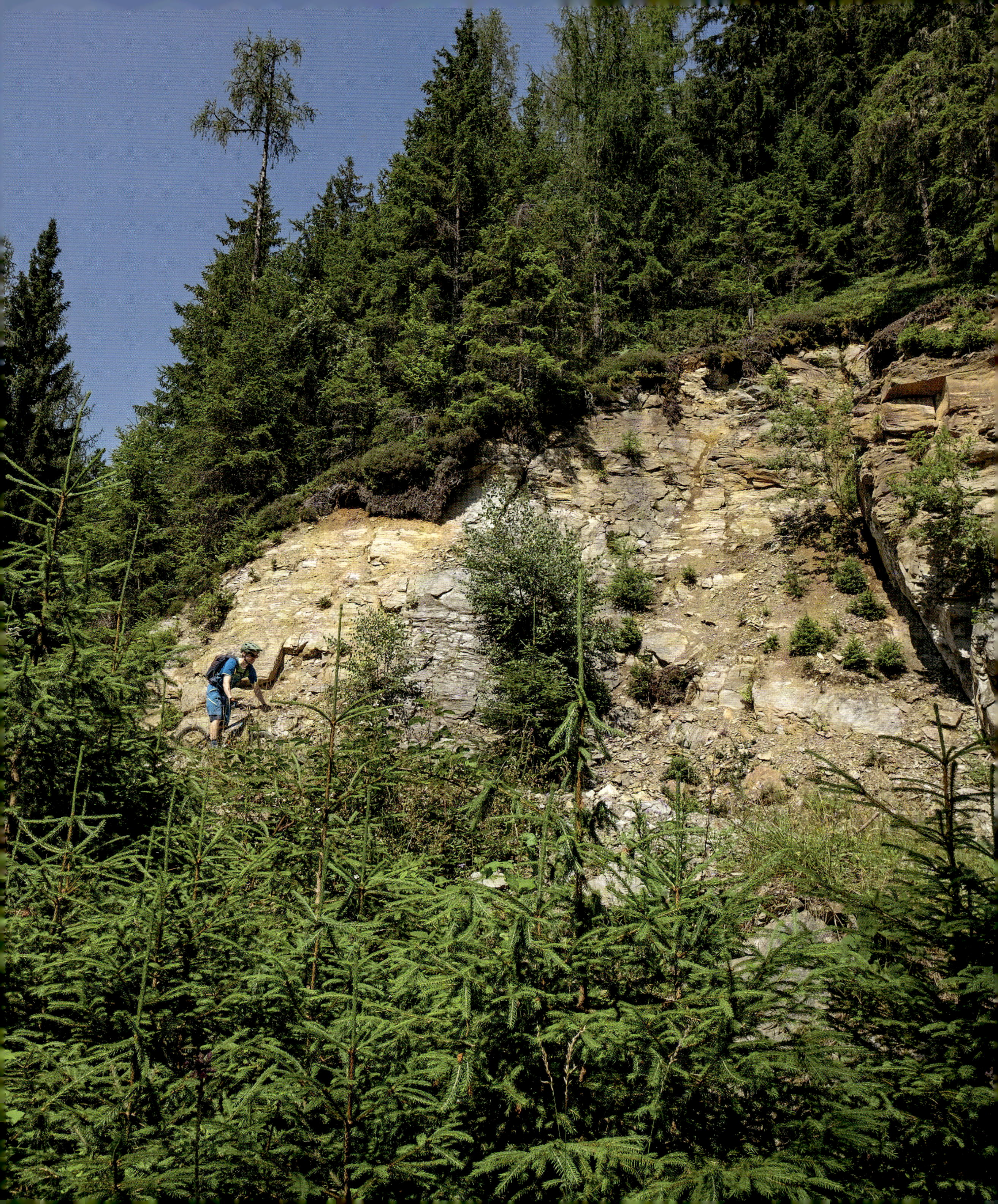

Waldreich: junger Baumbestand am Hochstein (1.148 m).

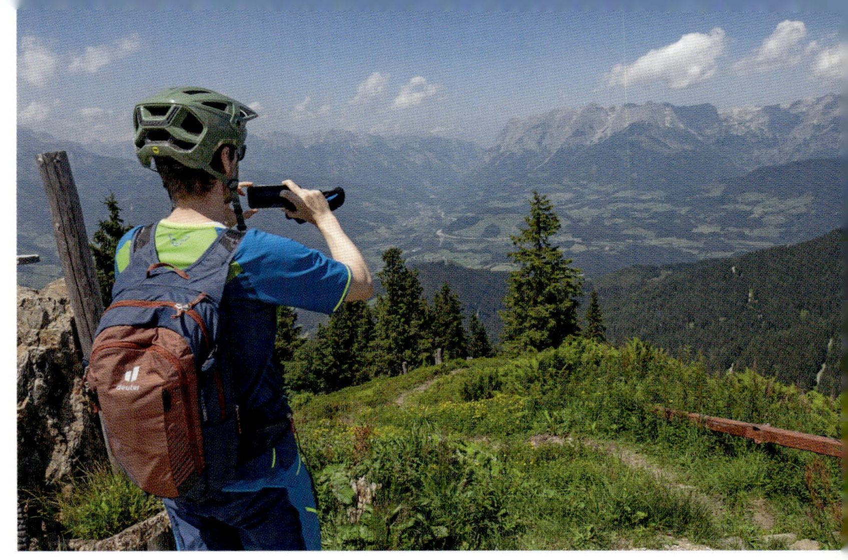

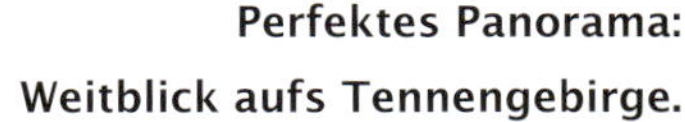

Perfektes Panorama: Weitblick aufs Tennengebirge.

Wahrzeichen: Pfarrkirche St. Johannes, genannt »Pongauer Dom«.

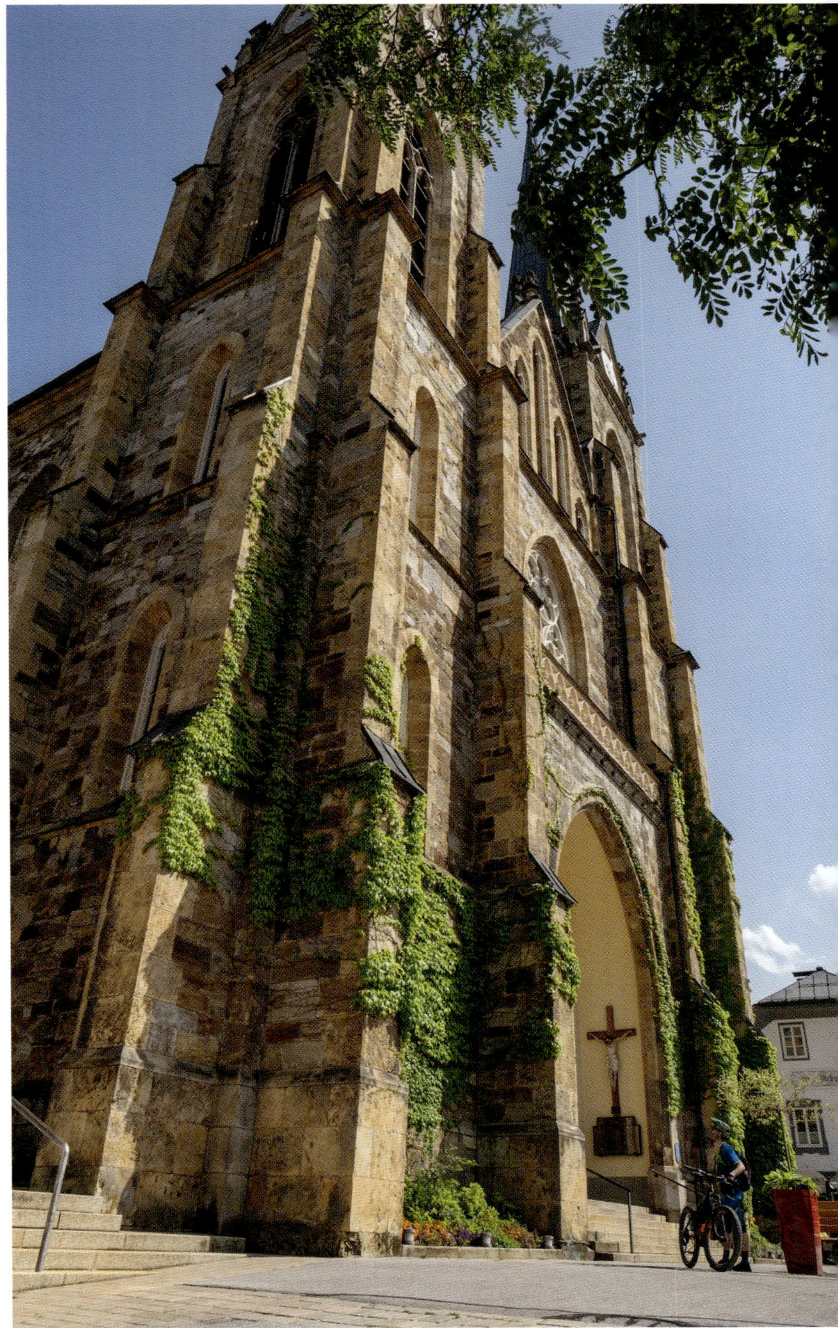

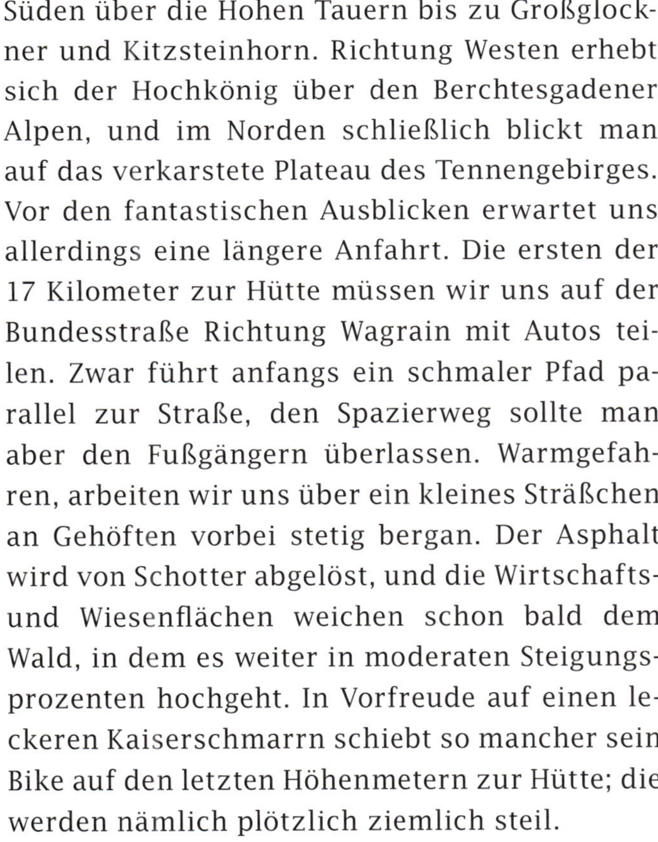

Süden über die Hohen Tauern bis zu Großglockner und Kitzsteinhorn. Richtung Westen erhebt sich der Hochkönig über den Berchtesgadener Alpen, und im Norden schließlich blickt man auf das verkarstete Plateau des Tennengebirges. Vor den fantastischen Ausblicken erwartet uns allerdings eine längere Anfahrt. Die ersten der 17 Kilometer zur Hütte müssen wir uns auf der Bundesstraße Richtung Wagrain mit Autos teilen. Zwar führt anfangs ein schmaler Pfad parallel zur Straße, den Spazierweg sollte man aber den Fußgängern überlassen. Warmgefahren, arbeiten wir uns über ein kleines Sträßchen an Gehöften vorbei stetig bergan. Der Asphalt wird von Schotter abgelöst, und die Wirtschafts- und Wiesenflächen weichen schon bald dem Wald, in dem es weiter in moderaten Steigungsprozenten hochgeht. In Vorfreude auf einen leckeren Kaiserschmarrn schiebt so mancher sein Bike auf den letzten Höhenmetern zur Hütte; die werden nämlich plötzlich ziemlich steil.

Wegen der Beliebtheit das Heinrich Kienerhauses kann es vorkommen, dass alle Plätze besetzt sind. Macht nichts, dann stellt man sein Bike schon mal ab und steigt ein paar Meter zur

St.-Vinzenz-Friedenskirche auf. Auch die kleine Holzkapelle geht auf die Initiative von Hermann Hinterhölzl zurück. Von hier sieht man schon auf den Gipfel des Hochgründecks, der in ein paar Minuten Fußmarsch erreichbar ist. Die anschließende Pause auf der Terrasse oder der großen Freifläche vor dem wunderschön geschindelten Haus haben wir uns nach Auffahrt und kleiner Gipfelwanderung redlich verdient.
Die Abfahrt erfolgt ein Stück auf dem Anfahrtsweg, dann biegen wir auf eine grob geschotterte, breite Forststraße ab. Bald zeigt sich, wozu der extreme Belag aufgetragen wurde. Mit schweren Kränen und Baugeräten wird gerade ein riesiger Strommast den Berghang hochgezogen. Die Stromtrasse wird nach Fertigstellung der Salzburgleitung dienen. Ein Großprojekt, um die Infrastruktur für Ökostrom zu schaffen. Was im Kleinen oben auf dem Heinrich Kienerhaus so wunderbar unauffällig funktioniert, zeigt im Großen - keine zwei Kilometer Luftlinie entfernt - welch gravierende Landschaftseingriffe nötig sind, um erneuerbare Energien im großen Stil zu forcieren.
Später lichtet sich der Wald, und wir erreichen wieder Grünland mit Wiesenblumen. Über eine kleine Straße rauschen wir schließlich mit schönem Blick über das weite Tal der Salzach zurück nach St. Johann mit seiner alles überragenden zweitürmigen Pfarrkirche.

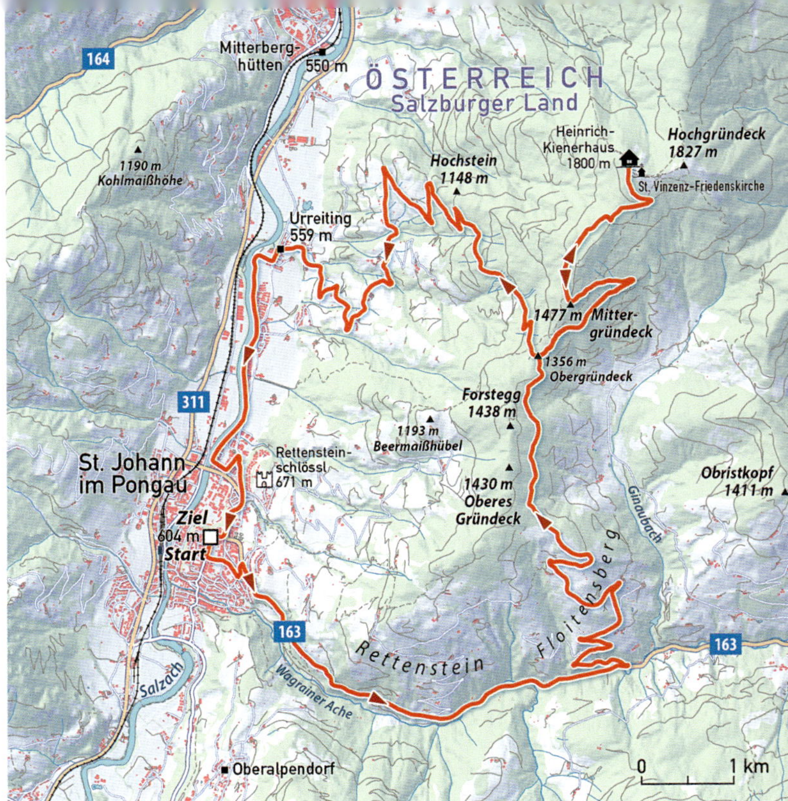


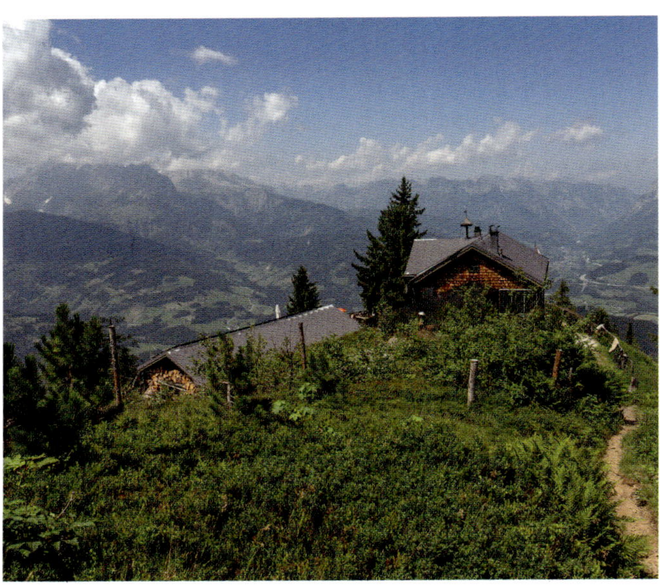

**Blick von der Friedenskirche aufs Heinrich Kienerhaus.**

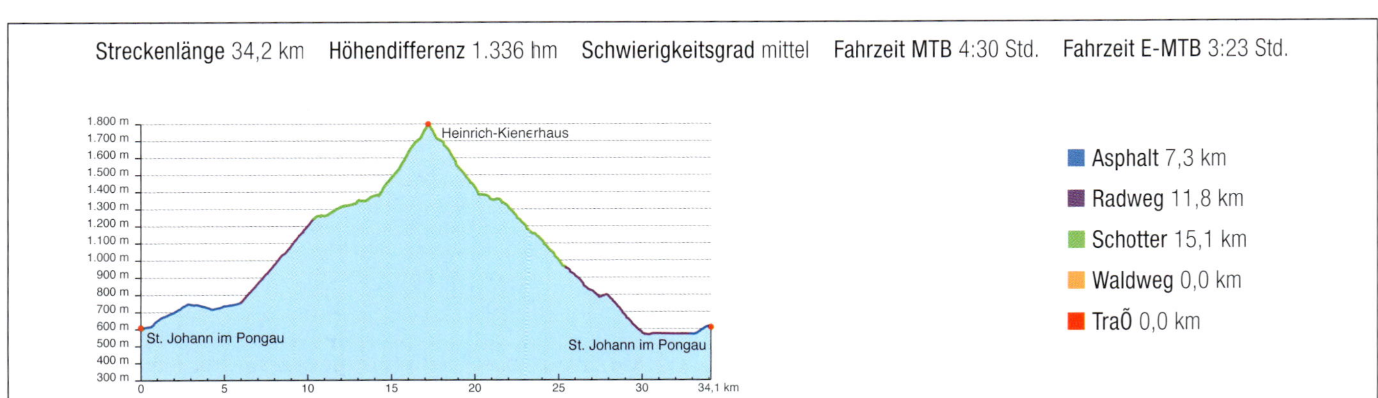

# INFOS

## DIE HÜTTE

Hermann Hinterhölzl bewirtschaftet das **Heinrich Kienerhaus** (1.800 m) seit 1999**.** Das schön geschindelte alte Berghaus ist ein beliebtes Ausflugsziel auch vieler Einheimischer. Geöffnet von Anfang Mai bis Ende Oktober. Kontakt: St. Johann, Ginau 17,
Tel. +43 66 42 77 45 58, www.hochgruendeck.at

## BIKE-REGION

Zentral und direkt am Tauernradweg gelegen, gilt St. Johann im Pongau als idealer Standort für Radfahrer. Im Pongau finden Mountainbiker ein weitverzweigtes Netz an gut markierten Biketouren Richtung Tennengebirge, Dachstein und in die schönen Täler der Obertauern.

## TOURCHARAKTER

Langer, teils steiler Anstieg zum Heinrich-Kienerhaus. Die Abfahrt ist auch teils steil und auf einem Abschnitt extrem grob geschottert. Ansonsten bietet die Tour keine technischen Herausforderungen. Landschaftlich vor allem im oberen Teil sehr schön mit eindrucksvollen Blicken.

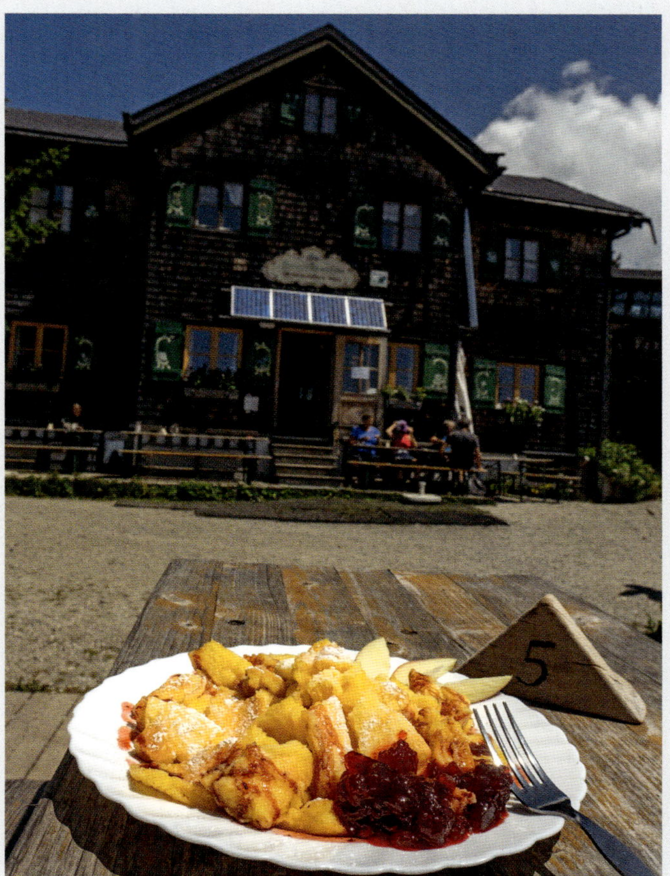

Perfekte Energiequelle: ein fluffiger Kaiserschmarrn.

## TOURSTART

Die Tour beginnt in St. Johann im Pongau an der Ecke Hauptstraße und Hans-Kappacher-Straße.

## BIKE-VERLEIH

**Bikeverleih Snoworld** Alpendorf 2,
A-5600 St. Johann im Pongau, Tel. +43 64 12 49 44,
www.snoworld.at

## GEFÜHRTE TOUREN

**Manfred Oberndorfer** A-5600 St. Johann im Pongau,
Tel. +43 66 45 55 57 79, manfred.oberndorfer@sbg.at
**JJ Biking** Jessica und Jurien Kempe
A-5600 St. Johann im Pongau,
Tel. +43 66 4 75 15 59 78, www.jjbiking.at

## BIKE-HOTELS

**Alpendorf Aktiv Hotel** Alpendorf 9,
A-5600 St. Johann im Pongau, Tel. +43 64 12 62 59,
www.hotel-alpendorf.at
**Hotel Brückenwirt** Hauptstraße 78,
A-5600 St. Johann im Pongau, Tel. +43 64 12 42 59,
www.hotel-brueckenwirt.at
**Alpina Family Spa & Sporthotel** Alpendorf 8,
A-5600 St. Johann im Pongau, Tel. +43 64 12 82 82,
www.alpina-alpendorf.at

## LANDKARTEN

**Kompass-Karte WK 40**
*St. Johann im Pongau, Salzburger Land,* inkl. Offline-Verwendung in der Kompass-App, 1:50.000
**Sportwelt-MTB-Karte zum Download**
www.josalzburg.com/media/prospekte/sommer/Sportwelt-MTB-Karte.pdf

## BIKE-INFOS

www.josalzburg.com/de/aktivitaeten/sommer/biken.html

## TOURIST-INFOS

**Tourismusverband St. Johann in Salzburg**
Ing.-Ludwig-Pech-Straße 1, A-5600 St. Johann im Pongau,
Tel. +43 64 12 60 36, www.josalzburg.com

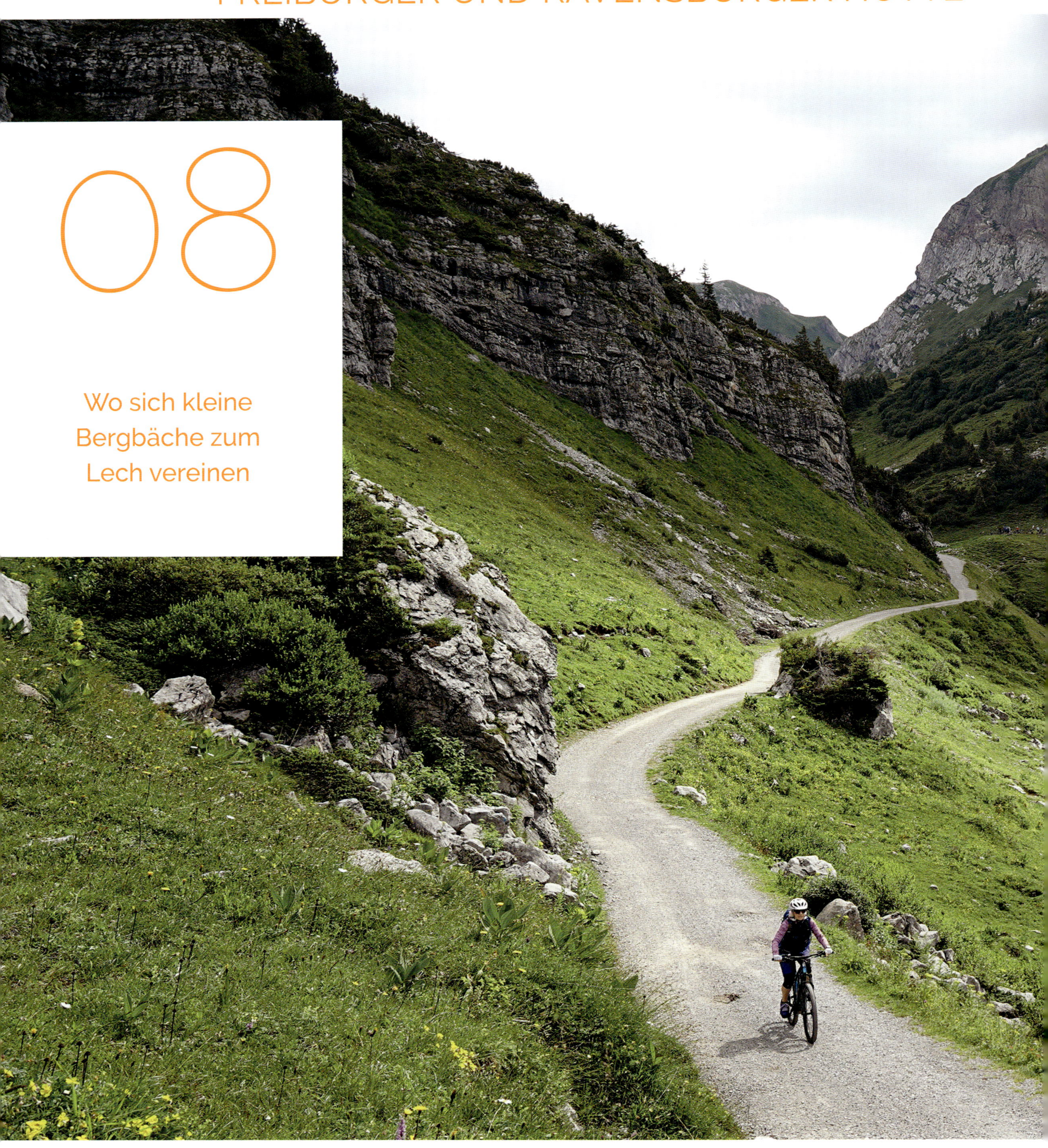

# 08

## Wo sich kleine Bergbäche zum Lech vereinen

Der Traum von einem Bergsee: Formarinsee bei der Freiburger Hütte.

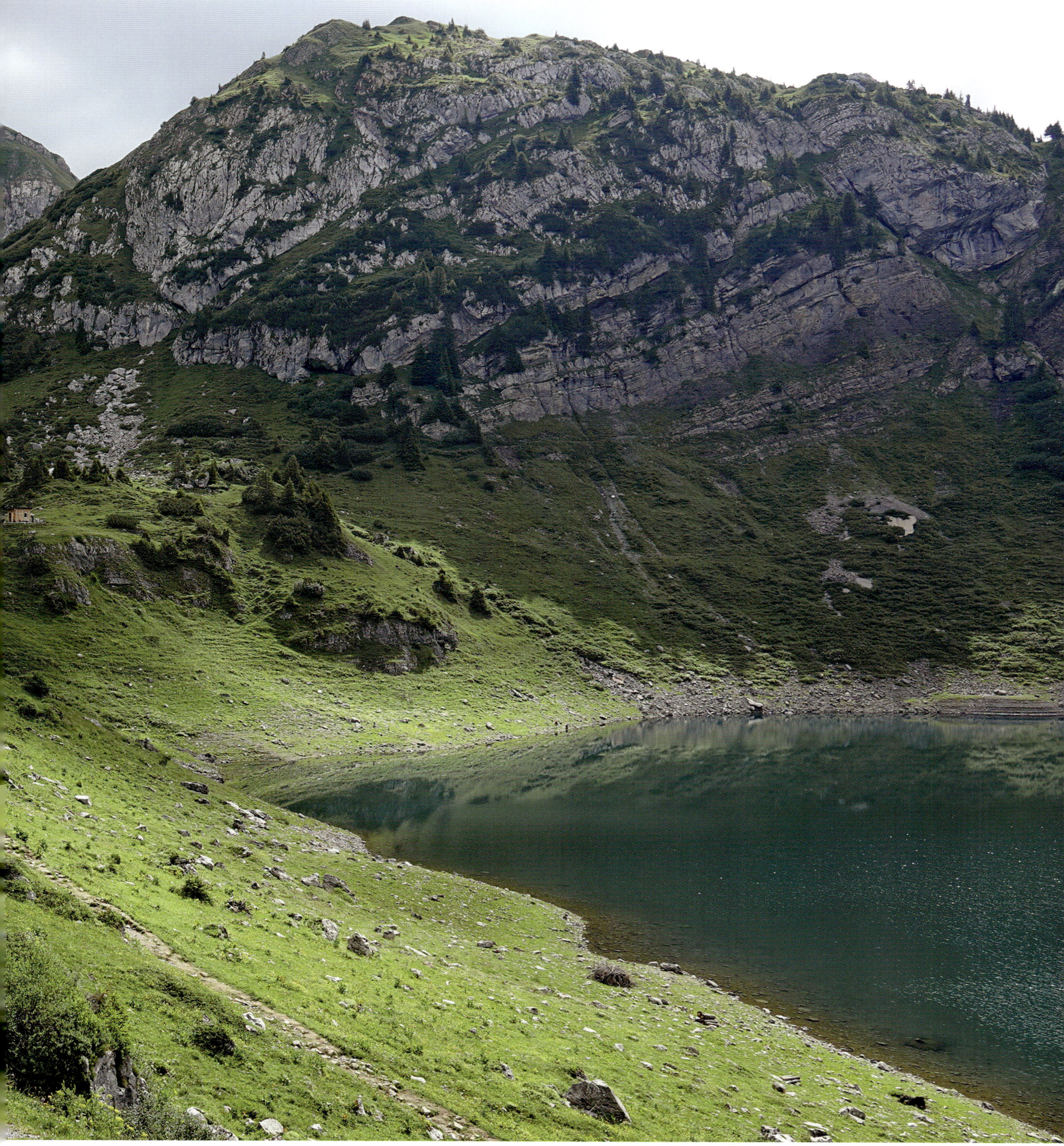

Streckenlänge: 39,9 km | Höhenmeter: 1.530 m | Schwierigkeit: leicht | Fahrzeit: MTB: 5:13 Std. – E-MTB: 3:55 Std.

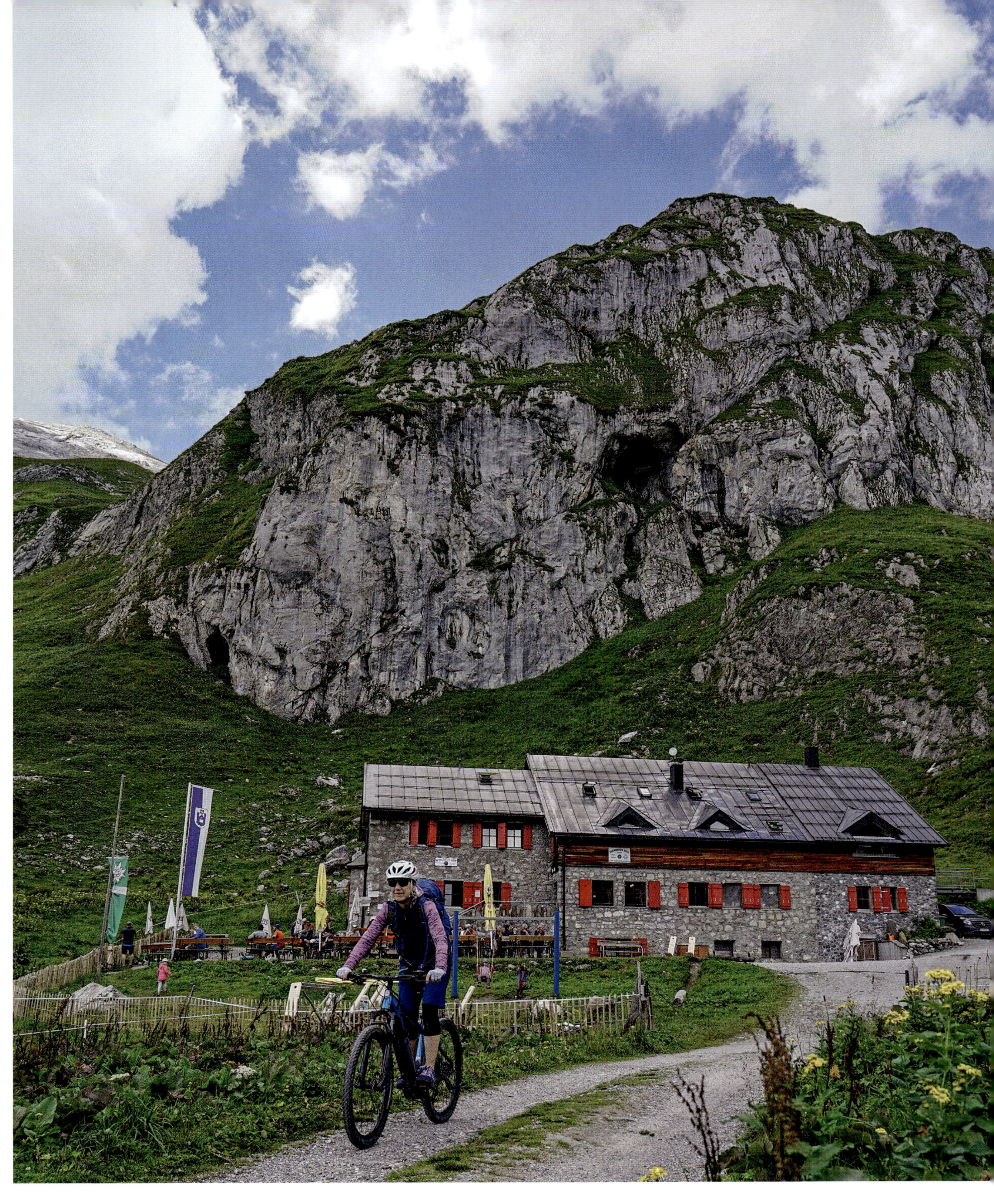

avensburger Hütte am
uß des Spuller Schafberges.

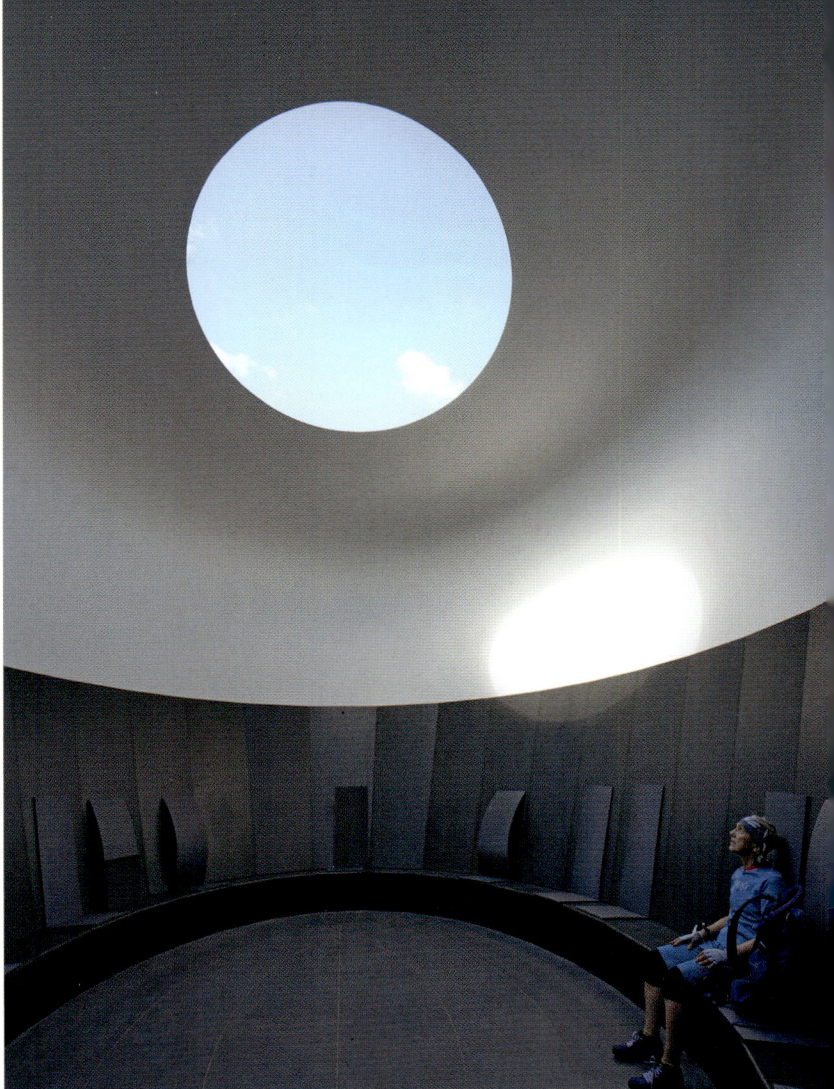

Open-Air-Kunst in Oberlech: »Skyspace« von James Turrell

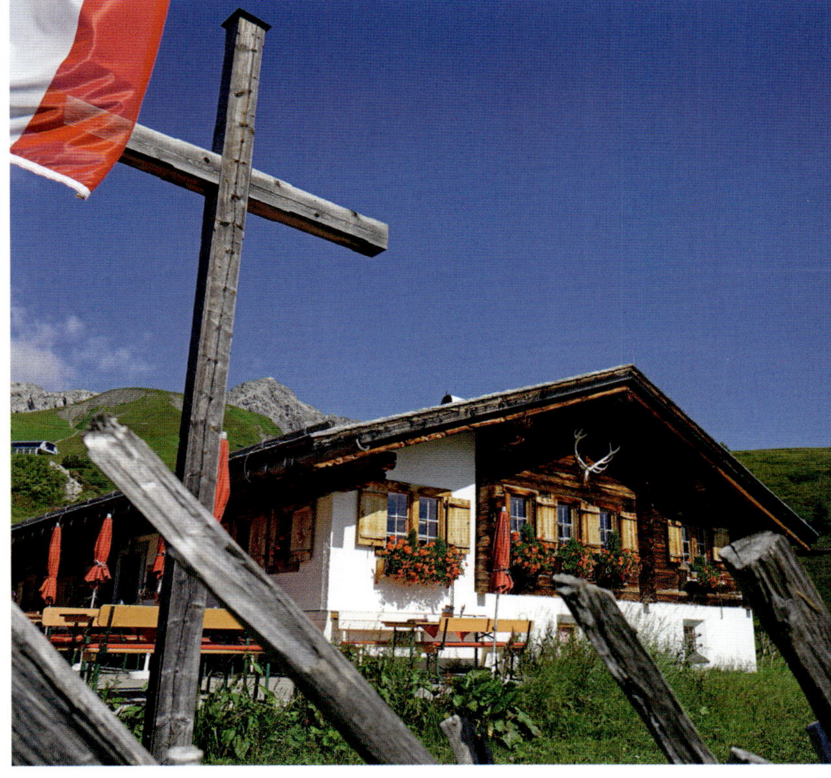

Beliebter Almgasthof: Kriegeralpe am Kriegerhorn.

Wow, ist das eine Farbe! In dunklem Türkis leuchtet das Wasser des Formarinsees, der sich in fast 2.000 Metern Höhe in die Felsen schmiegt. Die Farbtönung erinnert ein bisschen ans Karibische Meer, nur die Wassertemperaturen dürften weit darunter liegen. Das Landschaftsbild wirkt so kitschig idyllisch, dass die Hörer und Zuschauer des ORF den Formarinsee vor einigen Jahren zum schönsten See Österreichs gekürt haben. Kein Wunder, dass Mountainbiker und Wanderer hier oben nicht mutterseelenallein unterwegs sind. Aber es ist natürlich lange nicht so quirlig wie im Zentrum von Lech am Arlberg, wo wir aufs Bike gestiegen sind.

Die ersten Kilometer flussaufwärts zeigen sich überaus gnädig für Radlerbeine und/oder E-Bike-Akkus. Ein schmales Asphaltband windet sich in sanfter Steigung zum Dörfchen Zug. Auf einer Weide tummeln sich Esel statt Kühen. Hin und wieder flitzen E-Bikes im Turbomodus an uns vorbei. Die haben es wohl eilig! Einige davon sehen wir kurz darauf schon auf den Holzbänken vor dem Gasthaus Älpele sitzen. Ein einladender Rastplatz, aber viel zu früh für einen Stopp. Stattdessen genießen wir

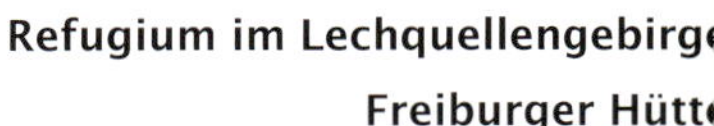
Refugium im Lechquellengebirg
Freiburger Hütt

Dalaaser »Stebok Wäg
Steinbock-Skulptur an der Formarinalp

Schön blau, aber kalt:
der Spullersee.

Sanfter Downhill:
Abfahrt von der Freiburger Hütte.

Glückliche Kühe:
Alm beim Formarinsee.

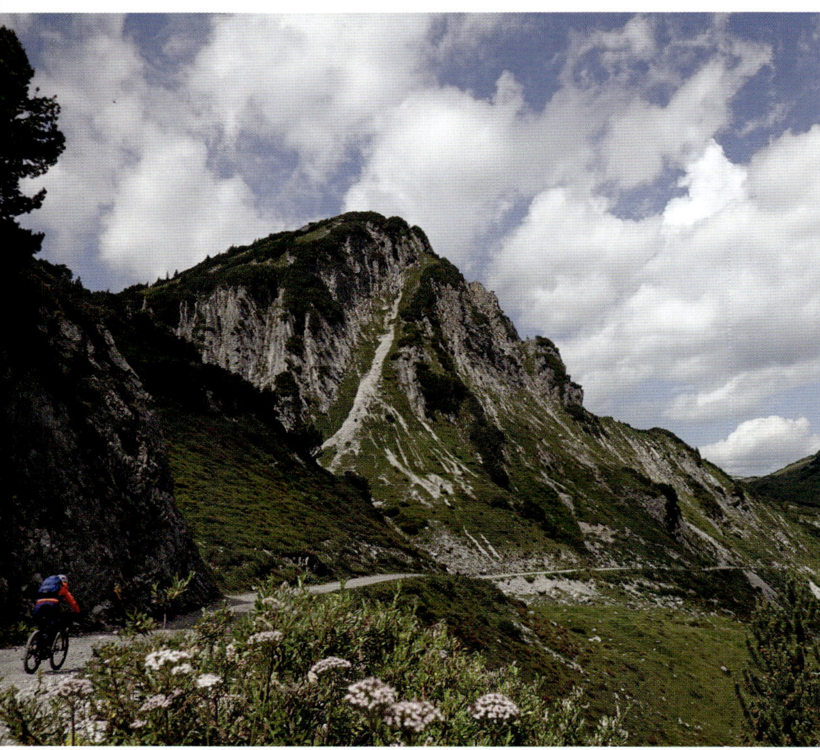

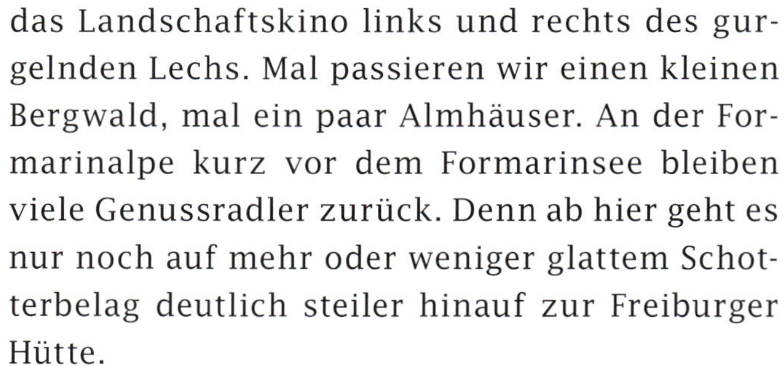

das Landschaftskino links und rechts des gurgelnden Lechs. Mal passieren wir einen kleinen Bergwald, mal ein paar Almhäuser. An der Formarinalpe kurz vor dem Formarinsee bleiben viele Genussradler zurück. Denn ab hier geht es nur noch auf mehr oder weniger glattem Schotterbelag deutlich steiler hinauf zur Freiburger Hütte.

Wie eine Burg thront das Alpenvereinshaus mit seinen sonnengegerbten Holzschindeln hoch über dem See. Aus mehreren Richtungen, wie etwa aus dem nahen Klostertal, pilgern Wanderer und Mountainbiker hinauf zur Hütte. Aber wir finden trotzdem ein schönes Plätzchen an der Schindelhauswand. Und das junge Hüttenteam ist ziemlich flink in der Versorgung der Bergbesucher. Nach Knödelgericht und Verdauungskaffee ruft wieder der Fahrradsattel. Es warten schließlich noch eine Menge Kilometer

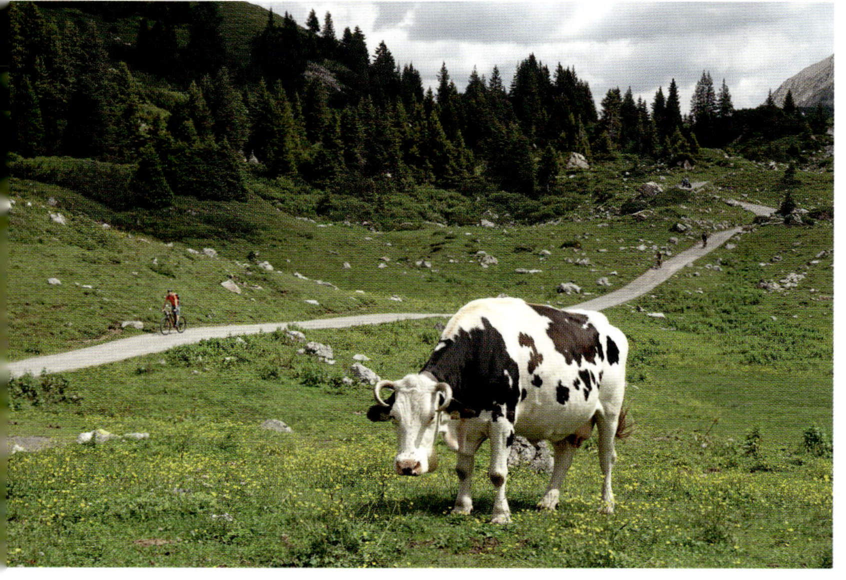

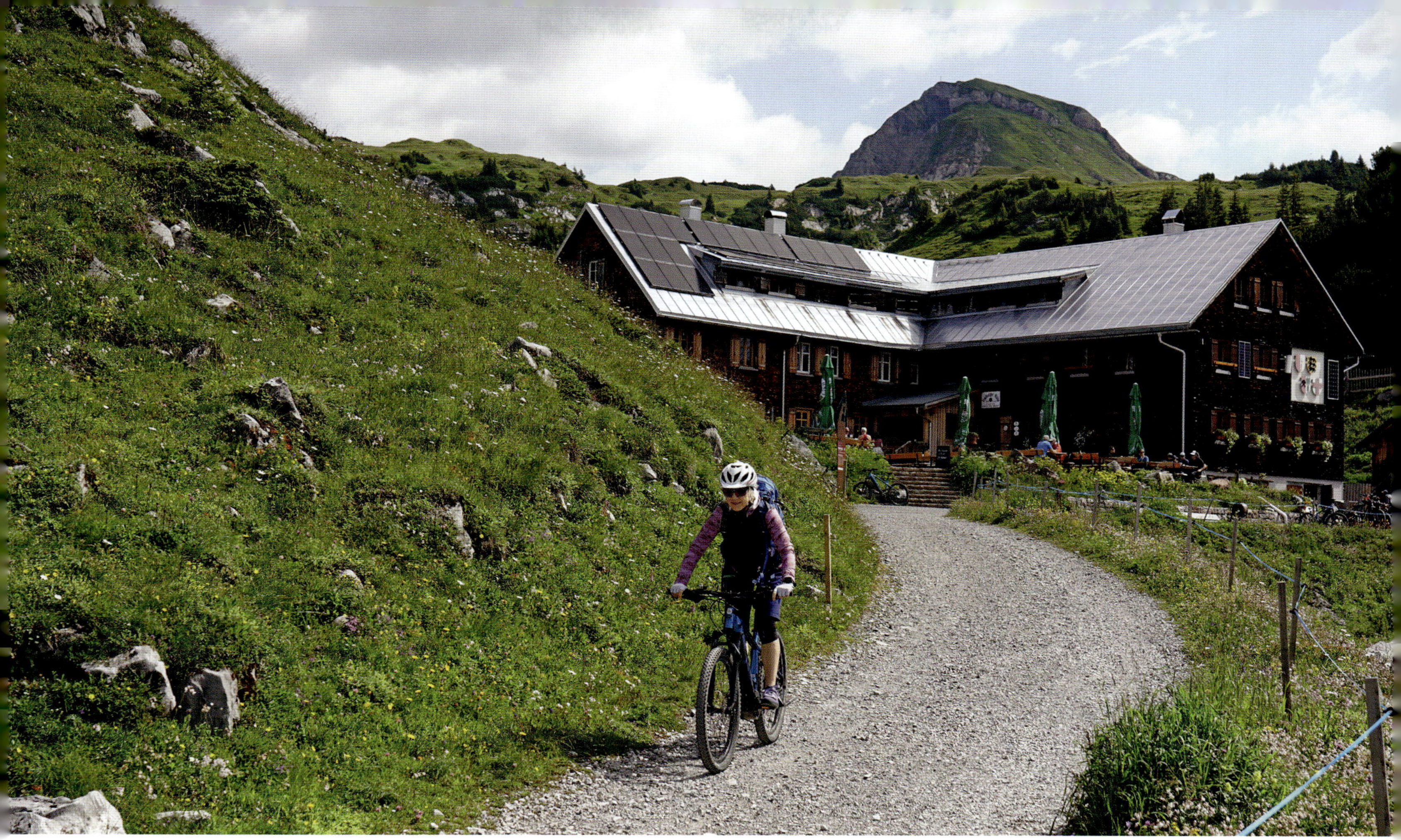

und Höhenmeter. Zuerst führt die Route wieder etwas zurück hinunter ins Lechtal. Das heißt, wir haben nochmals Gelegenheit, dieses Bilderbuchambiente am Formarinsee aufzusaugen. Im zuvor passierten Bergwäldchen beim kaum zu übersehenden Schild »Ravensburger Hütte« wechseln wir die Richtung. Auch entlang des Spullerbaches bleiben die Steigungen sanft und die Landschaft lieblich. Und es lockt schon wieder eine urige Alpe zum Zwischenstopp – die Dalaaser Stafel mit eigener Käserei. Ein Mangel an attraktiven Versorgungsstellen ist im Lechquellengebirge im Sommer kaum zu befürchten. Augen zu und weiter zum Spullersee! Der ursprüngliche Hochgebirgssee wurde von den Österreichischen Bundesbahnen zum Stausee erweitert, um Strom für die Arlbergbahn zu gewinnen. Am Ufer sitzen ein paar Angler und warten, bis die Forellen anbeißen. Hoch über

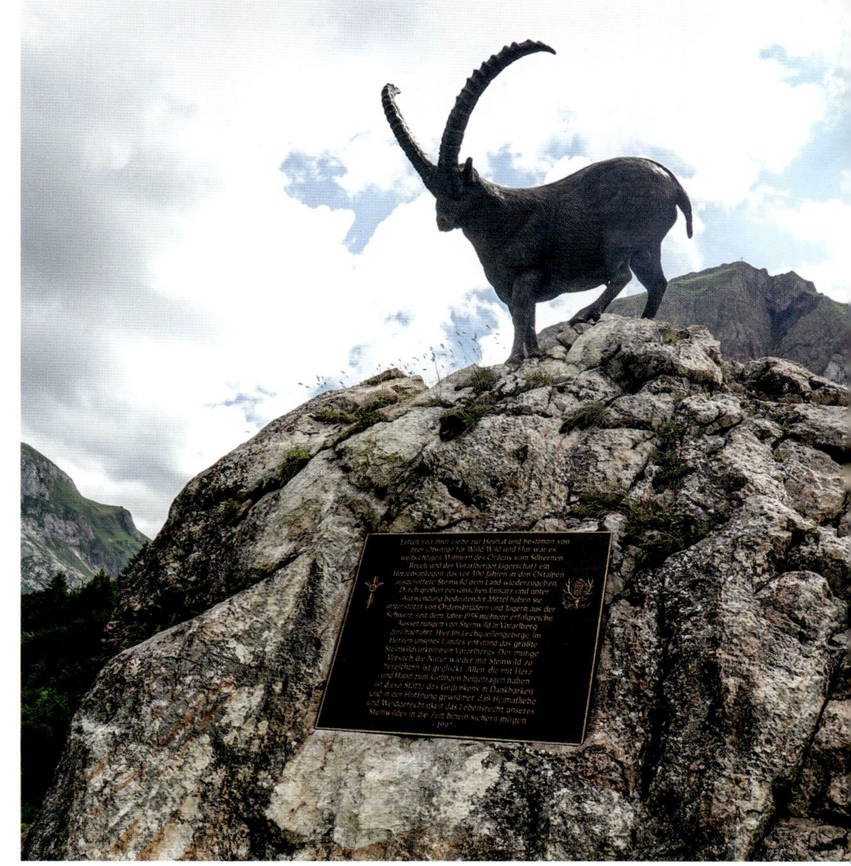

dem Nordostufer blitzt die Ravensburger Hütte in der Sonne. Dort müssen wir hinauf. Erstmals auf der Route wartet also eine kleine Steilrampe. Aber auch dieses Steilstück bedeutet kein unüberwindbares Hindernis.

Vor dem Berghaus sonnen sich die Wanderer und Biker. Und wir gönnen uns zur Belohnung ein Kaltgetränk. Der Schlussanstieg windet sich durch ein wunderschönes Hochtal – natürlich versteckt sich auch da eine kleine Alpe. Die Wiesen der Brazer Stafel breiten sich idyllisch vor dem dominanten Massiv der Roggalspitze (2.673 m) aus. Oberhalb der altehrwürdigen Almhütte aus dem Jahr 1852 ist es plötzlich ganz still und fast etwas einsam. Den holprigen Weg über das Stierlochjoch (2.009 m) wählen nicht allzu viele Bergradler. Zugegeben, die ersten steilen Abfahrtsmeter legen unsichere Biker lieber schiebend zurück. Aber danach bremst es sich relativ problemlos und aussichtsreich ins Tal entlang des Stierlochbaches. Beim Golfplatz in Zug trifft die Runde wieder auf den Anfahrtsweg. Wir überlegen noch kurz, ob wir einen Abstecher ins nahe Waldschwimmbad am Lech machen sollen. Die Außentemperaturen in 1.500 Metern Höhe locken zwar zum Cappuccino in die Sonne, allerdings nicht unbedingt ins kühle Wasser – zumindest uns nicht. Nach Tourschluss geht es also nicht vom Bike ins Bad, sondern ins Café.

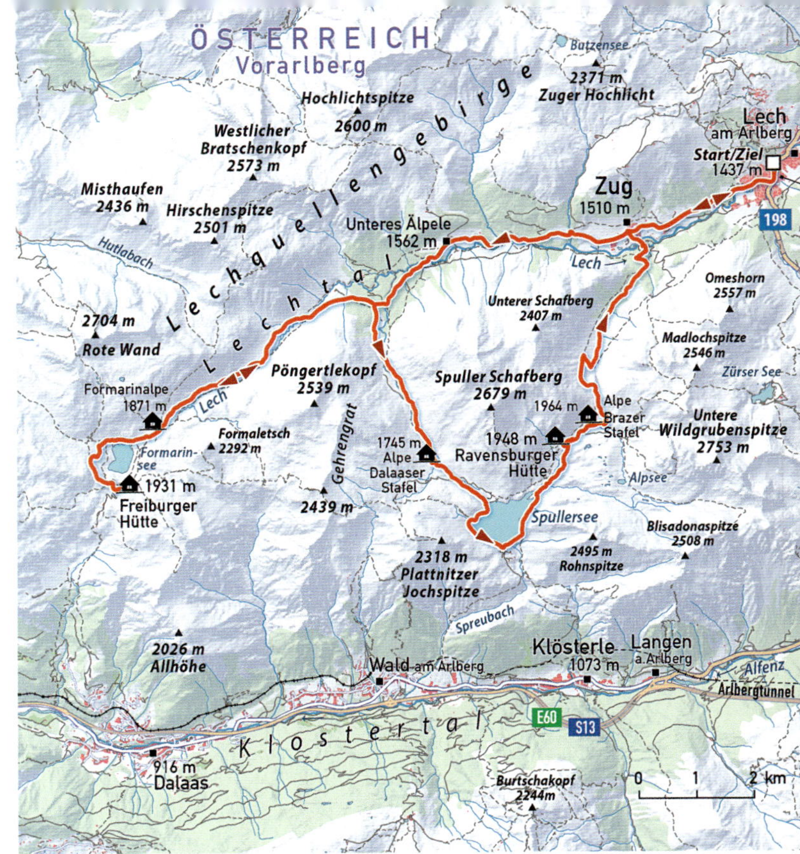


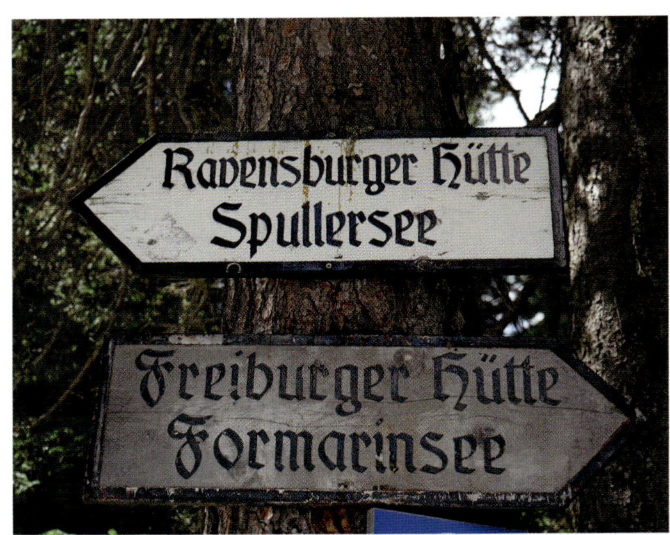


Wegekreuz: Alte Holzschilder weisen zu den Hütten.

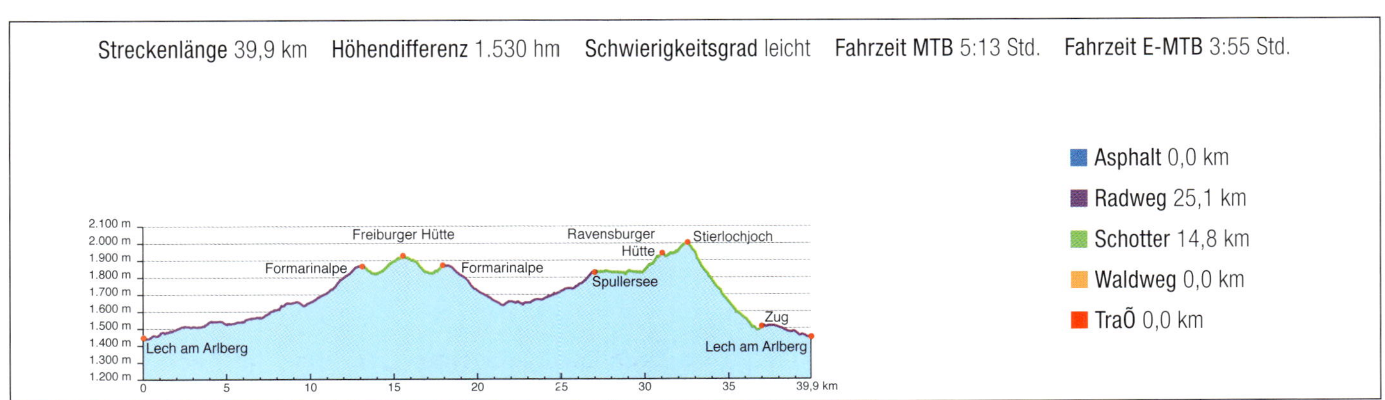

## INFOS

### DIE HÜTTE

Die **Freiburger Hütte** (1.931 m) ist eine Alpenvereinshütte der DAV-Sektion Freiburg im Breisgau. Sie wurde im Jahr 1912 am Fuß der Roten Wand hoch über dem Formarinsee im Lechquellengebirge gebaut. Danach wurde sie noch mehrfach erweitert: 1932, 1958 und zuletzt von 1975 bis 1977. Die Hütte erhielt schon mehrere Preise für nachhaltige Bewirtschaftung. Hüttenwirt Florian Mittermayr ist auch Koch und legt Wert auf regionale Bio-Produkte. Wer auf der Hütte übernachten möchte, hat die Wahl zwischen 100 Matratzenlagern, 20 Betten in Mehrbettzimmern und zehn Betten in Doppelzimmern. Tel. +43 66 41 74 50 42, www.freiburger-huette.at

Auch die **Ravensburger Hütte** (1.948 m) hat Tradition. Sie wurde 1912 oberhalb des Spullersees auf den Almwiesen südwestlich der Brazer Stafel, am Fuß des Spuller Schafberges erbaut, 1958/1959 und 1974 bis 1976 erweitert sowie 2009 ein weiteres Mal vergrößert und modernisiert. Sie gehört der DAV-Sektion Ravensburg. Für Bergschläfer bietet die Hütte 46 Betten im Zimmerlager und 44 im Matratzenlager. www.ravensburgerhuette.at

### BIKE-REGION

Lech zählt nicht zu den großen, berühmten Mountainbike-Revieren mit riesiger Tourenauswahl. Das Plus ist hier die einzigartige Hochgebirgslandschaft im Lechquellengebirge und am Südrand der Allgäuer Alpen. Aber mit dem Burgwald-Trail gibt es von Oberlech nach Lech sogar einen kleinen Bike-Pfad für Anfänger und Fortgeschrittene.

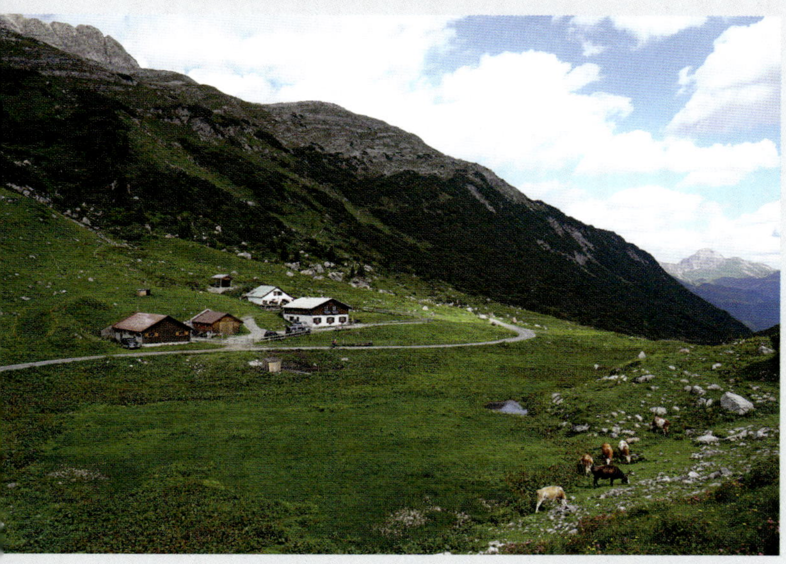

**Alpe Formarin: Almwirtschaft am Beginn des Lechweges.**

### TOURCHARAKTER

Die große Runde um Formarin- und Spullersee zur Freiburger und Ravensburger Hütte zählt fahrtechnisch eher zu den leichten Unternehmungen. Weite Strecken verlaufen auf asphaltierten Almwegen ohne starke Steigungen. Die Ausnahme: Für die rumpelige Auffahrt von der Alpe Brazer Stafel zum Stierlochjoch und die ersten Meter der Abfahrt danach sollte man einigermaßen sicher im Sattel sitzen.

### TOURSTART

Wir starten in der Ortsmitte von Lech beim Tourismusbüro in Richtung Zug.

### VARIANTEN

Wer lieber eine kürzere Tour fährt, kann entweder nur zur Freiburger oder nur zur Ravensburger Hütte kurbeln. Wer es noch etwas anspruchsvoller mag, beginnt in Lech mit einer Schleife über Oberlech zum Kriegerhorn und stößt dann zwischen Zug und Älpele wieder auf die ursprüngliche Route.

### BIKE-VERLEIH

**Sportalp Lech** Tannberg 409 in Lech, www.sportalp.at
**Intersport Arlberg in Anthony's Alpin Hotel** bei der Schlosskopfbahn, www.intersport-arlberg.com/de/shops/lageplan/#/lech
**Strolz Bike-Shop** Dorf 116 in Lech, www.strolz.at

### GEFÜHRTE TOUREN

Anfragen zu Bike-Guides bei Lech Zürs Tourismus (siehe unten)

### BIKE-HOTELS

**Hotel Gotthard** Am Omesberg 119 in Lech, www.gotthard.at
**Hotel Schranz** Am Tannberg 65 in Lech, www.schranz-lech.at

### LANDKARTEN

**Kompass-Karte WK33** *Arlberg, Verwallgruppe,* 1:50.000

### BIKE-INFOS

www.lechzuers.com/de/sommer/sommeraktivitaeten/bike

### TOURIST-INFOS

**Lech Zürs Tourismus** Dorf 2, A-6764 Lech am Arlberg, Tel. +43 55 83 21 610, www.lechzuers.com

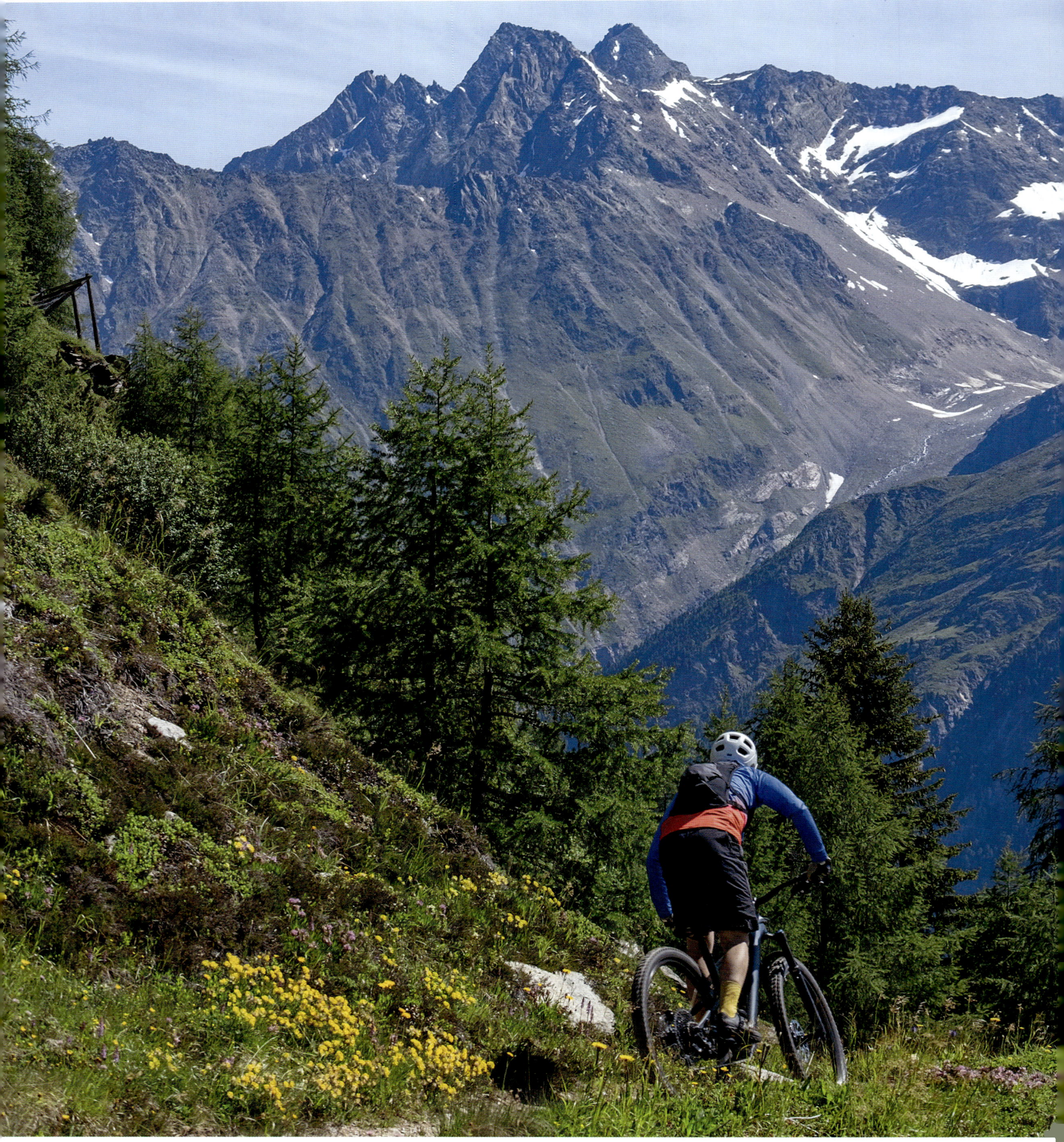



Streckenlänge: 20,1 km | Höhenmeter: 928 m | Schwierigkeit: mittel | Fahrzeit: MTB: 2:53 Std. – E-MTB: 2:10 Std.

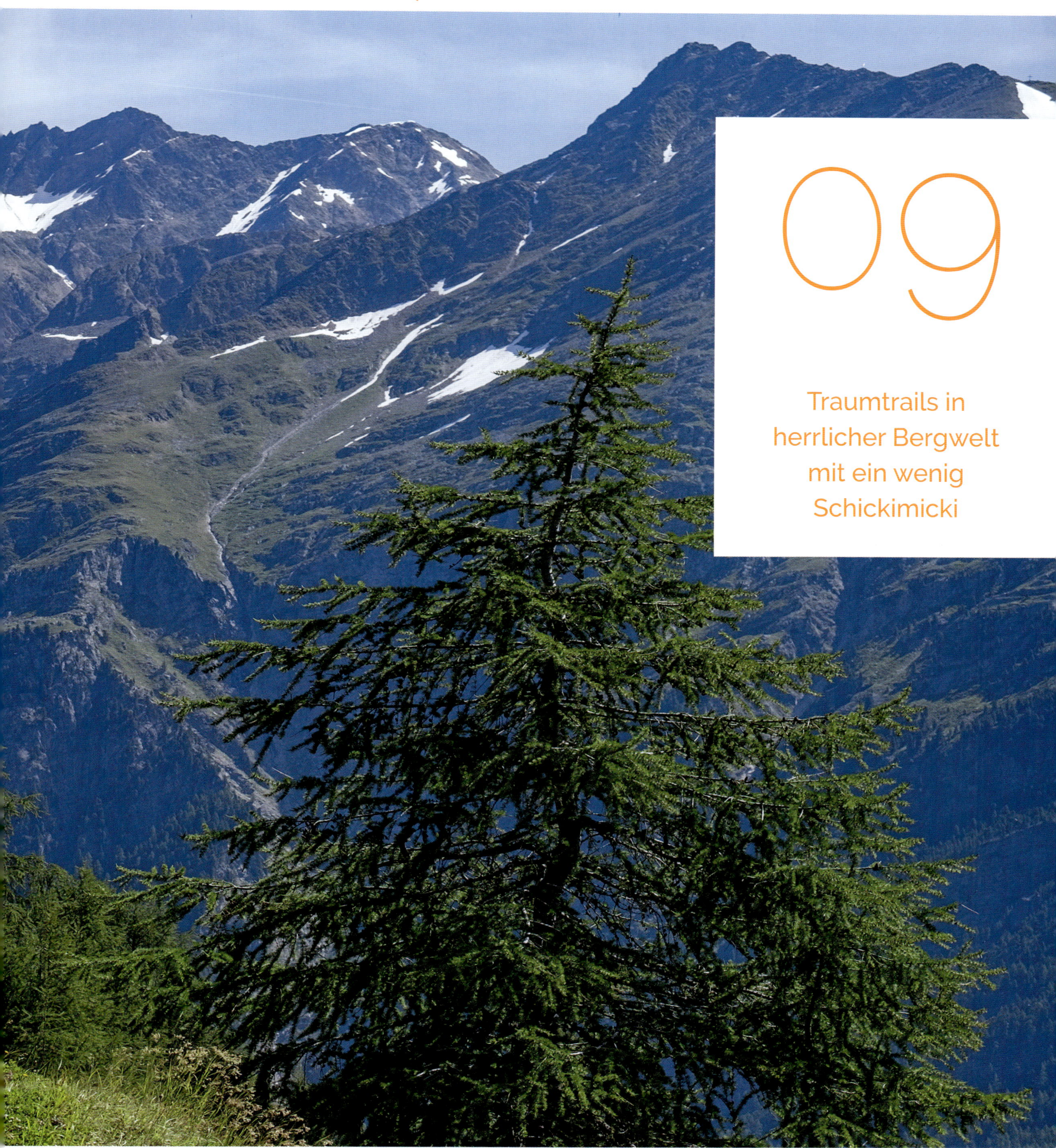

# 09

## Traumtrails in herrlicher Bergwelt mit ein wenig Schickimicki

Auf dem Rettenbachtrail vor der Kulisse der Stubaier Alpen.

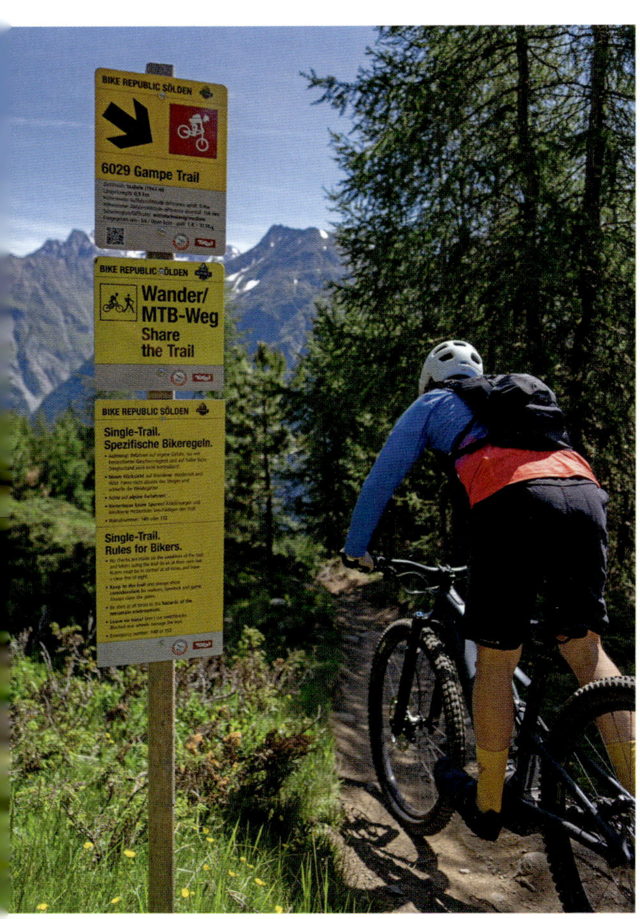
BIKE REPUBLIC SÖLDEN
6029 Gampe Trail
BIKE REPUBLIC SÖLDEN
Wander/
MTB-Weg
Share
the Trail
BIKE REPUBLIC SÖLDEN
Single-Trail.
Spezifische Bikeregeln.
Single-Trail.
Rules for Bikers.

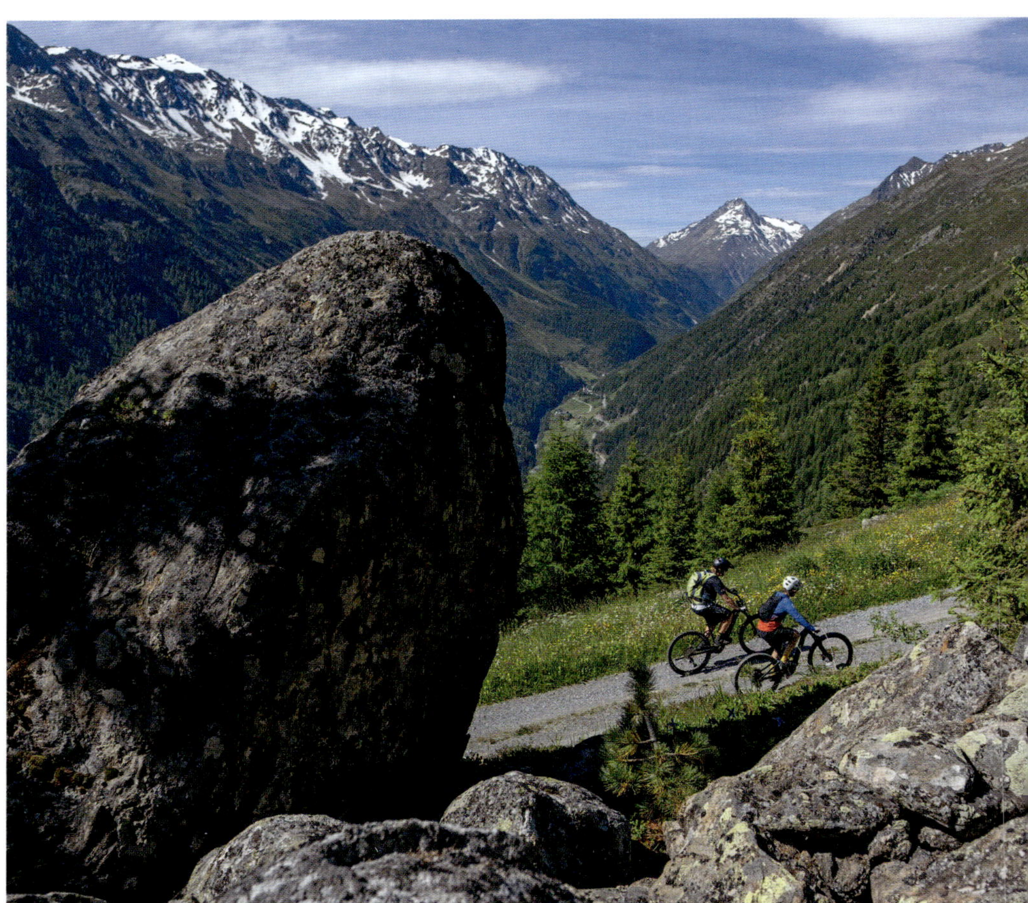

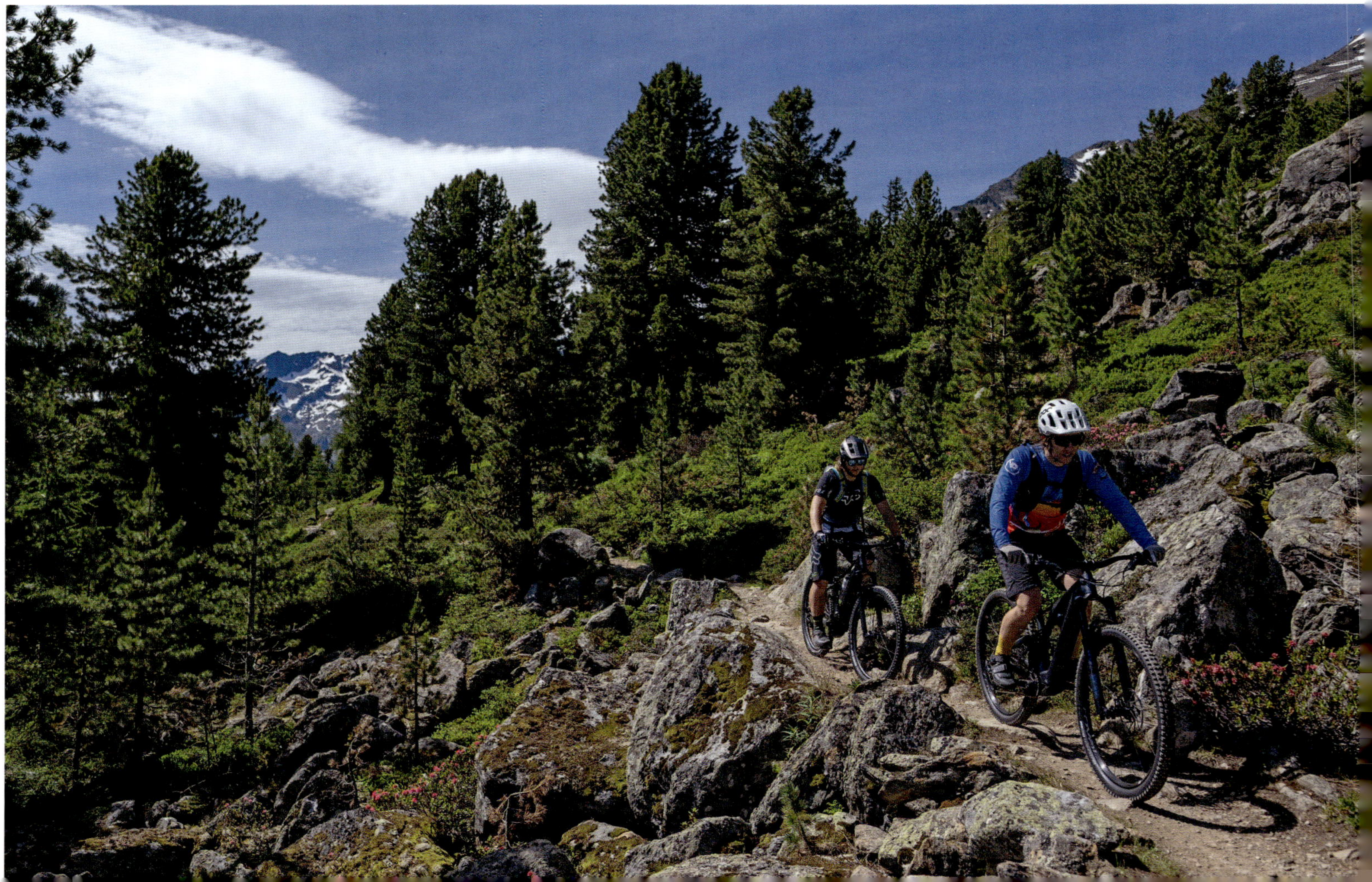

estens beschildert:
infahrt in den Gampe Trail.

lick ins Venter Tal mit der
arkanten Talleitspitze (3.402 m).

elsenzirkeln in Mega-Landschaft:
artigs Bödele Trail.

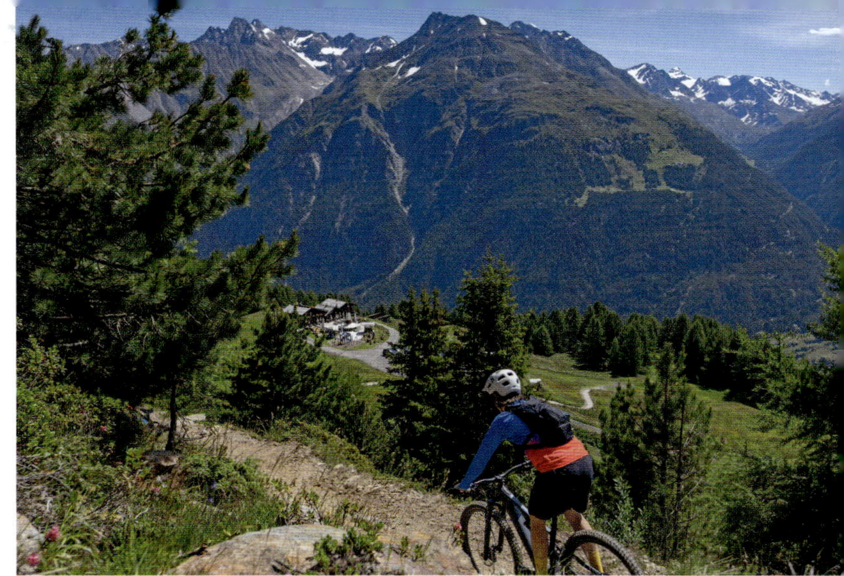

Die Mittagsrast schon im Blick:
Abfahrt zur Gampe Thaya.

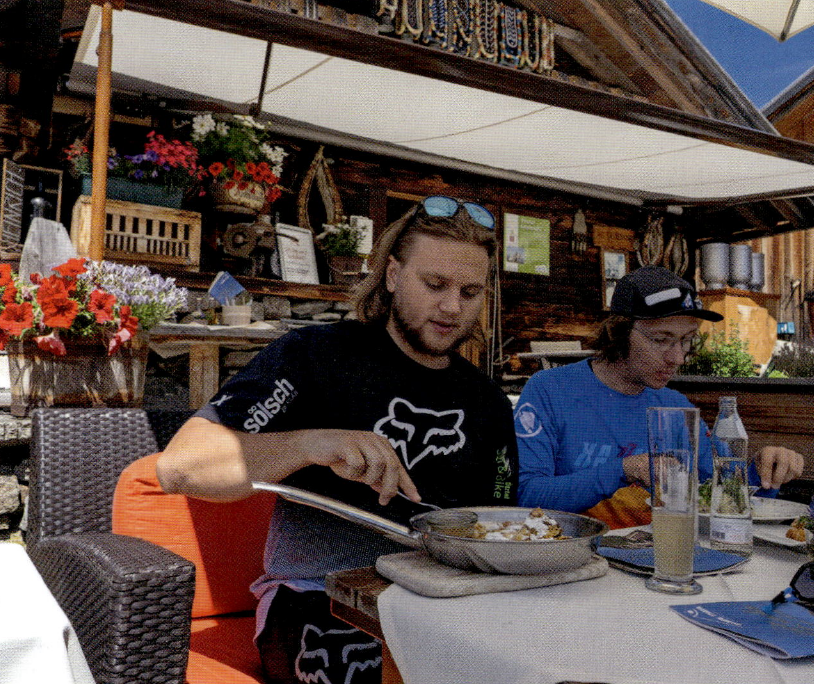

Essen und genießen:
auf der Sonnenterrasse der Thaya.

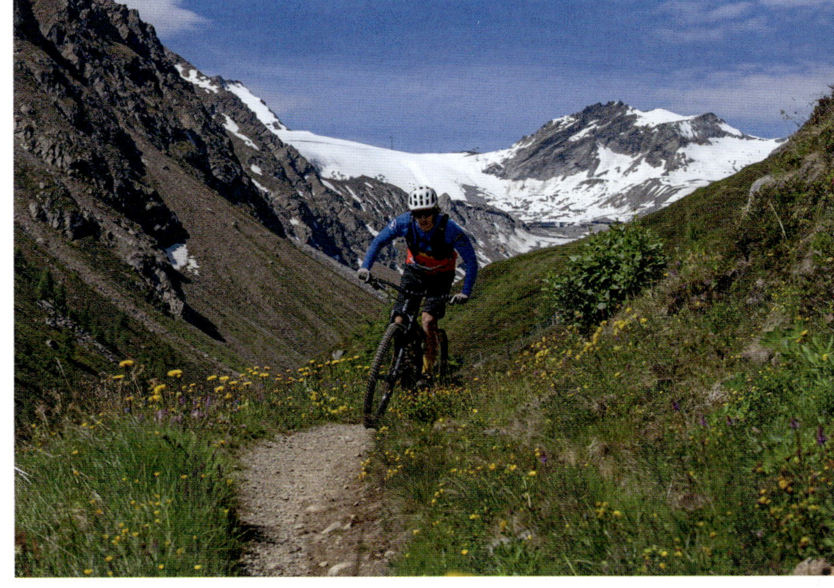

Blüten und Eis:
Rettenbachtrail vorm Rettenbachferner.

Wer Sölden vom Skifahren her kennt, dem kommt der bekannte Tiroler Wintersportort im Sommer regelrecht beschaulich vor. Die Anziehungskraft der kalten Jahreszeit hat die flächenmäßig größte Gemeinde Österreichs im Sommerhalbjahr noch lange nicht erreicht. Aber seit einigen Jahren wird gewaltig in den Radsport investiert, und die Fangemeinde unter Mountainbikern wächst beständig. Zusätzlich haben die Marketing-Fachleute von Ötztal Tourismus einen Coup gelandet: Der schmissige Begriff »Bike Republic Sölden« ist in aller Munde. Viele Mountainbiker glauben allerdings, die Region sei nur etwas für Pedalritter mit Protektoren und Vollvisierhelmen, die sich per Gondel oder Lift in die Höhen schaukeln lassen, um sich dann auf gebauten Trails halsbrecherisch ins Tal zu stürzen. Dass aber auch Tourenbiker hier ihr Glück finden können, zeigt unsere Traumrunde entlang der Flanke des Gaislachkogels und zu Füßen des Rettenbachferners zur Gampe Thaya (2.000 m).

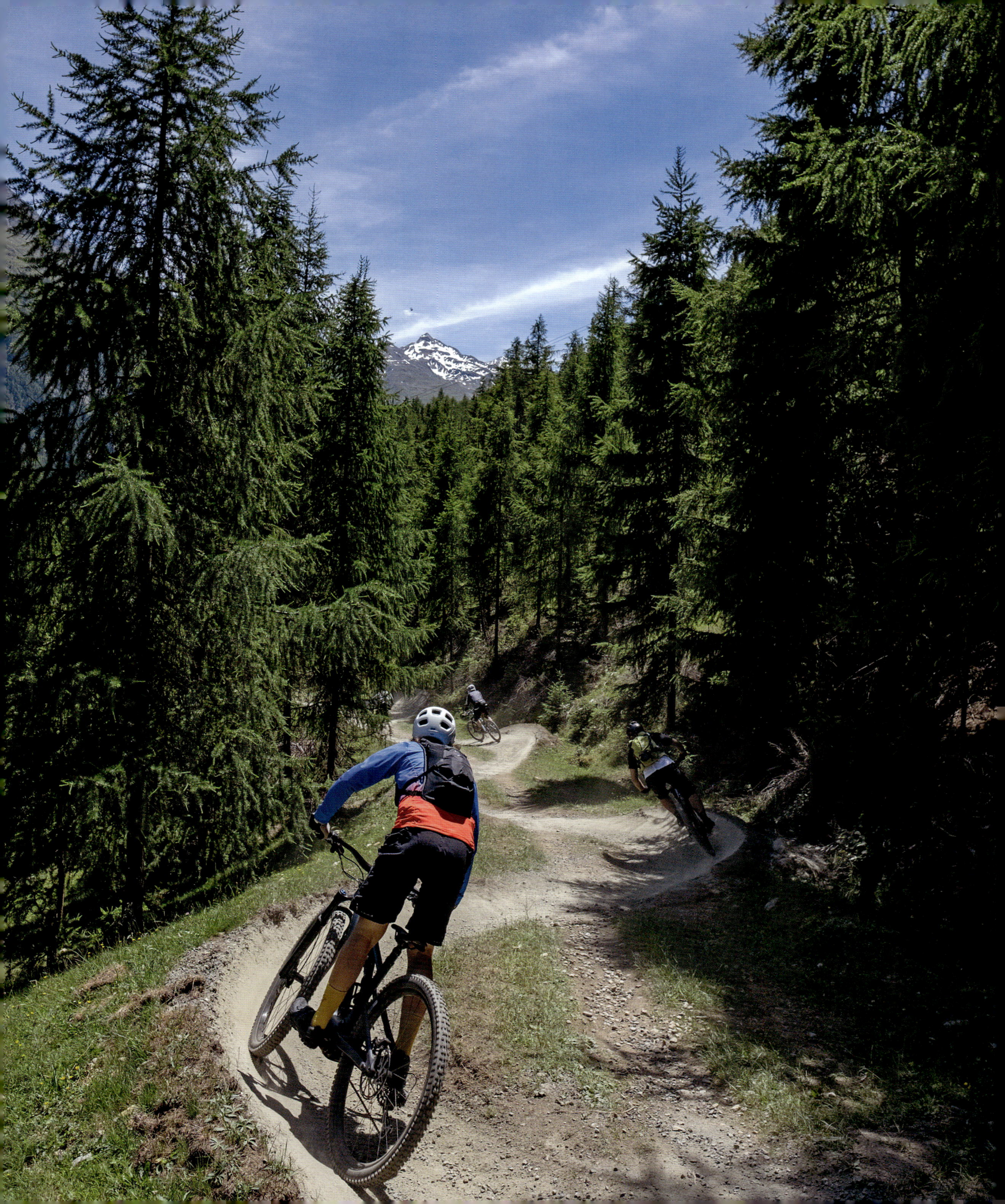

.chterbahn-Feeling:
.bfahrt auf der Ohn-Line.

**Ein wenig Kitsch darf sein: liebevoll arrangierte Deko an der Thaya.**

**Almidylle mit Pferdchen: auf den letzten Metern der Auffahrt.**

**Holprig und steil: Schlüsselstelle auf dem Gampe Trail.**

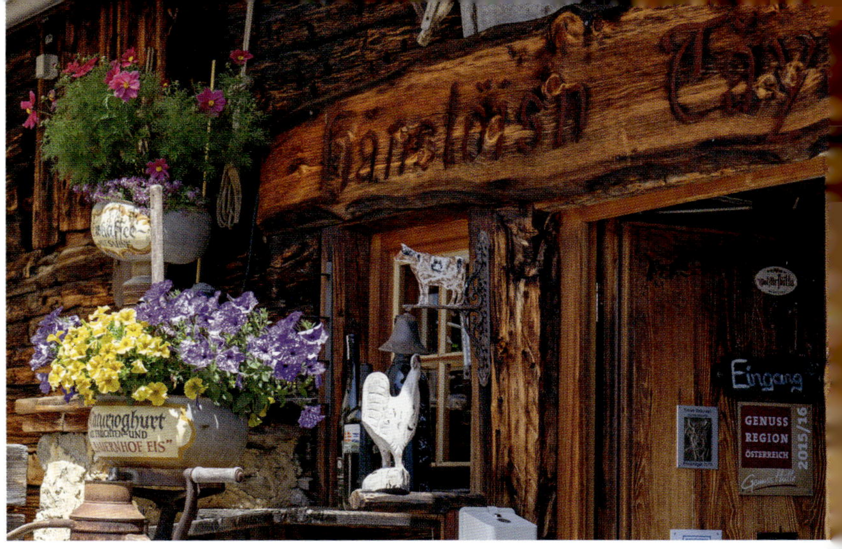


In Sölden folgen wir ein kurzes Stück der Timmelsjoch Hochalpenstraße, die das Ötztal seit 1968 mit dem Südtiroler Passeiertal verbindet. Kurz vor dem Ortsende biegen wir ab ins Gelände. Eine breite Forststraße führt mit durchschnittlich elf Prozent Steigung entlang des bewaldeten Hohen Nachtbergs (1.867 m) und vorbei am Alpengasthof Sonneck stetig bergauf. Schon bald haben wir freien Blick über das ursprüngliche Venter Tal. Unser Guide Max zeigt uns den Gaislachkogel an. Wir können sehen, wie sich von dessen Gipfel aus mehrere Trail-Spuren durch das steile Gelände ziehen.

Da müssen wir uns nicht runterstürzen, aber ein paar Kilometer später, nachdem wir die Mittelstation der Gaislachkogelbahn und den höchsten Punkt der Tour passiert haben, biegen wir in unseren ersten Trail ein. In leichtem Auf und Ab durch eine fantastische Landschaft verlaufend, bietet uns der gut zu fahrende Bartigs Bödele Trail genug Gelegenheit, das Traumpanorama der gegenüberliegenden Stubaier Alpen zu genießen.

Am Ende des Trails, nach gut einem Kilometer, überqueren wir die Gletscherstraße und biegen hinter der Rettenbachalm (2.145 m) auf den Rettenbachtrail ein. Auch er ist leicht zu fahren. Hier lohnt mancher Blick zurück auf den blau schimmernden Rettenbachferner.

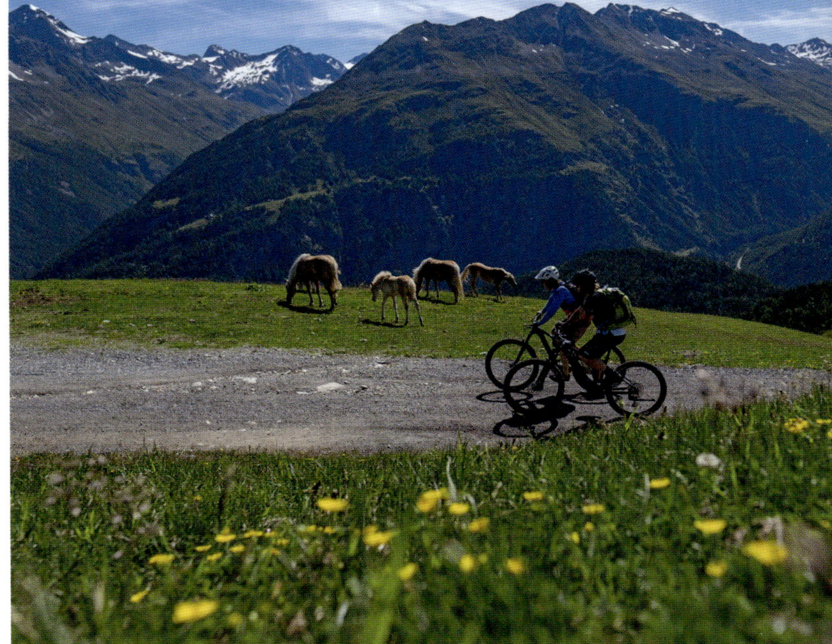

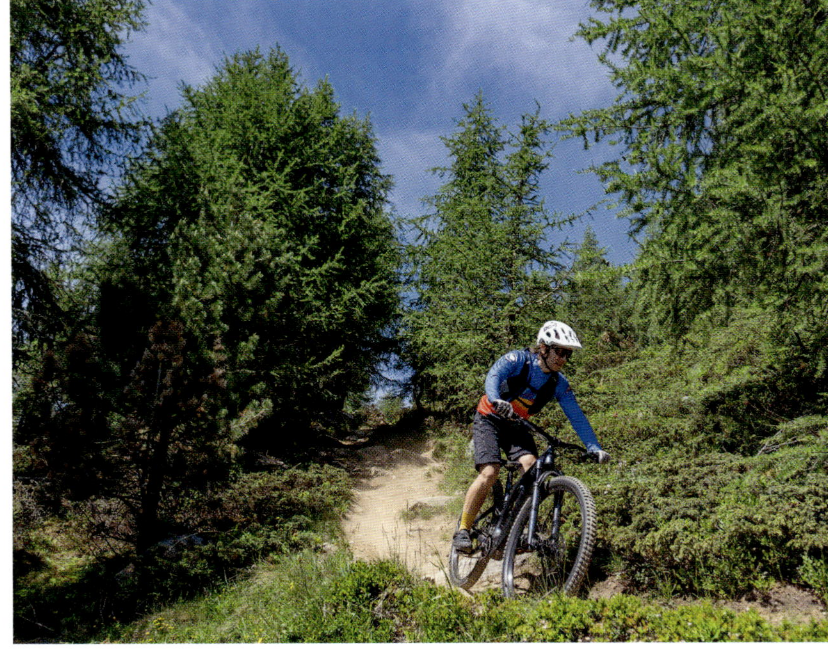

Ein kurzer Abschnitt bergab auf dem Gampe Trail erfordert ein etwas höheres Können, man wird aber mit einem Blick auf die Gampe Thaya belohnt. Die Thaya war früher eine Einraumhütte, in der in den Sommermonaten Mensch und Vieh unter einem Dach lebten. Pommes oder Cola sind in der liebevoll hergerichteten Hütte Fremdwörter. Bei der Wirtsfamilie Prantl kommt nur frisch Zubereitetes aus regionalen Produkten auf die Teller, neben denen geschmackvolle Stoffservietten liegen. Auf der gemütlichen Sonnenterrasse genießen wir ausgiebig den Nachmittag, denn es geht ja nur noch »ohn«, was auf Ötztalerisch »hinunter« bedeutet. Total relaxed geht's also auf die »Ohn Line«. Über flowige Anlieger und Holzkonstruktionen cruisen wir durch den Bergwald dem Tal entgegen. Auf den letzten 180 Höhenmetern herrscht reger Verkehr. Die »Broate Line«, eine breite Forstpiste mit ein paar spaßigen Randelementen, dient als Auslauf mehrerer Trails. Zielpunkt ist der Pumptrack an der Talstation der Gaislachkogelbahn. Die Bikes bekommen noch eine kurze Wellnesskur an den vorbildlichen Waschplätzen, dann gehen auch wir unter die Dusche. Die Bike Republic Sölden hat auch beim Après-Bike einiges zu bieten.
Unser Fazit: Der bekannte Tiroler Hochgebirgsort ist ein ideales Revier für einen Bikeurlaub. Die Touren- und Trail-Kilometer auf beiden Seiten des Talbodens reichen leicht für mehrere Tage.

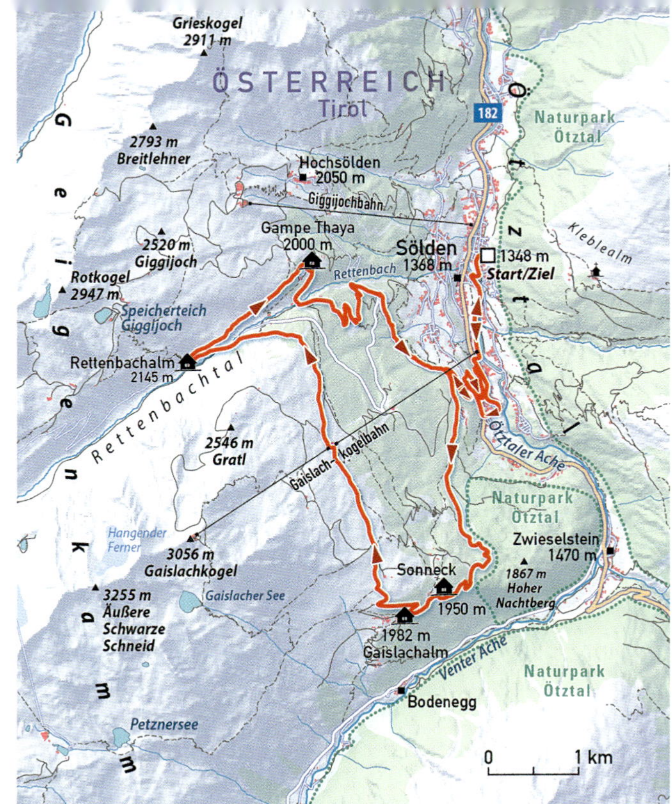


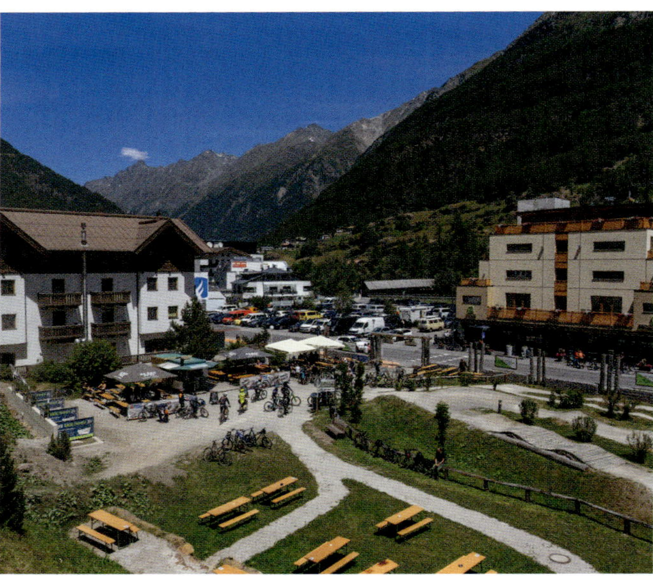

**Bikertreff: Pumptrack und Waschplatz am Ende der Tour.**

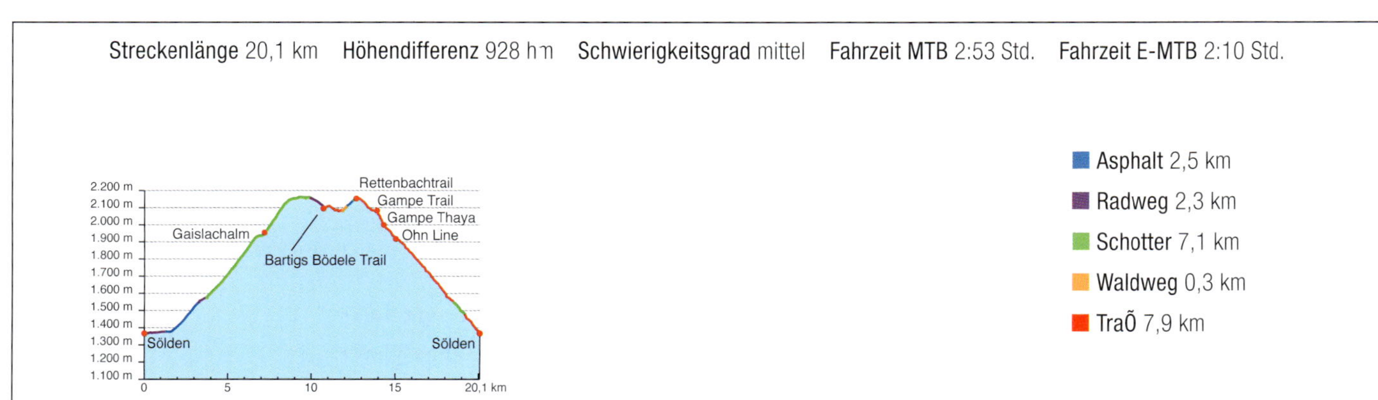

## INFOS

### DIE HÜTTE
In den 1980er-Jahren wurde auf der alten, noch unbewirtschafteten **Gampe Thaya** (2.000 m) nur sporadisch für Gäste zweier Hotels gekocht. Später begann langsam der Winterbetrieb für Skifahrer, und um 2000 wurde die Hütte erweitert und zu einer modernen Gastronomie ausgebaut. Auf der Gampe werden pro Saison 1.800 Kilogramm Almkäse produziert. Die Lebensmittel kommen fast ausschließlich von regionalen Erzeugern. Geöffnet von Mai bis Anfang Oktober.
Tel. +43 66 41 97 25 44, www.gampethaya.riml.com

### TOURCHARAKTER
Der Anstieg ist mit knapp über 800 Höhenmetern nicht allzu lang und mit durchschnittlich elf Prozent Steigung moderat. Nur auf den letzten 200 Höhenmetern zur Mittelstation der Gaislachkogelbahn zieht die Steigung etwas an. Der schöne Bartigs Bödele Trail ist leicht, nur an einigen Engstellen muss um Gestein gezirkelt werden. Kurz vor der Gampe Thaya ist ein kurzes Steilstück bergab zu überwinden. Die restliche Abfahrt verläuft über gut zu fahrende Trails und Forstwege.

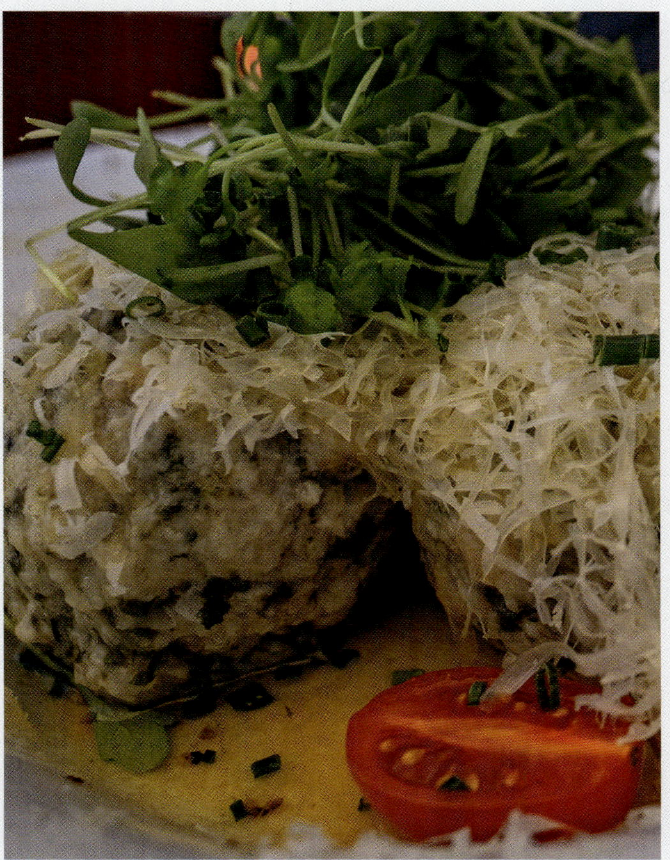

### TOURSTART
Die Tour startet im Ort Sölden in der Gemeindestraße am Büro von Ötztal Tourismus bei der Freizeitarena.

### WEITERER EINKEHRTIPP
**Alpengasthof Sonneck**
Gaislachalm 12, A-6450 Sölden, Tel. +43 52 54 29 05, www.alpengasthof-sonneck.at

### BIKE-VERLEIH
Über **zehn Bike-Shops** in Sölden verleihen Mountainbikes und E-MTBs. www.soelden.com/de/sommer/biken-radfahren/bikeservice

### GEFÜHRTE TOUREN
**Fünf Bikeschulen** bieten Kurse und geführte Touren an. www.soelden.com/de/sommer/biken-radfahren/bikeschule-guides

### BIKE-HOTELS
**Bike Ötztal Homes** Von der Ferienwohnung bis zum Fünf-Sterne-Superior-Hotel. Zertifizierte Unterkünfte mit vielen Services für Biker

### LANDKARTEN
**Kompass-Karte WK 43**
*Ötztaler Alpen, Ötztal, Pitztal*, 1:50.000
**3D-Karte Bike Republic Sölden**
https://bikerepublic.soelden.com/de/home/streckenangebot/3dkarte.html

### BIKE-INFOS
www.soelden.com/de/sommer/biken-radfahren
www.bikerepublic.soelden.com/de

### TOURIST-INFOS
**Ötztal Tourismus Sölden**
Achweg 5
Tel. +43 57 20 00
www.soelden.com

**Nur beste Zutaten von regionalen Lieferanten auf der Gampe Thaya.**

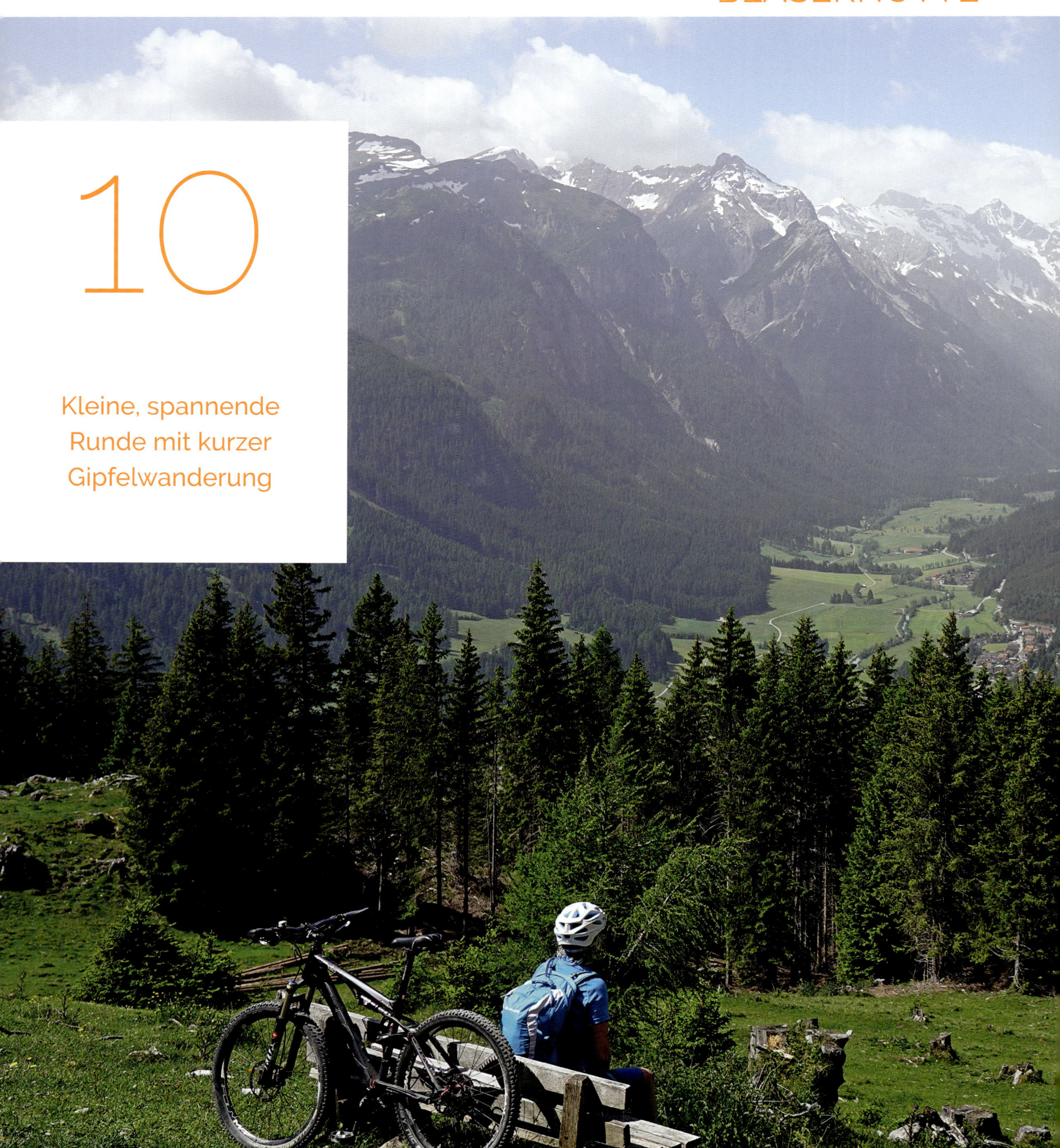

# 10

## Kleine, spannende Runde mit kurzer Gipfelwanderung

Blick ins Bergsteigerdorf Gschnitztal.

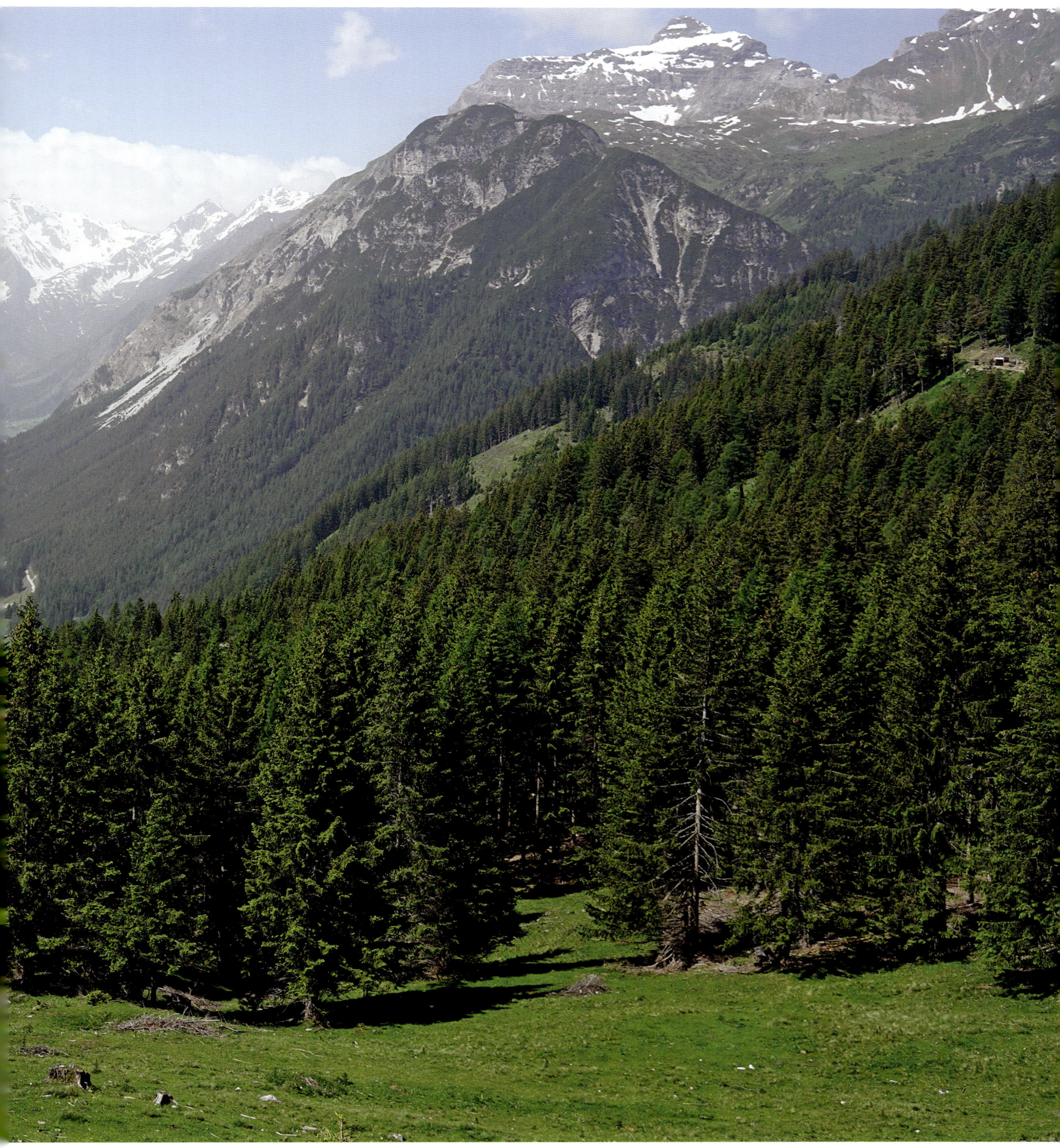

Streckenlänge: 15,5 km | Höhenmeter: 994 m | Schwierigkeit: mittel | Fahrzeit: MTB: 2:41 Std. – E-MTB: 2:01 Std.

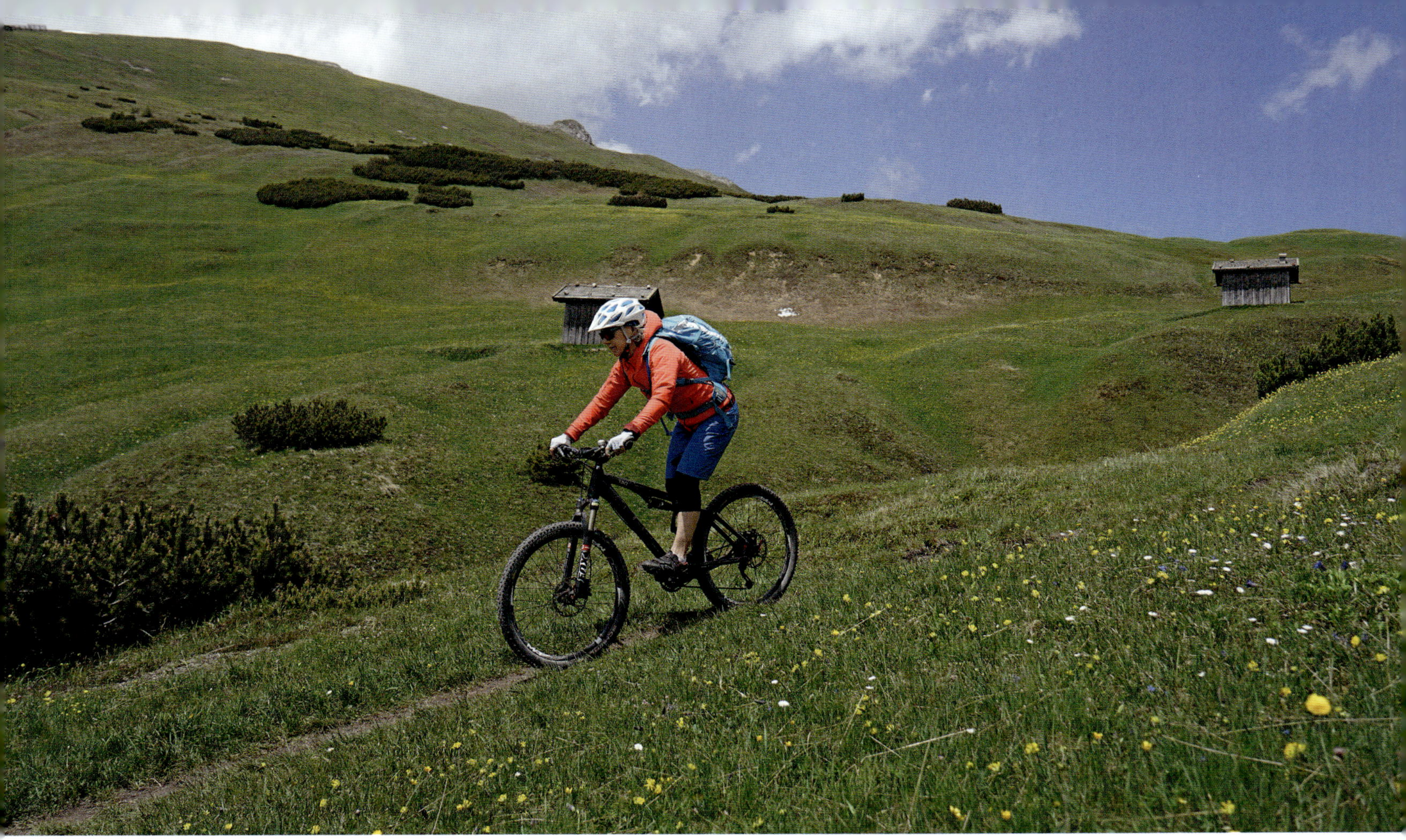

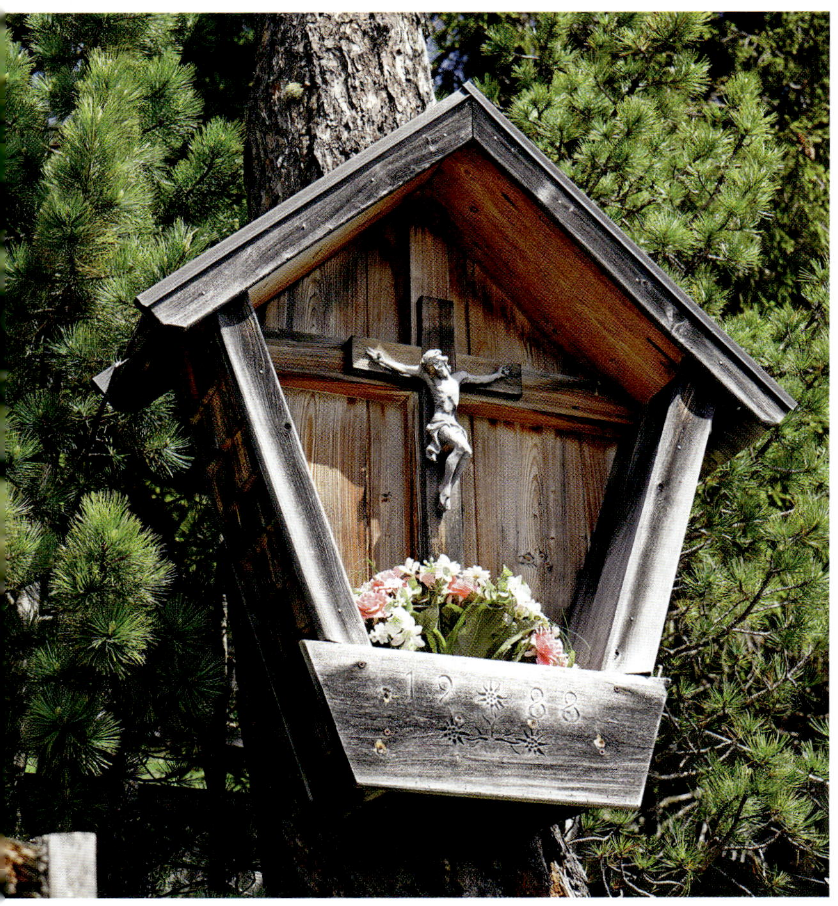

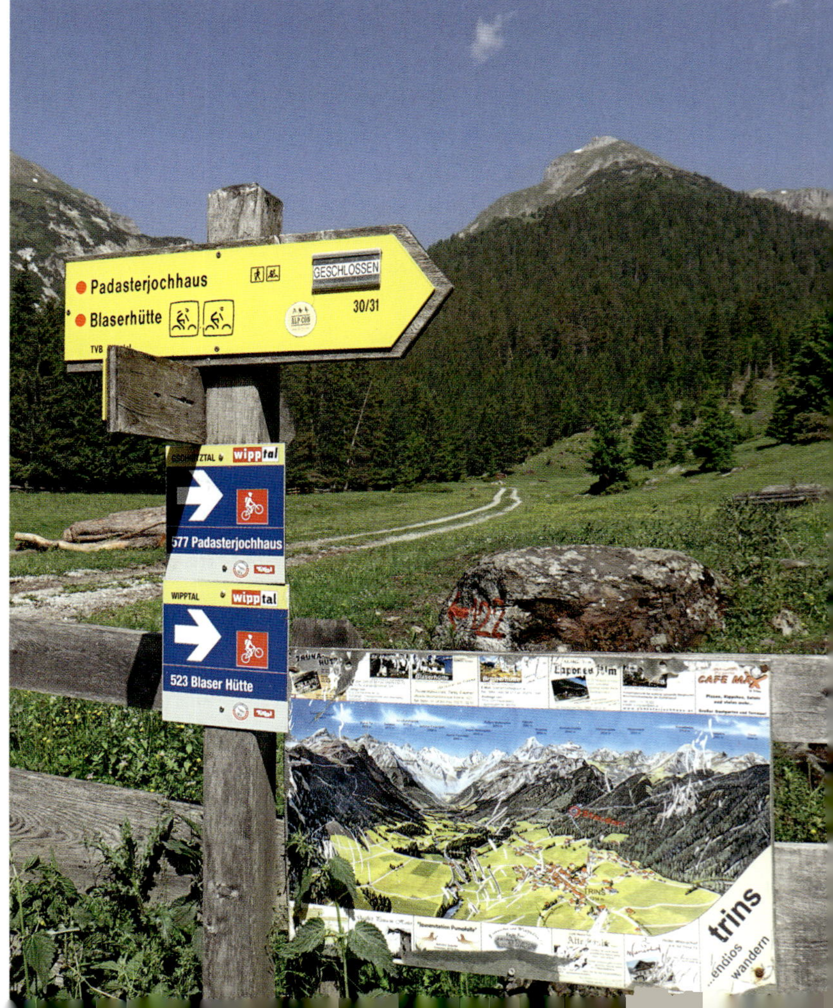
Padasterjochhaus
Blaserhütte
GESCHLOSSEN
30/31
wipptal
577 Padasterjochhaus
523 Blaser Hütte
trins

ikespaß ohne Probleme: Flowtrail
urch die Zwieselmähder.

/eggefährten: Marterl und
linweisschilder am Wegesrand.

Die »Radl-Rutsche« ist ein Durchlass für Biker im Weidezaun.

Faszinierende Kulisse: Trail-Abfahrt von der Blaserhütte Richtung Trins.

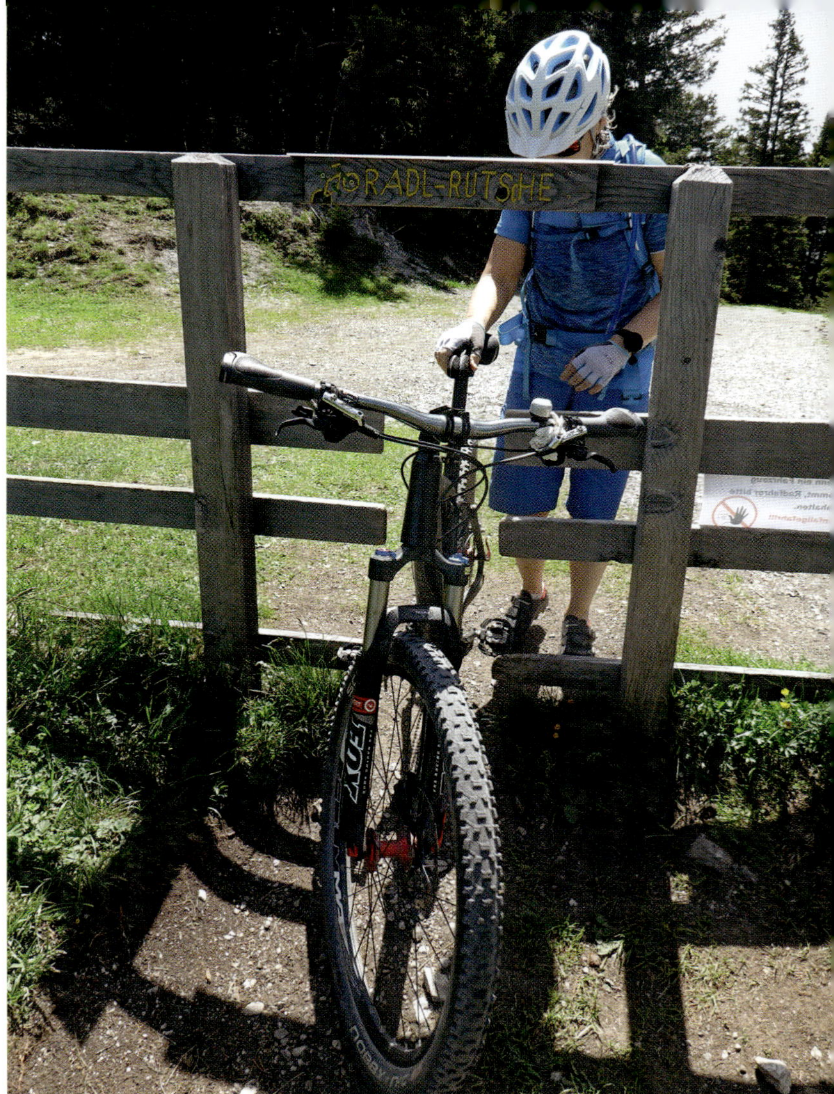


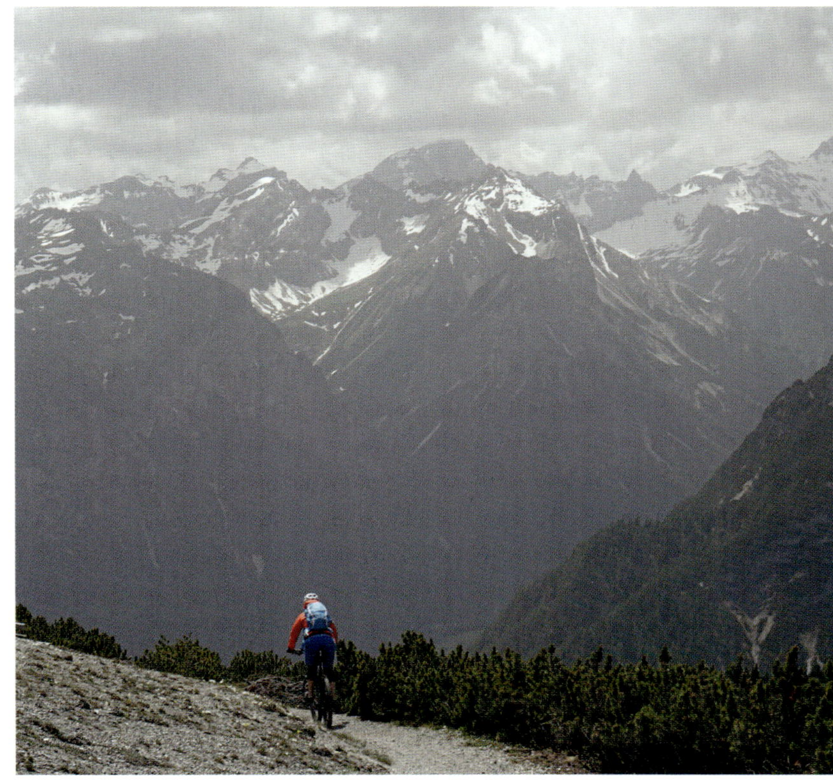

Plötzlich ist alles ganz gemütlich und ruhig. Wenn man bei Matrei die Autobahn verlassen und Steinach am Brenner passiert hat, geht es hinauf ins Gschnitztal, ein Seitental des Wipptales am Fuß des Habichts (3.277 m), der Feuersteine (3.267 m) und der Tribulaune (3.097 m) in den Stubaier Alpen. Das Gschnitztal zählt seit einigen Jahren zum Verbund der Bergsteigerdörfer. Und wie heißt es dort so schön in den Statuten: Zugunsten der Natur und der Berglandwirtschaft herrscht eine besondere Zurückhaltung bei der technischen Erschließung des Gebirgsraumes. Das heißt, es gibt keine wuchtigen Seilbahnen, Skigebiete und Sporthotels. Das Ortsbild wird nicht von riesigen, pseudomodernen Glas- und Betonkästen verschandelt. Genauso ist es hier in Trins und Gschnitz.

Auf der Talstraße herrscht wenig Verkehr. Als wir ankommen, wirkt Trins, der erste und größte Ort im Tal, fast wie ausgestorben. Wahrscheinlich sind viele Bewohner gerade bei der Heuernte. Jedenfalls tun wir uns schwer, vor dem Start irgendwo einen Kaffee zu bekommen. Macht nix! Wir wollen ja hinauf in die oberen Etagen der Bergwelt. Die ersten, steilen Höhenmeter werden uns quasi geschenkt, denn der kleine Wanderparkplatz Egarte liegt ganz oben in Trins am Waldrand.

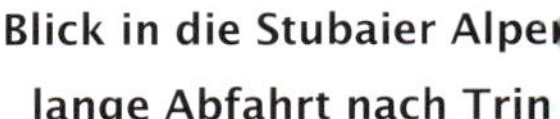

Blick in die Stubaier Alpe
lange Abfahrt nach Trin

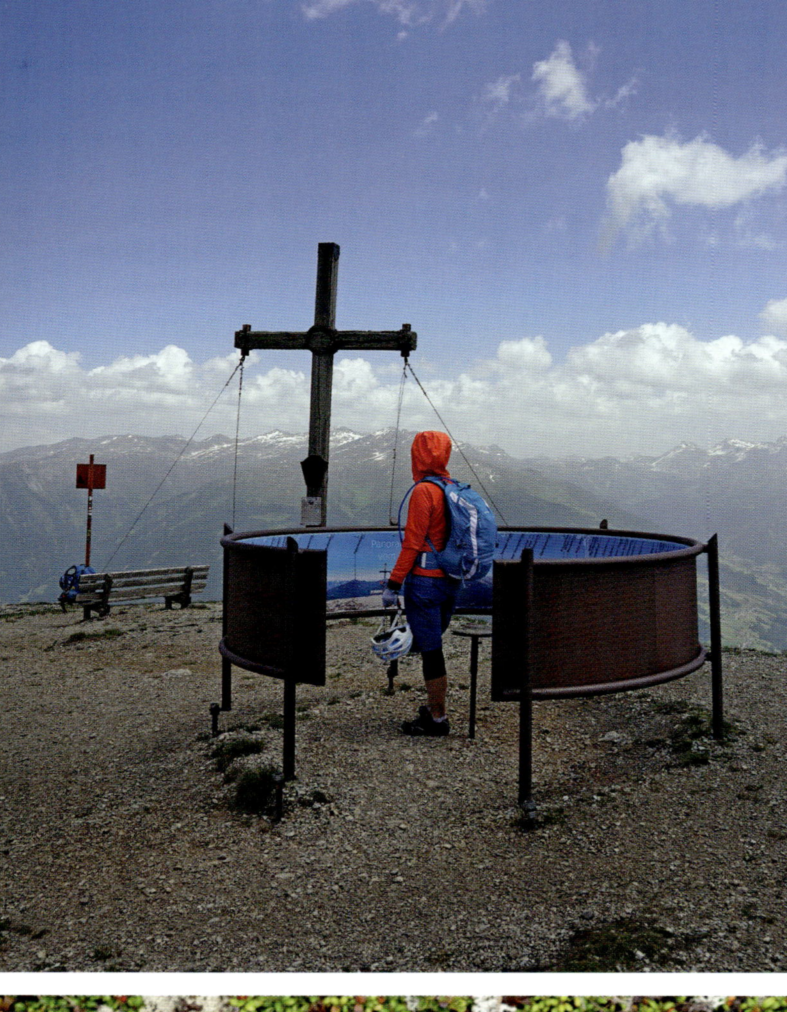

Windiges Panorama:
Gipfelkreuz am Blaser.

Downhill-Flow: Der Trail begin
direkt hinter der Hütt

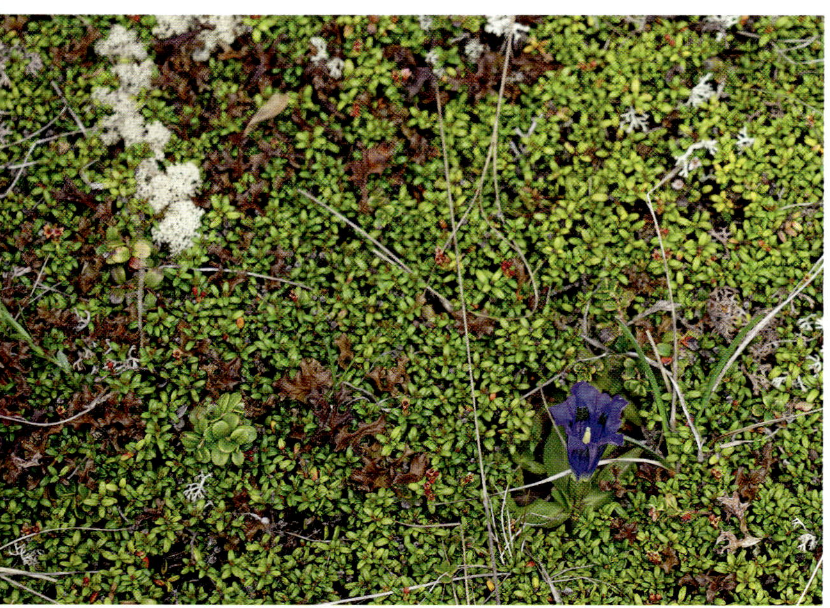

Bei Enzian & Co.:
alpine Matten auf 2.000 Metern.

Auf mäßig steiler Schotterpiste kurbeln wir durch den Bergwald. Trotz Sommer halten sich die Wärmegrade in Grenzen. In den Baumlücken zeigen sich die Berge im Süden und Westen des Gschnitztales. Eigentlich hatte der Wetterbericht ab Mittag Regen vom Brenner her angesagt. »Bei dem Wind verbläst es die dunklen Wolken«, meint ein heimischer Wanderer, der uns über den Weg läuft. Er soll Recht behalten. Es fällt kein Tropfen. Zum Glück. Dafür bleibt uns der Wind erhalten und nimmt an Stärke zu, je höher wir kommen. Als wir den Wald verlassen, eröffnet sich ein gigantisches Panorama: tief unten das Wipptal mit dem kaum noch zu erkennenden Betonband der Brennerautobahn und darüber die schneebedeckten Gipfel der Tuxer Alpen. Über saftig grüne Hänge mit Almwiesen und Heidekraut schrauben wir uns immer höher. Hin und wieder werden die Steigungsprozente auch gut zweistellig, aber nicht im extremen Bereich. Nur der Seitenwind rüttelt etwas an der Balance. Aber nach einer kleinen Kuppe liegt sie plötzlich vor uns auf einem Plateau wie auf dem Präsentierteller – die Blaserhütte (2.126 m). Eigentlich zieht es uns wegen des Windes in die warme Stube. Aber dieser quasi 360-Grad-Blick lässt uns draußen an der Hauswand unsere heiße Kaspressknödelsuppe schlürfen, während die Dohlen verwegen durch die Lüfte surfen.

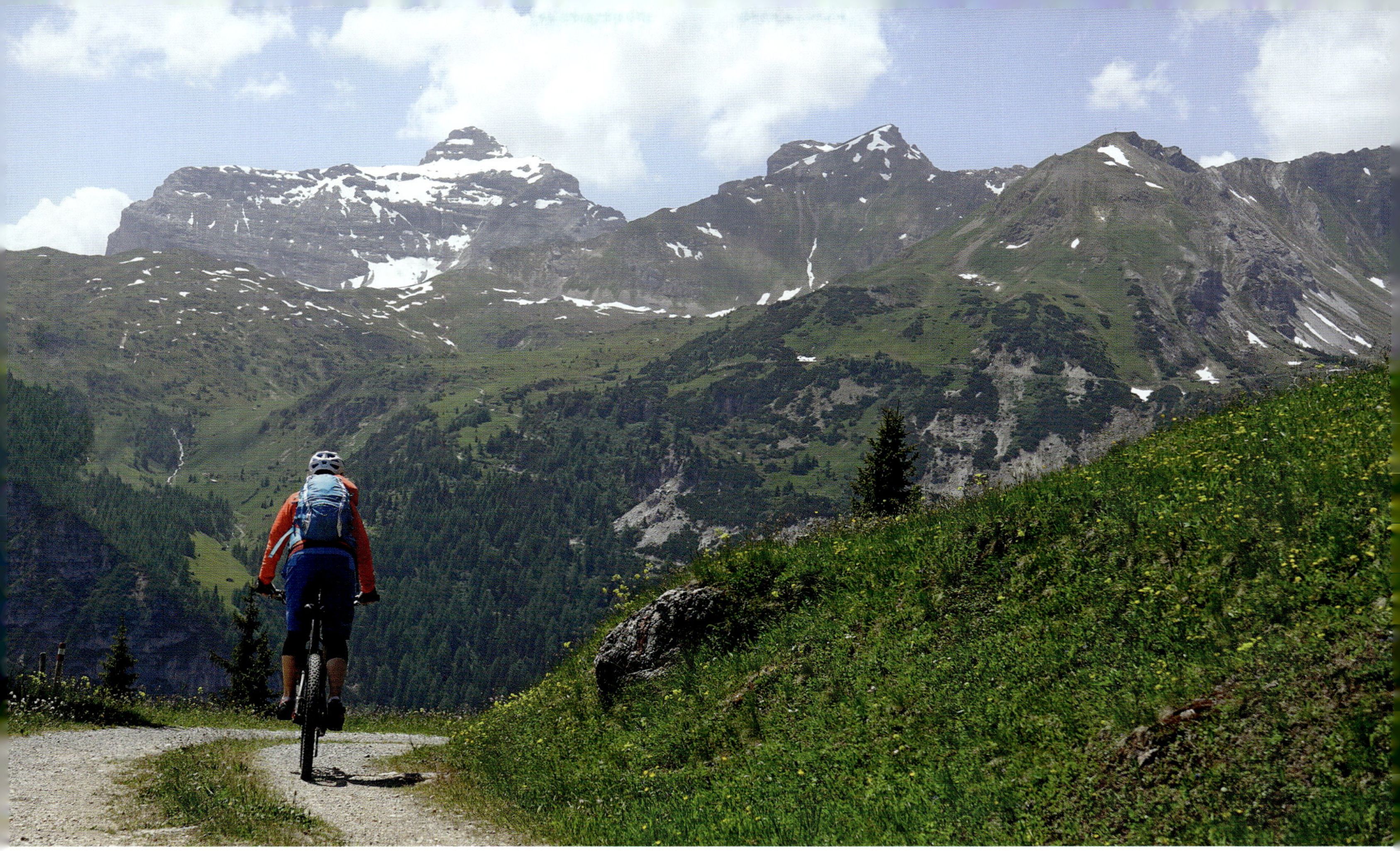

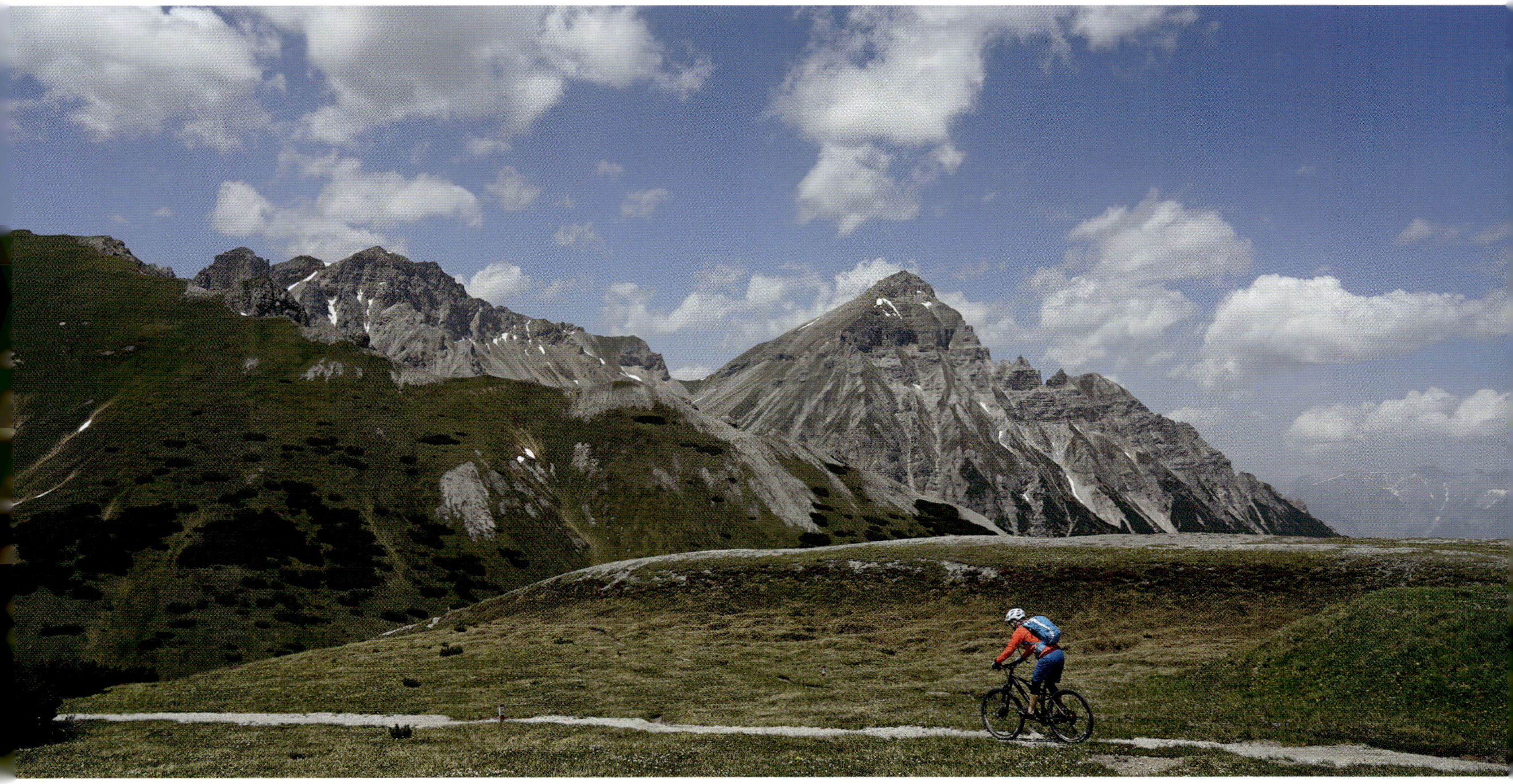

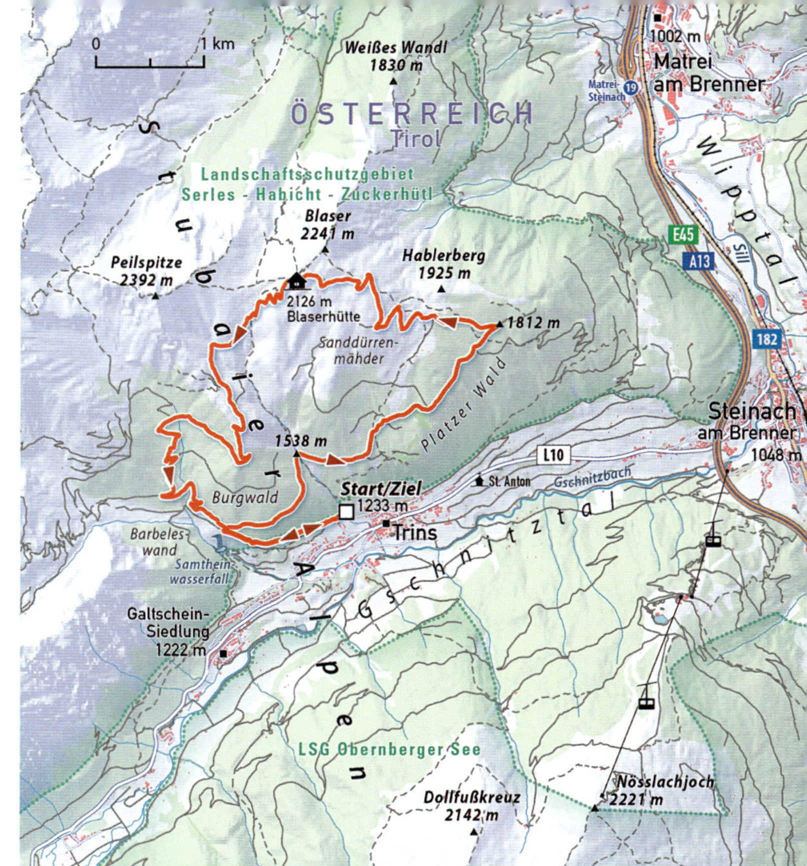


Frisch gestärkt, geht es nun noch zum Blaser-Gipfel (2.241 m). Diese halbstündige Bergwanderung muss sein. Schließlich ist am Gipfelkreuz der Rundblick noch eindrucksvoller – und der Wind noch stärker. Viele sagen, der Namen des Berges käme daher, dass es hier immer so bläst. Könnte stimmen! Aber für dieses Panorama kann man die Zugluft gern mal aushalten.

Nach dem Bike-and-Hike-Intermezzo muss jetzt aber noch ein Kaffee sein. Mit großem Braunen und Buchweizentorte im Bauch geht's auf den Trail. Ein echter Spaß, sogar für weniger Versierte. Etwas mehr als einen Kilometer windet sich der Pfad ohne Stufen und Wurzeln durch Latschen und über Almwiesen. Aber Vorsicht, hier sind auch Wanderer unterwegs! Auf diesem Trail halten Biker nicht wegen schwieriger Stellen an, sondern weil sie den Ausblick genießen wollen. Für die meisten ist das Vergnügen viel zu früh zu Ende. Für uns auch! Auf den Grashängen der Zwieselmähder mündet der Trail in einen Bergweg. Serpentine um Serpentine rollen wir ins Tal. Eigentlich stand noch ein Abstecher zum Padasterjochhaus an. Da aber am Abzweig der Hinweis »vorübergehend geschlossen« steht, verzichten wir auf die zusätzlichen Höhenmeter. Die restlichen Tiefenmeter durch den Bergwald rollt es wie von allein. Zurück in Trins hat sich sogar der Wind gelegt, und die Regenwolken sind verschwunden.

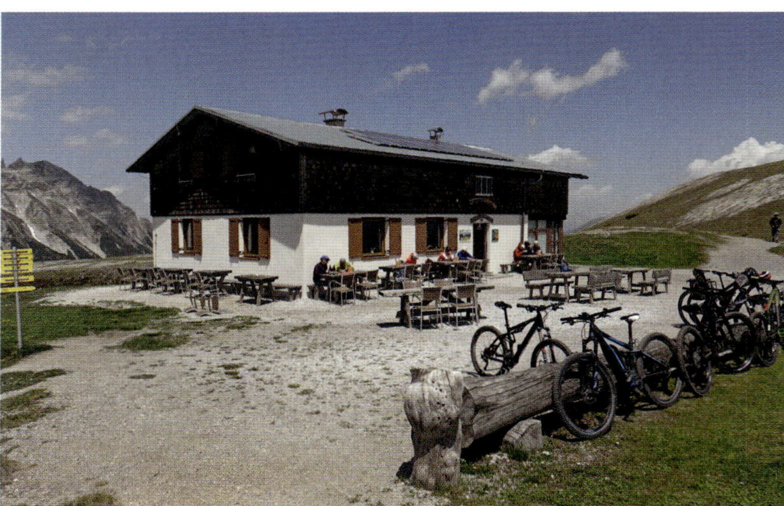

**Die Blaserhütte (2.126 m) kurz unterhalb des Blasergipfels.**

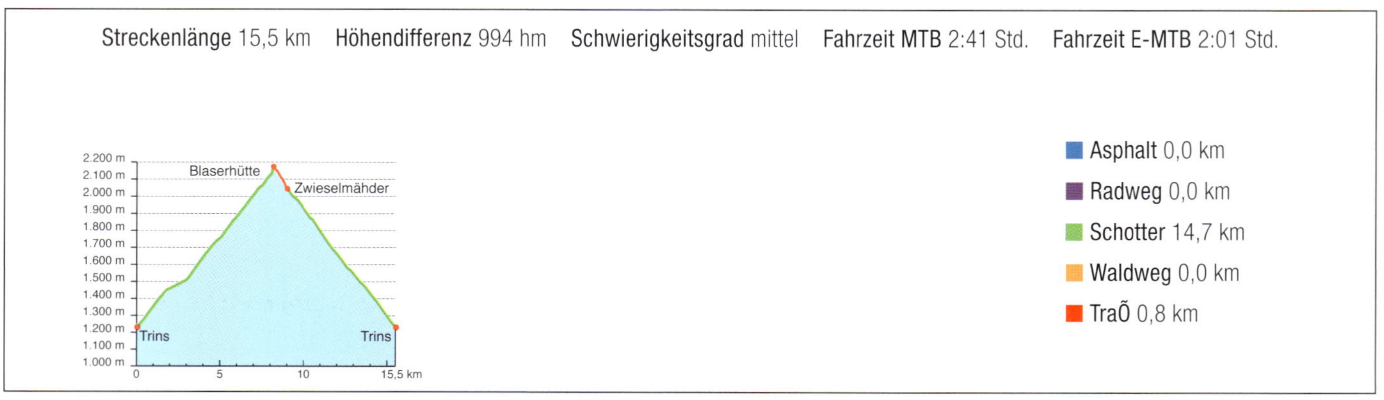

# INFOS

## DIE HÜTTE

Die private **Blaserhütte** liegt seit 1928 auf 2.126 Metern Höhe, nur rund 15 Gehminuten unterhalb des Blasergipfels (2.241 m). Einzigartig ist die Rundumsicht auf die Zwei- und Dreitausender der Stubaier und Tuxer Alpen. Wer über Nacht oben bleiben will: Es warten im ersten Stock 27 Schlafplätze in drei Zimmerlagern mit fließend kaltem Wasser und WC auf dem Gang. Gekocht wird tirolerisch – was denn sonst –, von Speckknödel bis Kaiserschmarrn. Diesen gibt's auf Anfrage sogar glutenfrei. Geöffnet ist von Ende Mai bis Ende September. Kontakt: Fam. Georg Nocker, Trins 246, A-6152 Trins, Tel. +43 66 45 71 82 00, www.blaserhuette.at

## BIKE-REGION

Das rund 150 Kilometer große Mountainbike- und Radwegenetz zwischen Innsbruck und dem Brenner umfasst gemütliche Almrundtouren, Singletrails, den Bikepark Bergeralm mit Downhill-Strecken sowie Alpenüberquerungen wie die Route München–Venezia oder übers Tuxer Joch.

## TOURCHARAKTER

Die nicht allzu lange, aber abwechslungsreiche Tour verläuft bergauf auf mäßig steilen Wald- und Almwegen. Oberhalb des Bergwaldes und beim Blasergipfel kann es windig werden. Man könnte meinen, der Name Blaser kommt daher, dass es hier oft kräftig bläst. Der Trail hinter der Blaserhütte bergab lässt sich flowig und problemlos fahren. Achtung, Wanderer! Danach biegt man wieder auf mehr oder weniger rumpelige Schotterwege ein und rollt in Serpentinen zurück ins Tal.

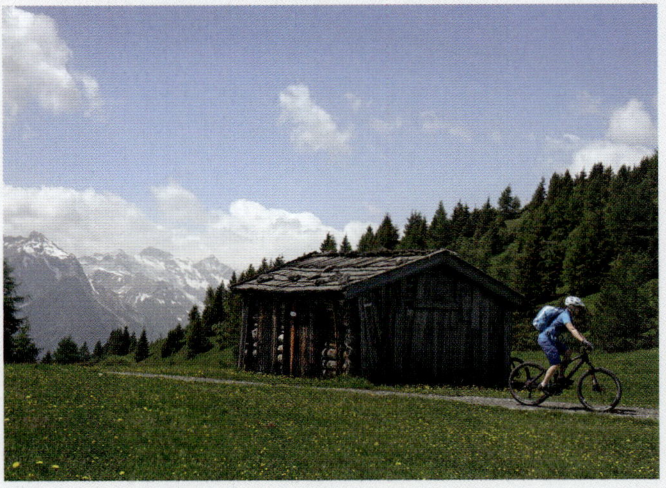

Kleines Almplateau vor dem Schlussanstieg zur Blaserhütte.

## TOURSTART

Los geht's am kleinen Wanderparkplatz am Ortsausgang von Trins im Gschnitztal, einem Seitental des nördlichen Wipptales, durch das die Brennerautobahn führt.
Wer öffentlich anreisen will, nimmt ab Innsbruck die Bahn (www.oebb.at) bis Steinach am Brenner, steigt dort aufs Bike und fährt auf dem Feldweg bis Trins (5 km).

## VARIANTE

Wer genügend Kraft in den Beinen oder im Akku hat, der kann noch einen lohnenden Abstecher zum **Padasterjochhaus** (2.232 m) anhängen. Das macht rund 600 Höhenmeter und etwa 14 Kilometer zusätzlich. Einfach bei der Abfahrt von der Blaserhütte via Zwieselmähder nach rund 3,6 Kilometern an der Weggabelung Richtung Padasterjochhaus und Kalbenjoch hochkurbeln. Auf demselben Weg geht's dann wieder bis zum Abzweig zurück und weiter nach Trins.

## BIKE-VERLEIH

**Bike Tirol Lounge** am Parkplatz des Parkhotels in Matrei, Tel. +43 51 71 7 21 00, www.bike.tirol
**Wipprad** Talstation Bergeralm in Steinach am Brenner, Tel. +43 66 42 55 94 04, www.wipprad.at

## GEFÜHRTE TOUREN

Arno Übergänger, Wienerhof in Trins (siehe Bike-Hotels)

## BIKE-HOTELS

**Alpengasthof Hohe Burg** Trins 197, A-6152 Trins, Tel. +43 52 75 52 04, www.hoheburg.at
**Wienerhof** Trins 13, A-6152 Trins, Tel. +43 52 75 52 05 (mit Bike-Verleih und geführten Touren)

## LANDKARTEN

**Kompass-Karte WK83** *Stubaier Alpen*, 1:50.000

## BIKE-INFOS

www.wipptal.at/wipptal-erleben/sommer/bike-e-bike

## TOURIST-INFOS

**Tourismusverband Wipptal** Rathausplatz 1, A-6150 Steinach in Tirol, Tel. +43 52 72 62 70, www.wipptal.at, www.bergsteigerdoerfer.org

# JOHANNISHÜTTE

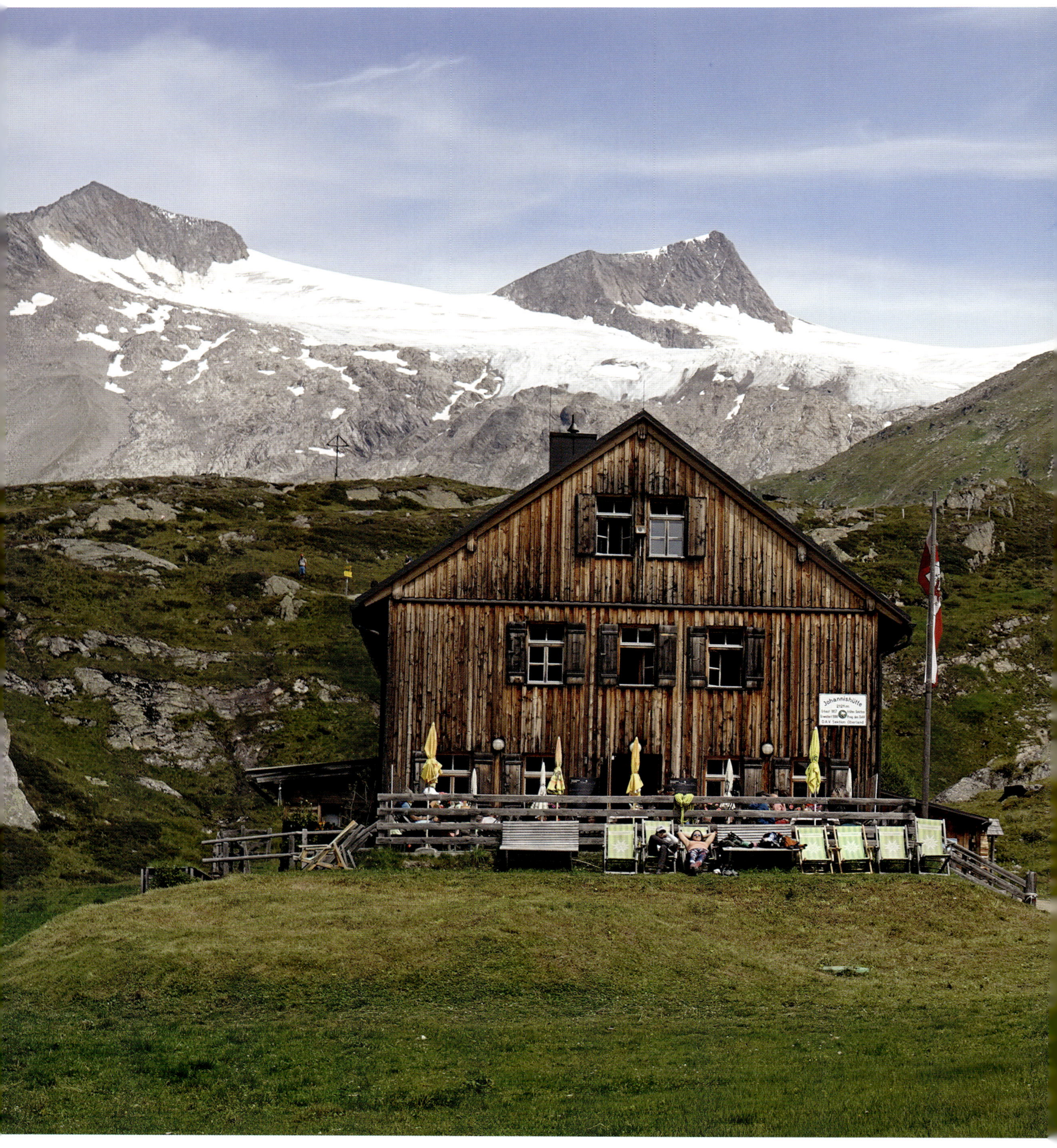


Streckenlänge: 21,9 km | Höhenmeter: 1.220 m | Schwierigkeit: mittel | Fahrzeit: MTB: 3:30 Std. – E-MTB: 2:38 Std.

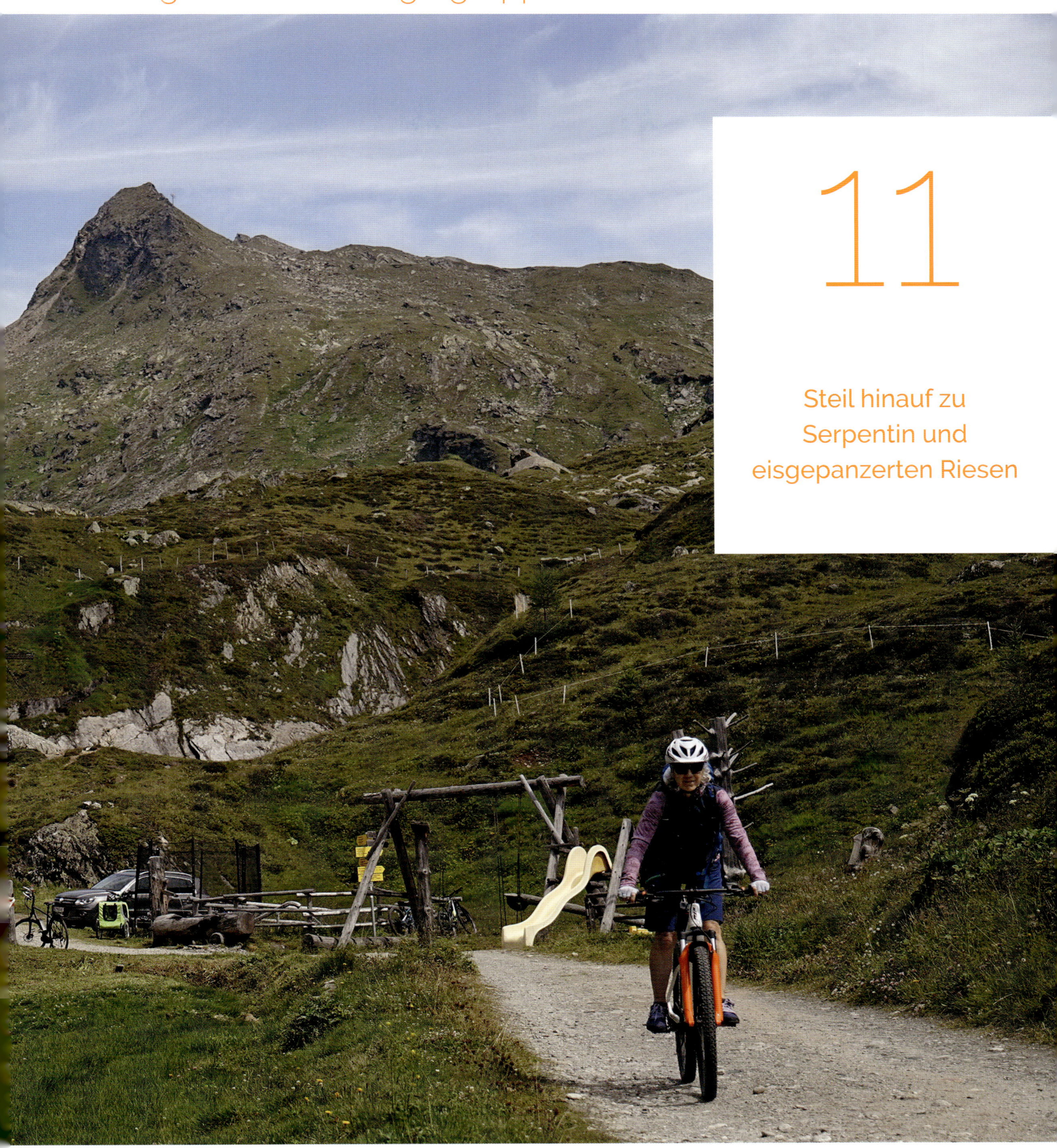

# 11

## Steil hinauf zu Serpentin und eisgepanzerten Riesen

Die Johannishütte vor dem Großvenediger.

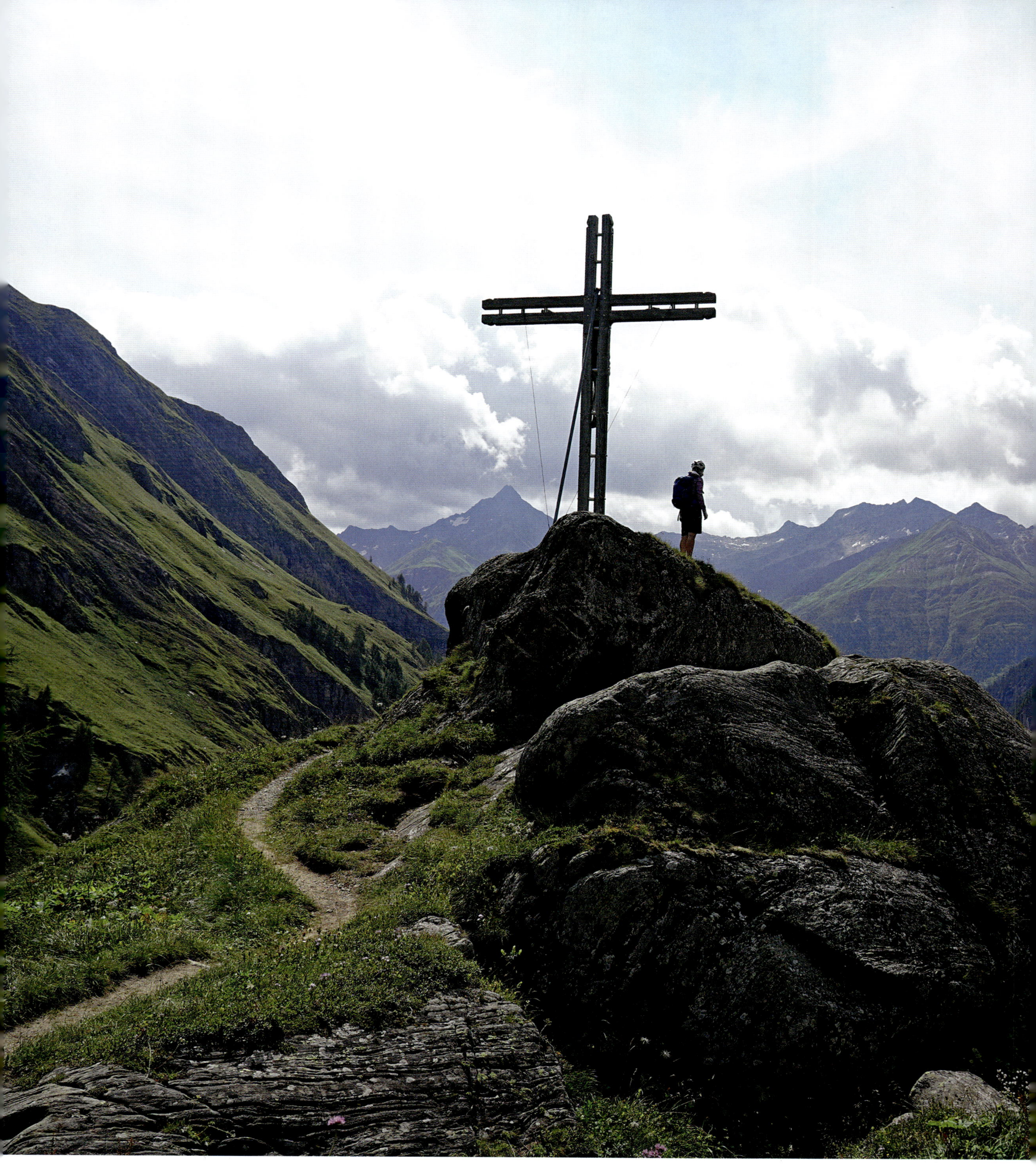

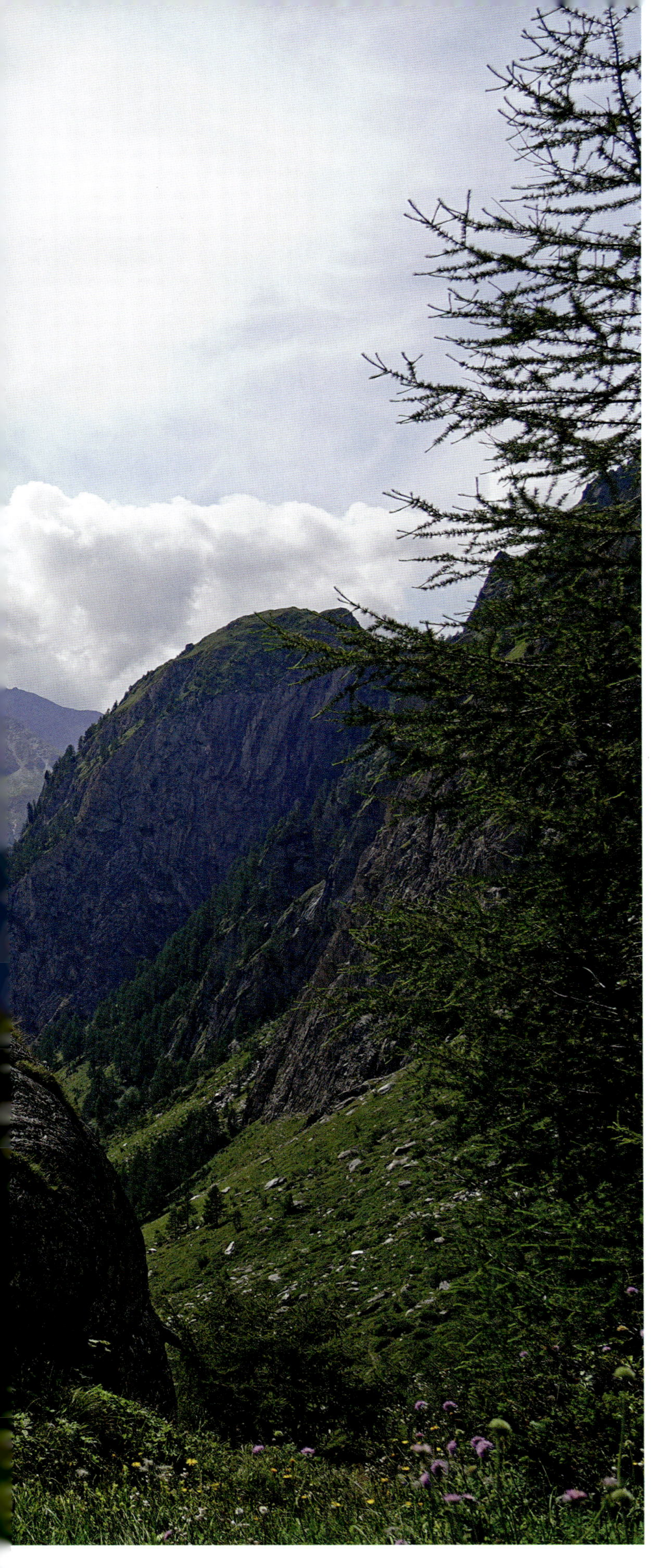

Kleine Pause mit Ausblick am Gumpachkreuz (1.986 m).

Hinterbichl im Osttiroler Virgental ist ein kleines Bergdorf, wie es sich so manche Alpenurlauber erträumen: ein paar Bauernhäuser, ein traditionelles Wirtshaus, eine alte Kirche und eine historische Mühle am plätschernden Gebirgsbach, drum herum Wiesen, Wald und Berge. Aber wo verstecken sich die eisgepanzerten Riesen der Venedigergruppe? Beim Blick nach oben zeigen sich nur steiler Bergwald, Almmähder und etwas Fels darüber, aber höchstens 2.000 Meter hoch. »Für die ersten Gletscherblicke müsst ihr noch ein paar Höhenmeter nach oben kurbeln«, erklärt uns Uta, die weitgereiste Co-Chefin des Naturresorts Heimat mitten im Dorf. »Ihr könnt ja zum Warmfahren erst mal zur Stabanthütte biken. Solch eine »Schloss-Hütte« findet ihr kaum irgendwo anders«, erklärt sie uns etwas die Attraktionen der Umgebung. Das klingt gut, aber das mehrfach prämierte »Schlössl« von Gabi und Erich auf 1.777 Metern Höhe muss noch etwas warten. Das Navi zeigt erst mal Richtung Großvenediger. Los geht's, und nach 50 Metern halten wir gleich wieder an: Ein Blick auf die knorrige Islitzer Wasserradmühle mitten im Ort muss schon sein. Zweimal pro Woche mahlt hier der Müller noch Getreide und erklärt Besuchern die einzelnen Schritte beim Kornmahlen.

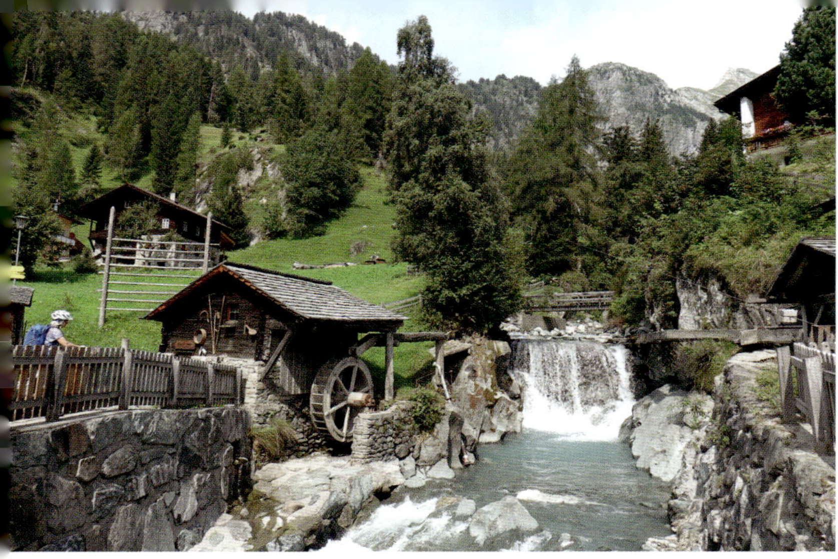

Dorfidyll:
alte Kornmühle in Hinterbichl.

Anfahrt zur Johannishütte
durchs Dorfertal.

Einsame Almwiese
bei der Stabanthütte

Unbewirtschaftete Alm im Dorfertal

Schmucke, neue Kapelle bei Ströden

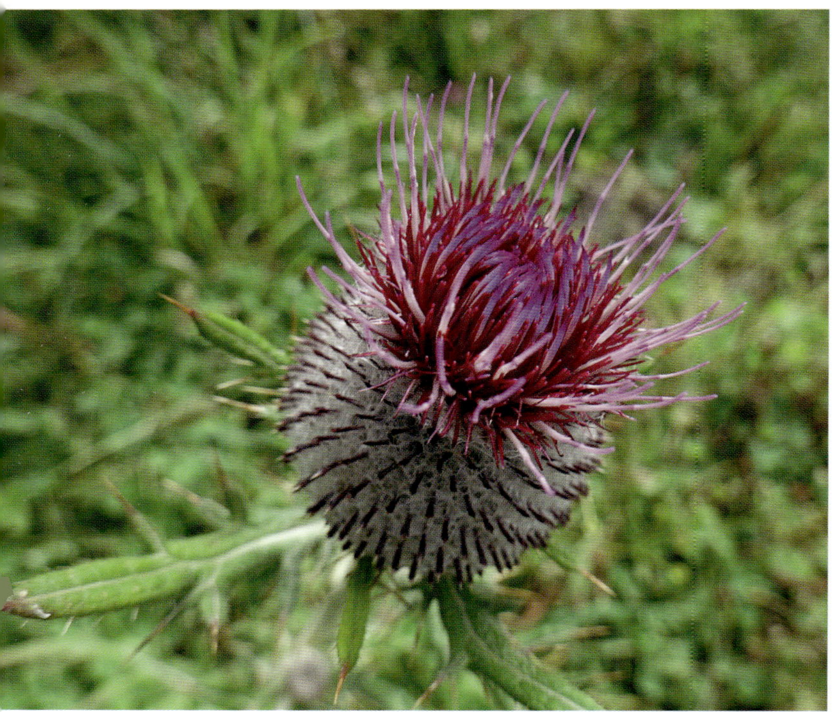

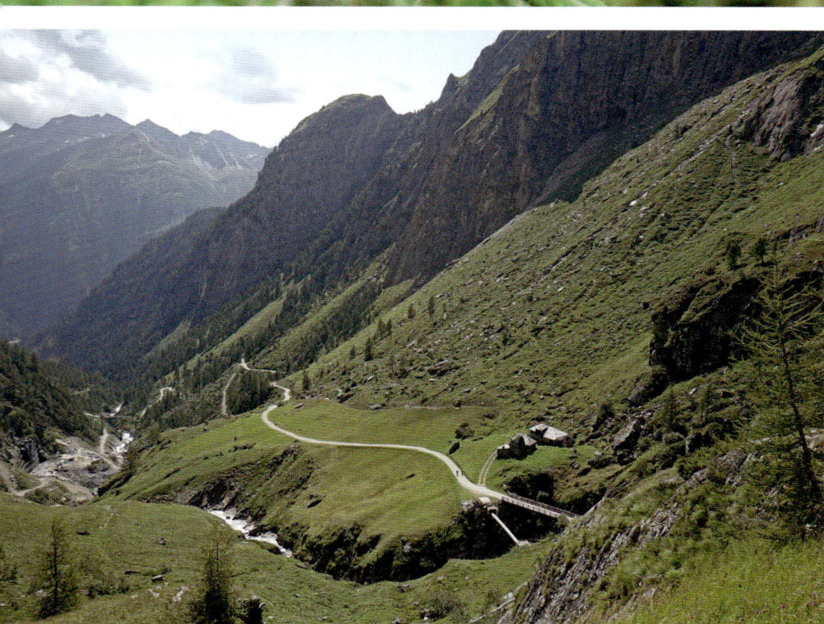

Die ersten Kurven klettern wir noch auf Asphalt den Bergwald hinauf, beim Wanderparkplatz Dorfertal wechselt der Belag zu ausgewaschenem Schotter, und die Steigungsprozente nehmen zu. Mal links, mal rechts des Dorferbaches, schrauben wir uns in die Höhe. Tief unten in der Schlucht ist ein Steinbruch zu erkennen. Hier wird der tauerngrüne Serpentin abgebaut. Die grün-schwarz geaderten Steinplatten dienen gern als Marmoralternative. Schön zu sehen zum Beispiel im neuen Wiener Hauptbahnhof. Tatsächlich sieht man am Wegesrand hin und wieder grün schimmernde Steine, die petrografische Laien etwas an Jade erinnern.

An einer kleinen Alm mit Steinhäuschen beginnt die Geländestufe hinauf zum Gumpachkreuz (1.986 m). Motorlose Mountainbiker müssen sich auf einige steile Serpentinen gefasst machen. An dem großen Holzkreuz findet alljährlich eine Bergmesse statt. Diese wird von der Bergrettung Prägraten in Gedenken an alle verunglückten, aber auch an alle heil zurückgekehrten Bergsteiger veranstaltet. Hinter dem Kreuz fällt der Blick erstmals direkt auf den vergletscherten Großvenediger. Mit diesem faszinierenden Blick auf Österreichs dritthöchsten Berg kurbeln wir die letzten 150 Höhenmeter zur Johannishütte, wo der fahrbare Weg endet. Wie im Alpen-Bilderbuch steht die holzvertäfelte Hütte auf Berg-

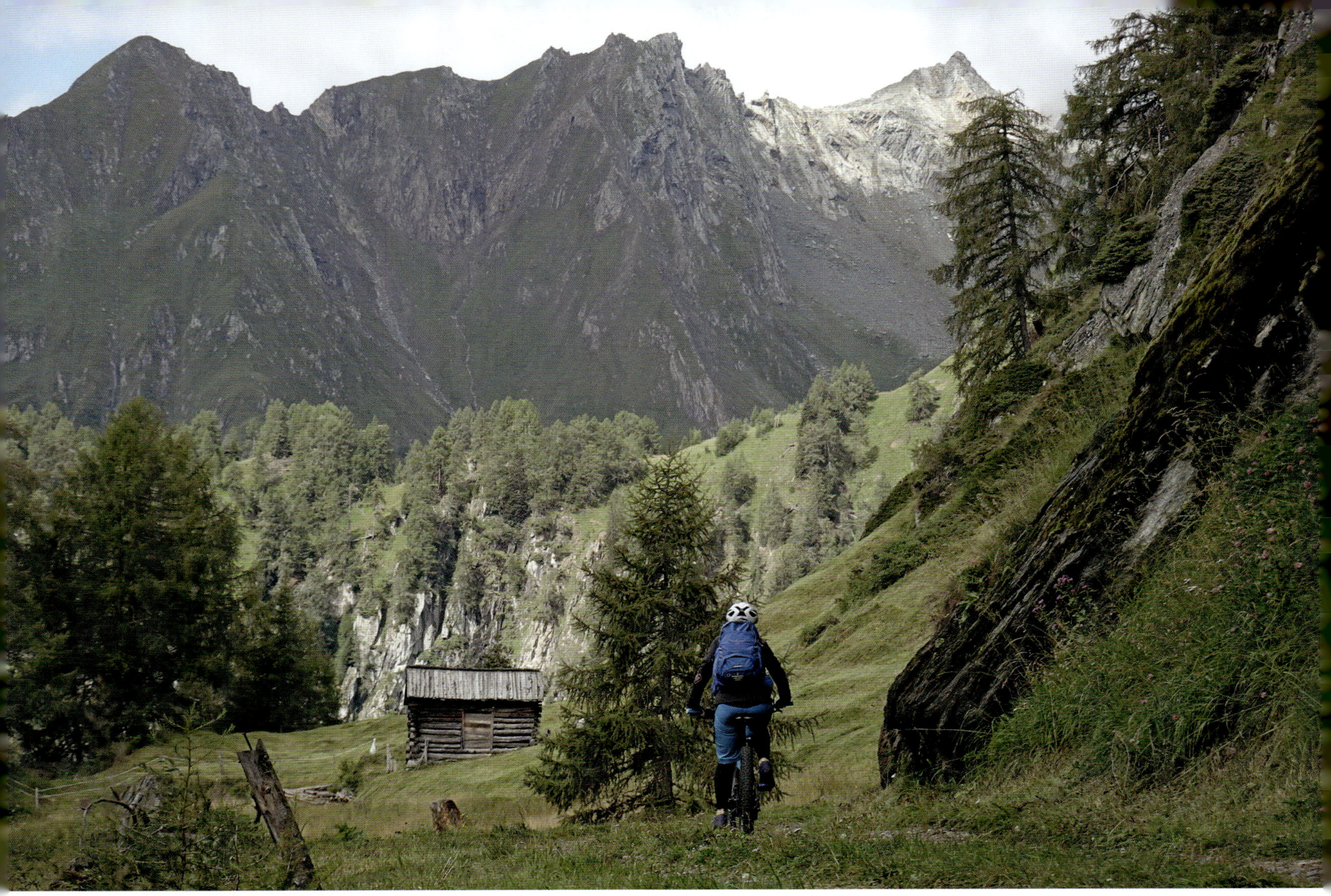

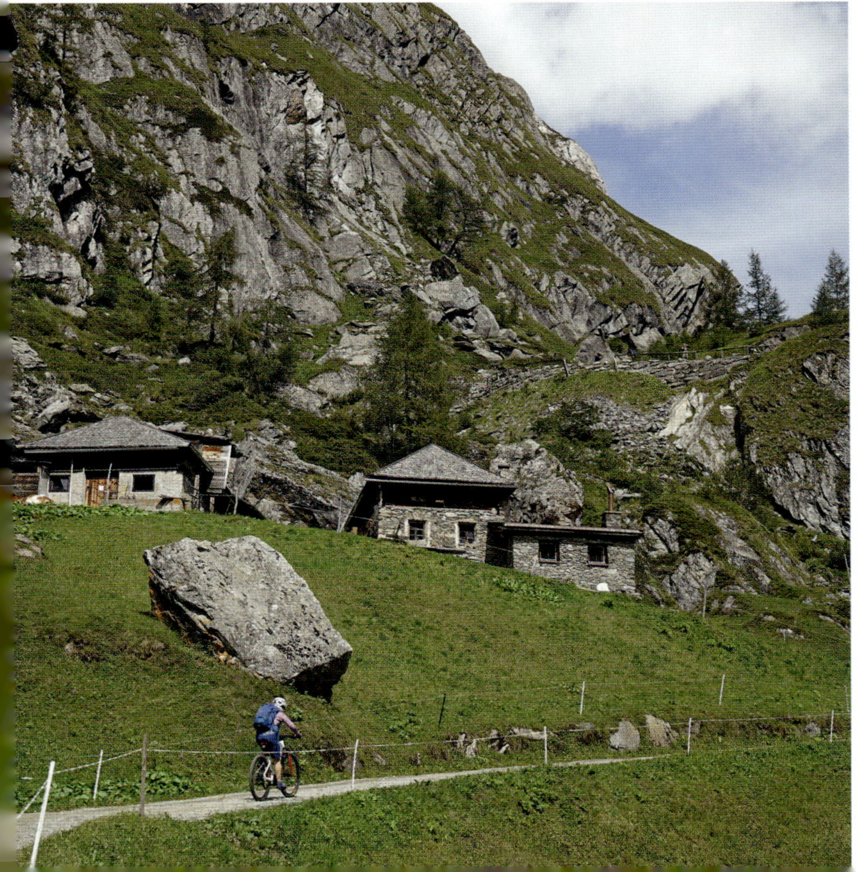

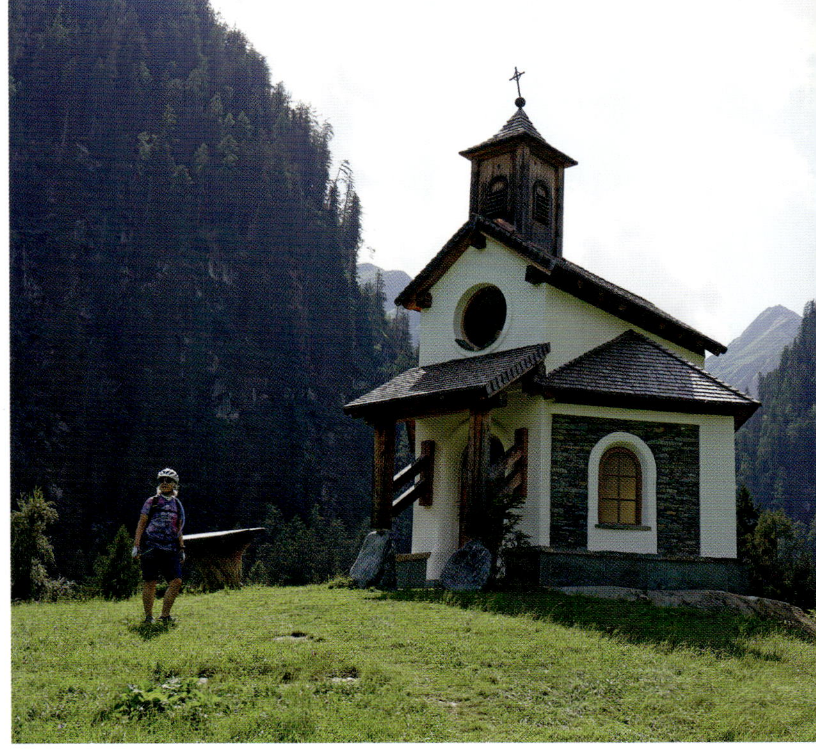

wiesen am gurgelnden Dorferbach vor einem gletscherbedeckten Dreitausender. Auf der großen Sonnenterrasse hört man von allen Tischen Bergsteigergeschichten. Kein Wunder, denn die meisten Gäste haben sich an der Gipfelbesteigung versucht oder brechen bald dazu auf.

Nach sättigender Bergsteigerkost und einem erstaunlich guten Kaffee zieht es uns nicht weiter nach oben, sondern wir treten den Rückweg an und bremsen wieder hinunter Richtung Hinterbichl. Aber die Tour soll damit noch nicht zu Ende sein. Im Virgental biegen wir nochmals ab zum Talschluss. Dorthin ist es kein anstrengendes Tourfinale, sondern eher ein Work-out mit Natur-Highlight. Hinter der Islitzer Alm donnern nämlich die berühmten Umbalfälle ins Tal. Also das Bike abstellen und zu Fuß hinauf auf den ersten Wasserschaupfad Europas zu den Aussichtsplattformen über der Schlucht mit Blick auf die donnernden Wassermassen der Isel, die auch »Lebensader Osttirols« genannt wird – und wohl der letzte frei fließende Gletscherfluss der Alpen ist. Nach diesem spannenden Bike-and-Hike-Erlebnis haben wir uns noch ein großes Stück Linzer Torte auf der Almterrasse verdient. Danach geht es gemütlich zurück nach Hinterbichl – vorbei an der Hubertuskapelle im Weiler Ströden, wo sich auch ein Blick auf das wuchtige Bärenmonument am Abzweig zum Maurertal lohnt.

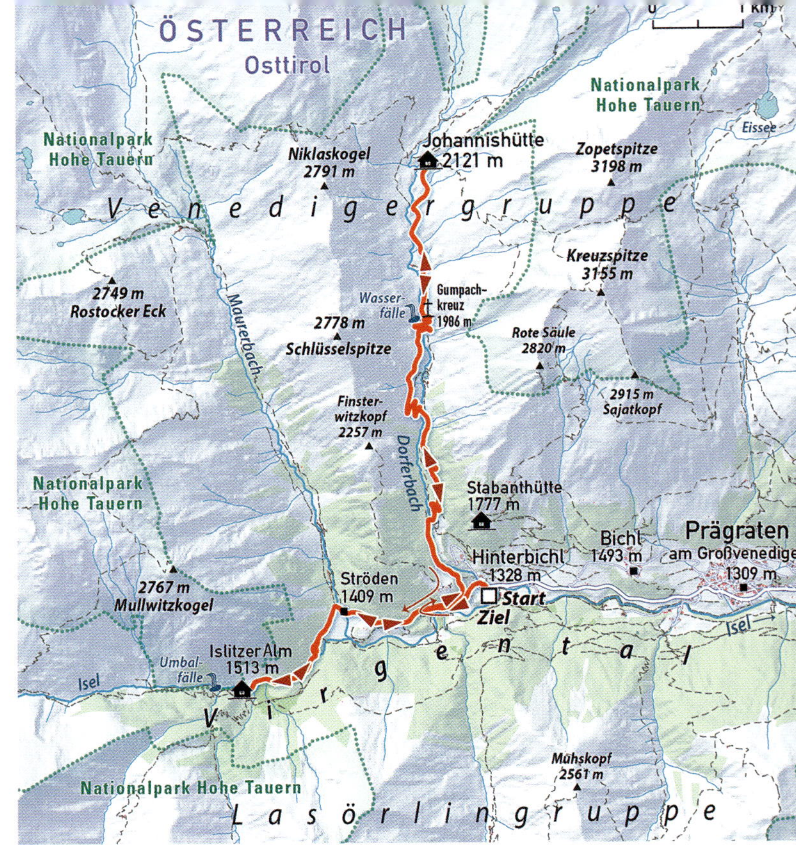


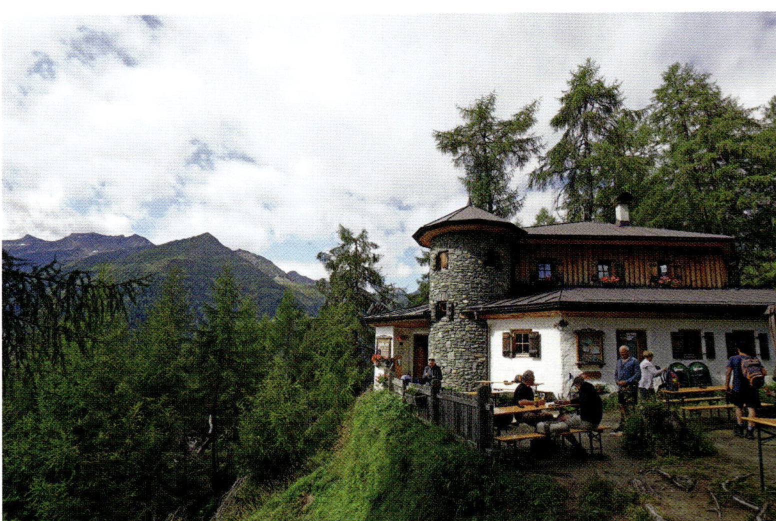

**Schlösschen im Gebirge: die Stabanthütte.**

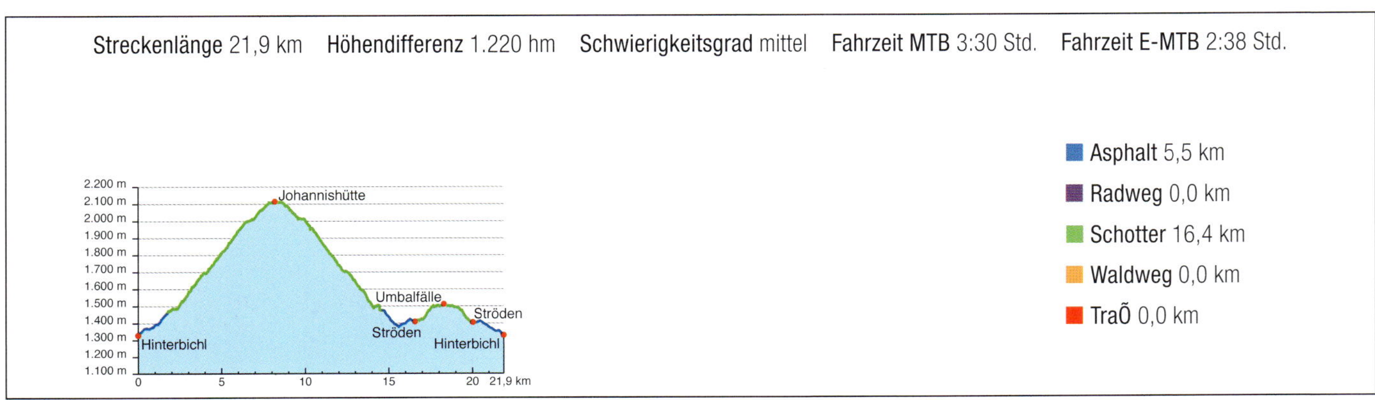

**Streckenlänge** 21,9 km **Höhendifferenz** 1.220 hm **Schwierigkeitsgrad** mittel **Fahrzeit MTB** 3:30 Std. **Fahrzeit E-MTB** 2:38 Std.

## INFOS

### DIE HÜTTE

Die **Johannishütte** ist ein Berghaus der Sektion Oberland des Deutschen Alpenvereins und liegt im Hinterbichler Dorfertal auf einer Höhe von 2.121 Metern südlich des Großvenedigers (3.666 m). Der erste Bau entstand bereits im Jahr 1858. Als Namenspatron gilt der Förderer des Hüttenbaus, Erzherzog Johann. Die Hüttenwirtsfamilie Unterwurzacher verbringt seit 1995 jede Sommersaison auf der Johannishütte. Zum Übernachten gibt's 50 Schlafplätze in Lagern mit sechs oder acht Matratzen.
Kontakt: Margit und Leonhard Unterwurzacher, Tel. +43 48 77 51 50, www.johannis-huette.at

### BIKE-REGION

Osttirol zählt unter Mountainbikern noch als Geheimtipp. Im und um den Nationalpark Hohe Tauern finden vor allem die Landschaftsfans unter den Tourenbikern einige grandiose Panorama-Touren mit urigen Hütten und Almen unterwegs. Die Trail-Gemeinde orientiert sich vor allem an den Bikeparks in Kals am Großglockner und oberhalb von Lienz.

### TOURCHARAKTER

Fahrtechnisch birgt die Tour zur Johannishütte keine kniffligen Passagen. Wer jedoch ohne Motor unterwegs ist, sollte auf einige steile Schotterpassagen im Dorfertal vorbereitet sein.

### TOURSTART

Los geht's am kleinen Wanderparkplatz in der Ortsmitte von Hinterbichl, einem idyllischen Ortsteil von Prägraten am Großvenediger.

### VARIANTE

Wer die Tour etwas verkürzen möchte, verzichtet auf den lohnenden Abstecher zu den berühmten Umbalfällen und rollt an der Abzweigung direkt zurück nach Hinterbichl.

### WEITERER EINKEHRTIPP

**Islitzer Alm** Tiroler Hausmannskost an den Umbalfällen, www.islitzeralm.at

### BIKE-VERLEIH

**Sport 2000 Wibmer** Europastraße 20, A-9971 Matrei, Tel. +43 48 75 65 8 11 21, www.sport2000wibmer.at

### BIKE-HOTELS

**Heimat – das Naturresort** in Hinterbichl/Prägraten (einfache E-MTBs im Verleih), Tel. +43 48 77 2 00 84, www.heim-at.com
**Gästehaus Post** in St. Andrä/Prägraten, Tel. +43 48 77 63 36, www.gaestehaus-post.com

### LANDKARTEN

**Kompass-Kartenset WK 50** *Nationalpark Hohe Tauern*, 1:50.000/1:25.000
**Tabacco-Karte 075** *Venedigergruppe, Matrei, Virgental, Tauerntal*, 1:25.000

### BIKE-INFOS

www.virgental.at/sommer/mountainbiken
www.osttirol.com/entdecken-und-erleben/sommer/radsport/mountainbiketouren

### TOURIST-INFOS

**Tourismusinfo Prägraten am Großvenediger**
St. Andrä 35, A-9974 Prägraten/Osttirol,
Tel. +43 50 21 25 30, www.paradiespraegraten.at/de, www.hohetauern.at/de, www.osttirol.com

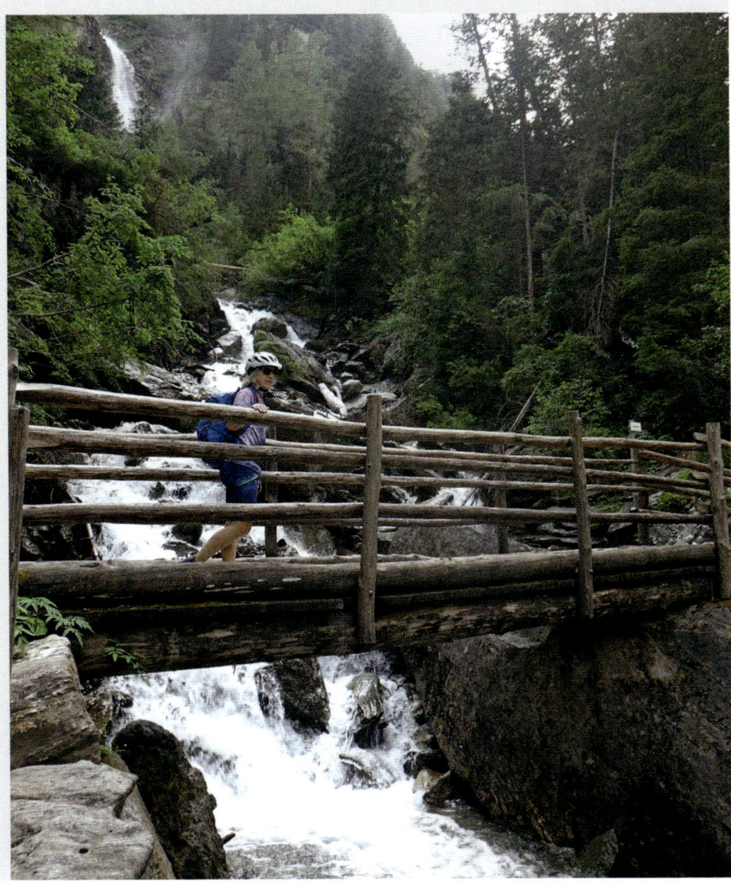

**Auf dem Wasserschaupfad an den Umbalfällen.**

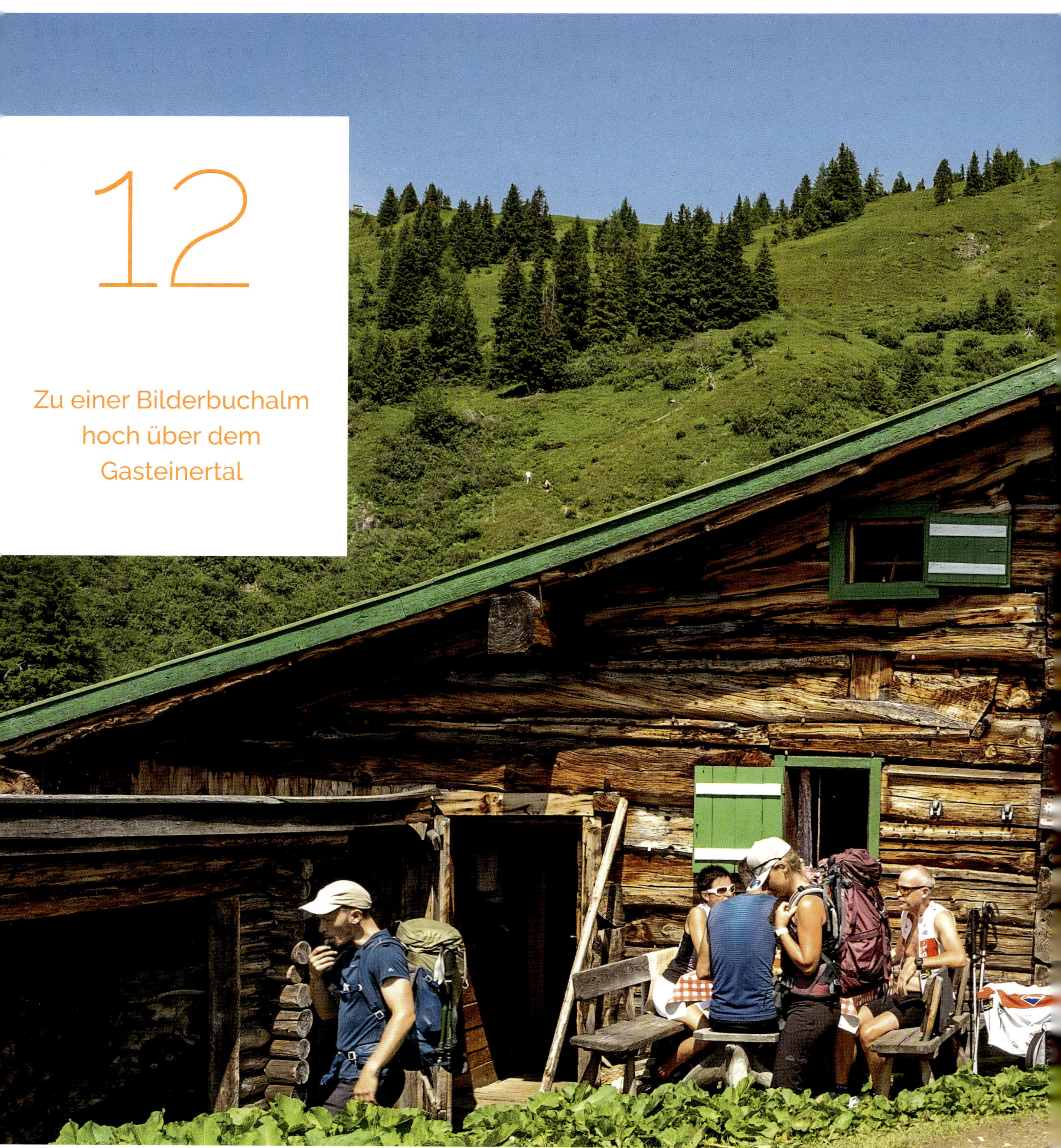

# 12

## Zu einer Bilderbuchalm hoch über dem Gasteinertal

Präau-Hochalm: beliebt und gut besucht.

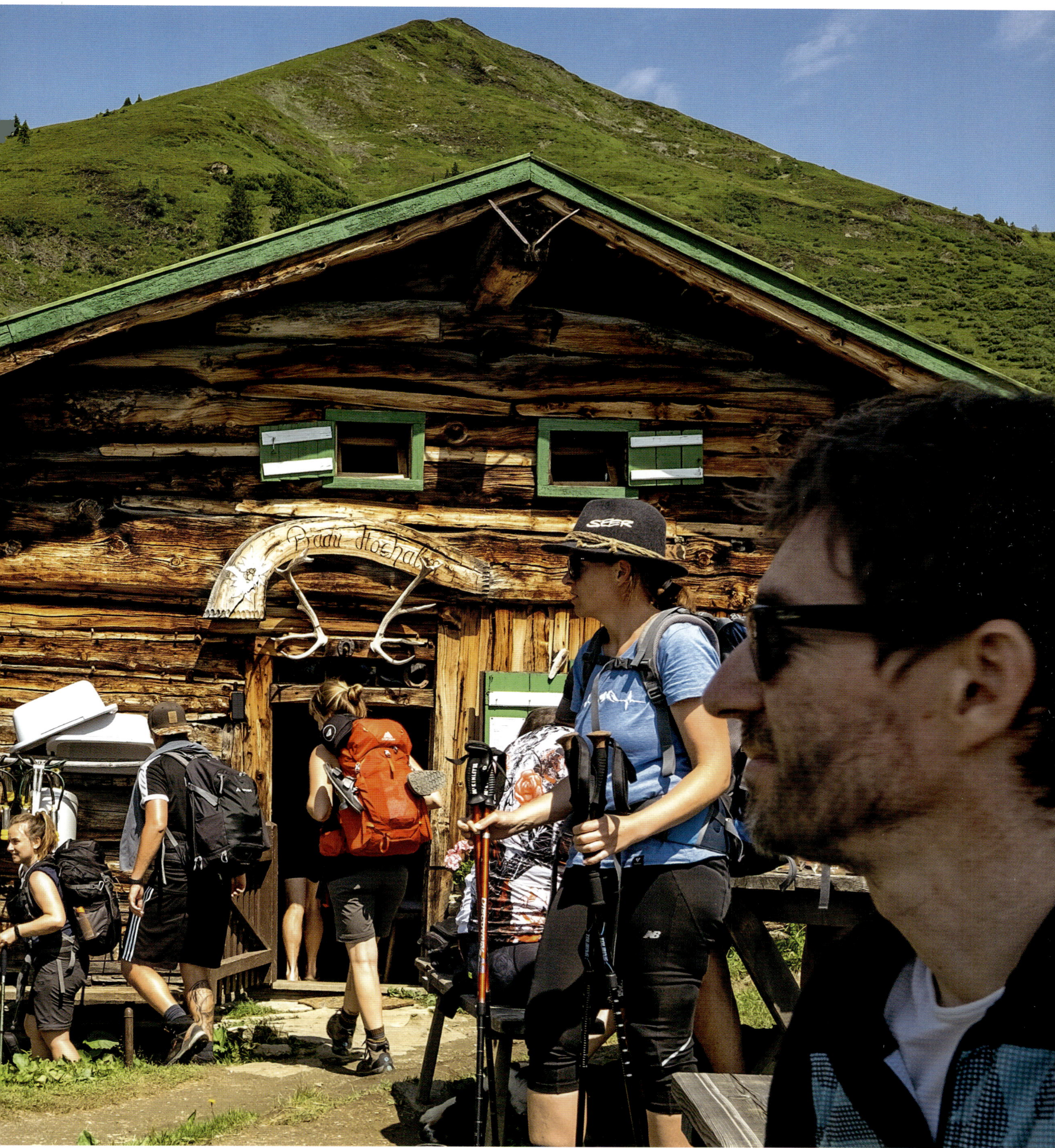


Streckenlänge: 19,9 km | Höhenmeter: 1.036 m | Schwierigkeit: leicht | Fahrzeit: MTB: 3:04 Std. – E-MTB: 2:18 Std.

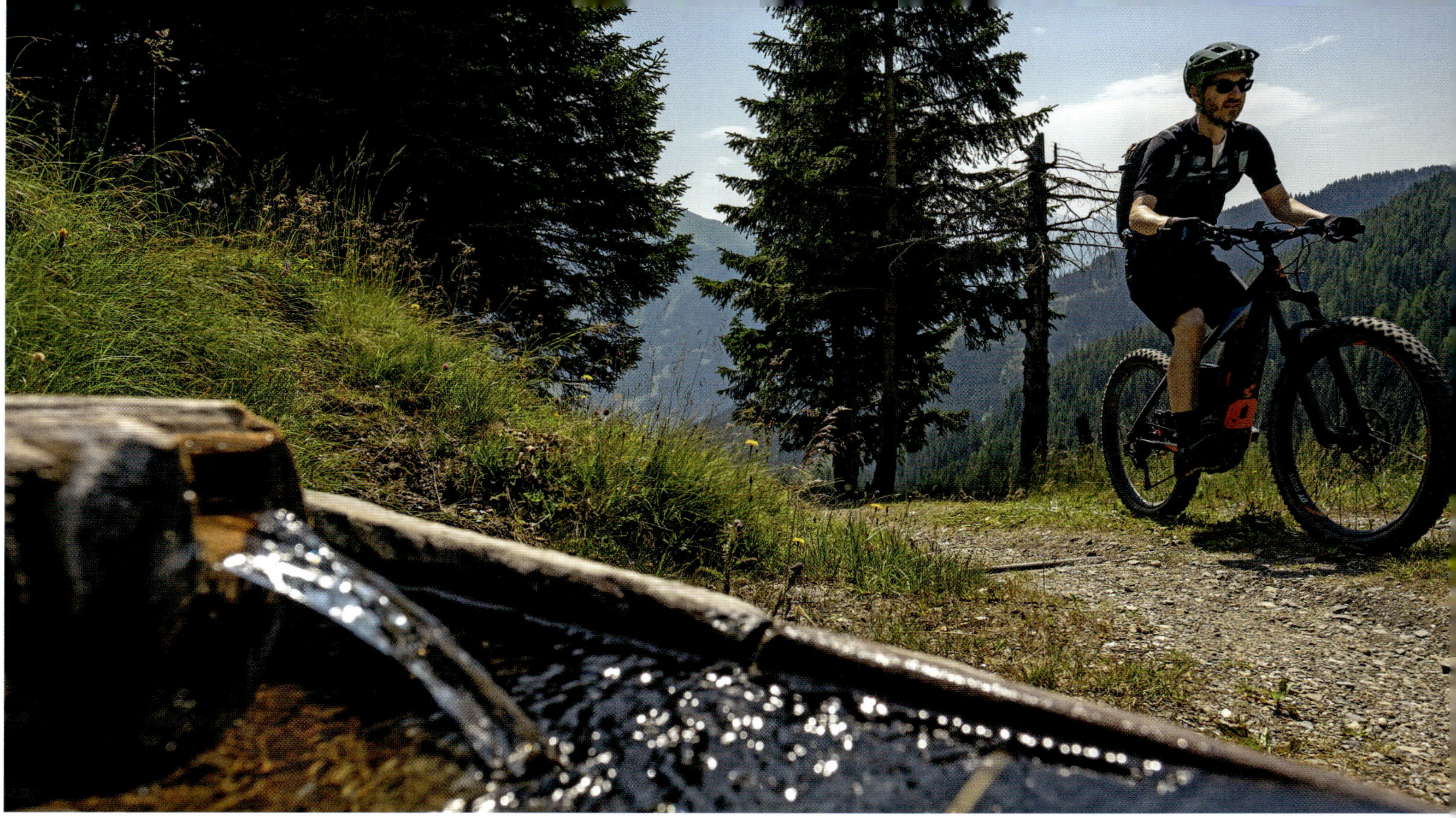

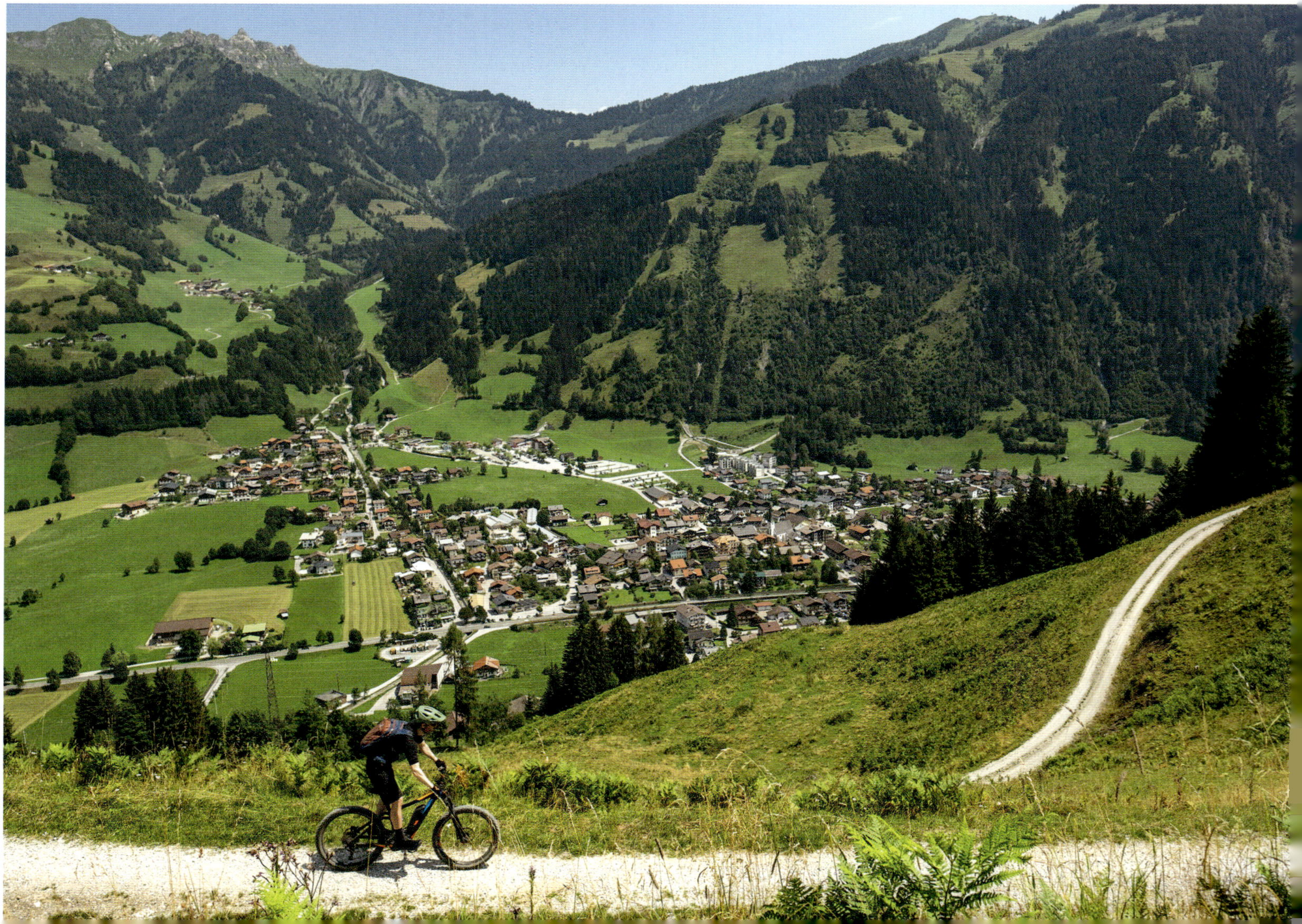

ur Hütte ist's nicht mehr weit, ber eine Erfrischung schadet nie.

bfahrt nach Dorfgastein. Hinten die elszacke des Schuhflickers (2.214 m).

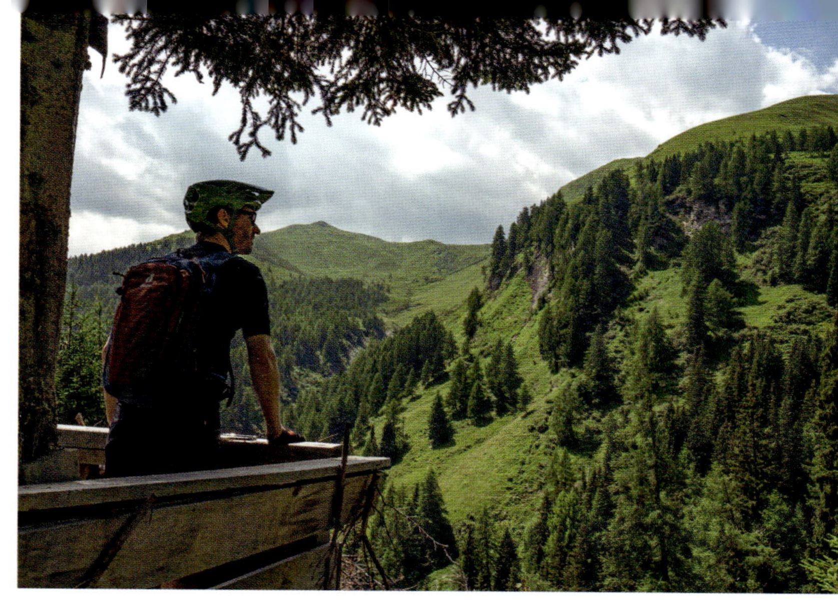

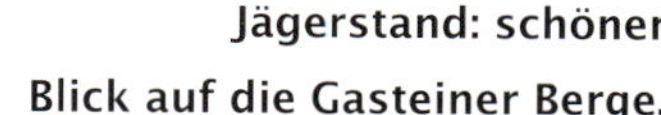

Jägerstand: schöner Blick auf die Gasteiner Berge.

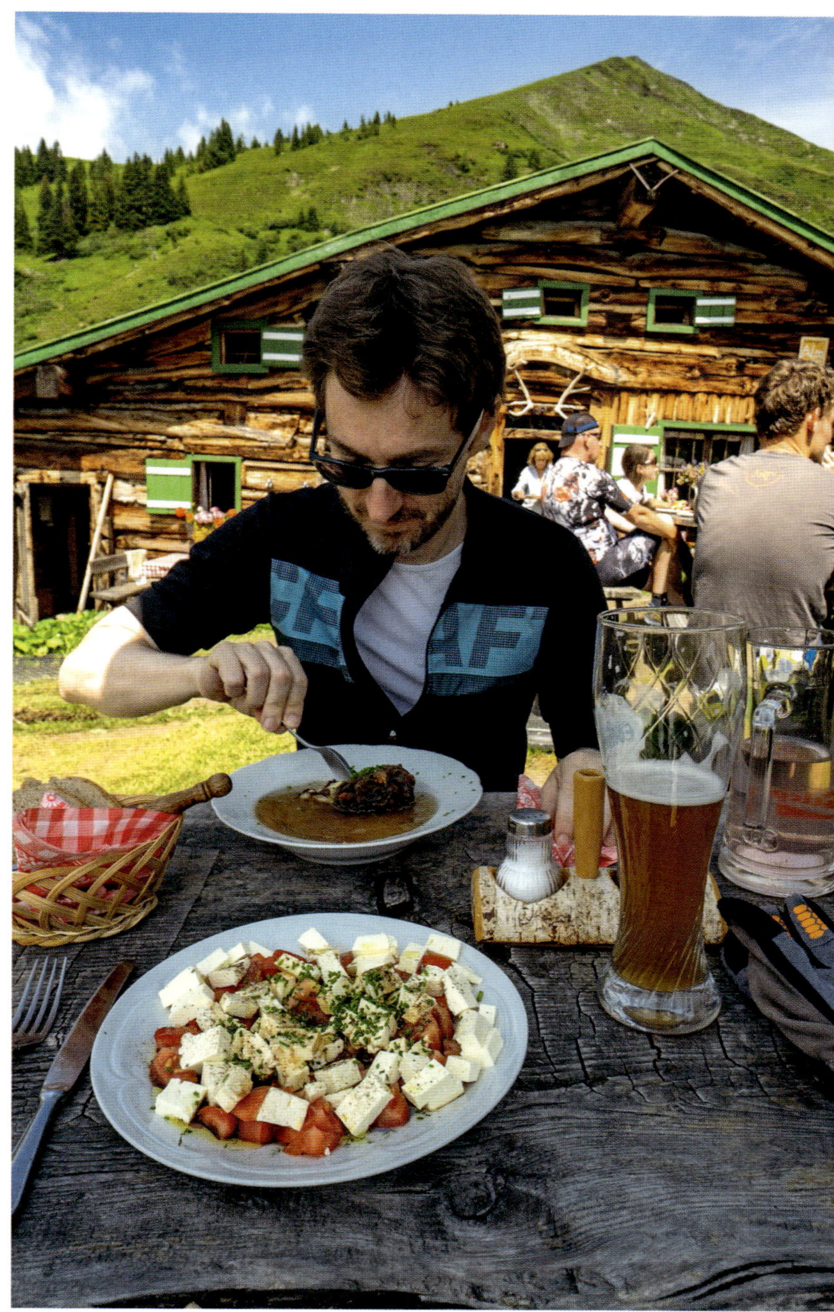

Feine Kost aus rustikaler Küche: Tomaten mit Alm-Mozzarella.

Die Auffahrt ist nicht spektakulär, dafür die Hütte umso mehr. Bei so einer wunderschönen und traumhaft gelegenen Berghütte wie der Präau-Hochalm darf man schon mal poetisch werden. Über 150 Jahre hat die auf 1.808 Metern gelegene Hütte in den verwitterten Balken stecken. Umso frischer wirken die Wirtsleute. Als wir an der Alm ankommen, schrubbt Sepp Rieser, der mit seiner Frau Monika auch das Präau-Gut unten in Dorfgastein bewirtschaftet, gerade mit viel Elan seine Stube. Das Wischtuch wird in der Tränke vor der Hütte ausgewaschen, denn fließend Wasser gibt's nur dort. Strom fließt hier oben gar nicht, und gekocht wird mit Holz. Überhaupt wird generell ganz schön geschuftet. Es wird gemolken, gebuttert, gekäst, und dann sind an schönen Tagen noch eine Menge Gäste zu bewirten. Obwohl sie nur über einen langen Anstieg zu erreichen ist, wird die Hochalm von Wanderern und Bikern gleichermaßen gern frequentiert. Aber der Sepp hat trotz der vielen Arbeit für jeden Gast Zeit. Man merkt ihm an, dass er hier oben

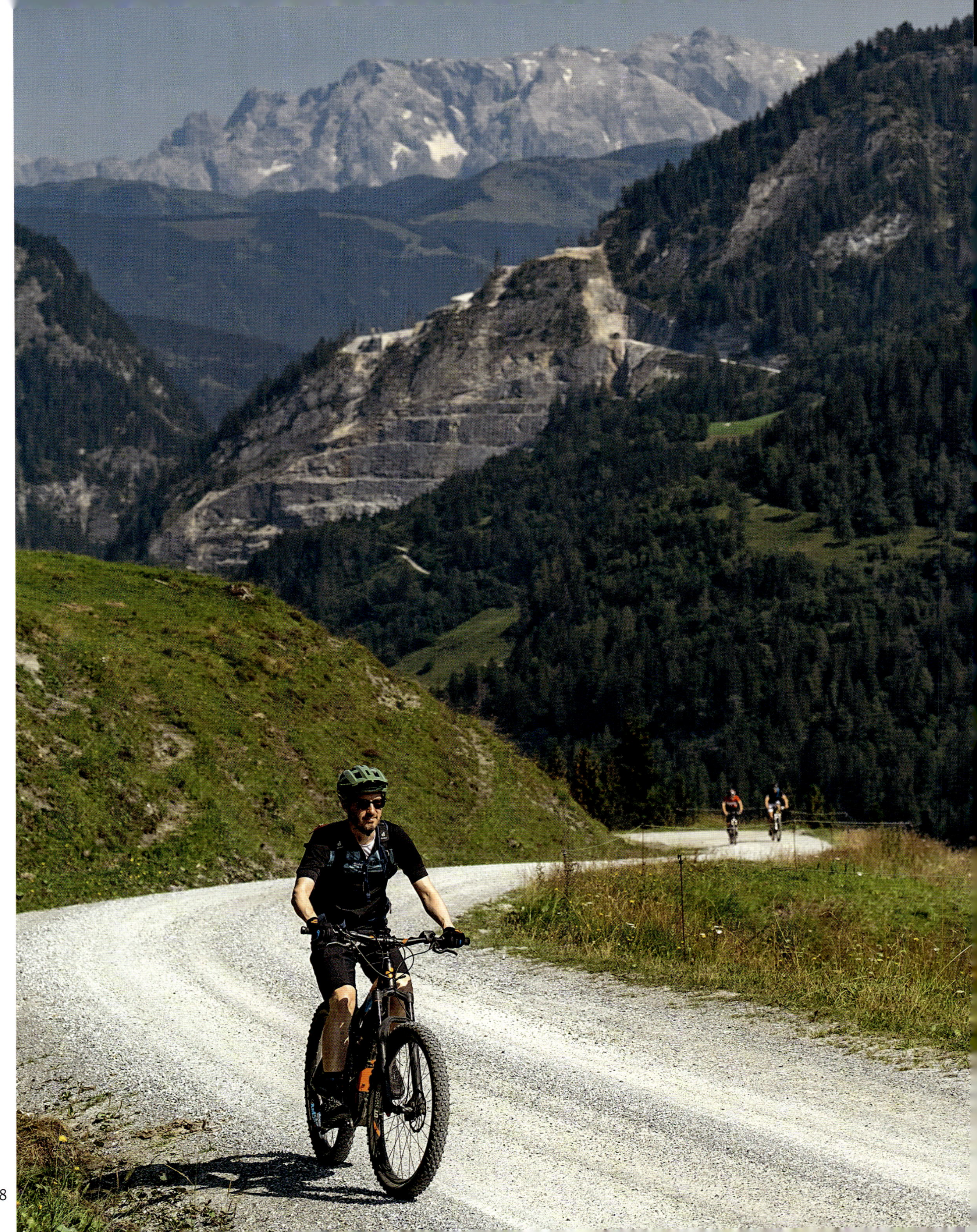

uffahrt vor dem Steinbruch Klammstein nd dem Hochkönig (2.941 m) dahinter.

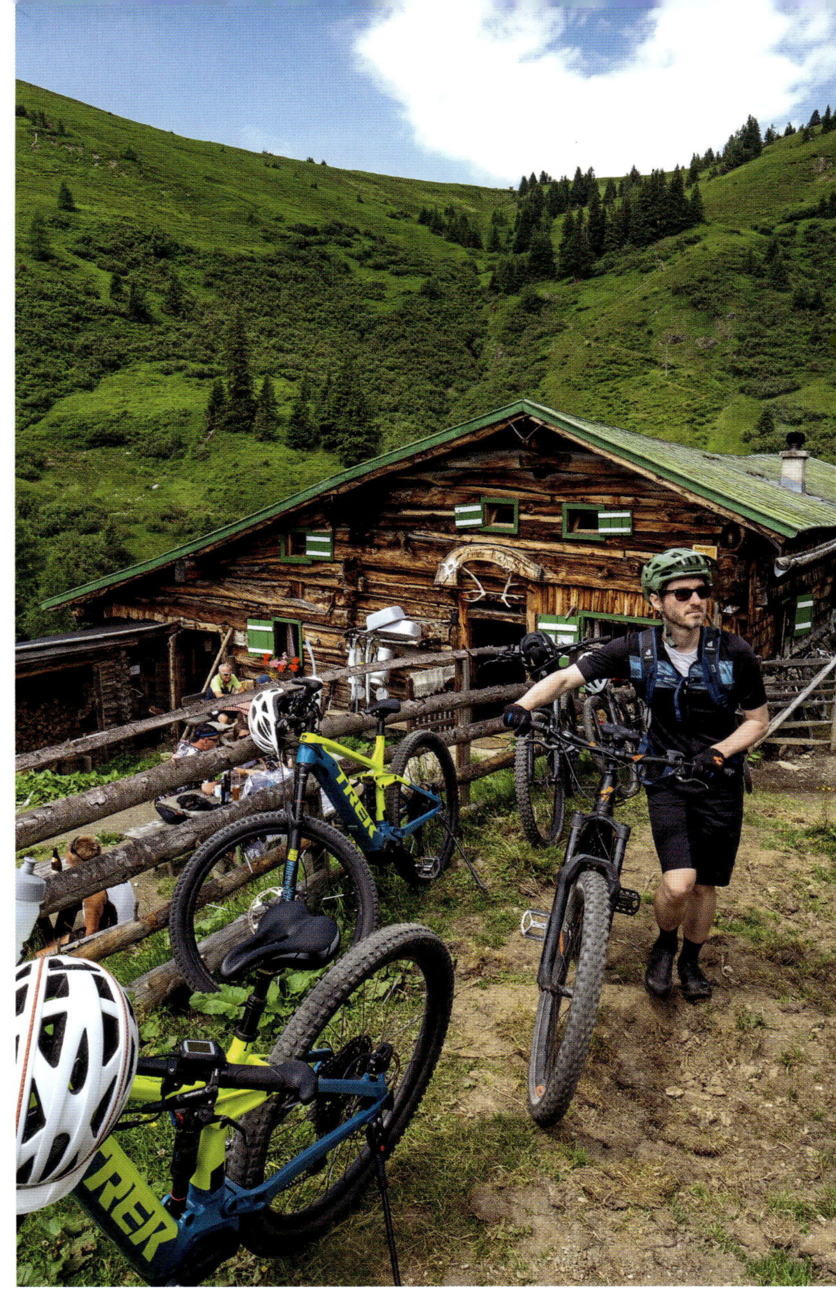


Großer Bike-Parkplatz an der Präau-Hochalm.

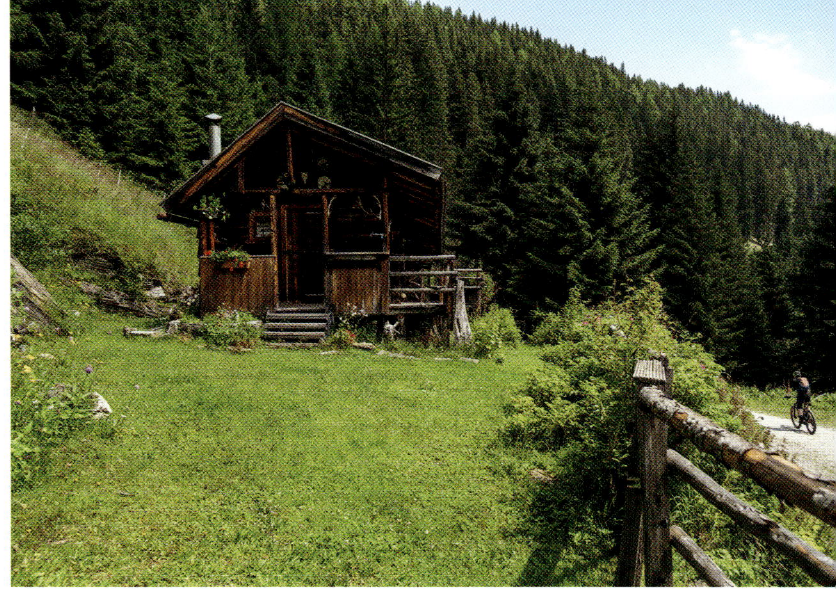

Schöne Holzarchitektur im Gasteinertal: auf der Astenalm.

kein Aussteigerleben führt, sondern mit den Gästen ganz in seinem Element ist. Allerdings bieten die Riesers zwei Aussteigerkammerl an. Wer also mal eine Auszeit vom Alltag braucht, kann in einem Zimmerchen bei Kerzenlicht ein paar Nächte auf dem Berg verbringen. Nicht viel größer, aber mindestens genauso romantisch ist die Flitterwochensuite, allerdings natürlich mit Doppelbett.

Als wir nach knapp 1.000 Höhenmetern bequemer Auffahrt auf gut zu fahrendem Forstweg die Alm erreichen, sind wir aber erstmal enttäuscht. Zwei parkende Autos auf einem zertrampelten Platz wirken nicht sehr einladend. Der Weg endet leider an der Rückseite der Alm. Aber man kann eben nicht alles haben, also stellen wir unsere Bikes neben der Hütte ab. Der Holzzaun ist bereits gut mit anderen Bergrädern bestückt. Auch vor der Hütte ist ziemlich was los, ein Plätzchen an einem der rustikalen Holztische bekommen wir trotzdem. Wir werden herzlich begrüßt, Getränke und Essen sind flott serviert. Schmecken tut's hervorragend, und wir schauen dem Sepp bei der Arbeit zu.

Hier oben könnte man ewig sitzen bleiben. Uns treibt aber eine riesige, dunkle Wolke ins Tal, die bedrohlich über den grünen Bergrücken auftaucht. Ein kurzer Abfahrtsrausch, und schon ist unser Startort Dorfgastein wieder in Sicht. Die schwarze Wolke hat sich urplötzlich verzogen, wir hätten also ruhig länger auf der Alm bleiben können. So fahren wir noch etwas durch den kleinsten der drei Gasteiner Orte und trinken einen Kaffee. Weil das Wetter wieder schön ist, beschließen wir unsere Tour mit einem Besuch im Solarbad mit seinen schönen Liegewiesen und dem tollen Panoramablick ins hintere Gasteinertal.

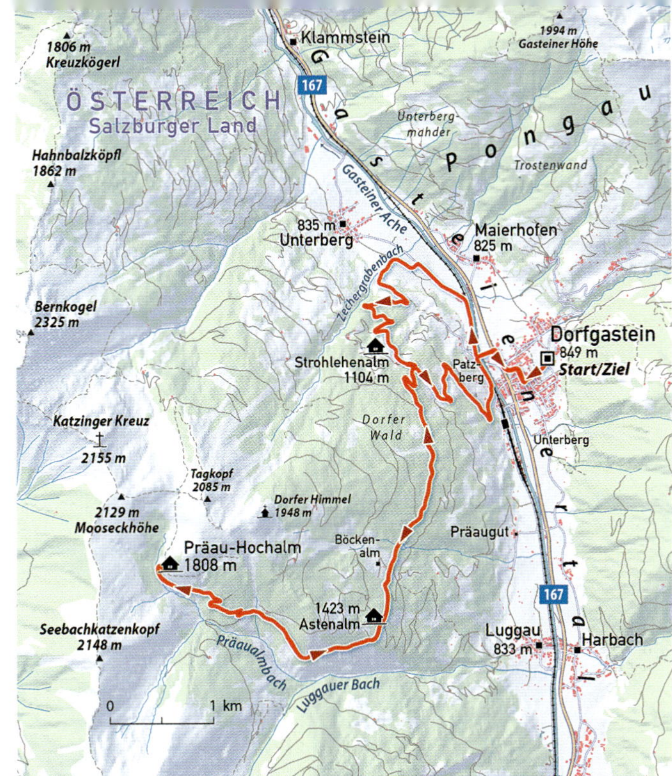


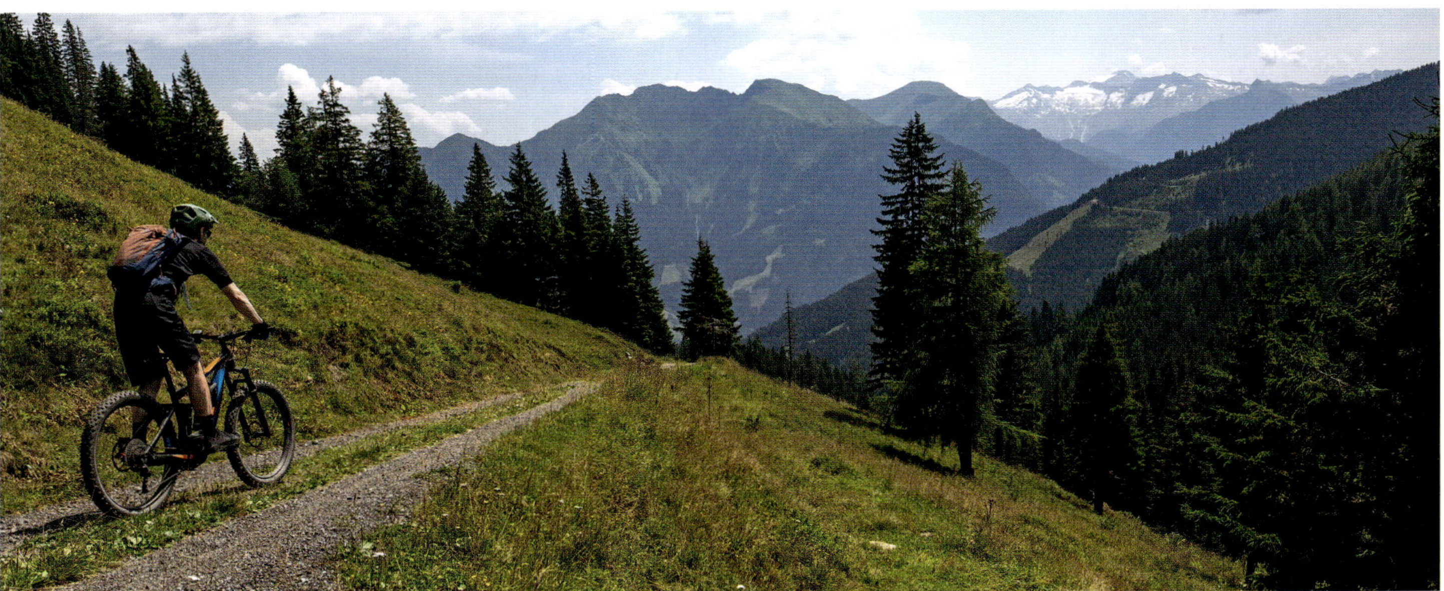

**Abfahrt mit Blick auf die Ankogelgruppe.**

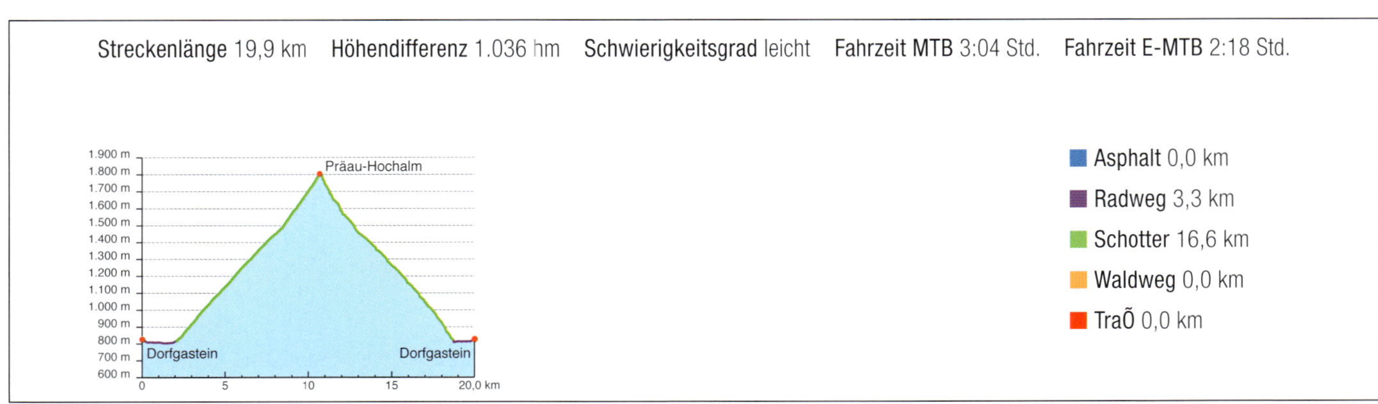

# INFOS

## DIE HÜTTE

Die sehr gut erhaltene und gepflegte **Präau-Hochalm** gehört zu den schönsten Hochalmen der Alpen. Die Wirtsleute bringen jeden Sommer alle Tiere von ihrem Präau-Gut im Tal mit auf die Alm (von Ende Juni bis Mitte September). Neben dem hervorragenden Essen werden auch Milchprodukte, Marmeladen, Likör, Tee und Salben im kleinen Almladen verkauft. Natürlich alles von hier oben.
Kontakt: Präau-Gut – Familie Rieser, Präauweg 2, A-5632 Dorfgastein,
Tel. +43 64 33 2 00 59, www.praeau-gut.at

## BIKE-REGION

Im Gasteinertal gibt es (bisher) keinen einzigen Bikepark mit künstlich angelegten Trails. Trotzdem oder gerade deswegen ist Gastein eine Top-Mountainbike-Region mit vielen Tourenmöglichkeiten in den Hohen Tauern. Von der gemütlichen Runde bis zu ausgedehnten Trail-Abenteuern, bieten die drei Gasteiner Orte für jeden Biker das Richtige.

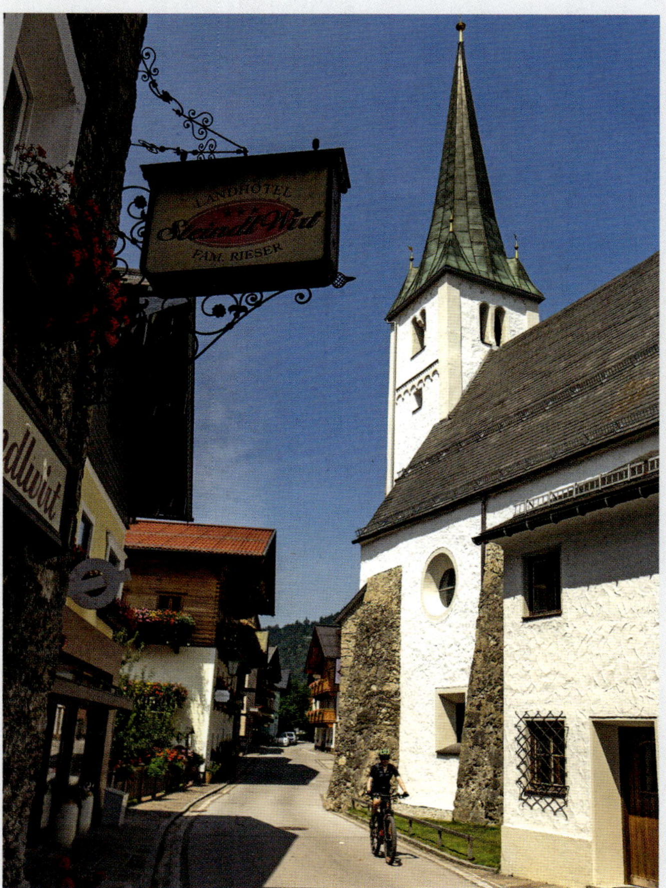


Durch den alten Dorfkern von Dorfgastein.

## TOURCHARAKTER

Einfache Biketour auf gutem Schotterweg. Auf- und Abfahrt auf derselben Strecke. Nur im unteren Teil nimmt man bei der Abfahrt eine kürzere Route – wegen der über 1.000 Höhenmeter allerdings nicht ganz unanstrengend.

## BIKE-VERLEIH

**Sport Egger** Bergbahnstraße 42, A-5632 Dorfgastein, Tel. +43 64 33 76 33, www.sport-egger.com

## GEFÜHRTE TOUREN

Über die Tourismusverbände Gastein können geführte Touren (Mitte Juni bis Anfang September) gebucht werden. Die Ziele sind unterschiedlich, je nach Können der Teilnehmer.

## BIKE-HOTELS

**Landhotel Römerhof** Römerplatz 1, A-5632 Dorfgastein, Tel. +43 64 33 77 77, www.roemerhof.com
**Landhotel Hauserbauer** Bergl 15, A-5632 Dorfgastein, Tel. +43 64 33 73 39, www.hauserbauer.com

## LANDKARTEN

**Kompass-Karte WK 40**
*Bad Gastein, Bad Hofgastein, Dorfgastein*, inkl. Offline-Verwendung in der Kompass-App, 1:35.000
**Kompass-Kartenset WK 50**
*Nationalpark Hohe Tauern, Großvenediger, Großglockner, Ankogel,* inkl. Offline-Verwendung in der Kompass-App, 1:50.000

## BIKE-INFOS

www.gastein.com/aktiv/sommer/biken

## TOURIST-INFOS

**Tourismusverband Dorfgastein** Dorfstraße 1, A-5632 Dorfgastein, Tel. +43 64 32 3 39 34 60, www.gastein.com

# BERGHAUS VEREINA

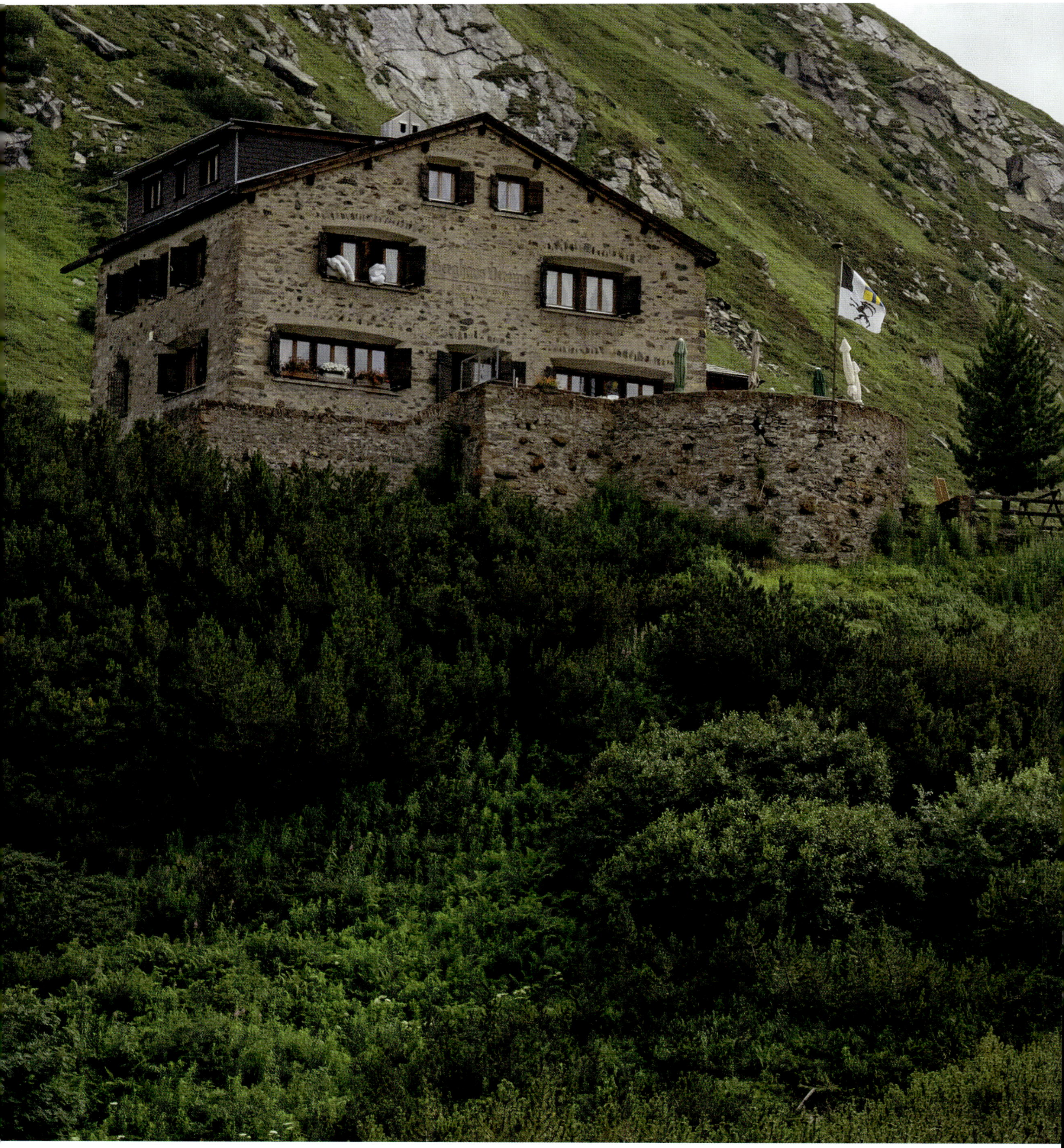



Streckenlänge: 27,0 km | Höhenmeter: 851 m | Schwierigkeit: leicht | Fahrzeit: MTB: 3:13 Std. – E-MTB: 2:24 Std.

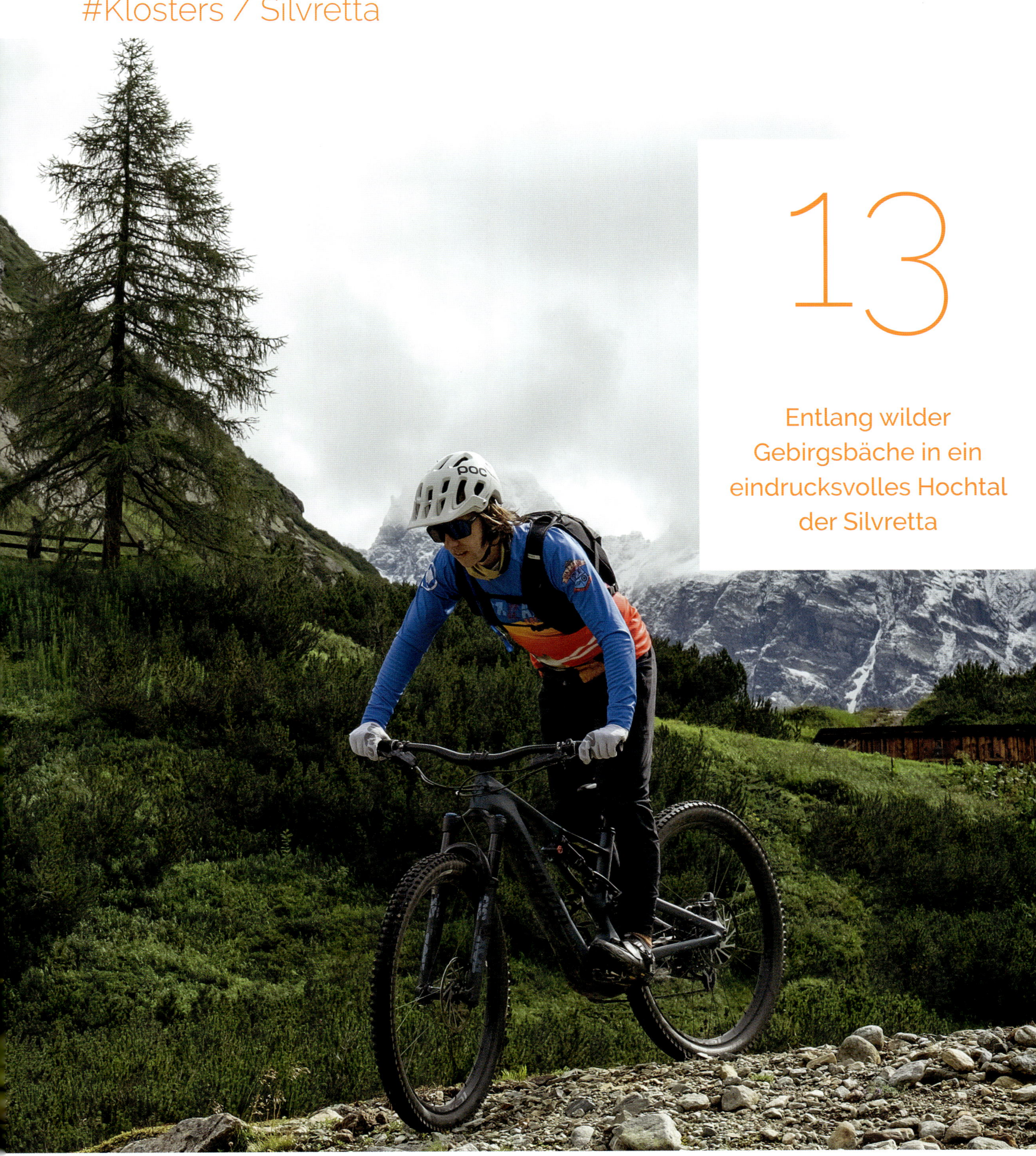


# 13

## Entlang wilder Gebirgsbäche in ein eindrucksvolles Hochtal der Silvretta

Berghaus Vereina am Fuß des Roggenhornes (2.890 m).

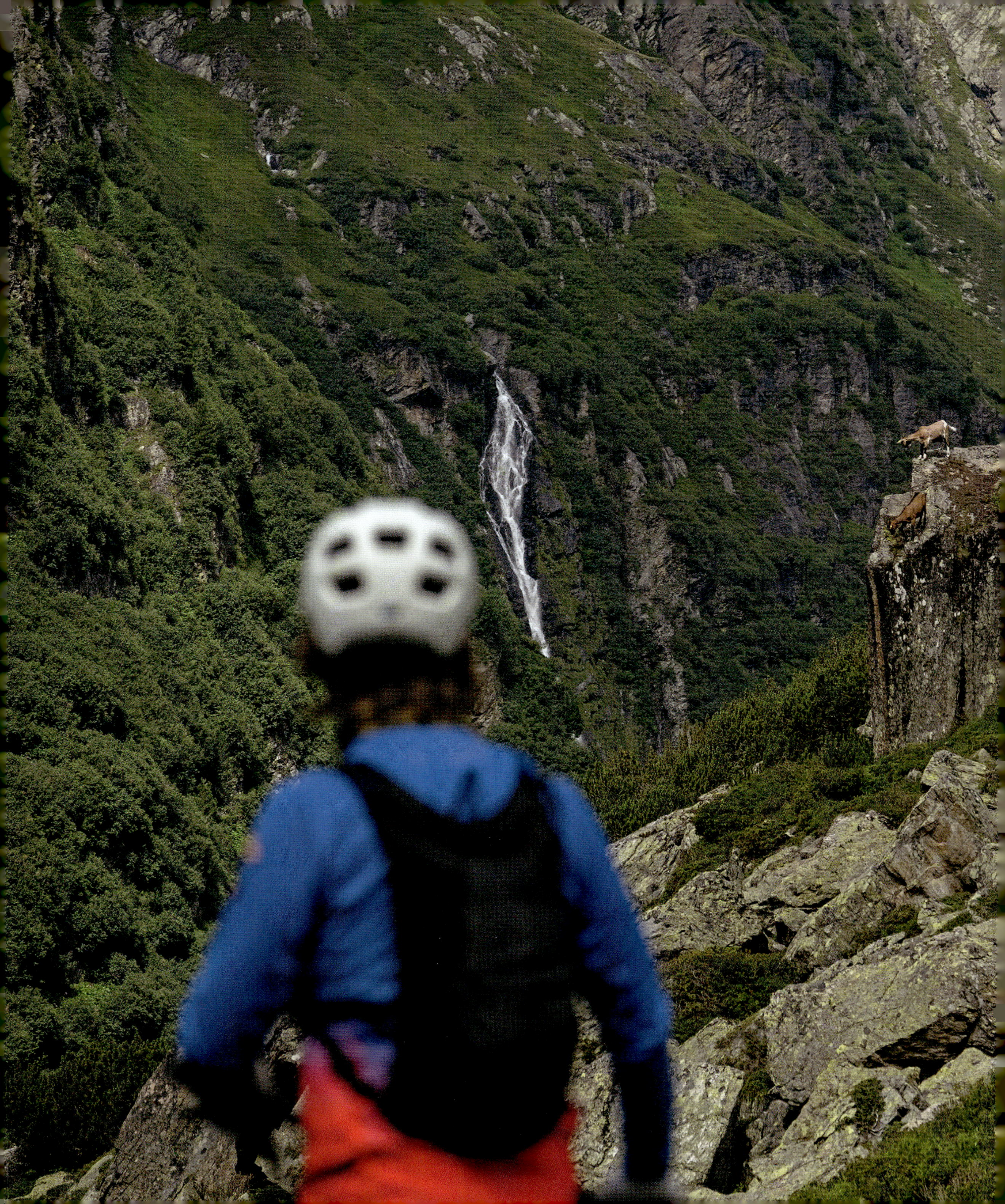

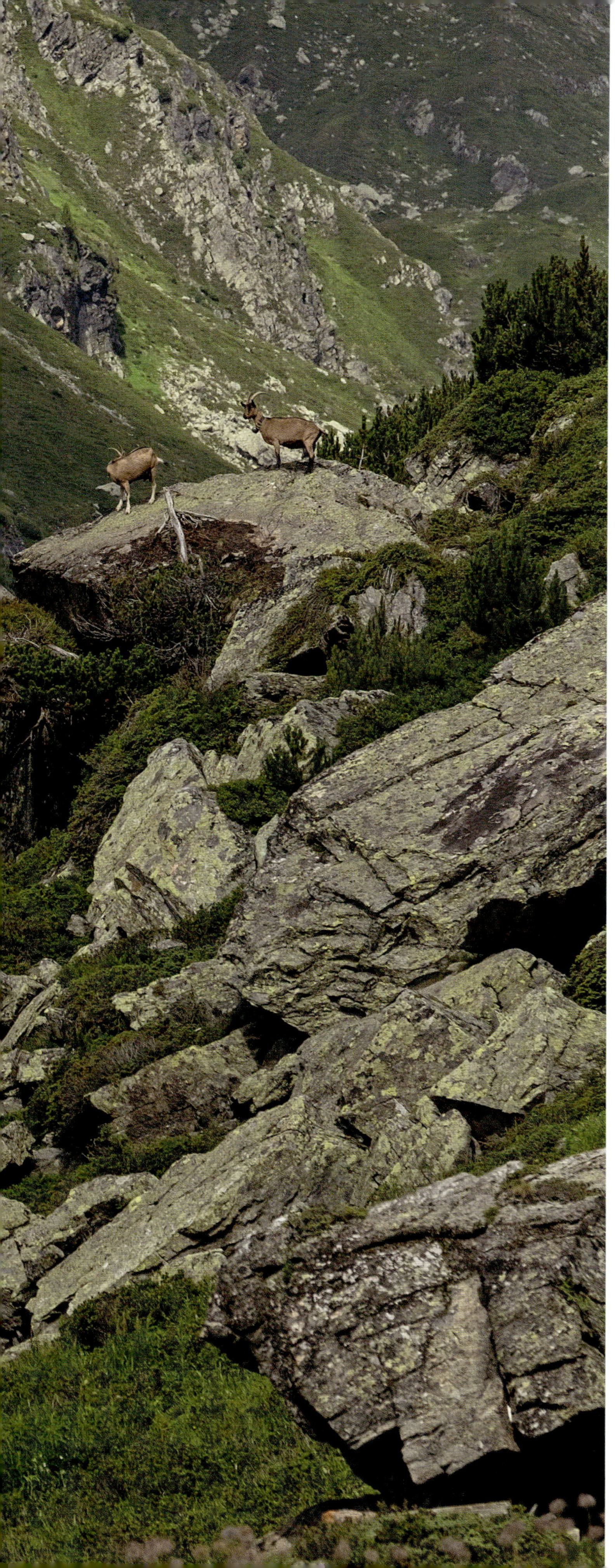

Kletterkünstler:
Bergziegen im Vereina.

Fließende Gewässer haben eine besondere Anziehungskraft. Jeder hat sich schon einmal gefragt, wann wohl der eine Wassertropfen, der gerade vorbeifließt, am Meer ankommt. Oder man möchte flussaufwärts die Quelle finden, wo das Wasser das erste Mal ans Tageslicht kommt, bevor es sich irgendwann, vereint zu immer größeren Flüssen, in die Ozeane ergießt.

Wir haben an einem feuchtkalten Morgen in Klosters weder den Ehrgeiz, ans Meer zu radeln, noch in Gletscherregionen zu Quellgebieten vorzudringen, als wir am Ufer der Landquart unsere Bikes startklar machen. Dennoch wird unsere Tour in die Silvretta vom Wasser geprägt sein. Bei dem wolkenverhangenen Himmel hoffen wir nur, dass es nicht von oben kommt. Wir folgen der Landquart, dem größten Zufluss des Alpenrheins, flussaufwärts. Durch üppige Wiesen, vorbei am Örtchen Monbiel, plätschert sie uns, hier im Oberlauf noch als Bach, schon recht ambitioniert entgegen. Wie so oft in den Alpen, sind die Wege zu den Almen als Fahrwege

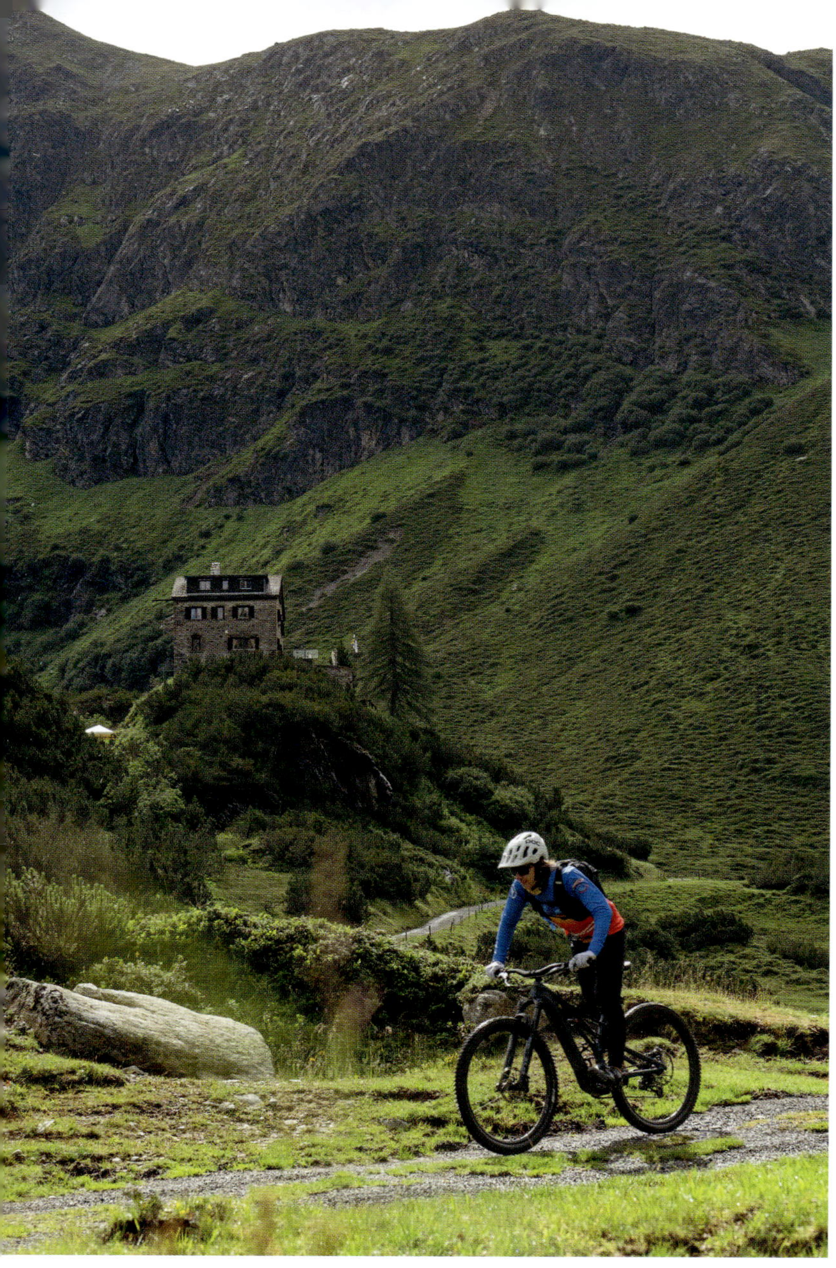

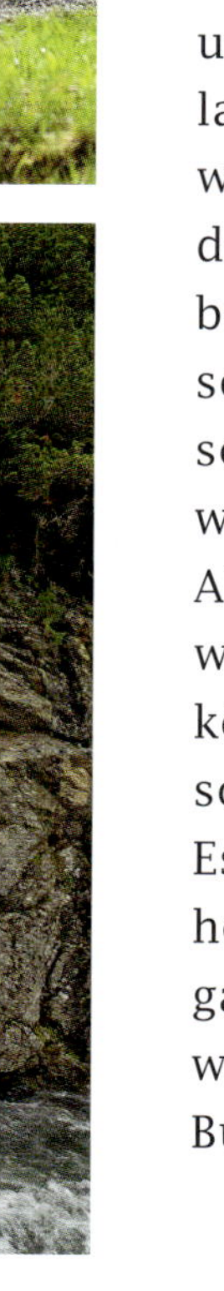

Trutzburg: Das Berghaus Vereina liegt auf einer Anhöhe.

Eiskalt und wild: Vereinabach.

Abfahrt nach Klosters vor Monbie

Die Schweizer lieben Flaggen: Am Berghau Vereina weht das Graubündener Wappe

Privates Berghaus vo Verstanclahorn (3.297 m und Schwarzkopf (3.232 m

ausgebaut, teils sogar asphaltiert. Trotz der bequemen Zufahrt ist die Gebirgslandschaft hier aber karg und einsam. Nach 6,5 Kilometern teilt das Canardhorn (2.607 m) an einer Bachaue das Tal. Hier fließen Verstanclabach aus dem Osten und Vereinabach von Süden zusammen und bilden im Gebiet Garfiun die Landquart. Wir halten uns rechts, und nun geht es etwas steiler entlang des Vereinabaches weiter bergauf. Hin und wieder sitzen Angler im Gebüsch. Sie wollen von den schlauen Bachforellen und Saiblingen nicht bemerkt werden, die in glasklaren Gumpen zwischen kleinen Wasserfällen schwimmen. Mal schießt das Wasser durch enge Canyons, dann wieder mäandert der Wildbach durch hellgrüne Alpwiesen. Ein schönes Schauspiel, das wir während unserer leichten Auffahrt genießen können. Apropos Schauspiel: Von Weitem schon schiebt sich das Berghaus Vereina in den Blick. Es thront auf einer Anhöhe am Fuß des Roggenhornes (2.890 m). Das mächtige Gebäude wirkt gar nicht wie eine klassische Berghütte, eher wie ein schottisches Anwesen oder eine kleine Burg. Als Kulisse für einen Historien- oder Fan-

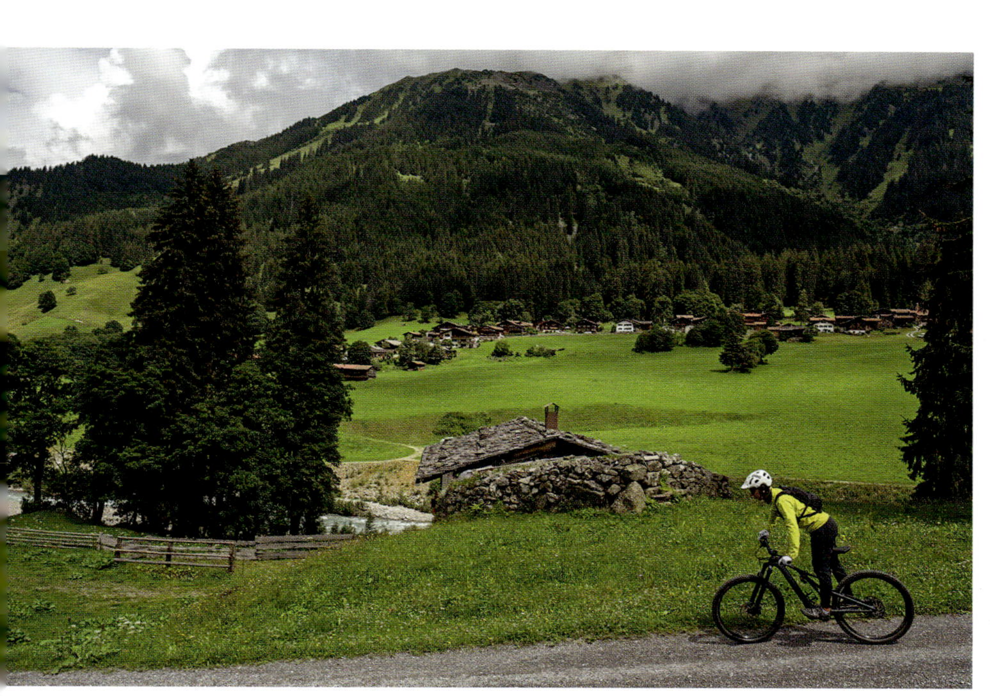

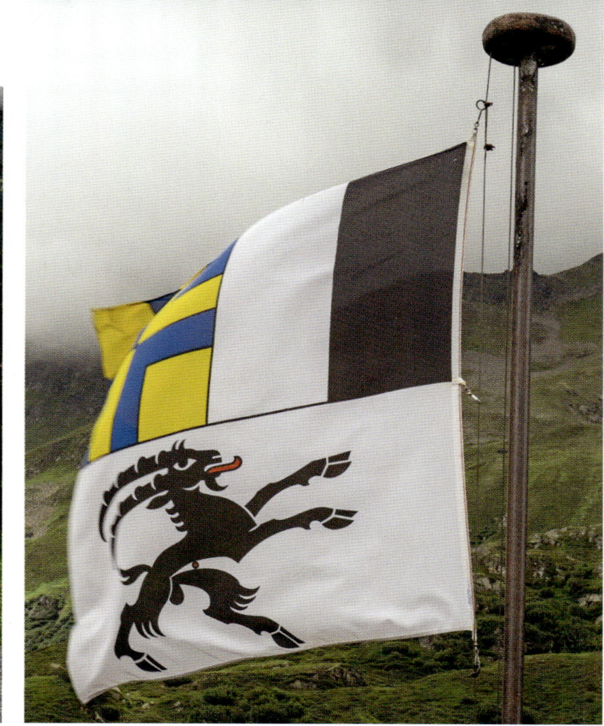

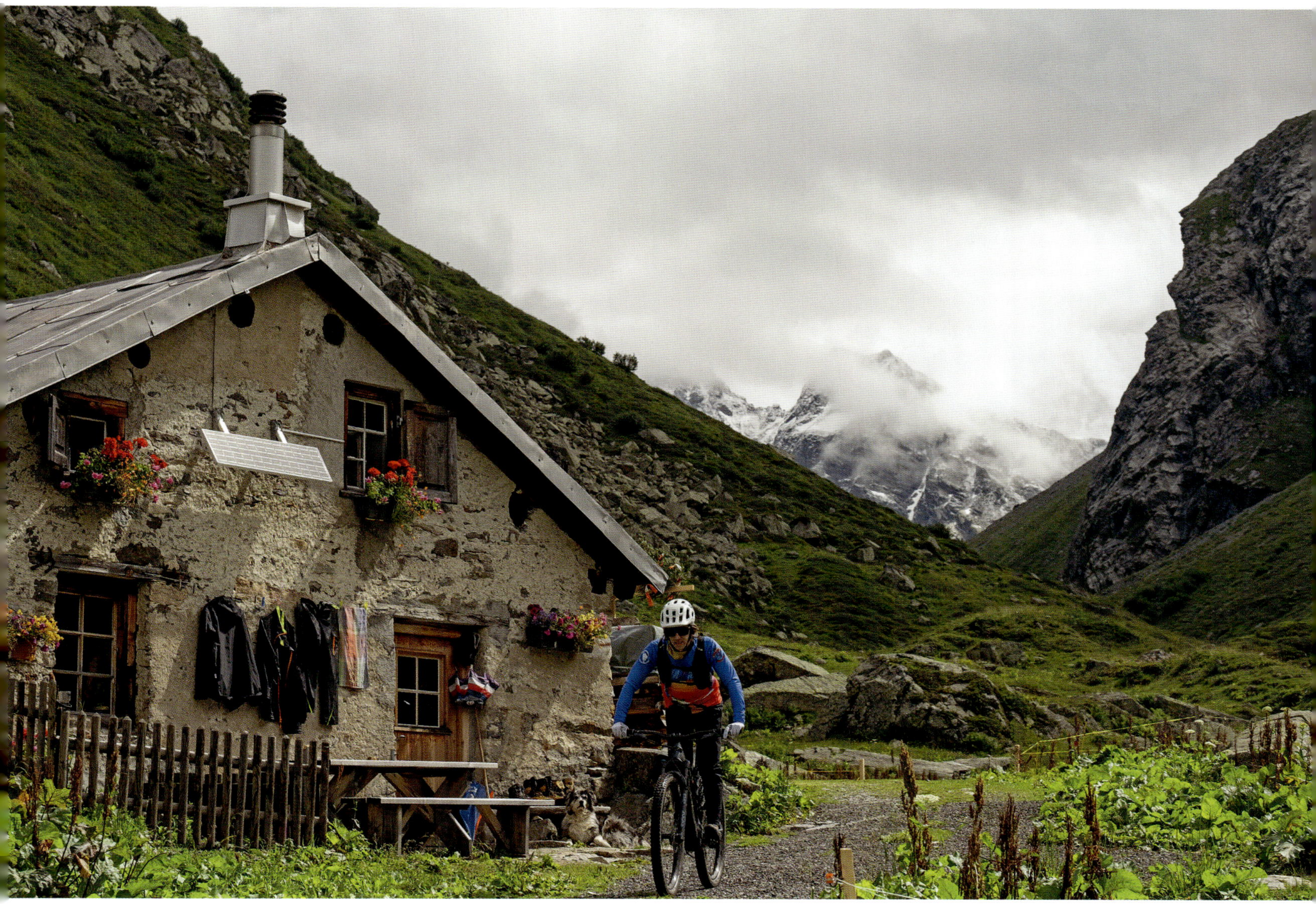

tasyfilm würde sich unser Tourenziel hervorragend eignen. Die letzten zwei Kilometer werden flacher. Hinter dem Berghaus kurbeln wir noch ein paar Meter weiter an einer netten Privathütte vorbei zu einer Anhöhe hoch. Den imposanten Blick aufs Verstanclahorn (3.297 m), das als am schwersten zu besteigender Gipfel der Silvretta gilt, sollte man nicht verpassen.

Wenn die Sonne die Steinmauern wärmt, sitzt man am Berghaus Vereina sehr angenehm. Der Wind kann aber auch kräftig über die ausgesetzte Terrasse wehen. Ein paar Decken liegen bei kühlen Temperaturen immer bereit. Empfehlen können wir das »Vereina Chnödli« oder die Hirschwurst mit Rösti. Und in der Schweiz sollte man immer eine süße Wähe probieren. Im Berghaus steht eine gemischte Früchtewähe auf der Karte.

Die Abfahrt verläuft bequem auf derselben Strecke zurück. Aber Achtung! Auch wenn die Straßen ins Vereina- und Sardascatal für den privaten Verkehr gesperrt sind, kann einem auf der flotten Abfahrt ein Minibus entgegenkommen. Mehrmals täglich verkehrt ein Shuttle zwischen Klosters und dem Berghaus, der Wanderern den langen Anmarsch erspart. Sie können dann im Vereinatal zu den wunderschönen Jöriseen aufsteigen oder sogar weiter zum Flüela Wisshorn (3.085 m), um hier die Quellen des Vereinabaches zu finden.

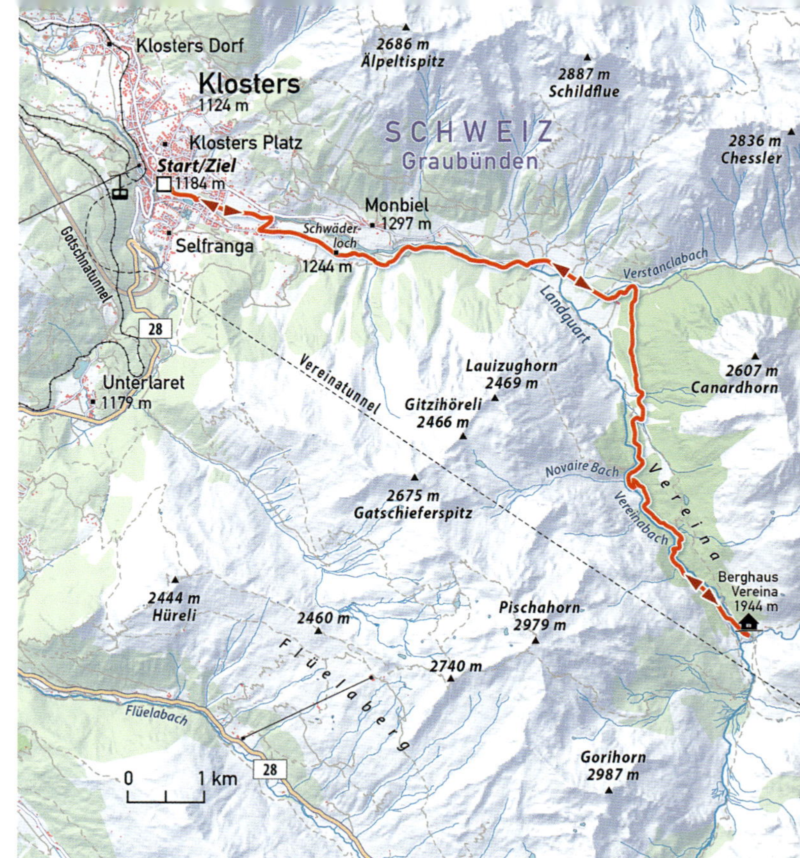


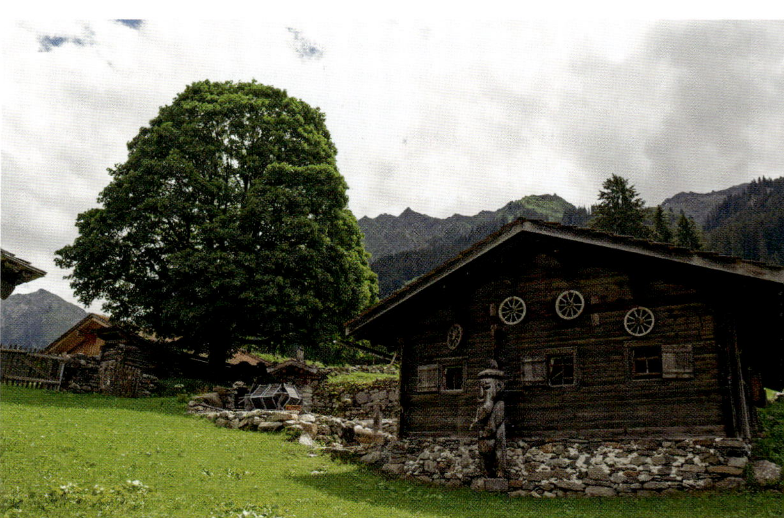

**Sommerfrische: Wochenendhüttchen über Klosters.**

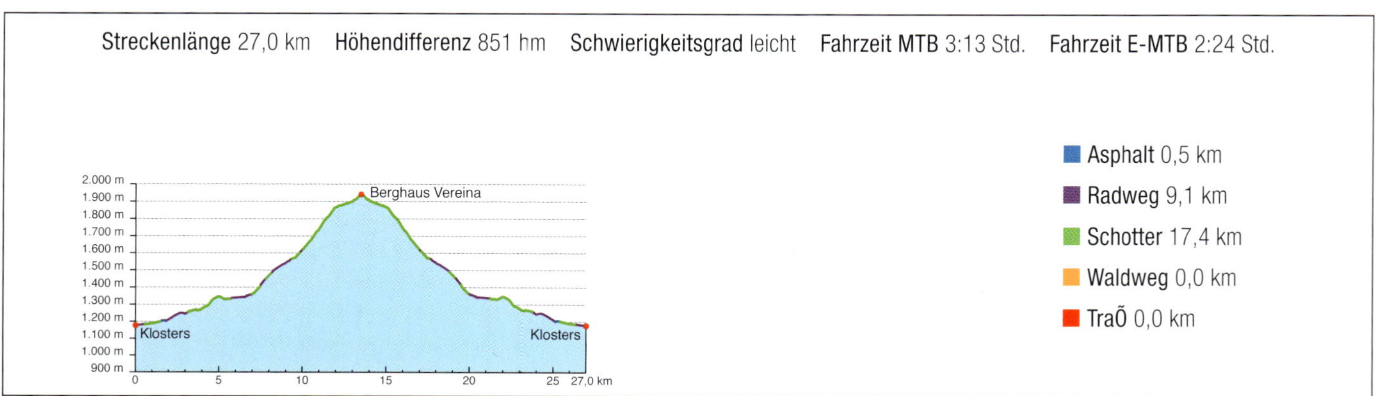

# INFOS

## DIE HÜTTE

**Berghaus Vereina** Das trutzige Steinhaus liegt auf 1.944 Meter Höhe in einem der schönsten Hochtäler Graubündens. Es bietet Übernachtungsmöglichkeiten für 40 Personen in heimeligen Zimmern und im Massenlager. Geöffnet ist nur in den Sommermonaten. Kontakt: Familie Schlunegger, CH-7250 Klosters, Tel. +41 81 4 22 12 16, www.berghausvereina.com

## BIKE-REGION

Klosters und Davos werden als eine Bike-Region verstanden. Wer nach Klosters kommt, bikt auch in Davos (und umgekehrt). Die Graubündner Destination ist als Trail-Revier beliebt. Durch Seilbahnunterstützung und Rhätische Bahn ergeben sich viele schöne Tourenmöglichkeiten. Die Beschilderungen sind, wie immer in der Schweiz, vorbildlich. Biker finden eine perfekte Infrastruktur für ihren Sport vor.

## TOURCHARAKTER

Klassische Stichtour, man weiß also bereits beim Hochfahren, was einen beim Downhill erwartet. Konditionell und technisch vollkommen unschwierig, verläuft die Tour abwechselnd auf Asphalt und Schotter fast immer entlang der Landquart und weiter oben entlang des Vereinabaches.

## TOURSTART

Start ist in Klosters Platz am großen Parkplatz in der Thalbachstrasse beim Sportzentrum Klosters.

## BIKE-VERLEIH

**Bardill Sport Mietcenter**
Gotschnastrasse 17, CH-7250 Klosters,
Tel. +41 81 4 22 55 00, www.bardill-sport.ch
**Andrist Bike, Shoes & Lifestyle**
Bahnhofstrasse 10, CH-7250 Klosters,
Tel. +41 81 4 22 55 88, www.andrist-sport.ch

## GEFÜHRTE TOUREN

**Ride and Smile** Gäuggeliweg 43, CH-7250 Klosters,
Tel. +41 81 5 43 10 87, www.ride-and-smile.ch/de
**Andrist Bike, Shoes & Lifestyle**
Bahnhofstrasse 10, CH-7250 Klosters,
Tel. +41 81 4 22 55 88, www.andrist-sport.ch

## BIKE-HOTELS

In Klosters haben sich zahlreiche Hotels auf die Bedürfnisse von Mountainbikern spezialisiert.
www.klosters.ch/bike-hotels

## LANDKARTEN

**Kompass-Karte WK 113**
*Davos, Arosa, Prättigau,Klosters,* 1:40.000
**Swiss Singletrail Map** *Davos Klosters,* 1:50.000, erhältlich in den Tourismusbüros und an den Talstationen der Bergbahnen

## BIKE-INFOS

www.klosters.ch/bike

## TOURIST-INFOS

**Destination Davos Klosters**
**Tourismus- und Sportzentrum**
Alte Bahnhofstrasse 6, CH-7250 Klosters,
Tel. +41 81 4 10 20 20, www.klosters.ch

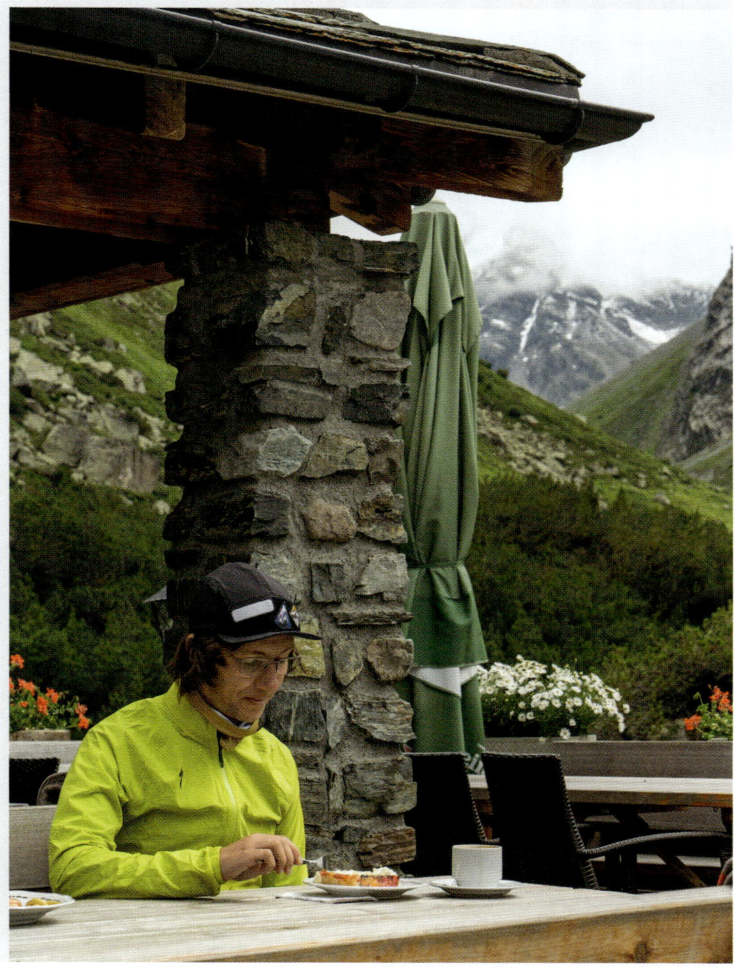

**Auf der Terrasse des Berghauses Vereina.**

# 14

## Singletrailtour mit Aussicht, hoch über Davos

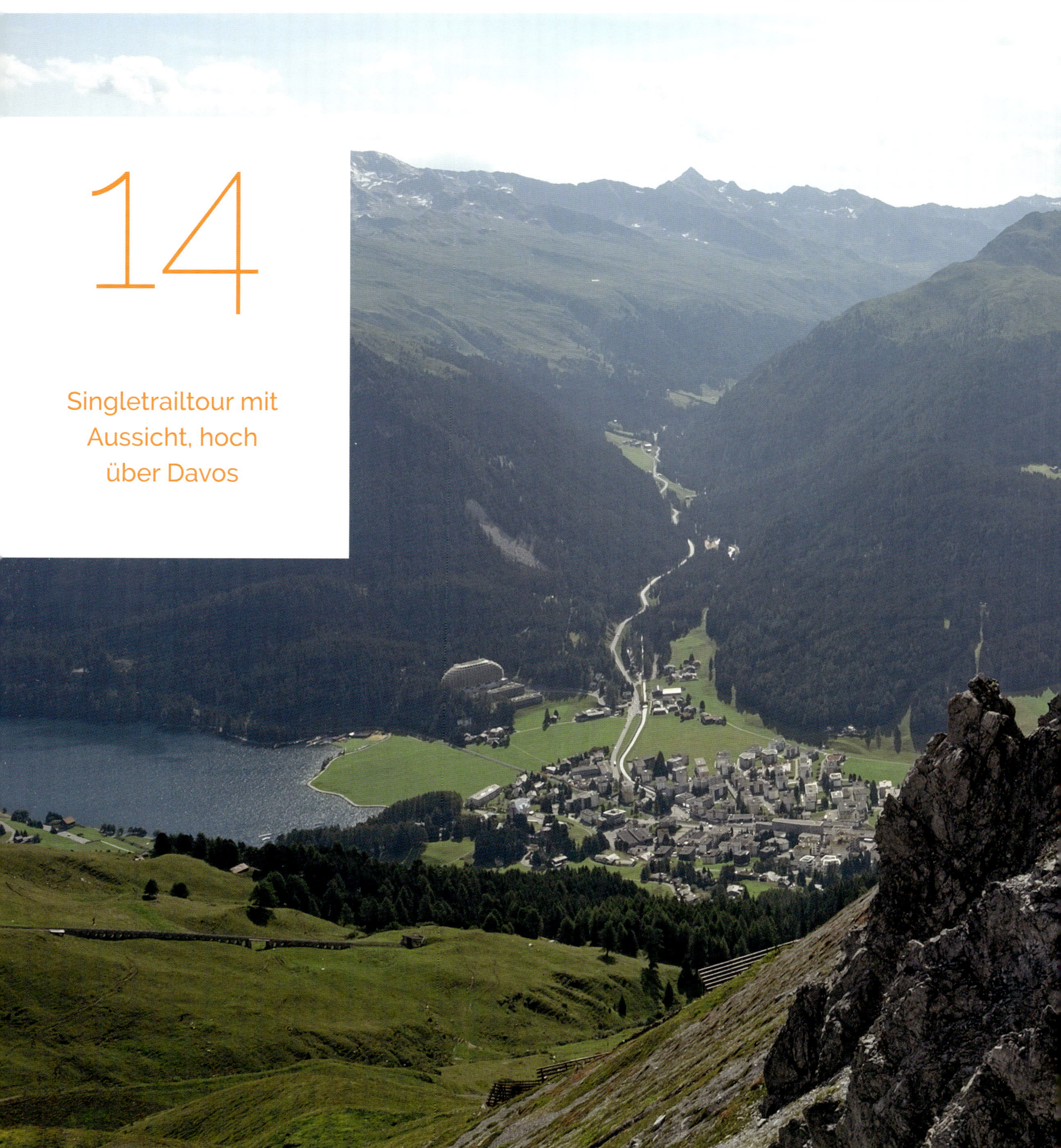

Panoramaweg hoch über Davos und Davosersee.

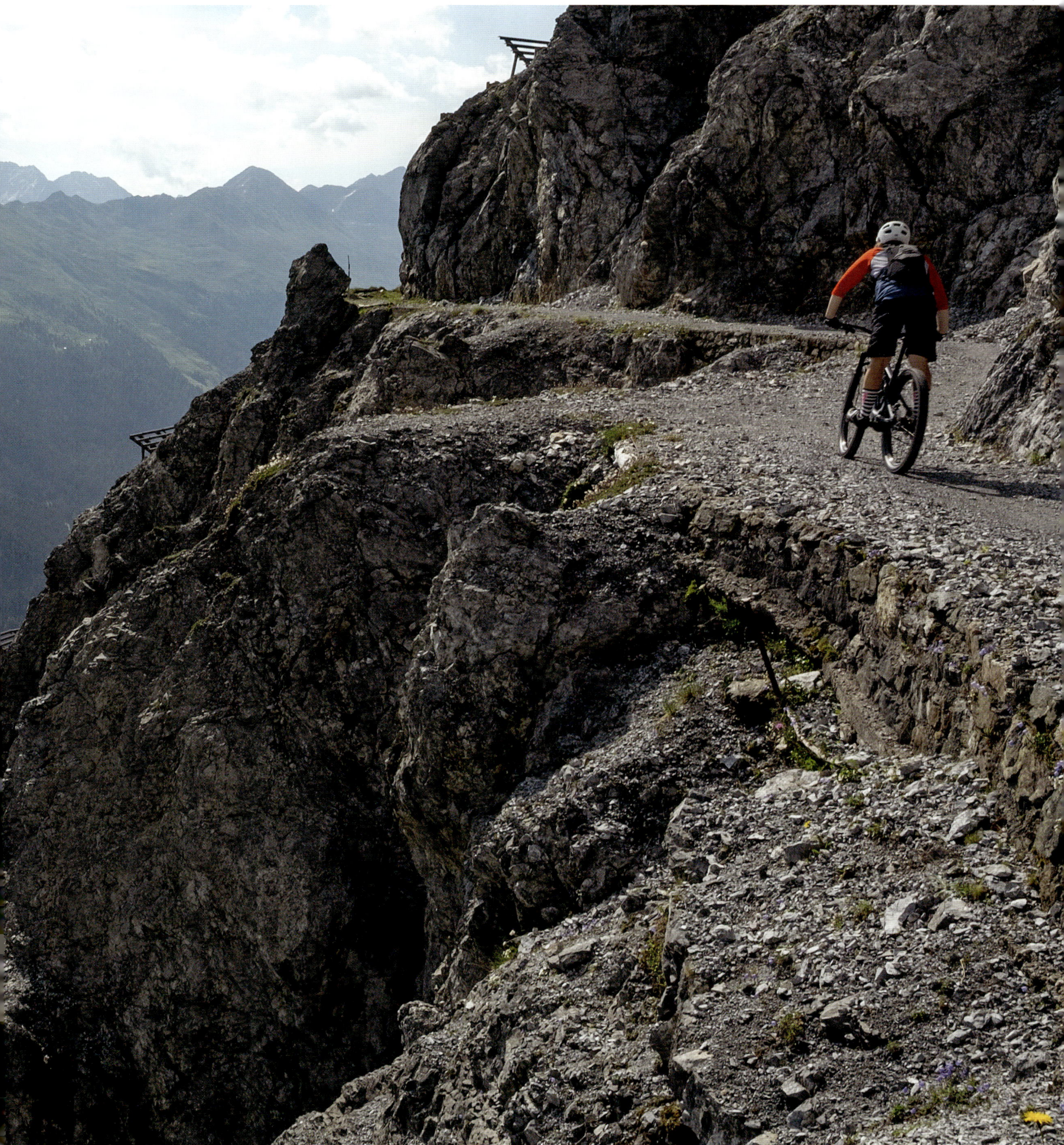

Streckenlänge: 28,4 km | Höhenmeter: 1.198 m | Schwierigkeit: schwer | Fahrzeit: MTB: 3:54 Std. – E-MTB: 2:56 Std.

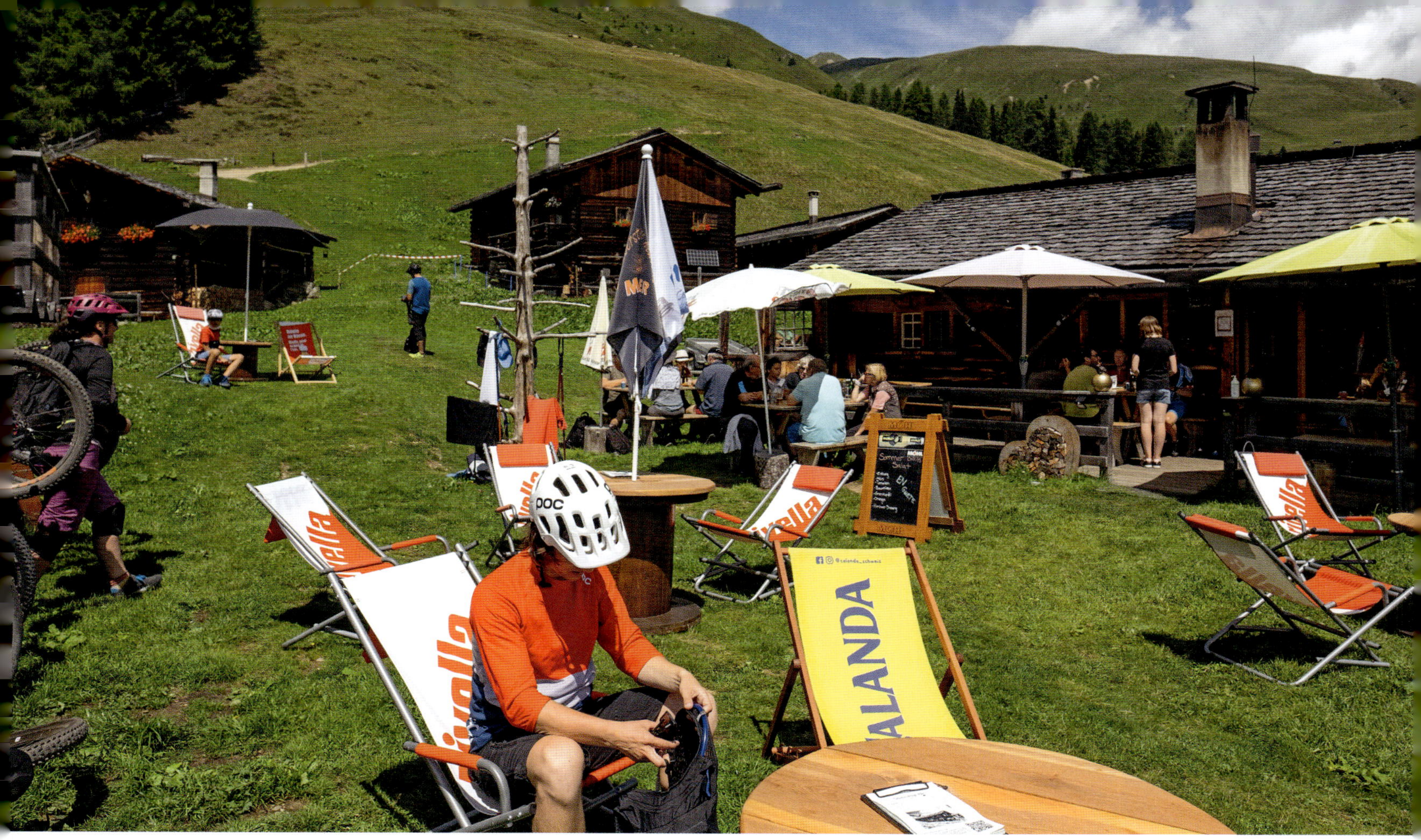

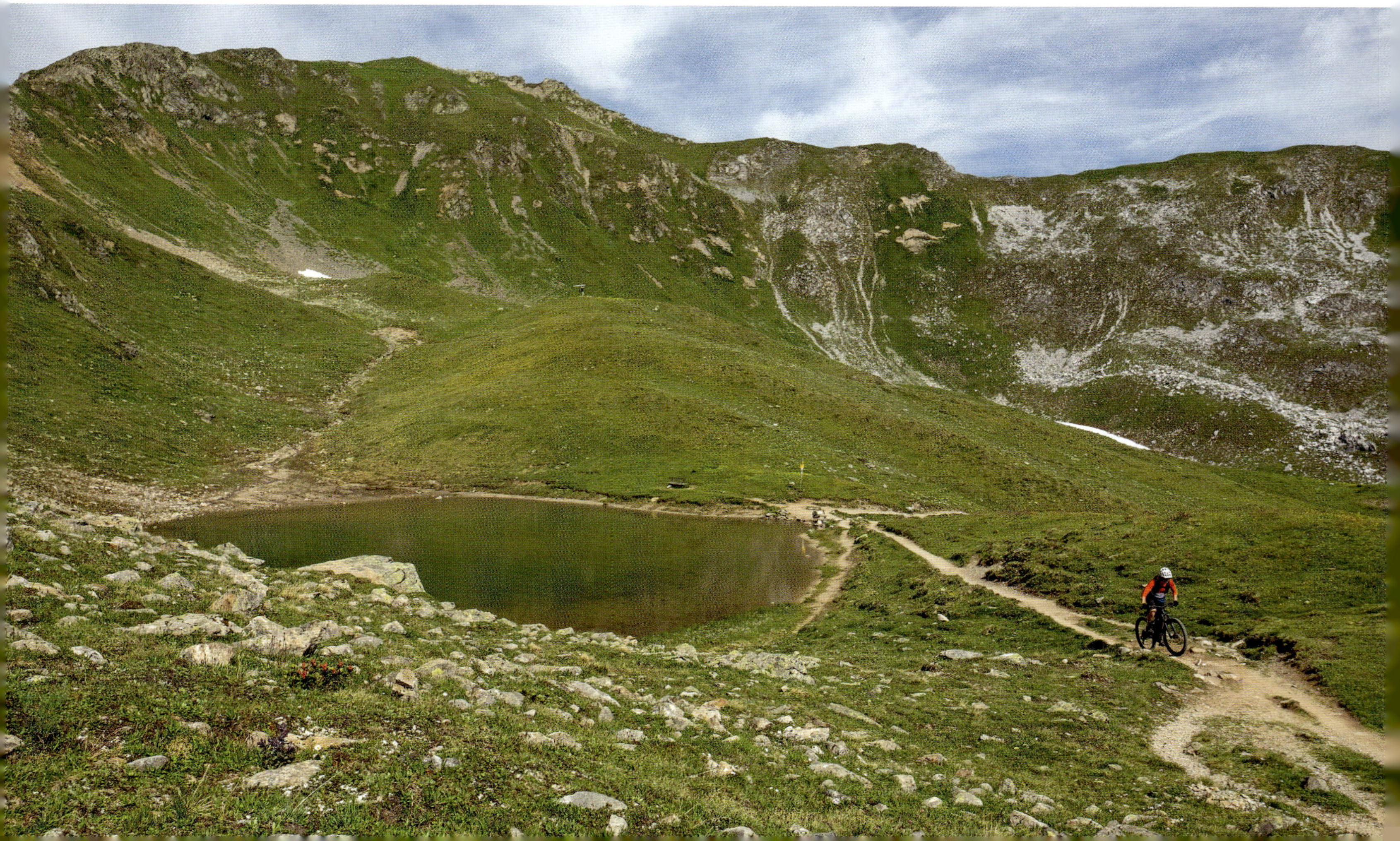

emütlicher Bikertreff:
inkehr auf der Stafelalp.

ordernd:
phill-Trail am Strelasee.

Langer Aufstieg auf Parsenn:
entlang des Schiabaches.

Noble Herberge: Steigenberger
Grandhotel Belvédère Davos.

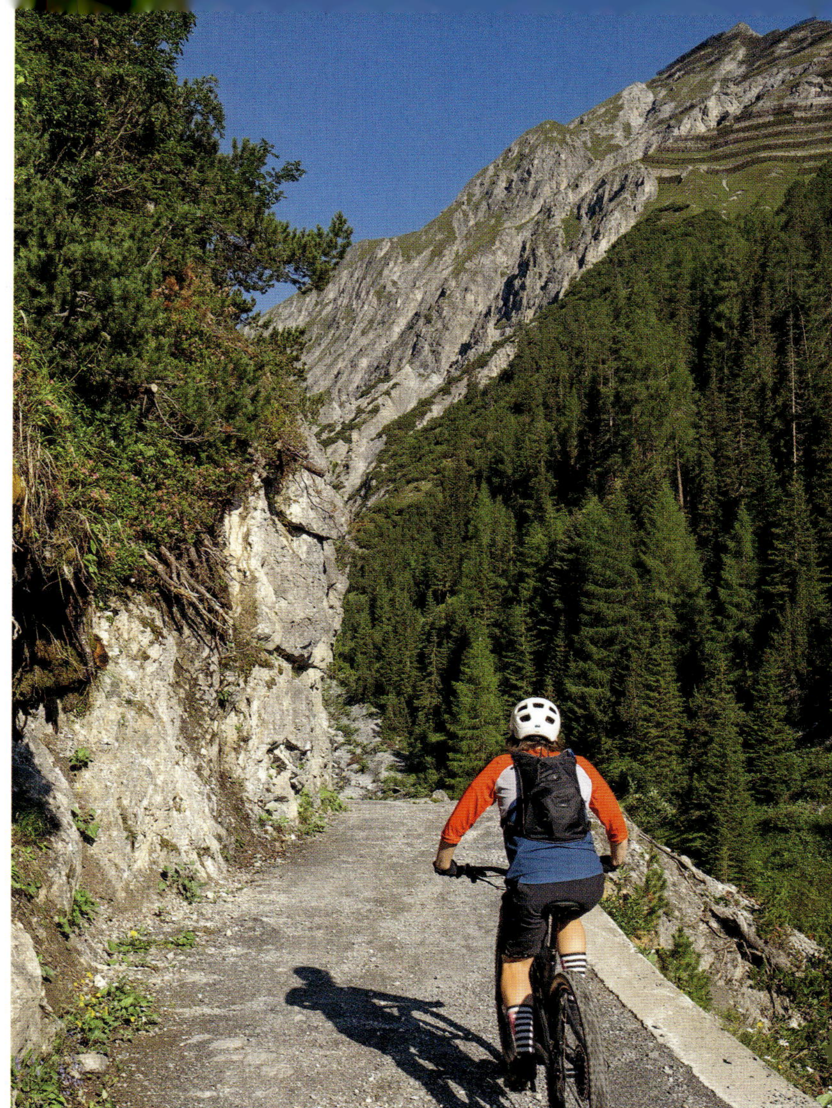

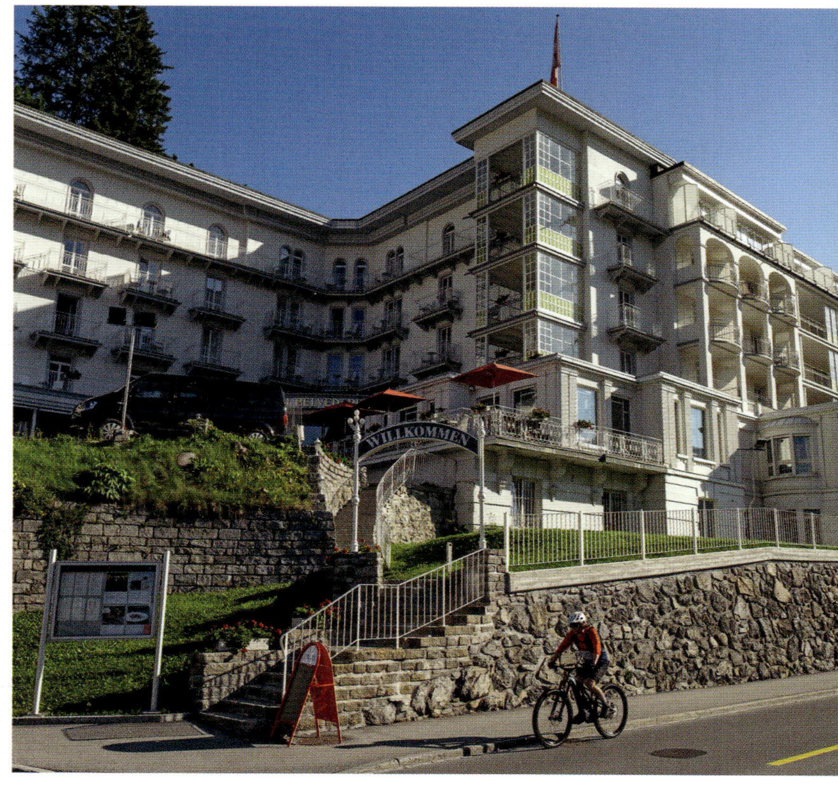


Die höchstgelegene Stadt Europas nimmt eine Sonderstellung im Alpenraum ein. Wo sonst kann man nach dem Besuch einer Kunstausstellung oder nach der Shoppingtour in edlen Boutiquen direkt aufs Bike steigen und kurz darauf die mächtigsten Berggipfel der Alpen bestaunen? Auch wer sein Erspartes nicht auf der teuren Flaniermeile von Davos lassen möchte, findet in dem mondänen Schweizer Luftkurort einen idealen Ausgangspunkt für viele ausgedehnte Tourenerlebnisse. Neben den noblen Luxusherbergen gibt es auch gute Hotels und Pensionen für Otto Normalbiker.

Davos wird auf beiden Seiten von Skigebieten flankiert. Mountainbiker nutzen im Sommer die Bergbahnen, um ihren Tourenradius zu erweitern. Das Extrem ist eine Bahnentour mit fast 10.000 Höhenmetern Abfahrt bei nur 100 Metern Steigung. Auch wir könnten die ersten 700 Höhenmeter mit der Parsenn-Standseilbahn überwinden und in dreieinhalb Minuten auf die Mittelstation fahren. Wir entscheiden uns aber für die anstrengende Variante und beginnen langsam, uns den Berg hochzuarbeiten. Langsam deshalb, weil nach einem

Ankunft auf der Stafelal

Trail-Stau: Warten vor de
Panorama der Albula-Alpe

Blau, blau, bla
Enzian (Gentian
auf 2.500 Meter Höh

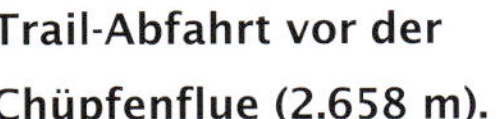

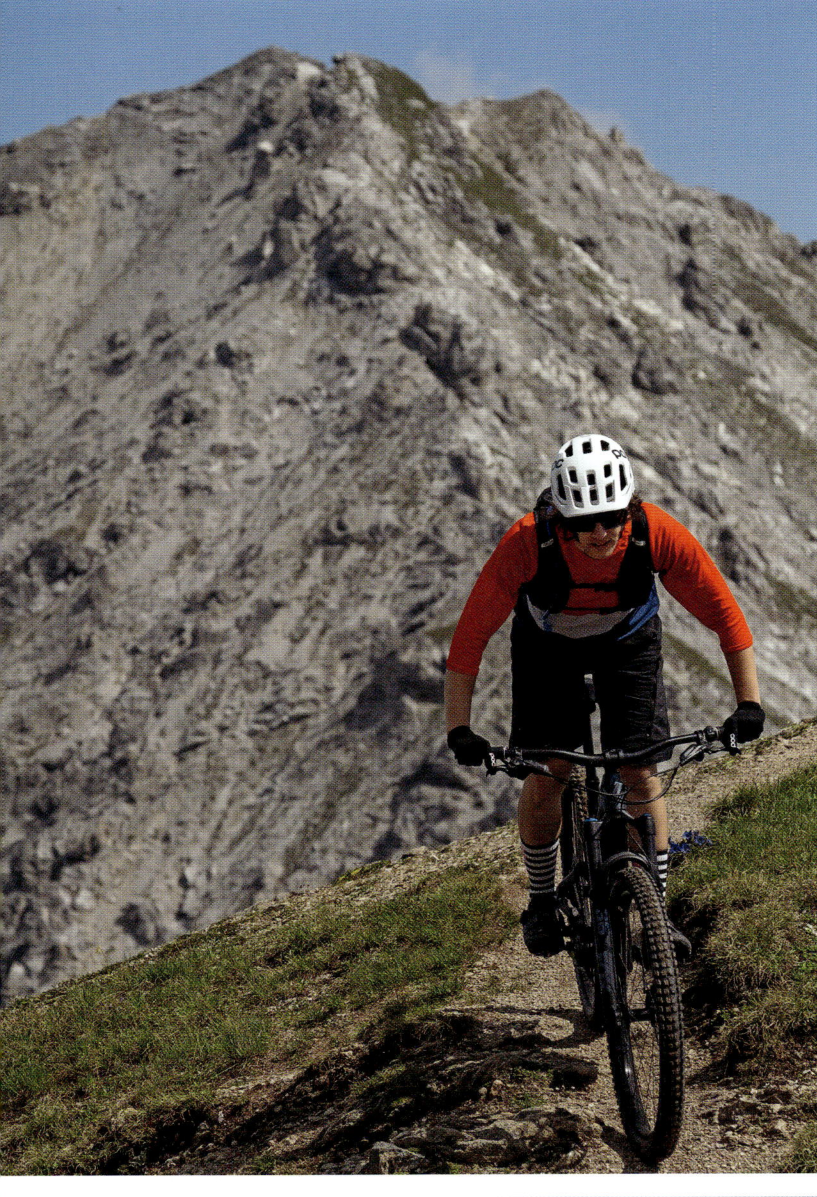

Trail-Abfahrt vor der Chüpfenflue (2.658 m).

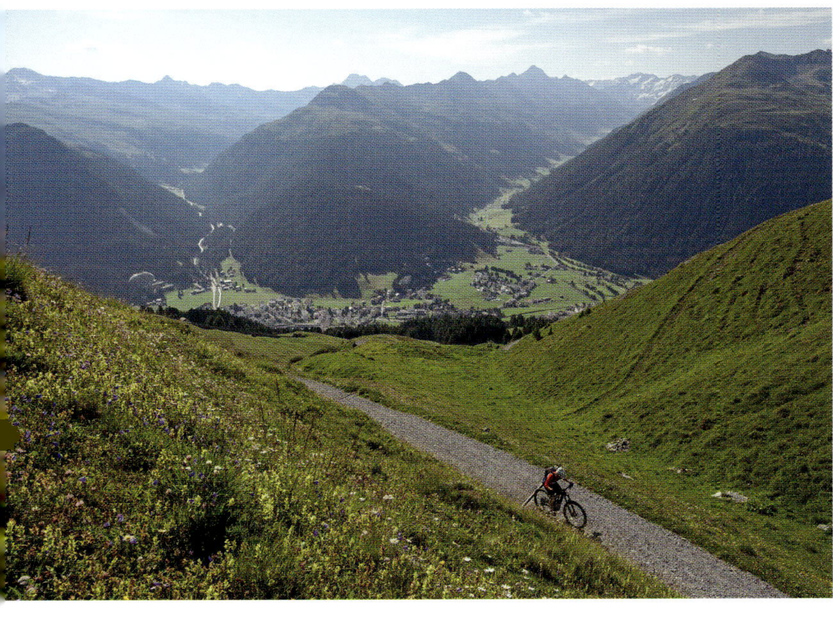

Parsenn: Blühende Almwiesen und Mega-Panorama.

kurzen Flachstück die Steigung kräftig anzieht. Unterhalb des Schiahornes biegen wir in den interessanten Panoramaweg ein. Fast eben verläuft er entlang steiler Felsflanken mit Lawinenverbauung. Tief unter uns liegen Davos und der See. Die ersten Meter sind noch breit, doch bald verengt sich der Weg zum Pfad. Zu sehr sollte man die Aussicht in die eindrucksvollen Albula-Alpen nicht genießen, der teils ausgesetzte Trail erfordert volle Konzentration. Ein paar Meter Schieben ist hier keine Schande. Am Strelapass erhaschen wir einen kurzen Blick auf die andere Bergseite hinüber zu den Glarner Alpen, dann wenden wir uns aber wieder um und bereiten uns auf einige anstrengende Höhenmeter vor. Es handelt sich allerdings um einen landschaftlich wunderbaren Trail über die Latschüelfurgga (2.409 m) - einen Passübergang zwischen Davos und Arosa - zur Chörbschhornhütte.

Ab der kleinen Notunterkunft unterhalb des Chörbsch Hornes (2.651 m) beginnt das Highlight der Tour: eine vier Kilometer lange, astreine Singletrail-Abfahrt mit durchschnittlich 16 Prozent Gefälle. Die Strecke durchs hochalpine Gelände ist anspruchsvoll, aber nie ausgesetzt. Lange, sich über grasige Bergkämme schlän-

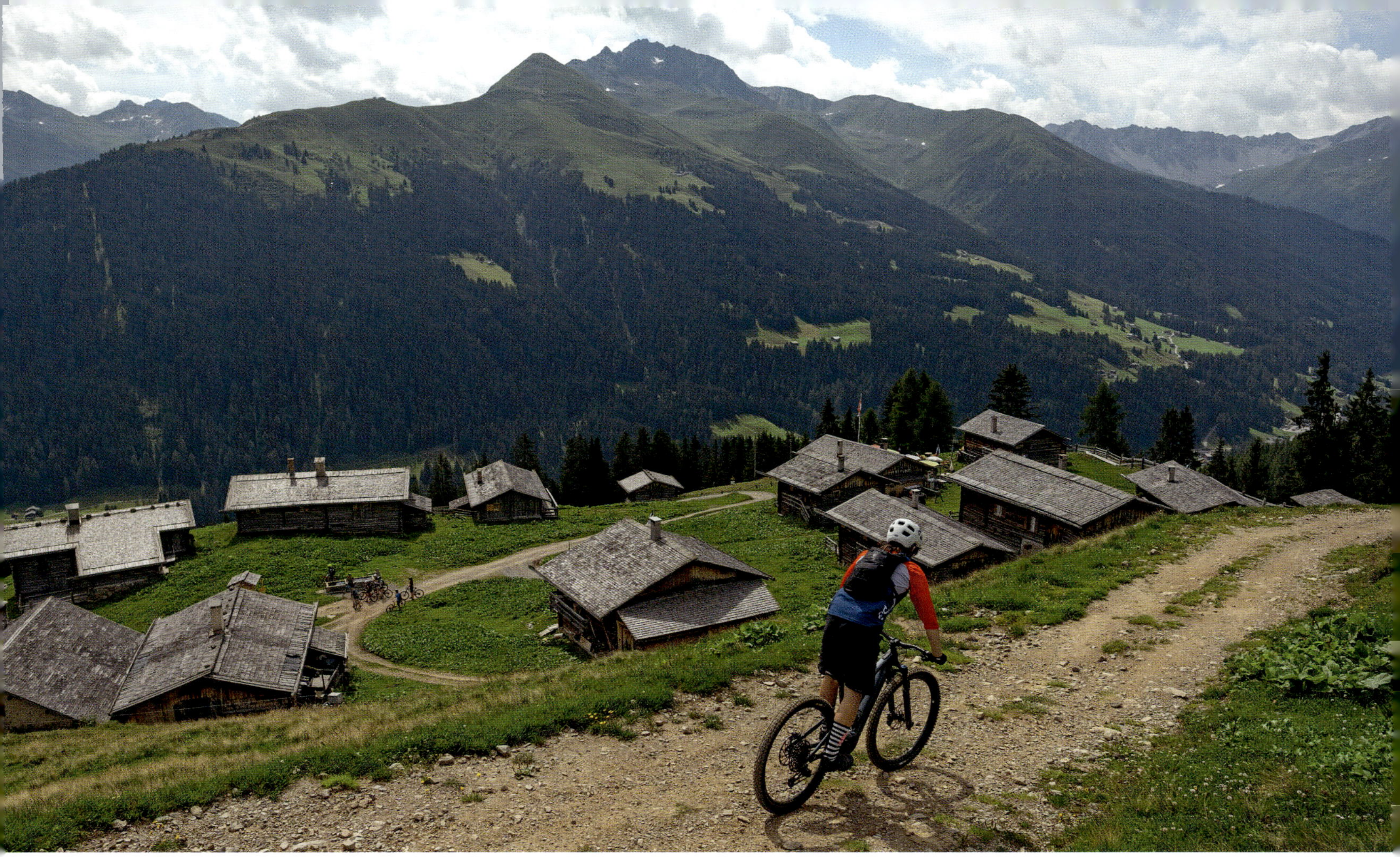

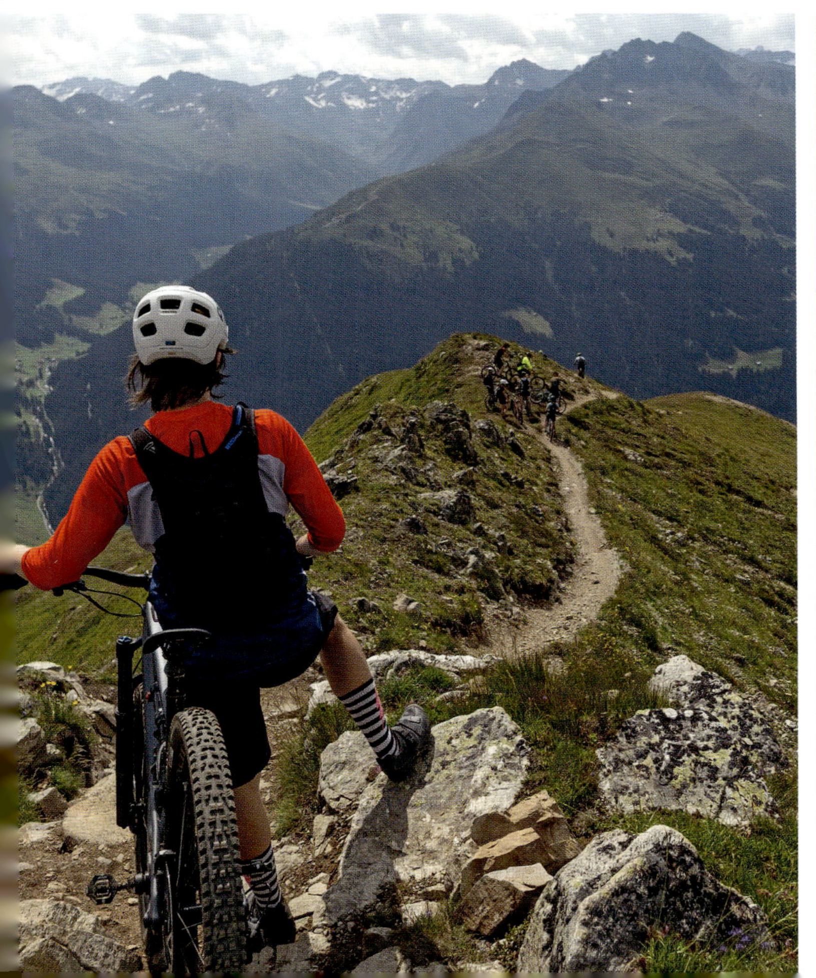
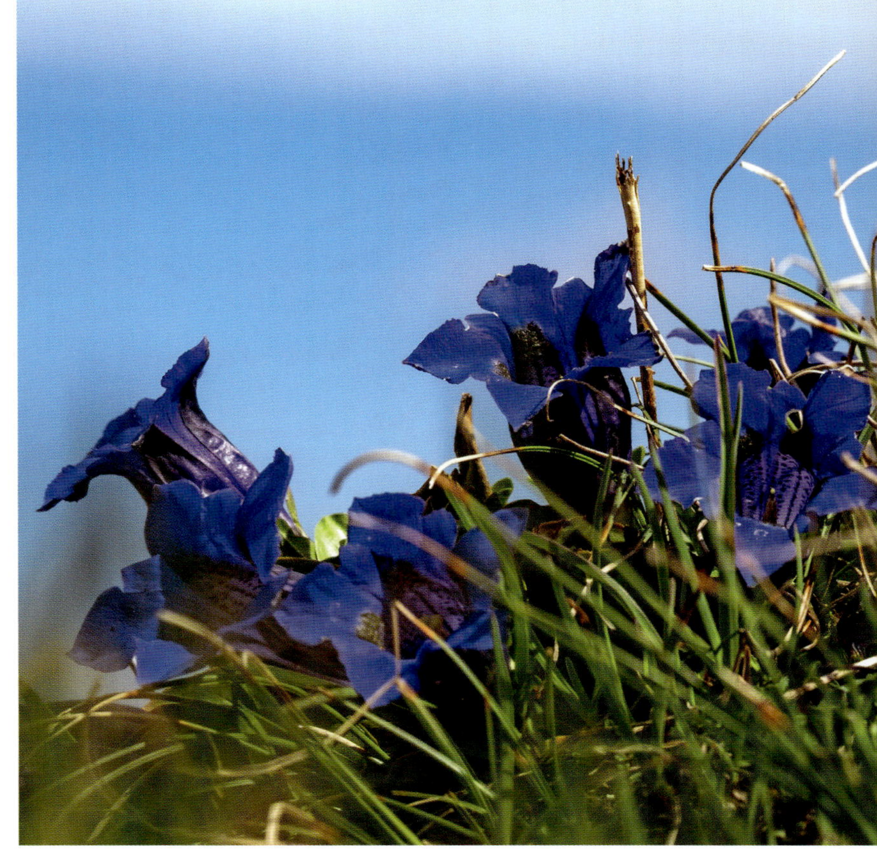

gelnde Passagen wechseln mit engen Kurven. Größere Stufen gibt es kaum. Bei ordentlicher Bikebeherrschung kann alles fahrend absolviert werden. Zwischendurch werden wir in einer felsigen Passage etwas durchgerüttelt, dann, im unteren Teil, wird die Fahrt insgesamt unruhiger. Mancher wird beim Anblick der Stafelalp froh sein, wenn der Trail geschafft ist, wir wären gern noch ein paar Kilometer weitergefahren. Aber auch wir freuen uns nach der langen Tour auf eine gemütliche Rast bei Caterina und Maik – selbst Mountainbiker –, die das Berghaus Stafelalp mit viel Freude betreiben. Zum Essen machen wir es uns auf der gemütlichen Holzterrasse bequem. Auf einen Kaffee ziehen wir dann auf die Liegestühle um, die einladend auf der Wiese zwischen den alten Gebäuden stehen.

Eine kurze Abfahrt nach Frauenkirch, ein kleiner Schwenk ins Sertigtal, und nach ein paar Kilometern flussaufwärts entlang der Landwasser landen wir wieder in Davos Platz. Eine schnelle Dusche, und dann geht's ins Kirchner Museum. Ernst Ludwig Kirchner wohnte zeitweise auf der Stafelalp und kam immer wieder zum Malen dorthin. Der Mitbegründer der Künstlergruppe Brücke lebte bis zu seinem Tod 1938 viele Jahre in Davos. Die Besichtigung der Gemälde und Holzschnitte des berühmten Expressionisten ist ein schöner Abschluss unserer gelungenen Panorama-Singletrail-Runde.

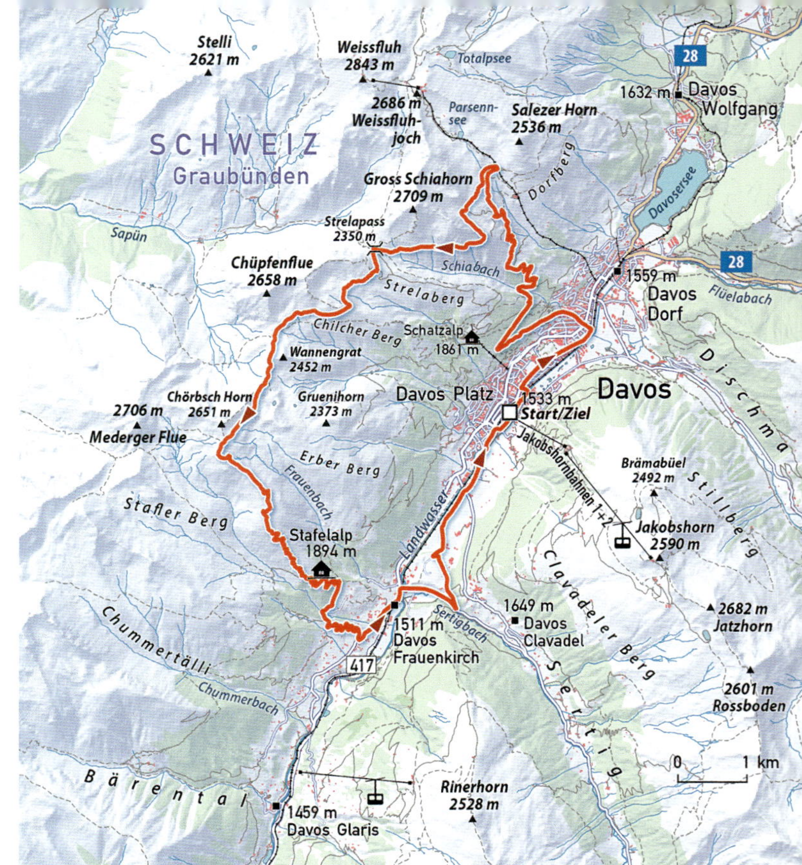


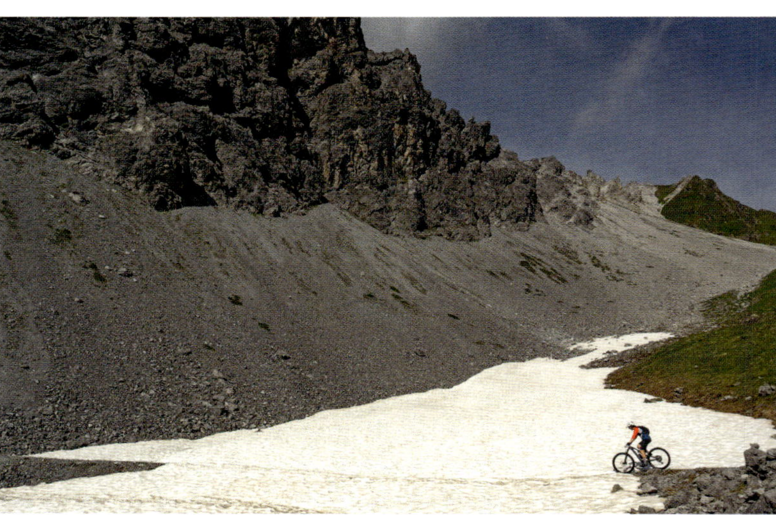

Restschnee Ende Juli am Schiahorn (2.709 m).

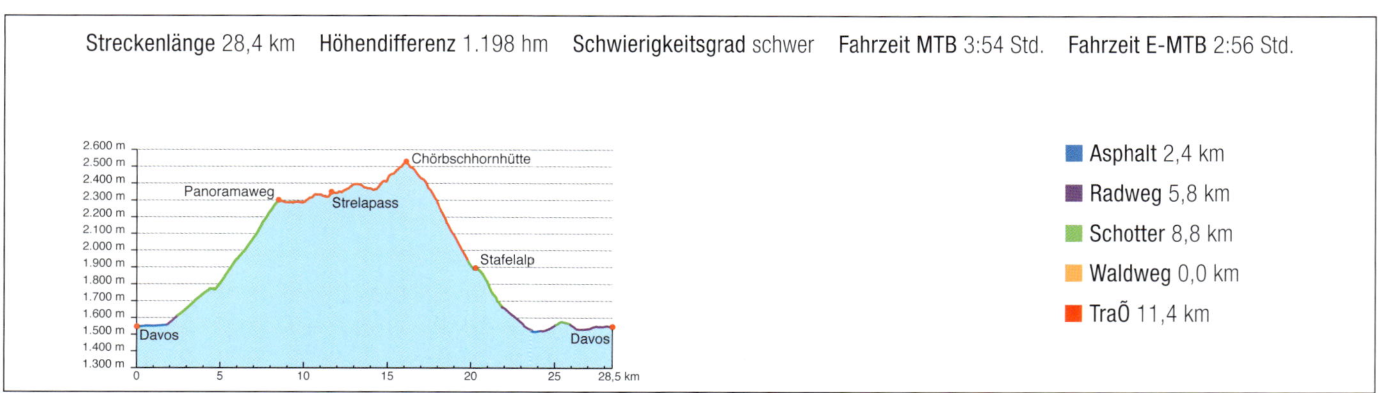

# INFOS

## DIE HÜTTE

Gegründet wurde die **Stafelalp** vor etwa 500 Jahren von Walsern. Das Gebäude ist etwa 250 Jahre alt und wird seit 1936 als Gasthaus genutzt. Die jungen Wirtsleute Caterina und Maik gehen ganz in ihrer Aufgabe auf. Gekocht wird wie in alten Zeiten auf einem Holzherd. Da auf der restlichen Tour keine großen Herausforderungen mehr warten, lohnt es sich, das Raclette zum Selberschmelzen zu kosten und als Nachtisch Caterinas Apfelwähe. Die Hütte hat zwei Lager mit je sechs Plätzen, ein Doppelzimmer und ein Einzelzimmer.
Kontakt: Maik Hellmüller und Caterina Fellmann, Berghaus Stafelalp, CH-7276 Davos Frauenkirch, Tel. +41 81 4 13 66 31, www.berghaus-stafelalp.ch

## BIKE-REGION

Europas höchstgelegene Stadt bietet Hochgebirgsbiken pur! 700 Kilometer Bike-Trails lassen Mountainbikers Herz höherschlagen. Bei Direktbuchung bereits einer Hotelübernachtung ist die Tageskarte für den Bike-Transport bei den Davos Klosters Mountains inbegriffen. Der unkomplizierte Bike-Transport in den Bergbahnen und der Rhätischen Bahn erweitert den Tourenradius erheblich.

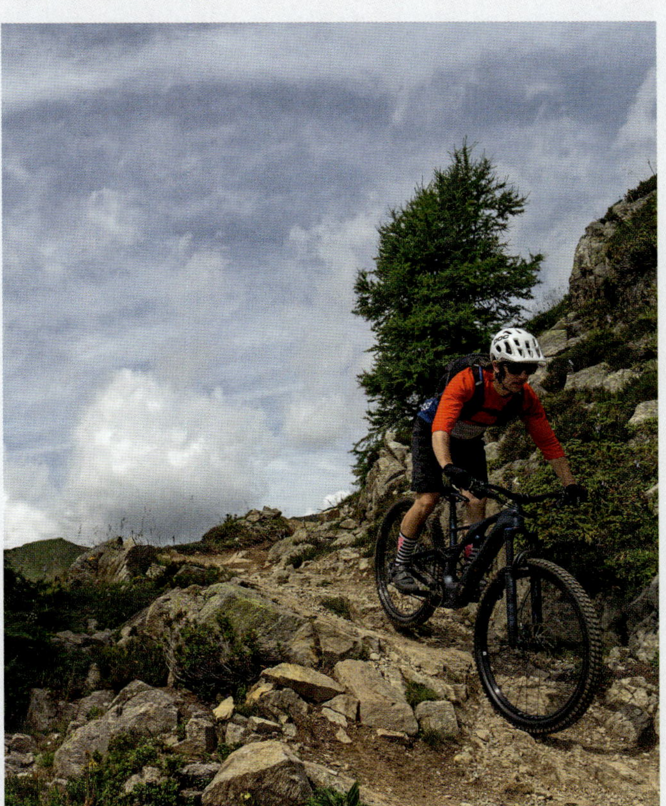

## TOURCHARAKTER

Wegen der langen, teils recht steilen Auffahrt und des hohen Trail-Anteils bergauf, ist die Tour konditionell sehr anspruchsvoll. Zusätzlich fordern die Bergab-Trail-Passagen auch fahrtechnisch gutes Können. Einige Passagen vor dem Strelapass sind zwar gut fahrbar, aber ausgesetzt. Wer sich nicht ganz sicher ist, sollte hier lieber schieben.

## TOURSTART

Wir starten am Parkplatz vor der Talstation der Jakobshornbahn, direkt unterhalb des Bahnhofs Davos Platz.

## BIKE-VERLEIH

**Bike Academy Davos** Bahnhofstrasse 8, CH-7260 Davos Dorf, Tel. +41 81 4 20 72 20, www.bike-academy.ch

## GEFÜHRTE TOUREN

**Bike Academy Davos** Bahnhofstrasse 8, CH-7260 Davos Dorf, Tel. +41 81 4 20 72 20, www.bike-academy.ch

## BIKE-HOTELS

In Davos haben sich zahlreiche Hotels auf die Bedürfnisse von Mountainbikern spezialisiert. www.davos.ch/bike-hotels

## LANDKARTEN

**Kompass-Karte WK 113**
*Davos, Arosa, Prättigau,Klosters,* 1:40.000
**Swiss Singletrail Map** *Davos Klosters,* 1:50.000, erhältlich in den Tourismusbüros und an den Talstationen der Bergbahnen

## BIKE-INFOS

www.davos.ch/bike

## TOURIST-INFOS

**Destination Davos Klosters**
**Tourismus- und Sportzentrum**
Talstrasse 41, CH-7270 Davos Platz,
Tel. +41 81 4 15 21 21, www.davos.ch

**Baumgrenze: Abfahrt zur Stafelalp.**

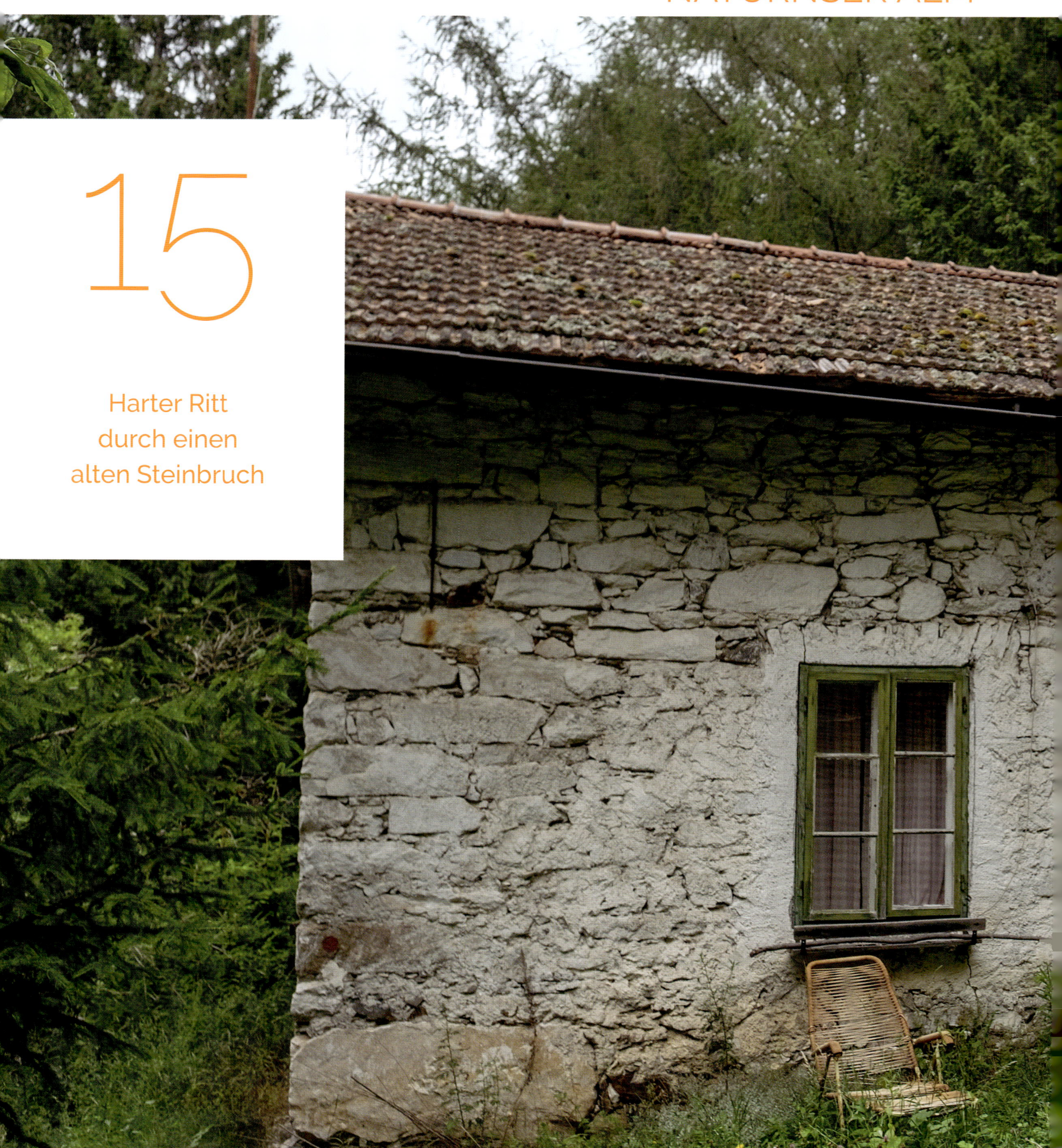

# 15

## Harter Ritt durch einen alten Steinbruch

Trail-Passage mitten durch den alten Steinbruch.

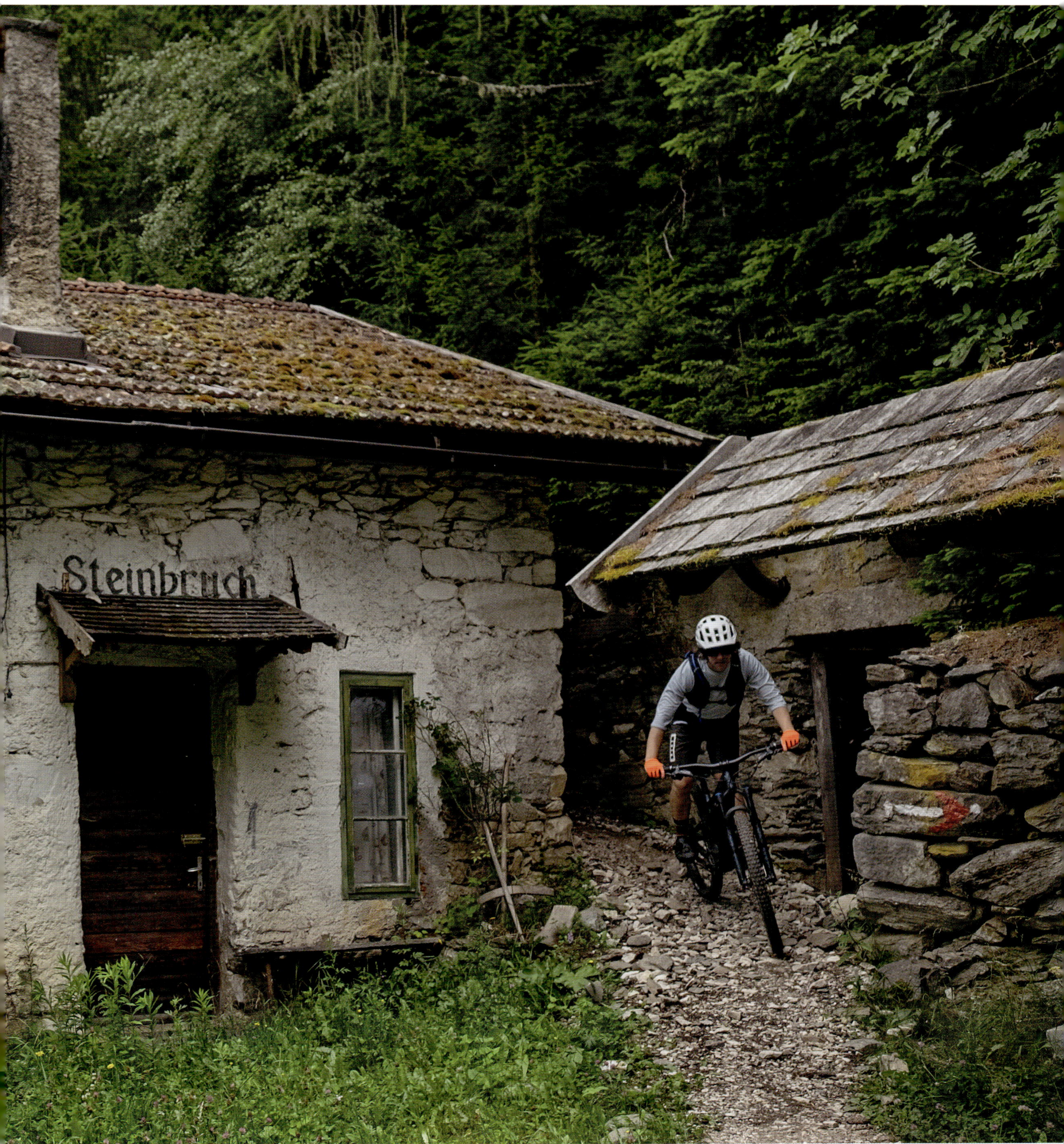


Streckenlänge: 37,2 km | Höhenmeter: 1.515 m | Schwierigkeit: schwer | Fahrzeit: MTB: 5:01 Std. – E-MTB: 3:46 Std.

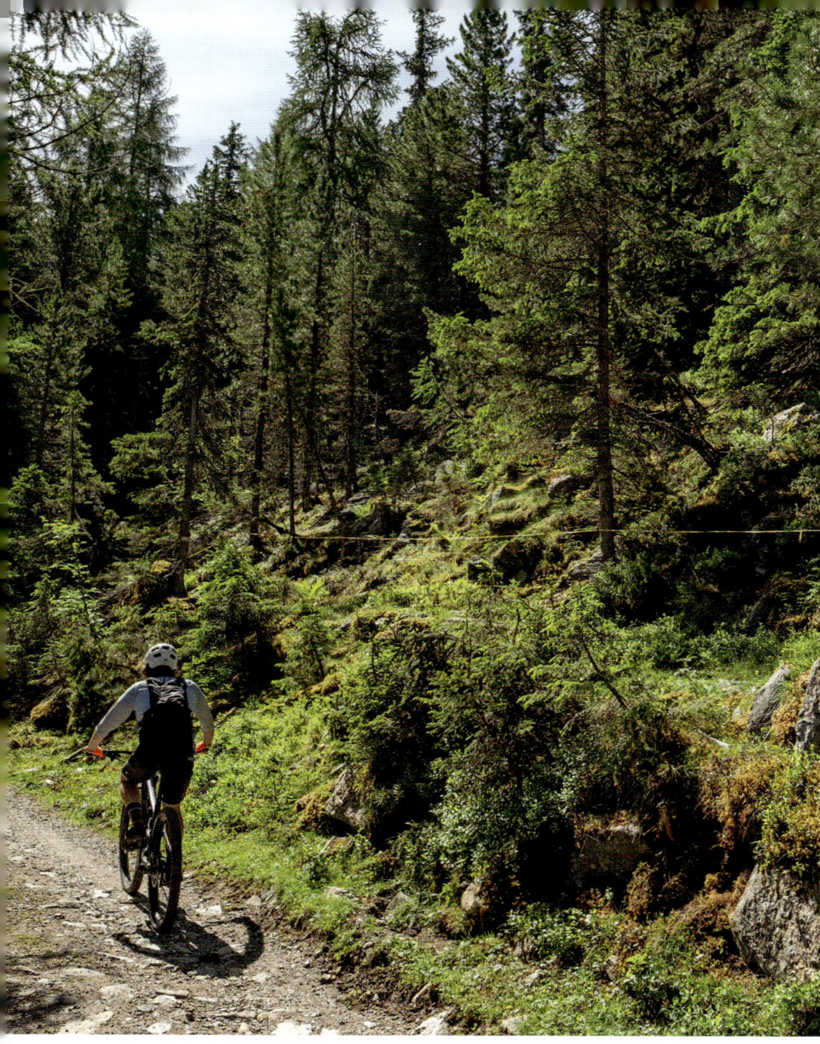

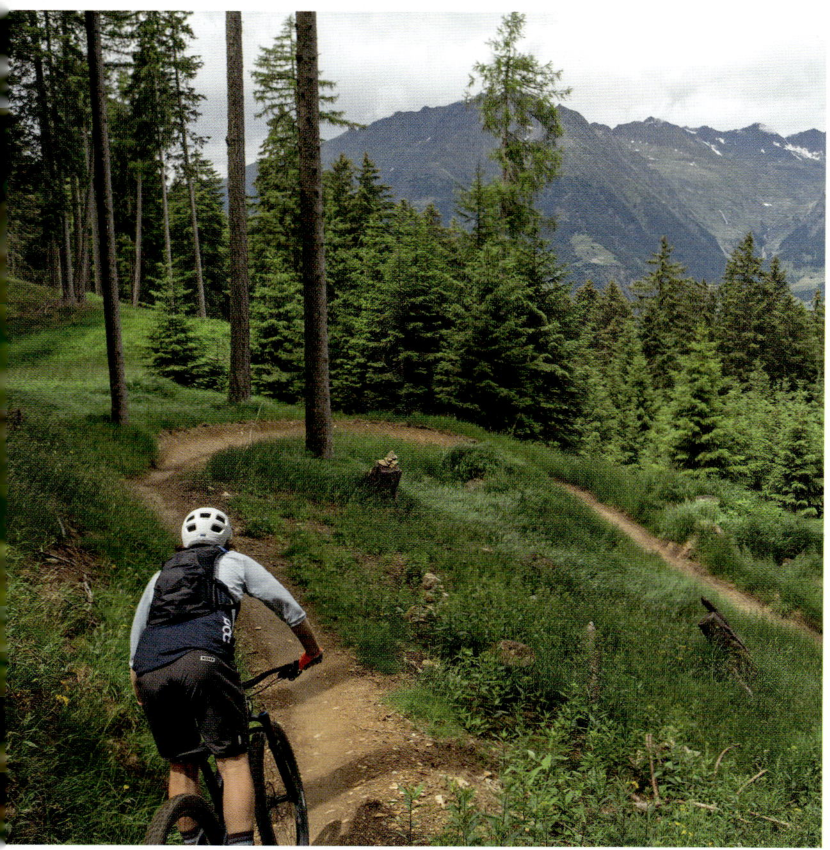

Auf den Nörderberg:
lange Auffahrt zur Naturnser Alm.

Flowiger Abschnitt des Steinbruchtrails.

Naturnser Alm: Traumlage mit Blicken über die Texelgruppe bis zum Similaun (3.606 m)

Hexenhäuschen: Wochenend-Domizil an der Hohen Tann (1.779 m)

Abwechslungsreicher Untergrund auf dem Steinbruchtrail

Langsam wird's zäh! Zwar ist die Auffahrt auf die Naturnser Alm sehr angenehm zu fahren. Aber die extrem gleichmäßige Steigung von knapp neun Prozent wird irgendwann eintönig. Einzige Veränderung ist der Wechsel von Asphalt auf Schotter nach etwa sechs Kilometern. Im Gegensatz zum Sonnenberg, der auf der exponierten Seite des Vinschgaues liegt, kurbeln wir den grünen und wasserreichen Nörderberg hoch, der sich über 40 Kilometer von Prad am Stilfser Joch bis Töll auf der schattigen Seite erstreckt. Als wir nach über 14 Kilometern Bergfahrt mit 1.400 Höhenmetern die ersehnte Hütte endlich erreicht haben, liegt die meiste Steigungsarbeit der Tour hinter uns. Auf die restliche Strecke verteilen sich gerade noch 100 Höhenmeter.

Die Naturnser Alm ist ein beliebtes Ziel, daher sind wir zeitig gestartet. Doch kurz vor Mittag herrscht vor der Hütte noch gähnende Leere. In der Küche sind die Vorbereitungen in vollem Gange, und wir müssen noch ein bisschen auf unsere Hirtenmakkaroni warten. Als wir wieder aufbrechen, ist auf der großen Aussichtsterrasse kaum noch ein Platz frei. Die an-

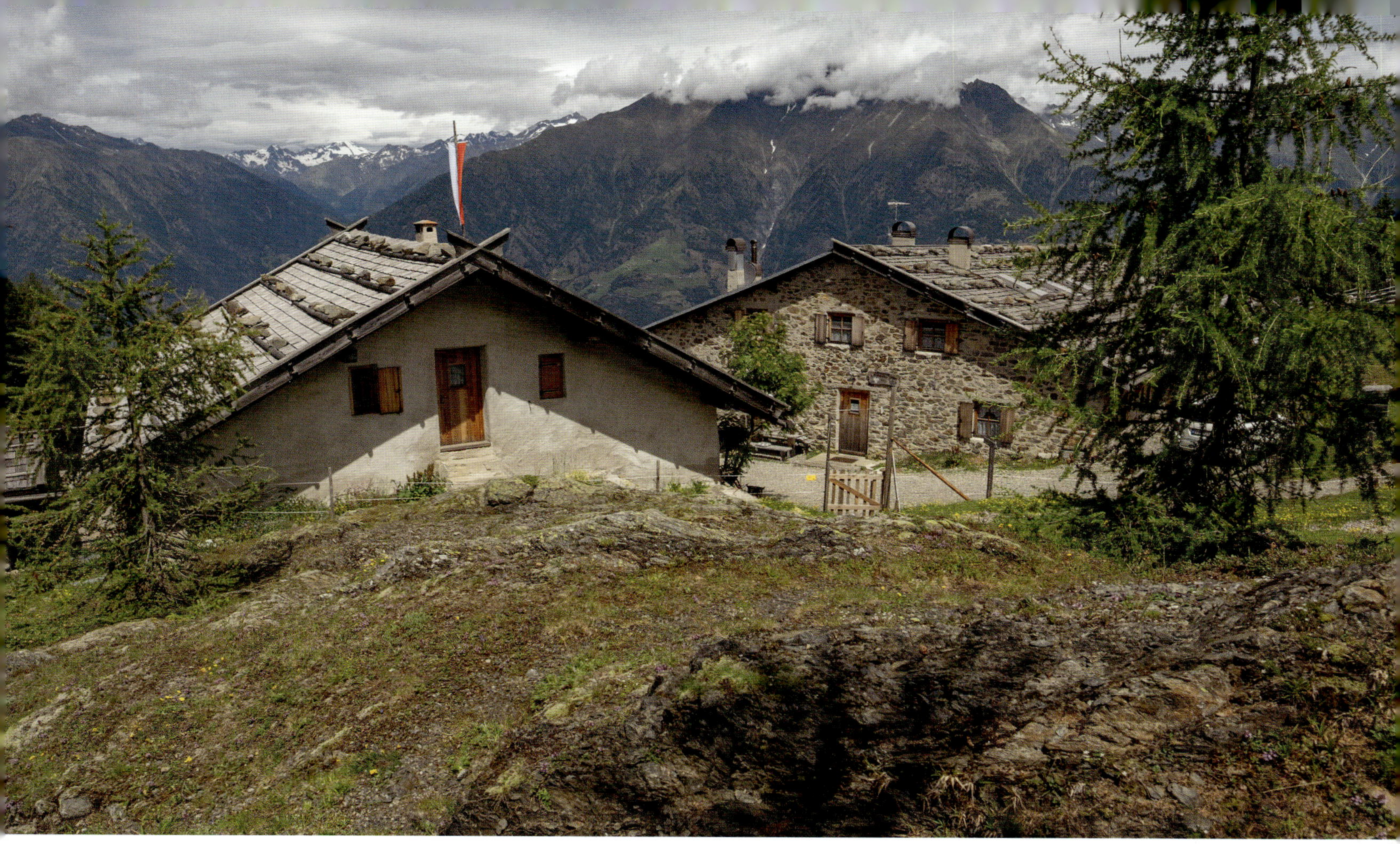

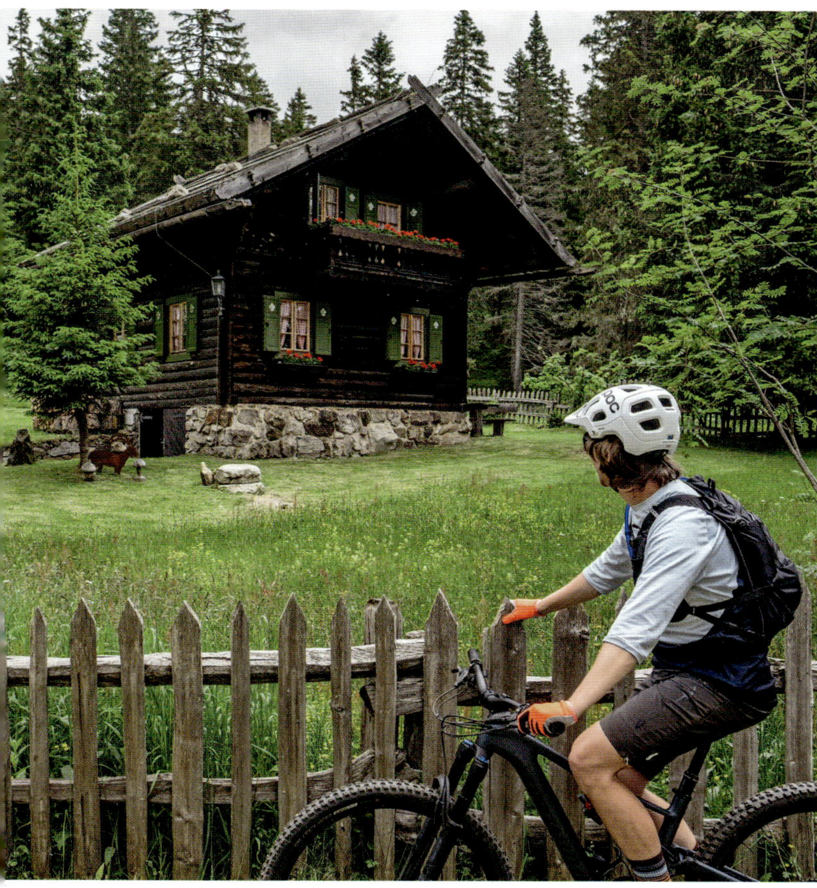
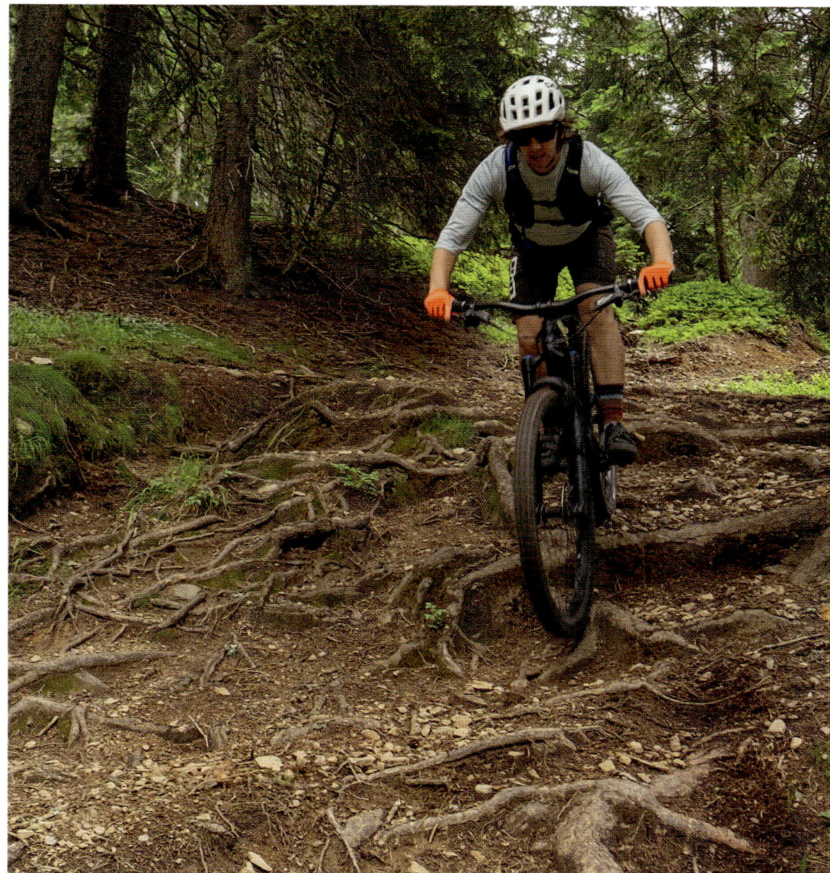

schließende Panoramastrecke durch den Siebenbrunner Wald übers Vigiljoch erweist sich als Genussfahrt. Doch damit ist kurz hinter dem Gasthaus Seespitz Schluss. Das Schild am Einstieg zum Steinbruchtrail flößt Respekt ein: Als Schwierigkeit wird »S3« angezeigt. Egal, wir lassen uns überraschen. Im oberen Teil rollen wir locker über den Naturboden, fast schon flowtrailartig geht's in schönen Kurven durch den Wald. Bei den nächsten Kilometern handelt es sich eigentlich um einen zum Trail umbenannten Forstweg, etwas rumplig, aber locker abzufahren. Wir landen beim Steinbruch, der auch heute noch in Betrieb ist. Jetzt wird der Trail wesentlich endurolastiger, manchmal führt er nur handtuchbreit durch hohes Gras, dann wieder steil über Wurzelteppiche oder loses Geröll. Auch manche Steinplatte fordert Fahrkönnen und guten Gleichgewichtssinn. Beim alten Steinbruch passen wir gerade mal so mit dem Lenker zwischen eine Steinmauer und das alte Gebäude. Hier sollte man unbedingt kurz anhalten – dies ist ein fast schon mystischer Ort. Zuletzt geht's noch mal richtig zur Sache, gute Linienwahl ist das A und O, um auf dem harten Geläuf gut zwischen den Bäumen durchzuzirkeln. Ob der vielseitige Trail ein »S3« verdient, ist Ansichtssache. Einsteiger sollten die Finger von ihm lassen, alle anderen werden ihre wahre Freude am Steinbruchtrail haben.

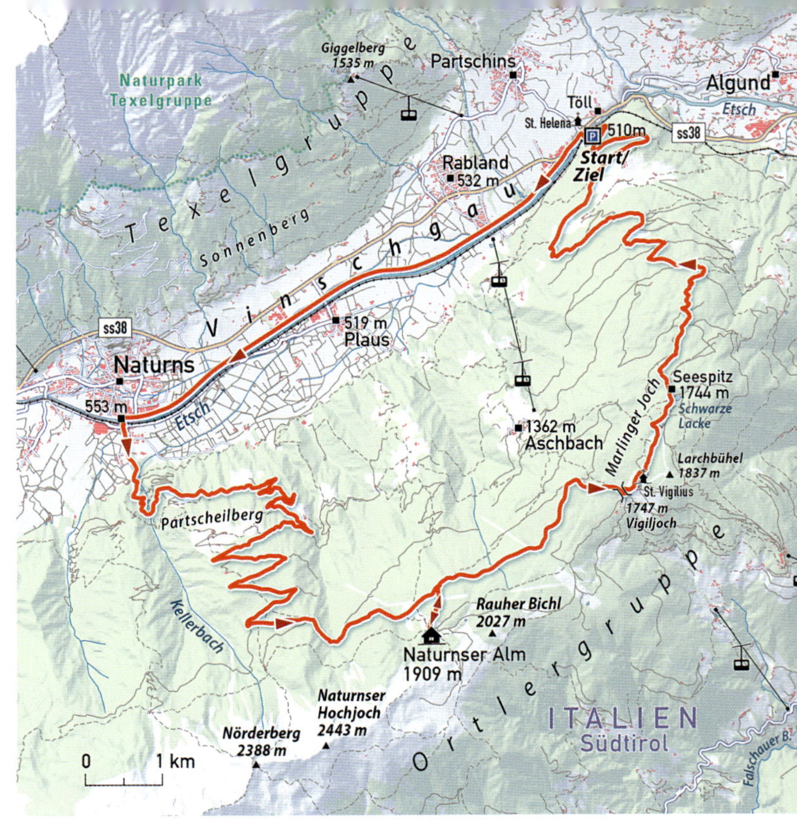


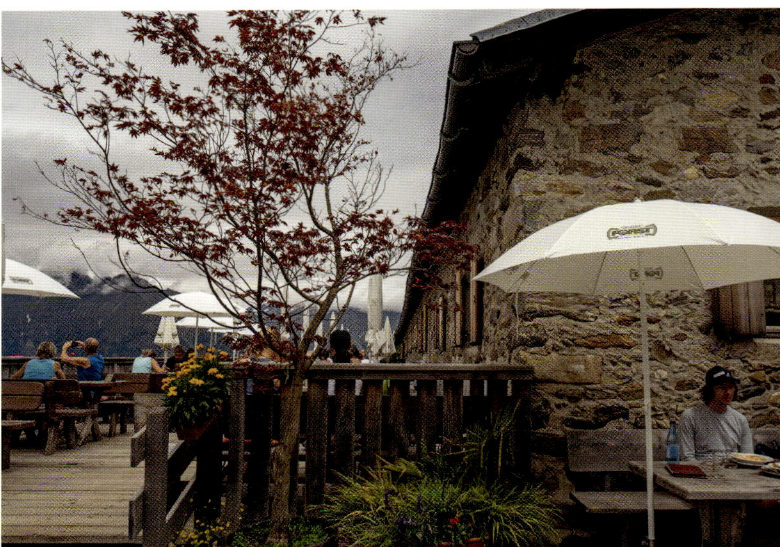
Viel Platz für Gäste: Naturnser Alm.

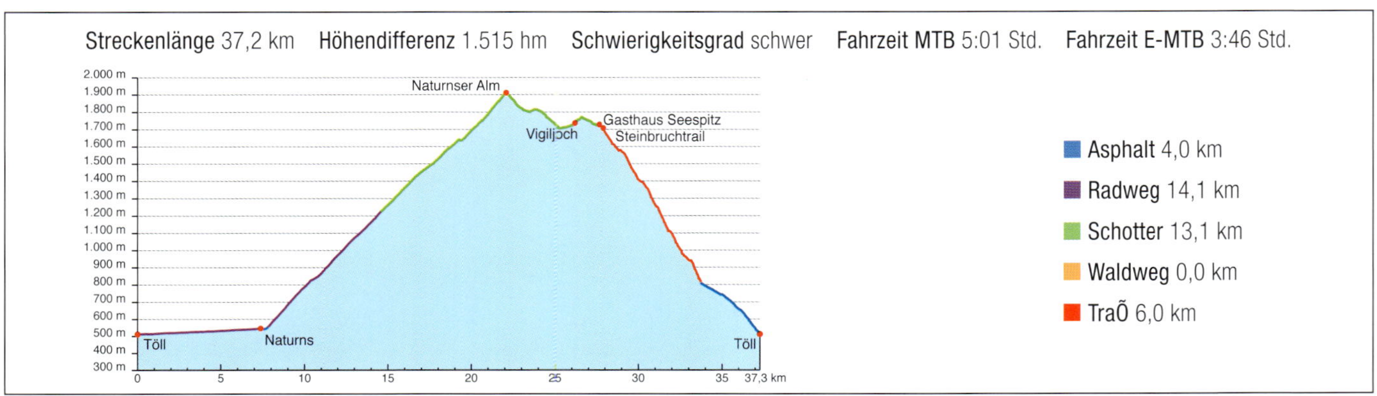

## INFOS

### DIE HÜTTE
Die **Naturnser Alm** (1.909 m) ist eine bei Bikern und Wanderern sehr beliebte Hütte, da sie einerseits über die Seilbahn Rabland-Aschbach bequem zu erreichen ist und andererseits an vielen schönen Touren liegt. Das schöne Natursteinhaus ist von Mitte Mai bis Anfang November täglich von 10:00 bis 18:00 Uhr geöffnet. Kontakt: Nörderberg, I-39025 Naturns, Tel. +39 32 84 34 66 59

### TOURCHARAKTER
Die Tour hat einen dreigeteilten Charakter: Die ersten 7,5 Kilometer fahren wir zusammen mit Rennradlern auf dem Etschradweg – gar nicht MTB-like, aber super zum Warmfahren. Dann folgen eine lange, gleichmäßige Auffahrt auf Asphalt und Schotter bis zur Naturnser Alm und ein wenig Auf- und Ab zum Vigiljoch. Die Abfahrt auf dem extrem vielseitigen, nicht ganz einfach zu fahrenden Steinbruchtrail bietet zum Abschluss eine Menge Spaß, wenn man Naturtrails mag.

### TOURSTART
Unser Startpunkt ist der Parkplatz an der Brücke im kleinen Ort Töll zwischen Meran und Naturns. So können wir uns auf dem Radweg entlang der Etsch warmfahren. Man kann aber auch in Naturns starten.

### VARIANTE
Wer sich den Steinbruchtrail technisch nicht zutraut, kann vom Vigiljoch über Aschbach auf der Family Tour (Forstweg) nach Töll abfahren.

### WEITERER EINKEHRTIPP
**Gasthaus Seespitz** am idyllischen Biotop der Schwarzen Lacke, Vigiljoch 13, I-39020 Marling, Tel. +39 04 73 56 29 55

### BIKE-VERLEIH
**Ötzi Bike GmbH** Hauptstraße 25, I-39025 Naturns, Tel. +39 34 71 30 09 26, www.oetzi-bike-academy.com

### GEFÜHRTE TOUREN
**Ötzi Bike GmbH** Hauptstraße 25, I-39025 Naturns, Tel. +39 34 71 30 09 26, www.oetzi-bike-academy.com

### BIKE-HOTELS
**Feldhof DolceVita Resort** Rathausstraße 4, I-39025 Naturns, Tel. +39 04 73 66 63 66, www.feldhof.com

### LANDKARTEN
**Kompass-Karte WK 53** *Naturns, Latsch, Schnalstal, Naturno, Laces, Val Senales,* 1:25.000

### BIKE-INFOS
www.merano-suedtirol.it/de/naturns/aktiv-entspannen/rad-mtb/mtb.html

### TOURIST-INFOS
**Tourismusgenossenschaft Naturns**
Rathausstraße 1, I-39025 Naturns,
Tel. +39 04 73 66 60 77,
www.merano-suedtirol.it/de/naturns.html

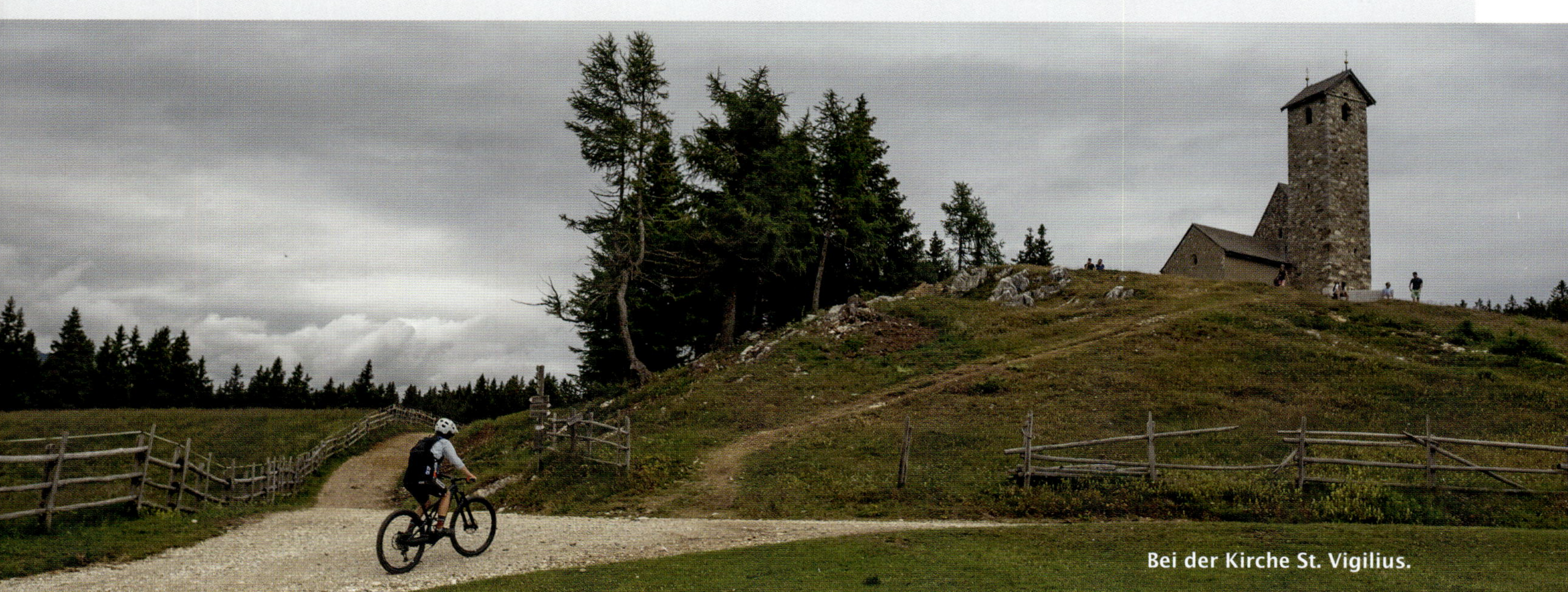
Bei der Kirche St. Vigilius.

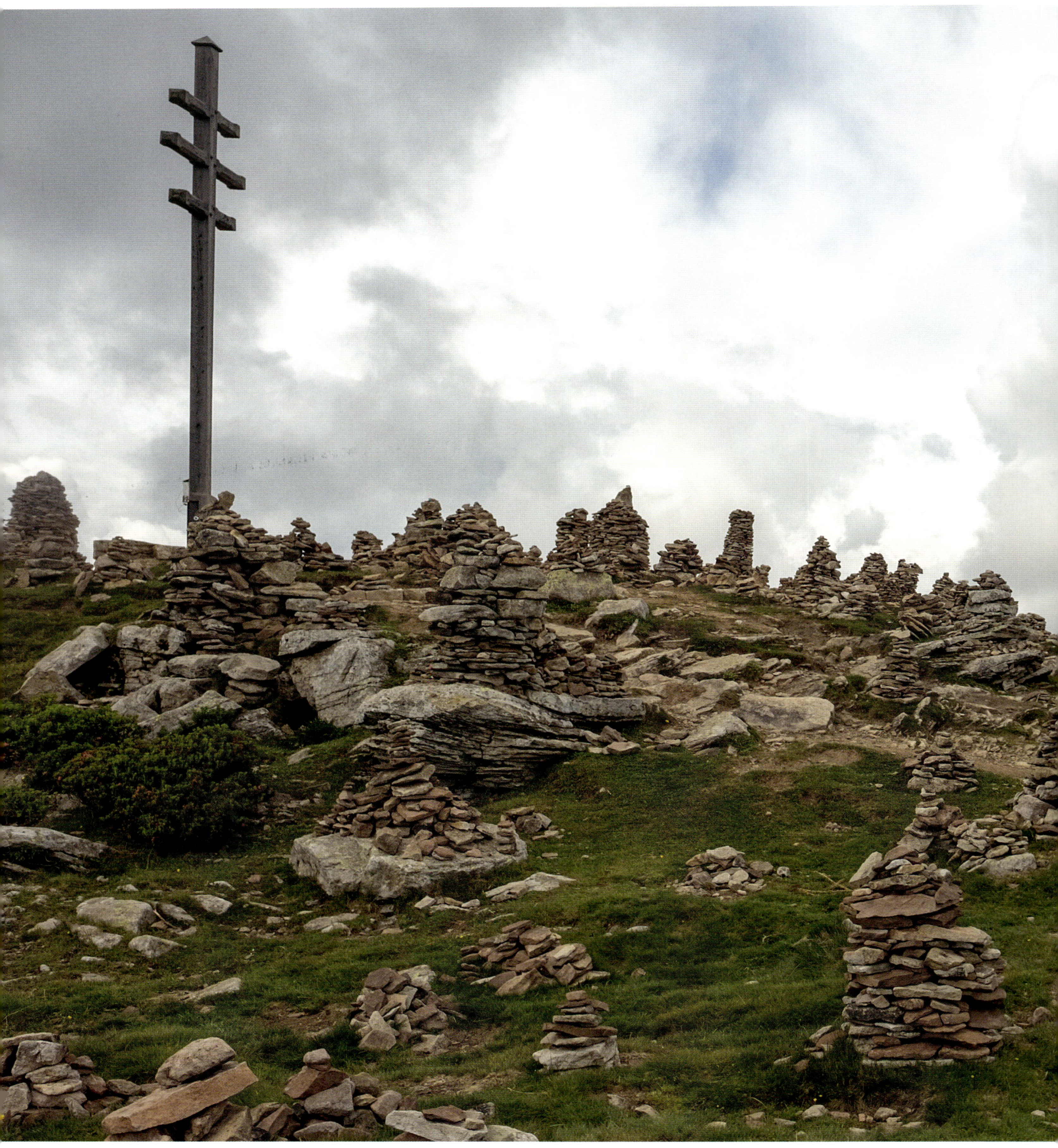



Streckenlänge: 34,3 km | Höhenmeter: 1.220 m | Schwierigkeit: mittel | Fahrzeit: MTB: 4:20 Std. – E-MTB: 3:15 Std.

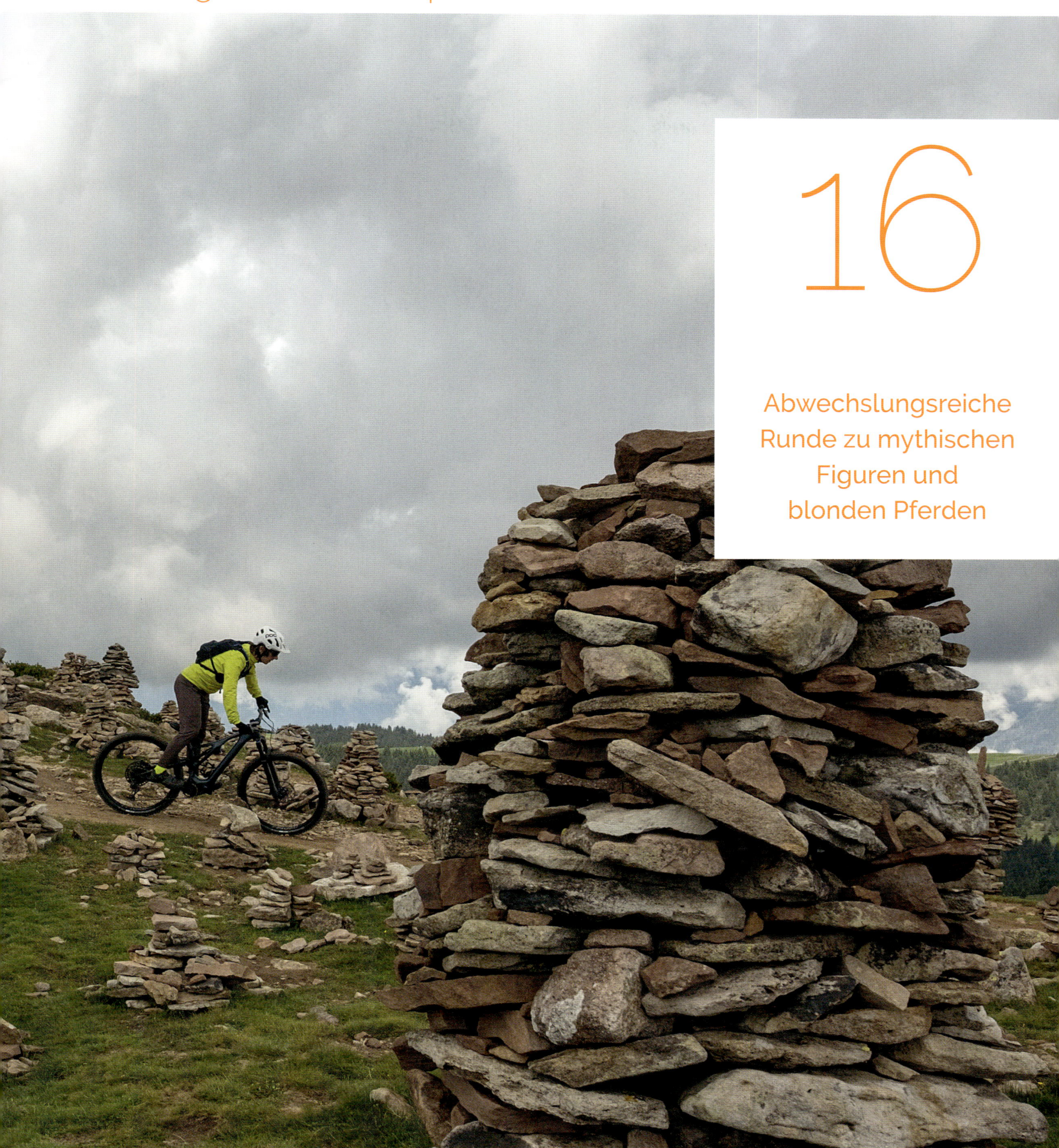

# 16

## Abwechslungsreiche Runde zu mythischen Figuren und blonden Pferden

Kult-Platz: auf dem Gipfel der Stoanernen Mandln (2.001 m).

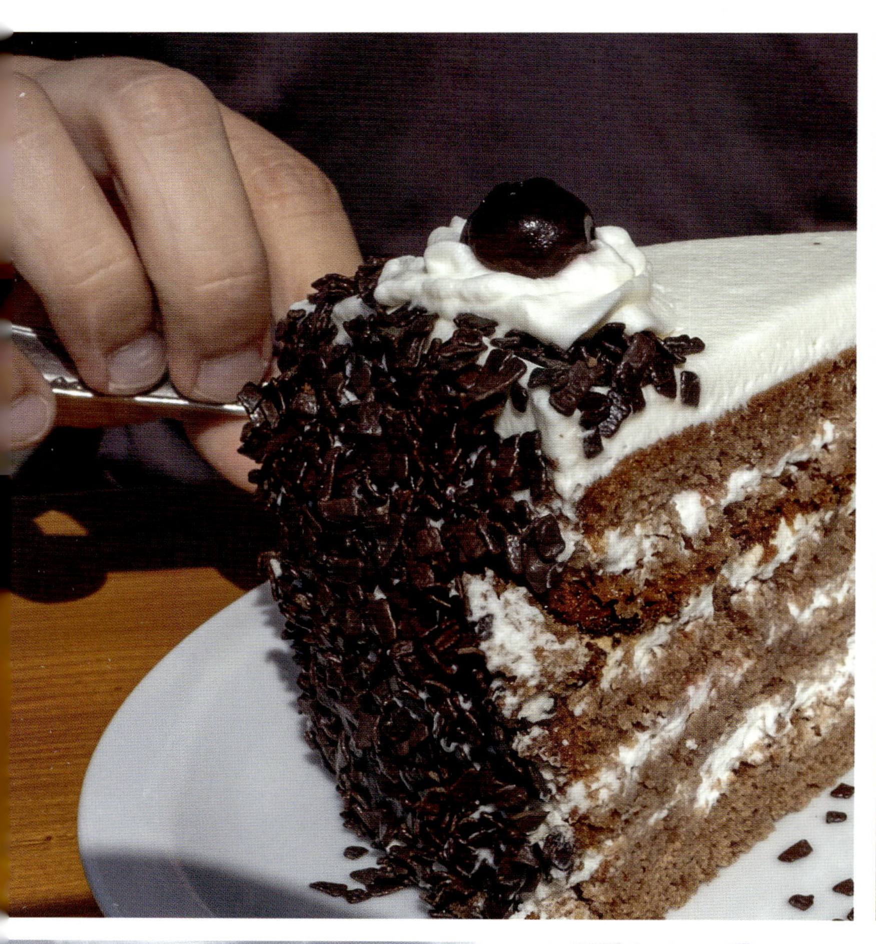

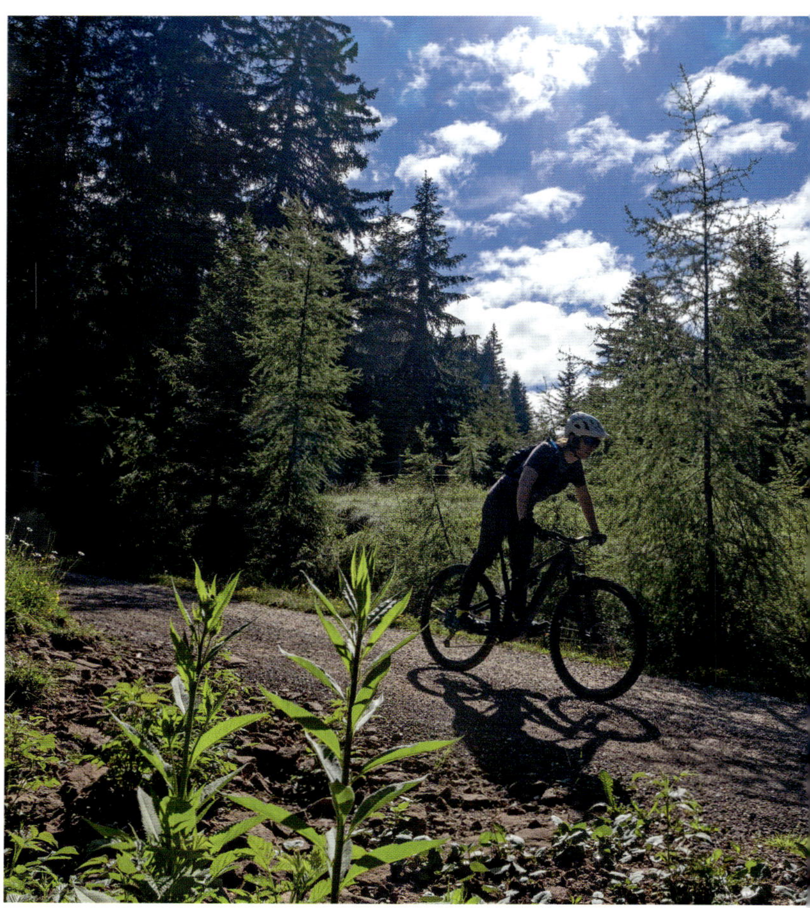

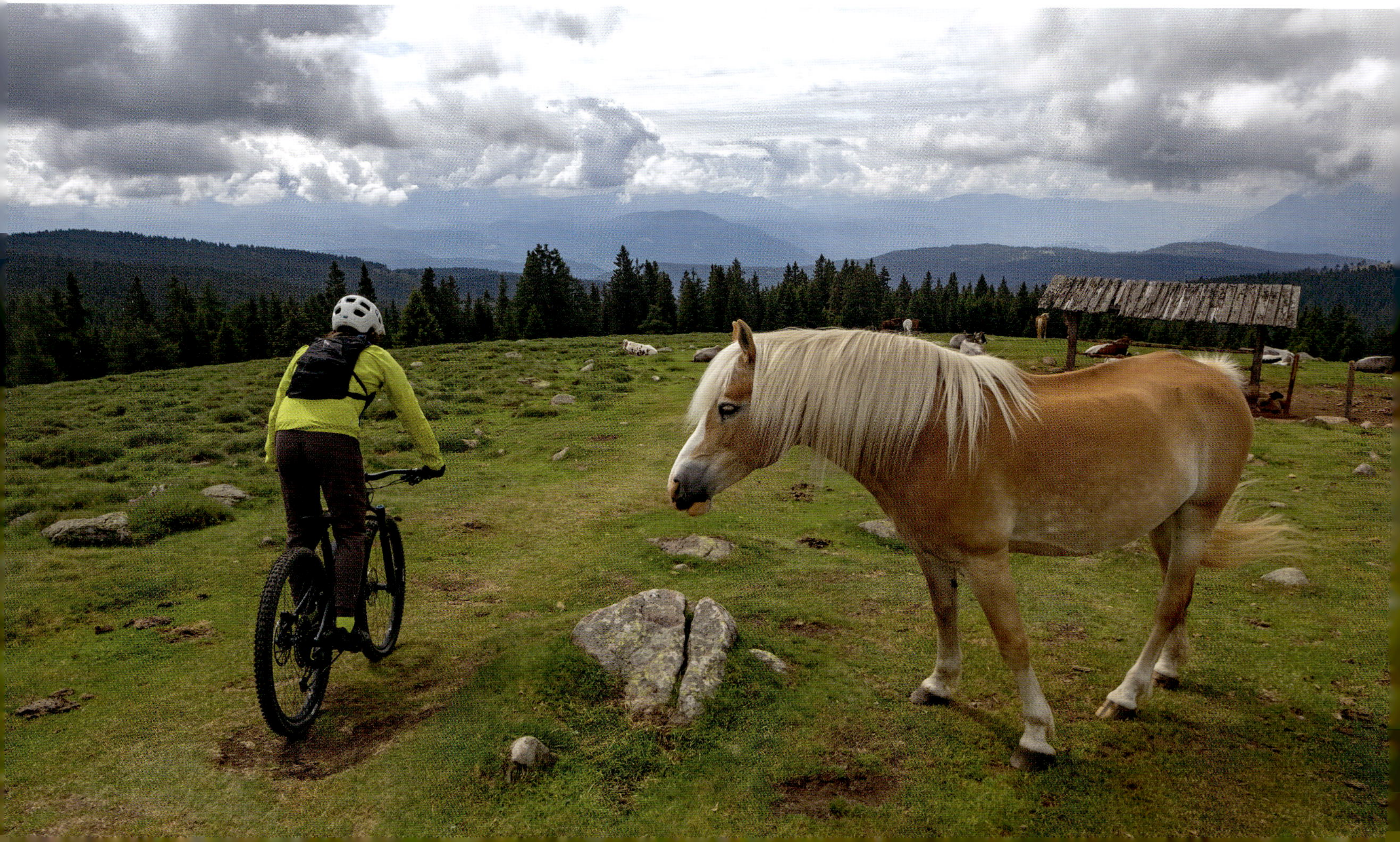

elbst gebacken:
uchen auf der Vöraner Alm.

ntlang des Wolfsbühels (1.720 m).

assige Schönheit: Haflinger auf
er Südseite der Stoanernen Mandln.

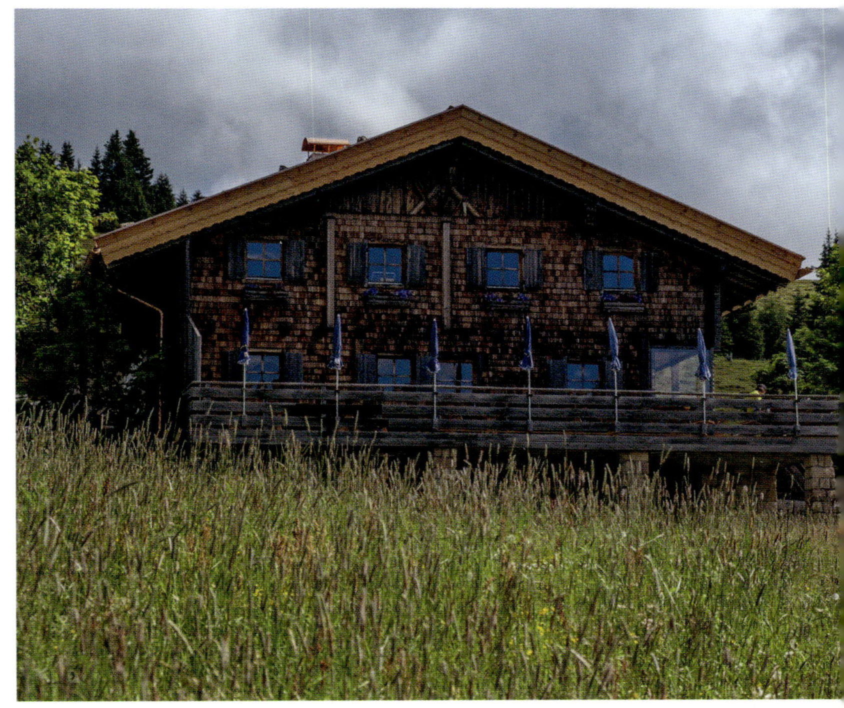

Von viel Grün umgeben:
die Vöraner Alm.

Lichter Wald:
Trail kurz vor dem Auener Joch.

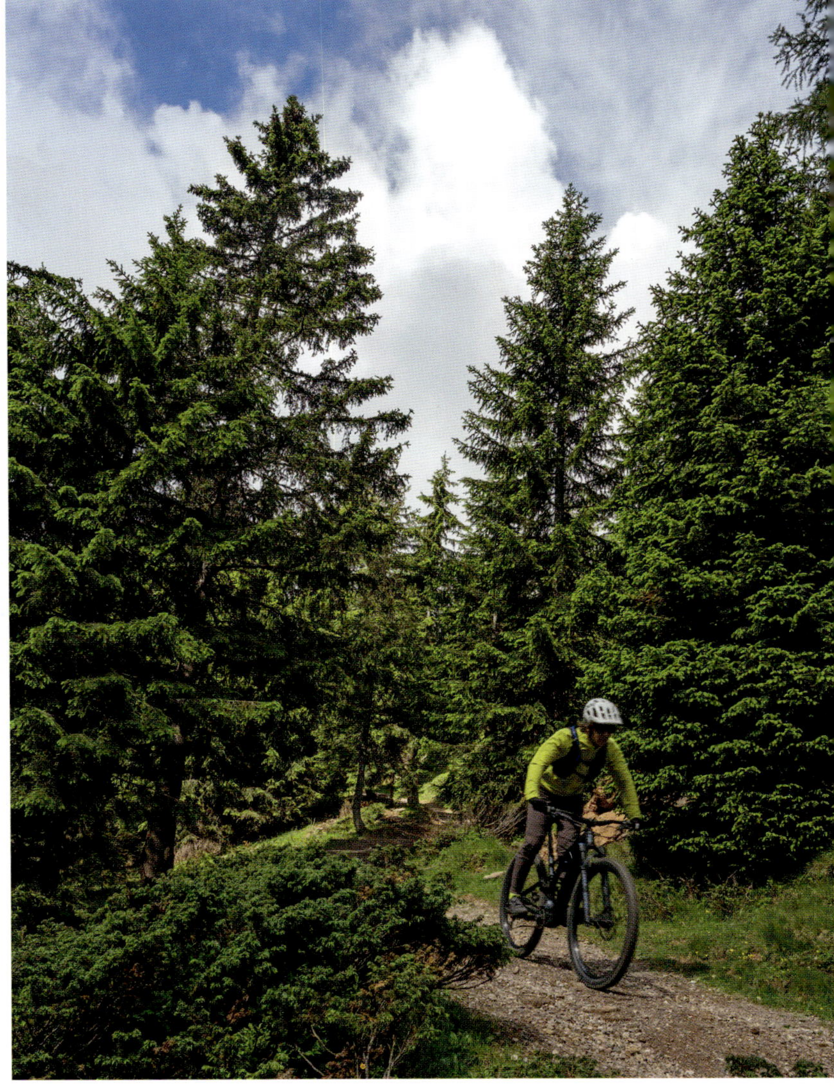

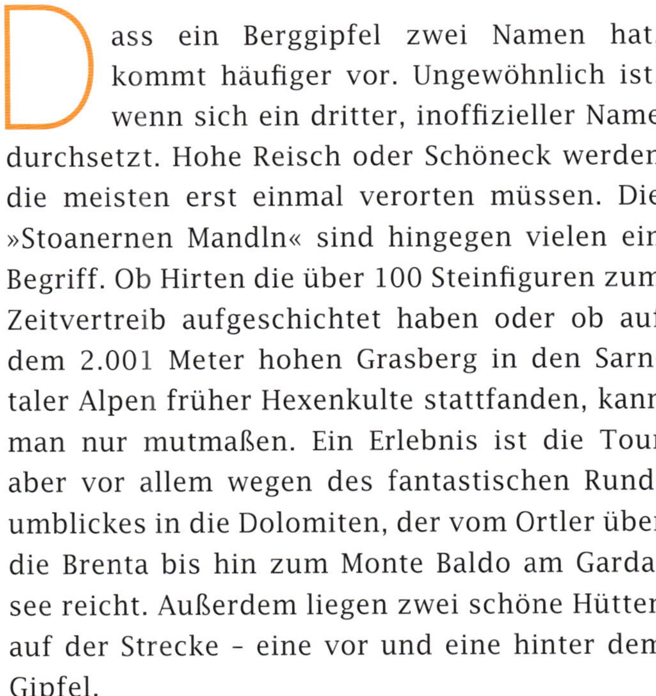

Dass ein Berggipfel zwei Namen hat, kommt häufiger vor. Ungewöhnlich ist, wenn sich ein dritter, inoffizieller Name durchsetzt. Hohe Reisch oder Schöneck werden die meisten erst einmal verorten müssen. Die »Stoanernen Mandln« sind hingegen vielen ein Begriff. Ob Hirten die über 100 Steinfiguren zum Zeitvertreib aufgeschichtet haben oder ob auf dem 2.001 Meter hohen Grasberg in den Sarntaler Alpen früher Hexenkulte stattfanden, kann man nur mutmaßen. Ein Erlebnis ist die Tour aber vor allem wegen des fantastischen Rundumblickes in die Dolomiten, der vom Ortler über die Brenta bis hin zum Monte Baldo am Gardasee reicht. Außerdem liegen zwei schöne Hütten auf der Strecke – eine vor und eine hinter dem Gipfel.

Wir starten hoch über Meran in der kleinen Gemeinde Hafling, bekannt für die Pferde mit der flachsfarbigen Mähne. Ein Forstweg führt durch Wiesen und Wald langsam hoch über die Leadner Alm (1.514 m) und weiter zur Vöraner Alm auf

1.875 Metern Höhe. Ein leckeres Speck-Käsebrettl oder ein Stück selbst gebackener Kuchen passen nach 600 Höhenmetern schon locker in den Magen. Die Wiesen-Trails zum Auener Joch (1.924 m) mit seiner schönen Wegmarkierung sind gut zu fahren, danach heben wir unser Bike für die Auffahrt zum Gipfel über ein Gatter. Obwohl die Stoanernen Mandln auf einem sanften Wiesenbuckel stehen, müssen wir uns auf ausgewaschenem und verblocktem Untergrund steil nach oben zum Gipfelkreuz kämpfen. Aufgrund der skurrilen Optik der vielen Steinmänner vergessen wir fast den imposanten Rundblick.

Auf der flacheren Südseite cruisen wir sanft über Wiesenwege. Die Haflinger scheinen an Biker gewöhnt zu sein, sie lassen sich beim Weiden nicht aus der Ruhe bringen. Die Möltner Kaser (1.767 m) kommt gerade recht für eine ausgiebige Mittagspause. Bei klassischer Südtiroler Kost sitzen wir gemütlich im großen Garten vor der stattlichen Steinhütte. Weiter bergab zweigt ein Weg in den Wald ab. Ein Verbotsschild lässt uns kurz stutzen, aber bei genauem Hinsehen zeigt sich, dass es nur für Reiter und Motorradfahrer gilt. Am Speichersee Kircheben endet der schöne Waldweg, und wir bringen auf den letzten 300 Höhenmetern den Puls noch mal auf Touren. Dann biegen wir wieder auf den Anfahrtsweg ein und rollen über die Leadner Alm zurück nach Hafling.

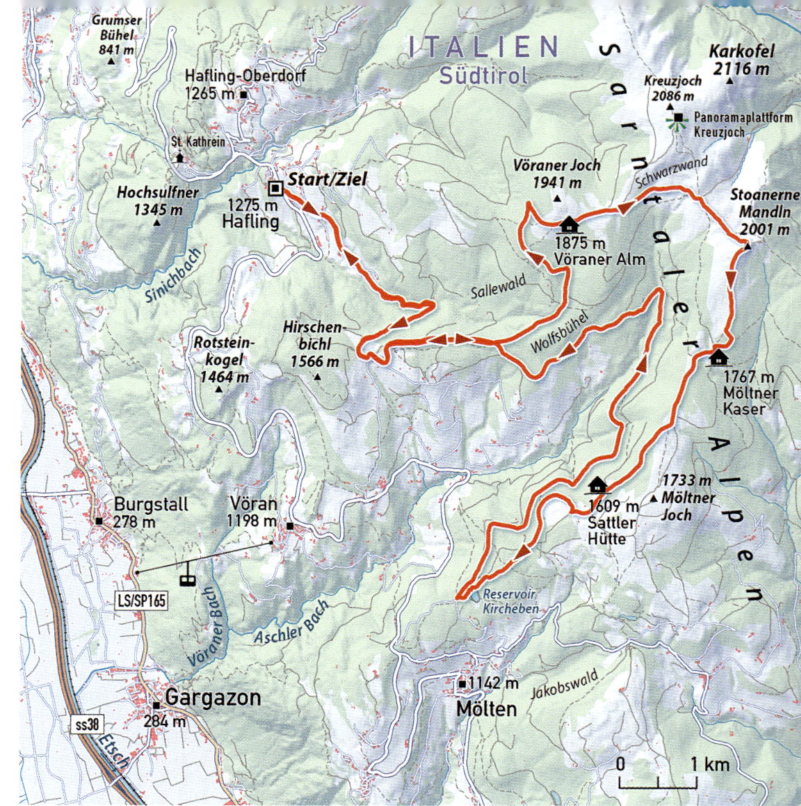


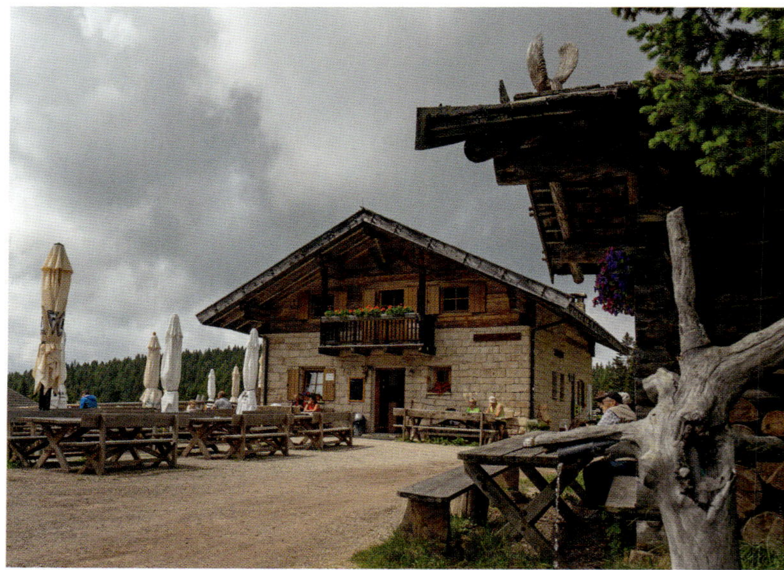

**Gutes Essen in schöner Atmosphäre: in der Möltner Kaser.**

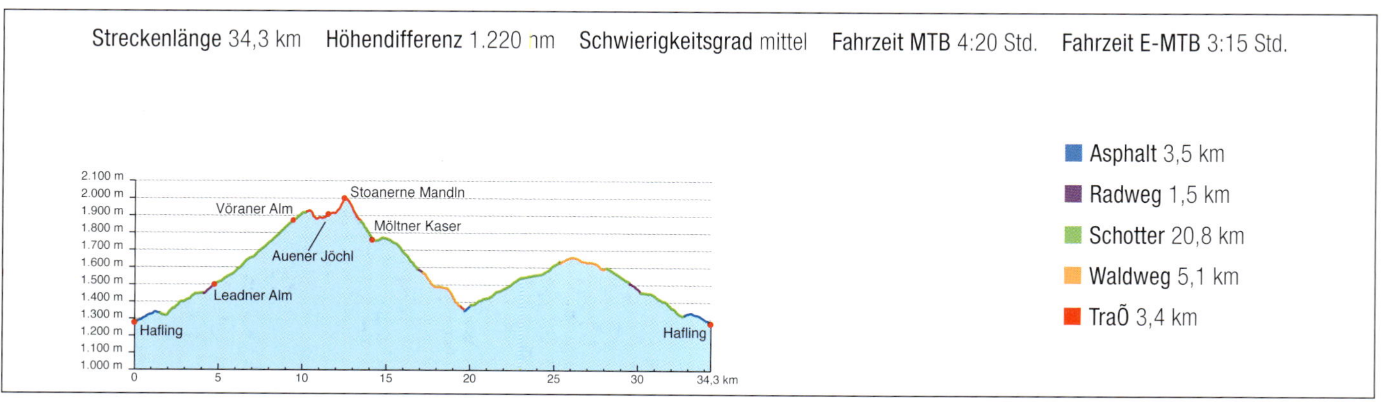

## INFOS

### DIE HÜTTEN

**Vöraner Alm** Das schöne alte Almgebäude liegt unterhalb des Vöraner Joches (1.941 m) und bietet eine herrliche Fernsicht in die Südtiroler Bergwelt. Die Spezialitäten sind schmackhafter Hammelbraten und duftender Apfelstrudel. Geöffnet Mitte Mai bis Anfang November. Tel. +39 36 0 32 04 69

**Möltner Kaser** Rings um das rustikale Steingebäude weiden Rinder und Haflinger. Der Almbetrieb ist bekannt für seine Fleischgerichte aus eigener Viehzucht. Ende April bis Anfang November täglich geöffnet. Tel. +39 34 91 24 37 20, www.moeltner-kaser.com

### TOURCHARAKTER

Anfangs geht es auf Asphalt und Schotter in moderater Steigung über die Leadner Alm bis zur Vöraner Alm, dann weiter über erdige Trails zum Auener Joch. Die kurze Auffahrt zu den Stoanernen Mandln auf teils recht ausgewaschenen Pfaden ist technisch anspruchsvoll und anstrengend. Einige Passagen sind leichter schiebend als im Sattel sitzend zu bewältigen. Die leichte Abfahrt führt auf Wiesenpfaden, Forst- und Waldwegen über die Möltner Kaser in einer großen Schleife zurück zur Leadner Alm und nach Hafling. Ab dem Speichersee Kircheben sind noch einmal 300 Höhenmeter bergauf zu fahren.

### TOURSTART

Wir starten in Hafling am Kreisverkehr, von Meran kommend, kurz hinter dem großen Tunnel bei der Pfarrkirche. Hier befindet sich ein großer Wanderparkplatz.

### WEITERER EINKEHRTIPP

**Leadner Alm** Schöne Rast in der Gastwirtschaft auf einem alten Bauernhof.
Tel. +39 04 73 27 81 36, www.leadner-alm.com

### BIKE-VERLEIH

**Rent and Go Sportservice Erwin Stricker**
Via Falzeben 220, I-39010 Hafling,
Tel. +39 04 73 27 93 90, www.sportservice.bz

### BIKE-HOTEL

**Hotel Mesnerwirt**
(mit Bike-Verleih und geführten Touren)
Kirchweg 2, I-39010 Hafling,
Tel. +39 04 73 27 94 93
www.mesnerwirt.it

### LANDKARTEN

**Kompass-Karte WK 53**
*Meran und Umgebung /Merano e dintorni,* 1:50.000
**E-MTB-Karte Hafling & Meran 2000**
www.merano-suedtirol.it/media/9fc03c81-a61b-42c6-827f-e22f4748f525/idm-e-bike-22-web.pdf

### BIKE-INFOS

www.merano-suedtirol.it/de/hafling-voeran-meran-2000/aktivurlaub/sport-freizeit/mtb.html

### TOURIST-INFOS

**Tourismusverein Hafling – Vöran – Meran 2000**
Via S. Caterina/St. Kathreinstraße 2b,
I-39010 Hafling, Tel. +39 04 73 27 94 57,
www.hafling.com

**Technische Auffahrt zu den Stoanernen Mandln.**

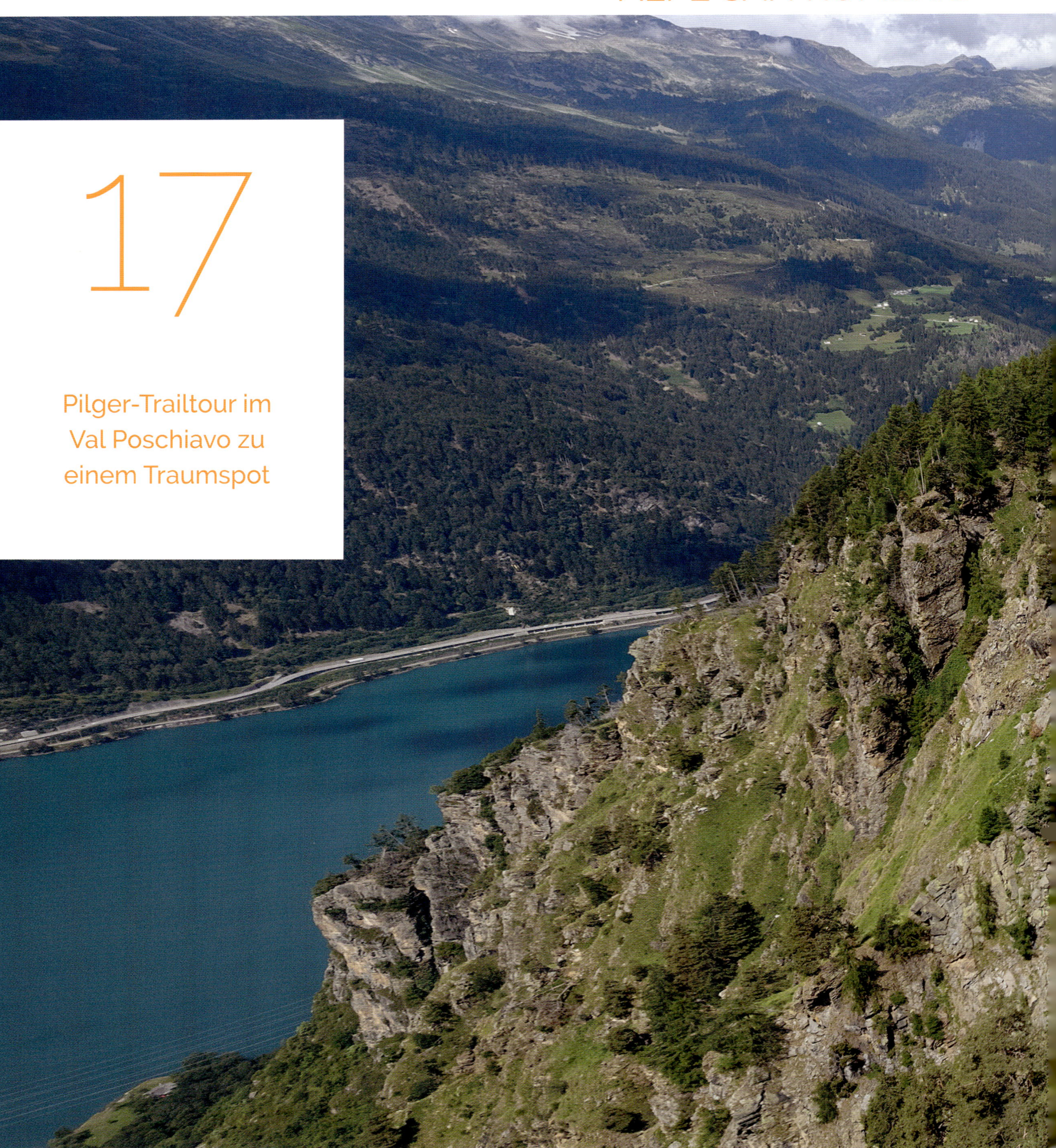

# 17

## Pilger-Trailtour im Val Poschiavo zu einem Traumspot

800 Meter über dem Lago di Poschiavo: die Kirche San Romerio.

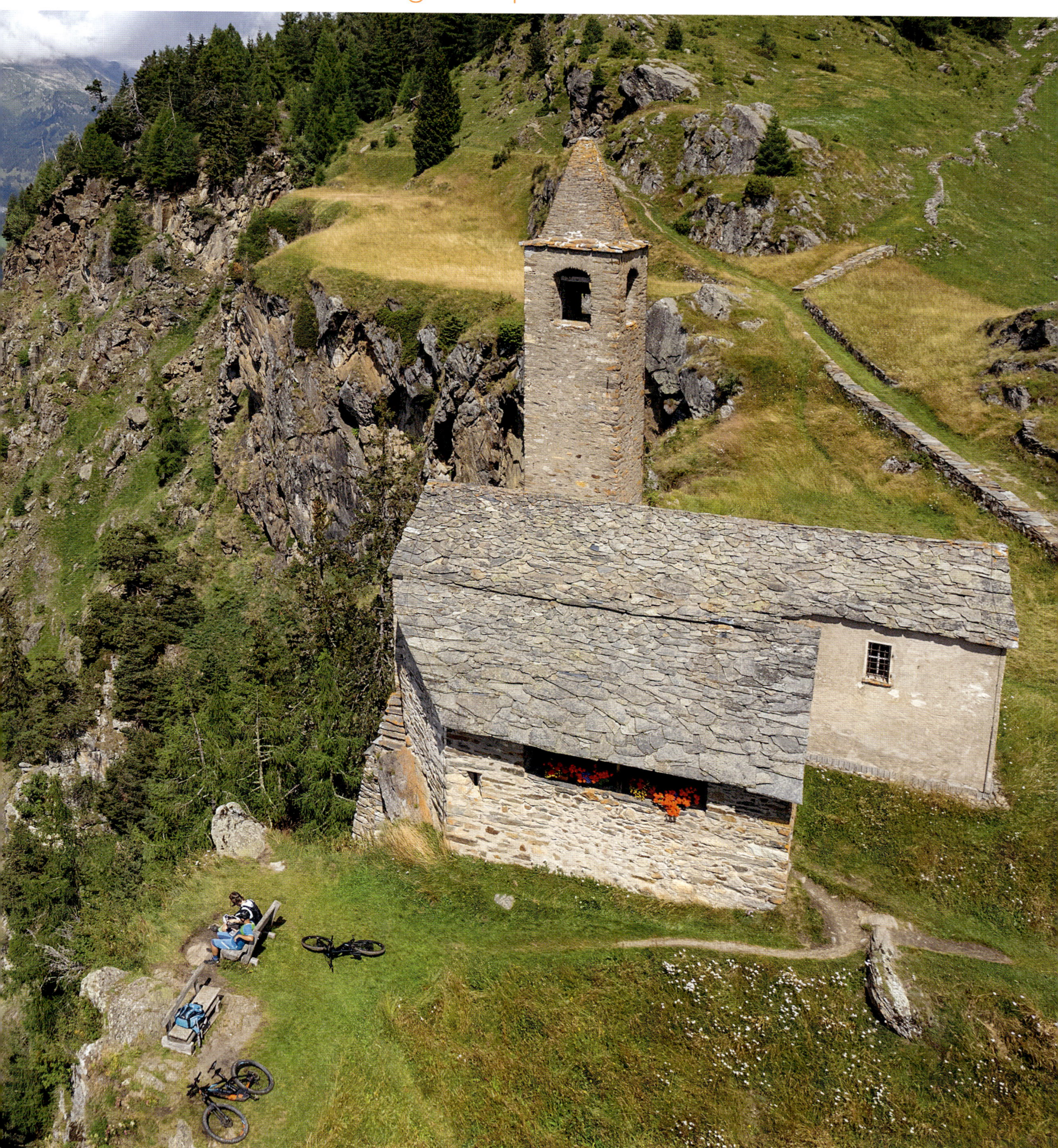

Streckenlänge: 32,9 km | Höhenmeter: 1.267 m | Schwierigkeit: schwer | Fahrzeit: MTB: 4:19 Std. – E-MTB: 3:14 Std.

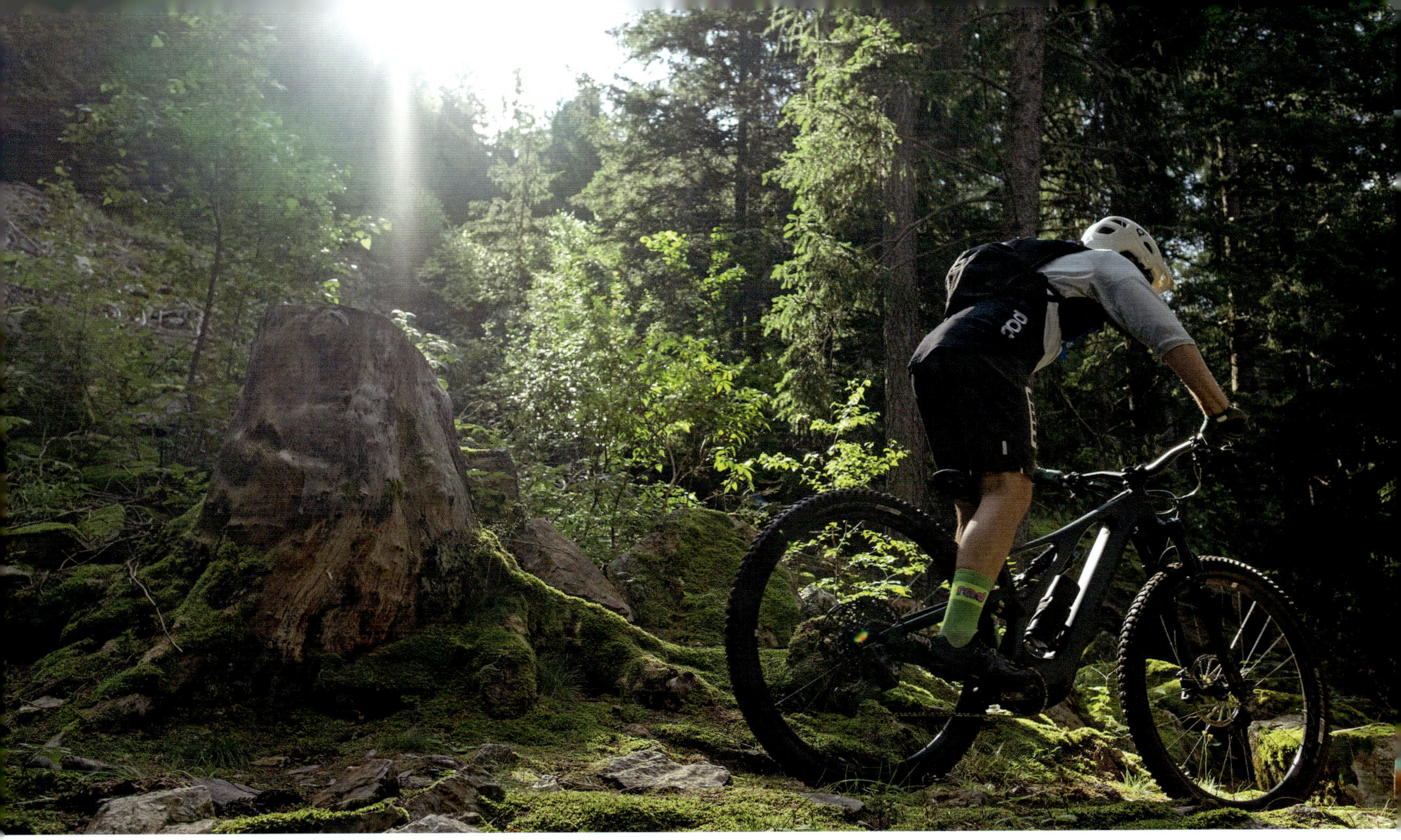

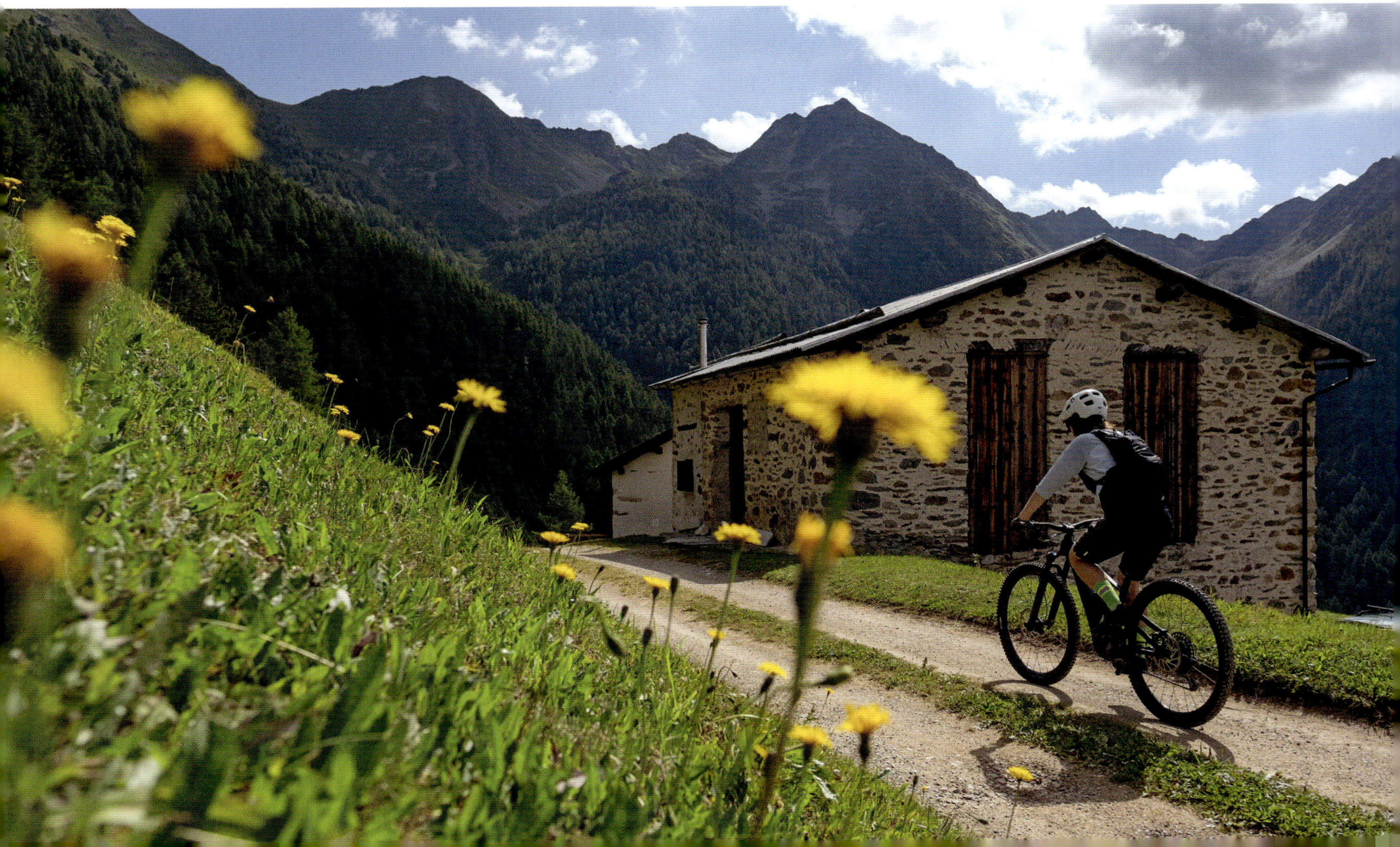

'rsprünglich:
/ald-Trail im Valasela.

ergidyll: Weg vor dem
renzkamm zwischen der
chweiz und Italien.

Trail-Paradies: Im Val Poschiavo gibt es noch viele alte Pfade.

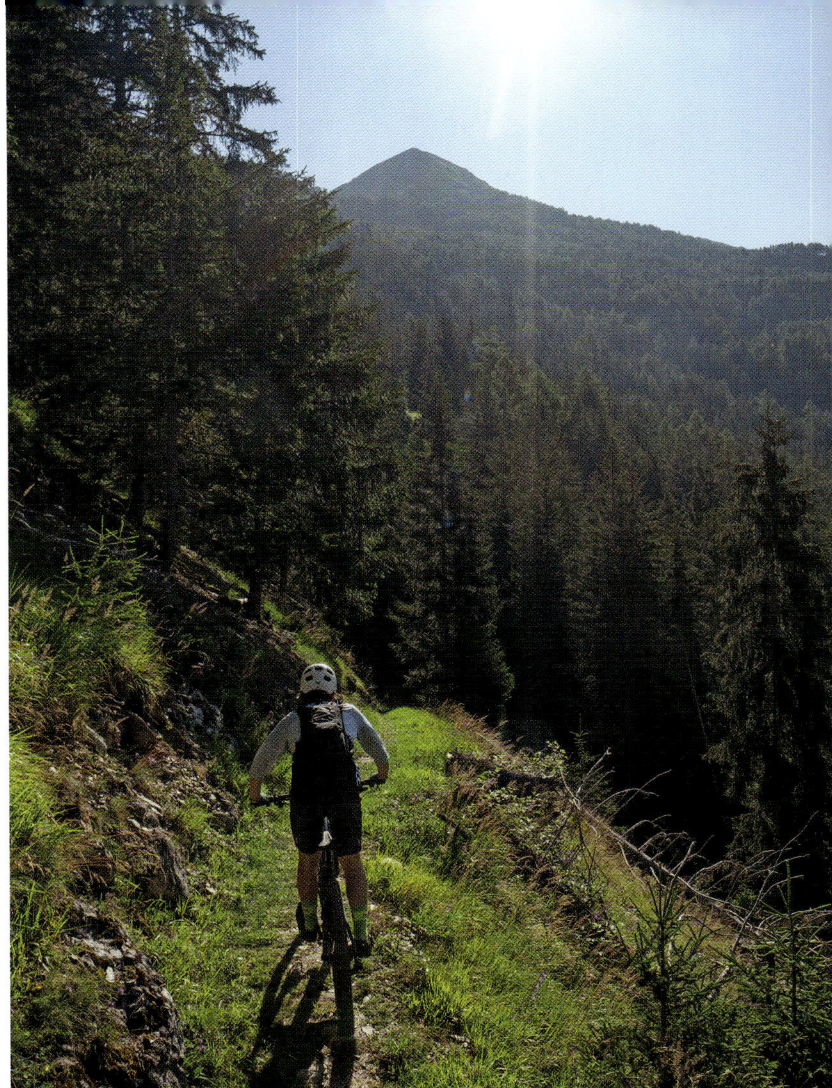

Nasse Füße: Bachfurt im Val da Terman.

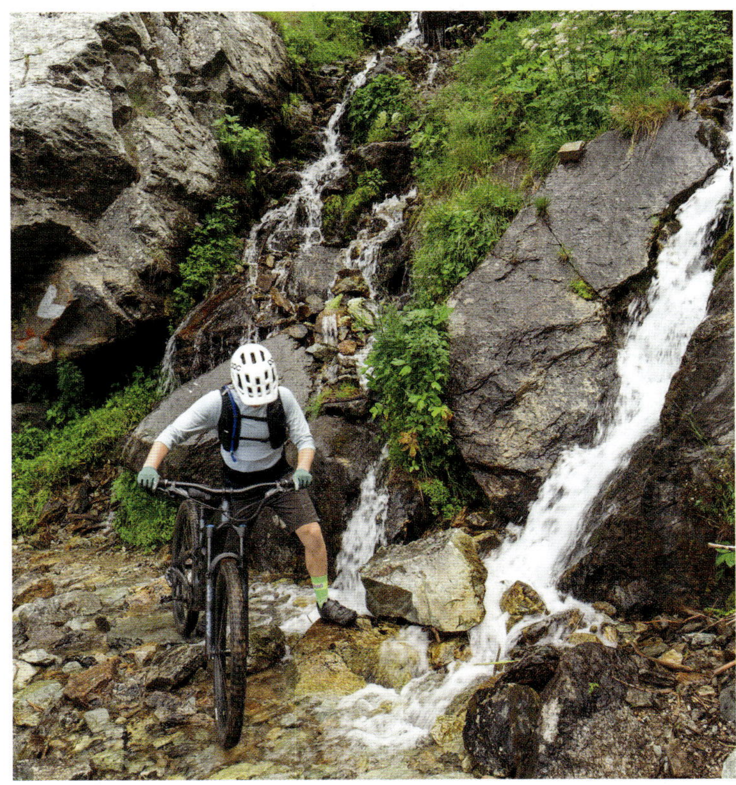

Es gibt sie noch: Sehnsuchtsorte, die man eigentlich keinem verraten möchte, damit sie noch lange so bleiben, wie sie sind. Dass die Alpe San Romerio von Influencern überlaufen wird, muss man aber zum Glück nicht befürchten, denn die sonnenverwöhnte Hangterrasse 800 Meter über dem Lago di Poschiavo ist nur zu Fuß oder mit dem Bike zu erreichen. Somit hat es dann doch jeder, der es hier raufgeschafft hat, auch verdient, dieses herrliche Fleckchen Erde zu genießen und sich im Rifugio von Gino Bongulielmi und seinem Team verwöhnen zu lassen.

Der berühmte Bernina-Express der Rhätischen Bahn, der die Alpen in spektakulären Schlangenlinien überquert, hält in Le Prese, einem kleinen Örtchen am Nordufer des Lago di Poschiavo, an einem besonderen Bahnhof. Die Gleise verlaufen mitten auf der Straße. Autos müssen warten, während die Reisenden aus- und einsteigen. Wir starten aber nicht entlang der Gleise Richtung Poschiavo, sondern verlassen die Hauptstraße, um gleich auf unseren ersten Trail flussaufwärts neben dem plätschernden Poschiavino zu fahren. Unsere Bergfahrt zweigt bereits vor dem Ortszentrum rechts ab; wer die schmalen Gassen und schönen Plätze besichtigen möchte, muss nur ein paar Meter geradeaus weiterrollen.

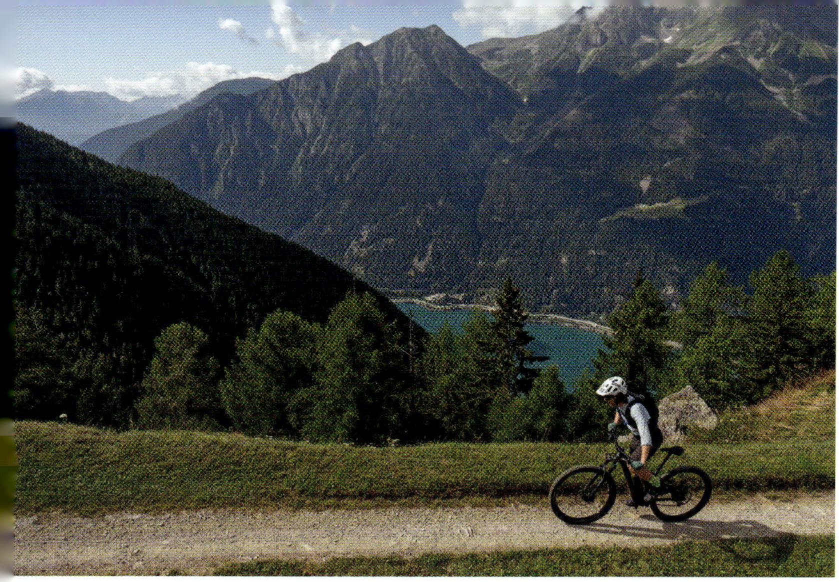

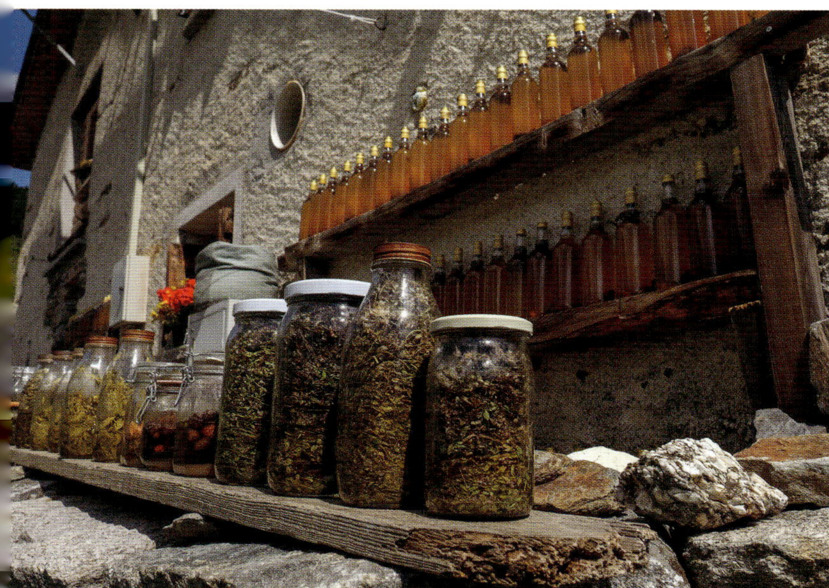

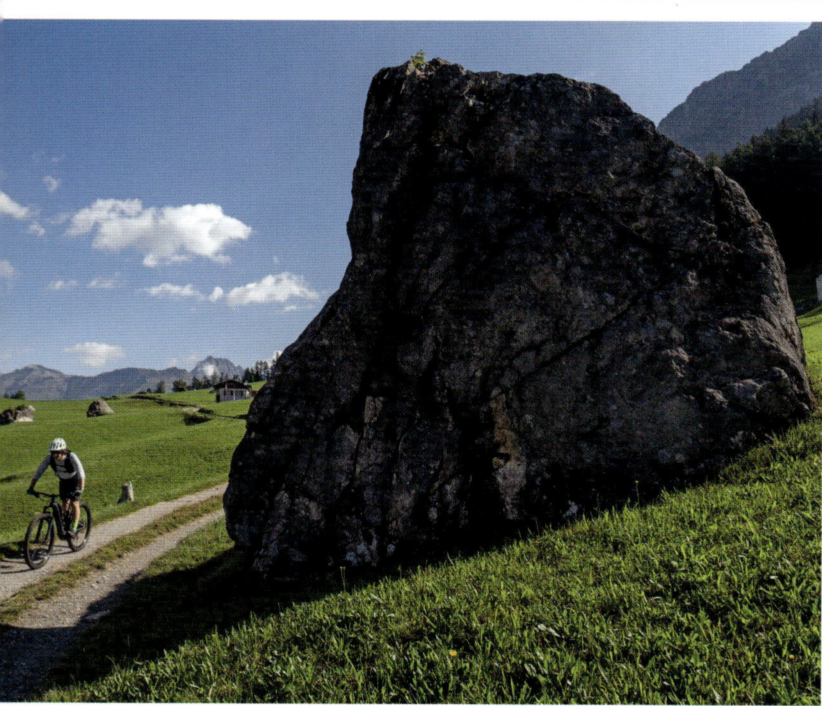

Noch kurz zum Aussichtspunkt Alpe San Romerio

Schöner Blick auf die südliche Berninagruppe.

Hausgemachter Grappa und Kräuter reifen auf der Alpe in der Sonne.

Findlinge auf den Wiesen bei Cansumé.

Auf einem kleinen Bergsträßchen gewinnen wir schnell an Höhe, und schon bald haben wir einen schönen Blick von oben auf die schmucken Dächer des malerischen Poschiavo. Beim Weiler Cansumé endet der Asphalt, und auf einem Forstweg fahren wir noch ein gutes Stück höher. Unvermittelt zweigt bergab ein schmaler Pfad ab. Wir checken erst einmal, ob die Route stimmt, bevor wir in den Wald eintauchen. Ein wenig Fahrsicherheit tut gut, denn der Trail führt am Berghang entlang, aber wir genießen die 2,5 Kilometer durch den ursprünglichen Mischwald mit allen Sinnen. Euphorisch landen wir in der Kurve eines Schotterweges, und es geht wieder bergauf. Schade, wir hätten noch eine ganze Weile so weiterfahren können. Aber das Glück ist uns hold, und nach anstrengenden 440 Höhenmetern und einer kurzen Abfahrt wartet noch ein solcher Zauberteppich auf uns. Mindestens so schön, sogar etwas länger als zuvor, allerdings mit ein paar anstrengenden Bergauf-Passagen, zieht der Trail durch das Naturwaldreservat Bosch dal Bügliol. Bereits seit den 1950er-Jahren findet hier keine forstliche Nutzung mehr statt. Die Natur ist weitgehend sich selbst überlassen.

Uns erwartet ein Wow-Effekt, als sich der Wald lichtet und wir auf die Kirche San Romerio zusteuern. Obwohl wir ordentlich Appetit haben, besuchen wir zuerst das alte Gotteshaus, das

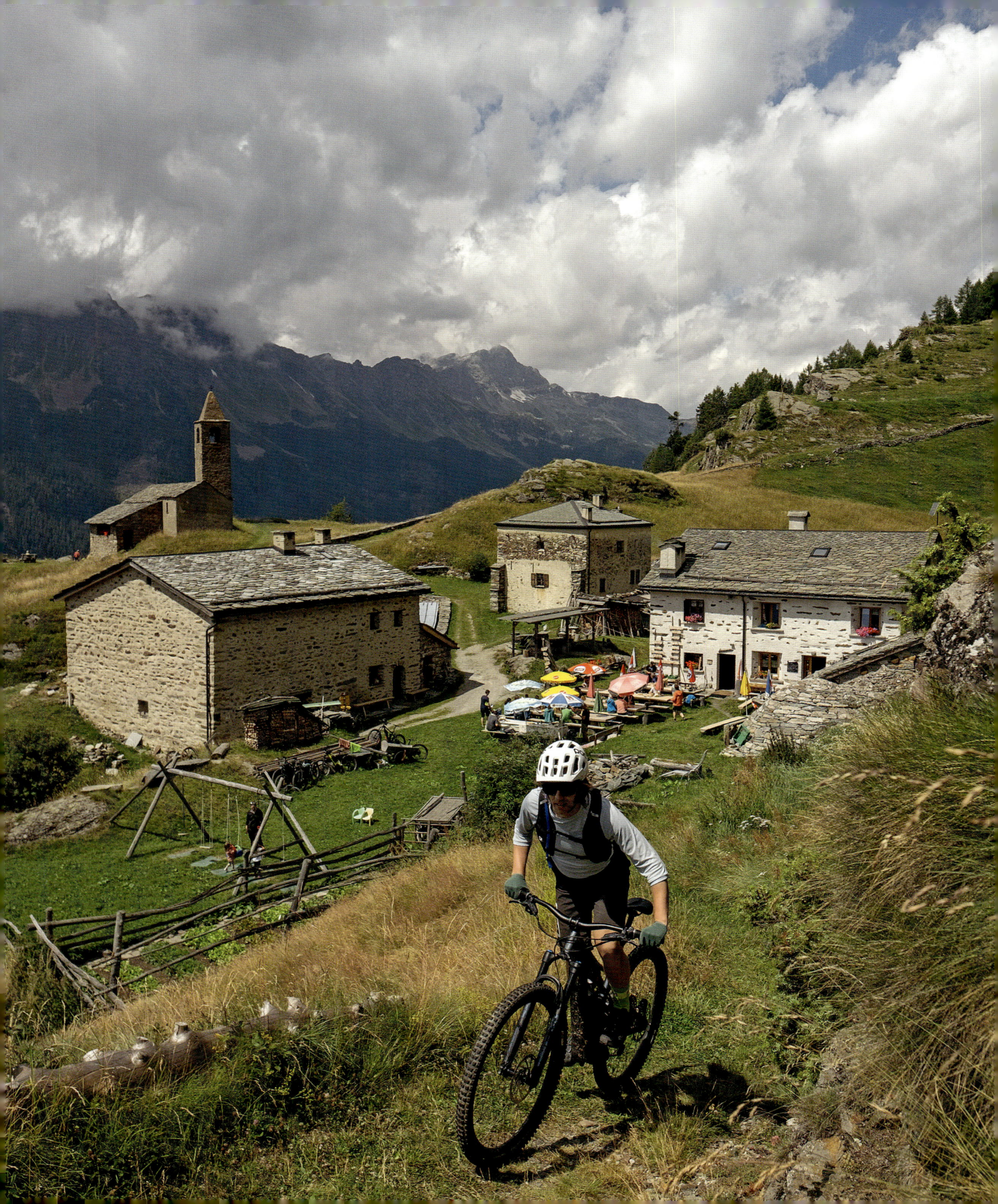

vermutlich bereits im 11. Jahrhundert direkt an den Abgrund gebaut wurde. Turm und Chor kamen im 15. Jahrhundert hinzu. Der Schlüssel zu der spärlich eingerichteten Kirche wird im Rifugio aufbewahrt. Nach der Besichtigung warten direkt an der Hangkante zwei Aussichtsbänke. Unter uns liegt der türkisfarbene See, und Richtung Süden öffnet sich das Val Poschiavo bis zum italienischen Tirano. Manche fühlen sich von Abgründen angezogen und bekommen ein komisches Gefühl im Magen. Uns zieht es in die entgegengesetzte Richtung, weil unsere Mägen leer sind!

Wenn man Glück hat, und das ist hier oft der Fall, kommt eine größere Wandergruppe, die einen der riesigen Holztische auf der Sonnenterrasse des Ristoro reserviert hat. Dann bekommt man sicher eine Portion Polenta aus Mais- und Buchweizenmehl mit Grillwürstchen ab, eine Spezialität, die nur auf Bestellung zubereitet wird. Falls nicht, sind die leckeren Aufschnitt- oder Käseplatten und die Tagesgerichte kein schlechter Ersatz.

Schweren Herzens schwingen wir uns wieder in den Sattel. Nach einer längeren Abfahrt über einen Forstweg dürfen wir uns zum Abschluss noch auf einem kurzen technischen Trail-Abschnitt austoben, bevor wir am Seeufer des Lago di Poschiavo zurück nach Le Prese rollen.

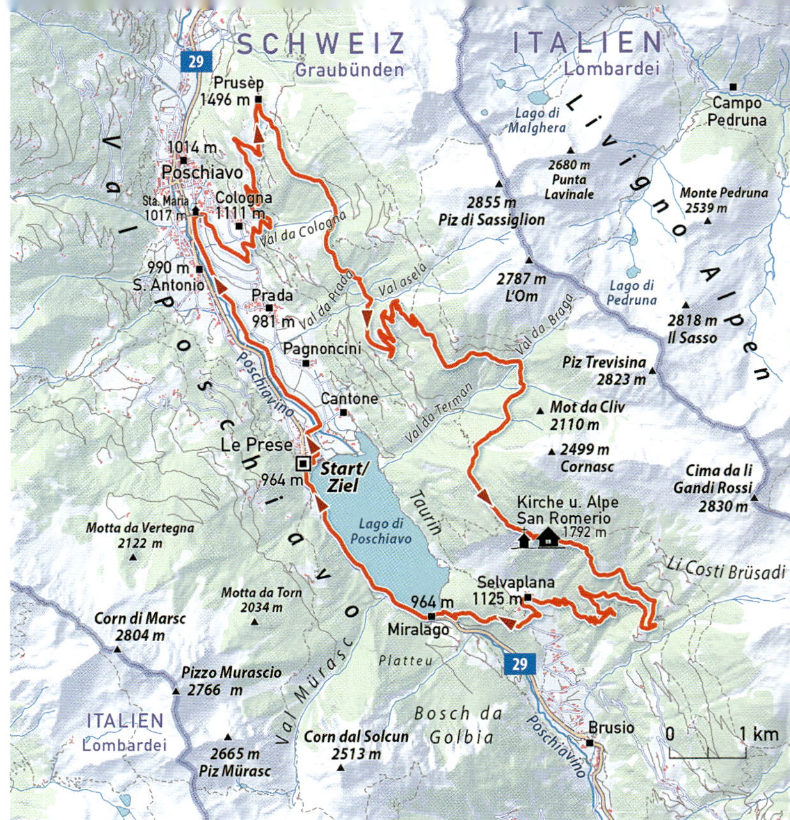


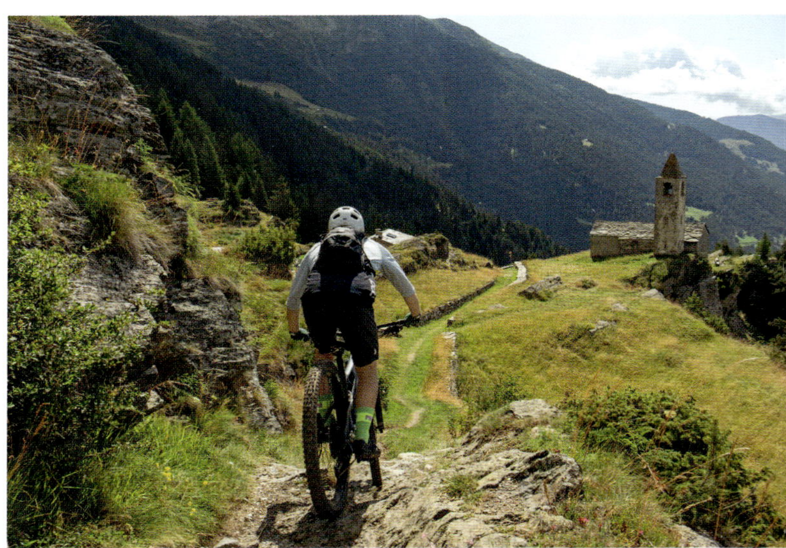

**Imposant: die letzten Trail-Meter vor San Romerio.**

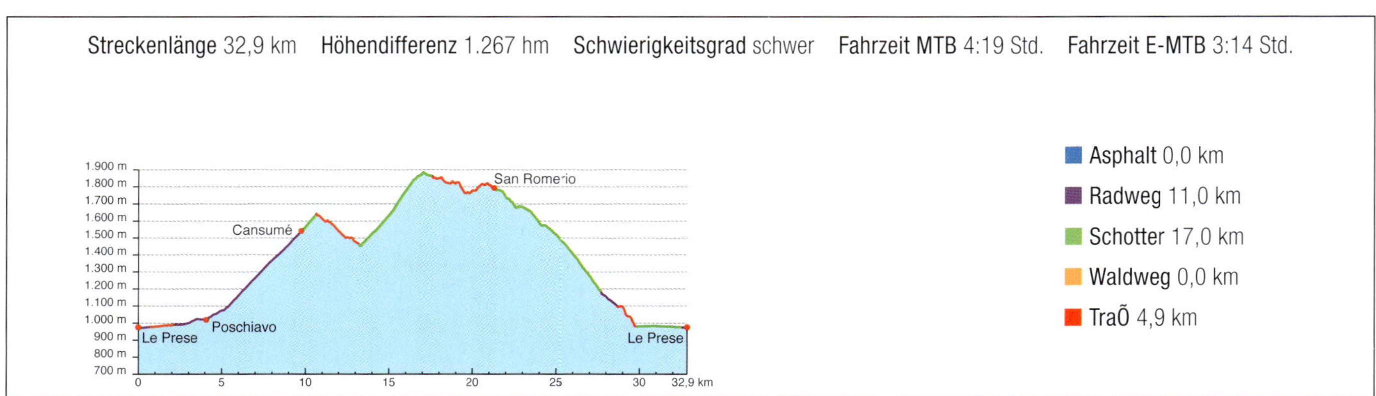

# INFOS

## DIE HÜTTE

Die **Alpe San Romerio** ist bereits seit 1829 im Besitz der Familie Bongulielmi. Gino Bongulielmi hat das früher einfache Gasthaus ab 1989 zu einem schönen Rifugio ausgebaut. Die paar Natursteinhäuser wirken zusammen mit der kleinen Kirche wie ein kleines Dörfchen auf einem Hochplateau über dem Lago di Poschiavo. Kontakt: Gino Bongulielmi, CH-7743 Brusio, Tel. +41 81 8 46 54 50, www.sanromerio.ch

## BIKE-REGION

Auf der Südseite des Berninapasses im Val Poschiavo gibt es viele Tourenmöglichkeiten und sehr schöne Trails zu entdecken. Mit der Rhätischen Bahn ist man auch schnell auf dem Pass und kann die Nordseite Richtung Pontresina erkunden.

## TOURCHARAKTER

Der erste Trail wartet schon im Tal entlang des Poschiavino. Auf einem kleinen Sträßchen und Forstwegen geht's bergauf. Dazwischen warten zwei fantastische Trails im hier noch natürlichen Bergwald. Nach der Rast auf der Alpe San Romerio folgt eine schöne Abfahrt auf Forst- und Wiesenwegen. Schon fast im Tal gibt's noch einmal eine kleine steile Trail-Abfahrt, dann folgt lockeres Ausfahren entlang des Lago di Poschiavo. Eine absolute Traumtour!

## TOURSTART

Start der Tour ist der Bahnhof von Le Prese am nördlichen Seeufer des Lago di Poschiavo.

## BIKE-VERLEIH

**Balzarolo Universo Bike** Via Dal Crott 16, CH-7742 Poschiavo, Tel. +41 81 8 44 10 42, www.balzarolo.ch/de/universo-bike

## GEFÜHRTE TOUREN

www.valposchiavo.ch/de/content/20-erleben/bewegen/bike/637-vivabike-gefuehrte-bike-touren

## BIKE-HOTELS

**Raselli Sport Hotel**
Via Principale 732, CH-7746 Le Prese,
Tel. +41 81 8 44 01 69, www.raselli.swiss
**Croce Bianca** Via Da Mezz 97, CH-7742 Poschiavo
Tel. +41 81 8 44 01 44, www.croce-bianca.ch

## LANDKARTEN

**Kompass-Karte WK 93**
*Bernina, Valmalenco, Sondrio,* inkl.
Offline-Verwendung in der Kompass-App, 1:50.000

## BIKE-INFOS

www.valposchiavo.ch/de/erleben/bewegen/bike
www.valposchiavo.ch/de/vivabike-trails

## TOURIST-INFOS

**Valposchiavo Turismo** CH-7742 Poschiavo,
Tel. +41 81 8 39 00 60, www.valposchiavo.ch

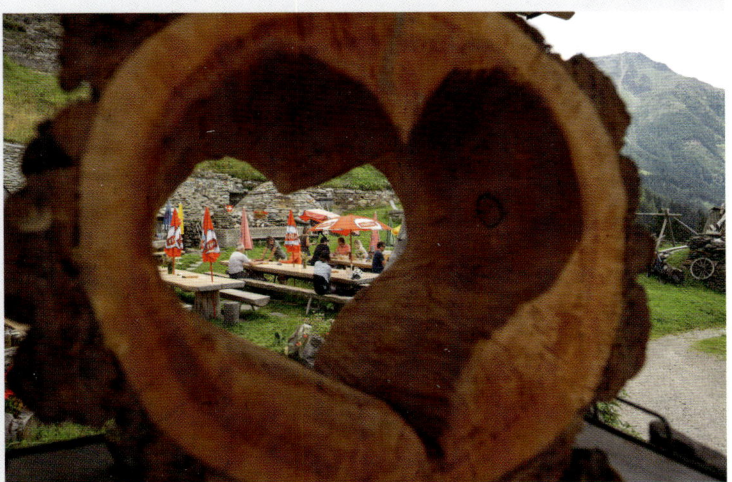

**Viel Liebe zum Detail: das Rifugio auf der Alpe.**

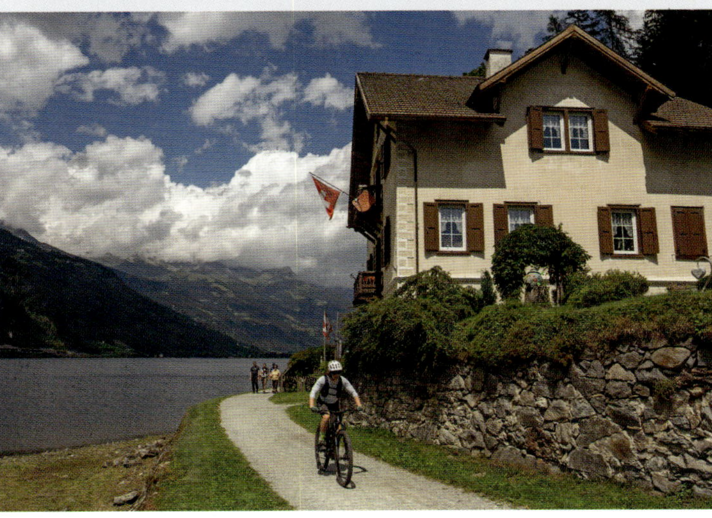

**Seepromenade: entlang des Lago di Poschiavo.**

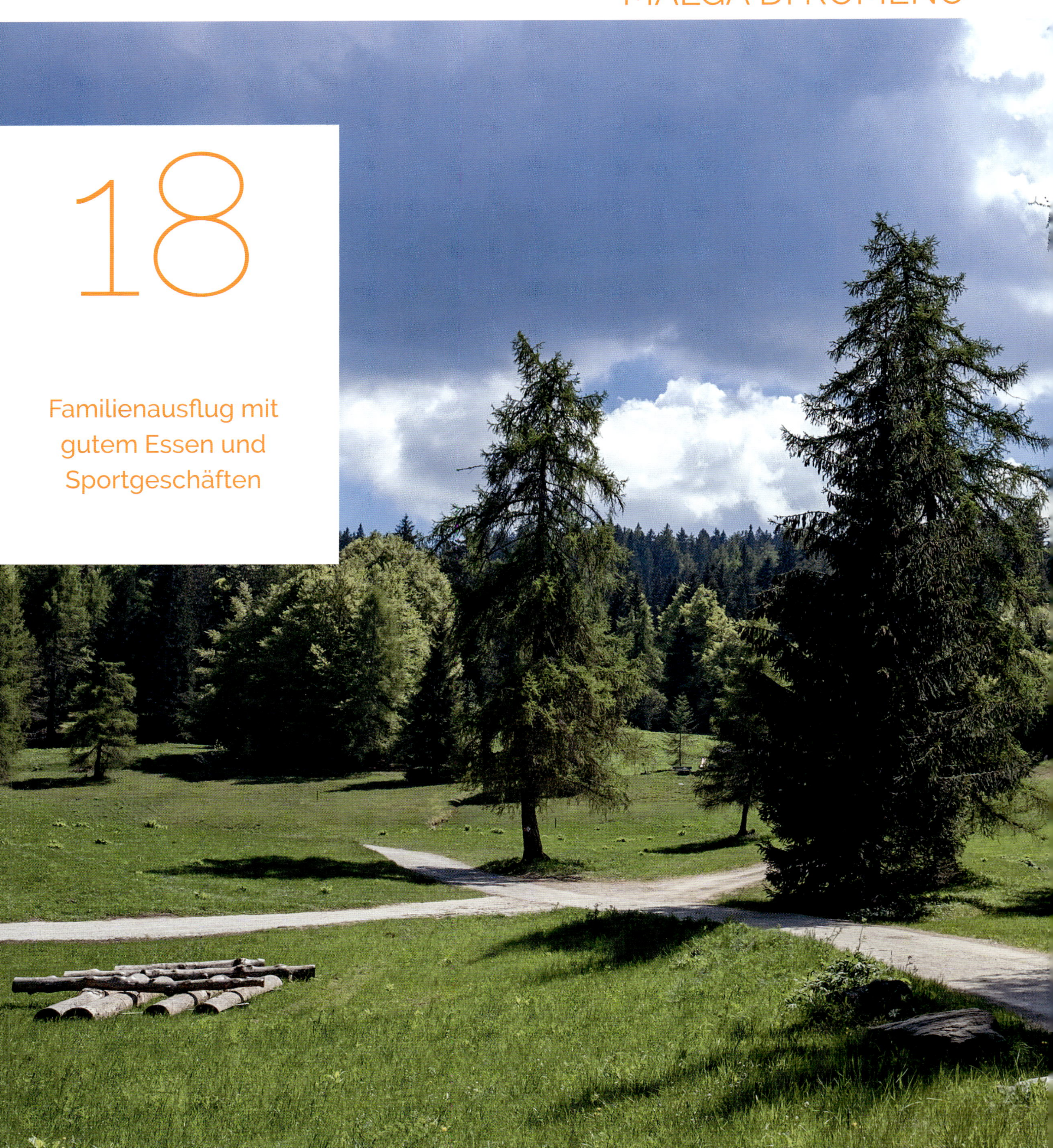

# 18

## Familienausflug mit gutem Essen und Sportgeschäften

**Sanfte Bergwiesen bei der Enzianhütte (1.409 m).**

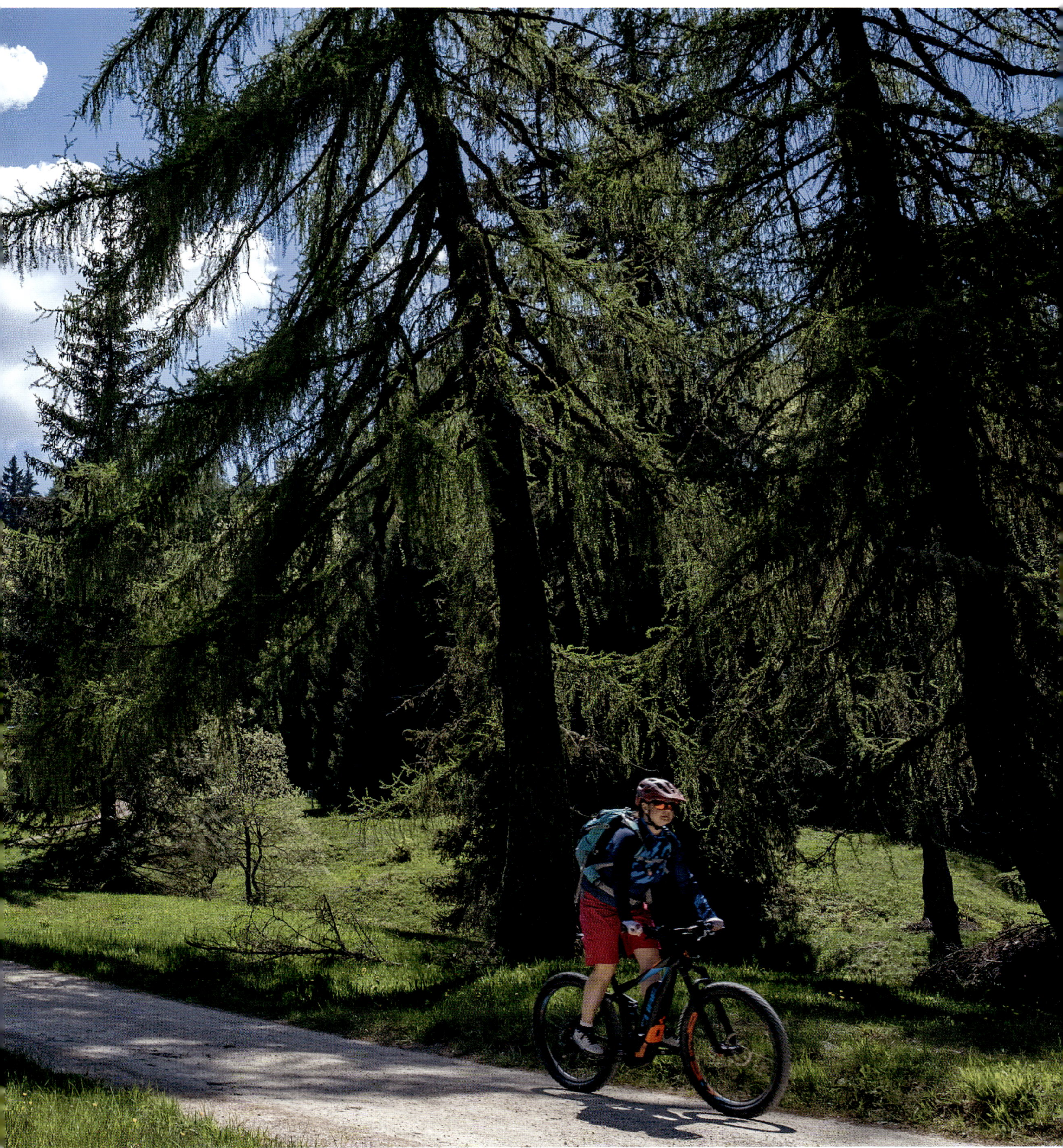

Streckenlänge: 25,2 km | Höhenmeter: 954 m | Schwierigkeit: leicht | Fahrzeit: MTB: 3:16 Std. – E-MTB: 2:27 Std.

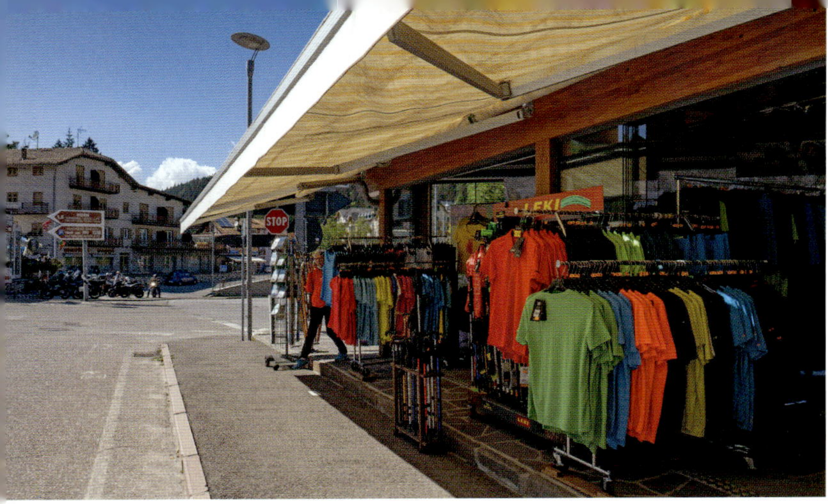


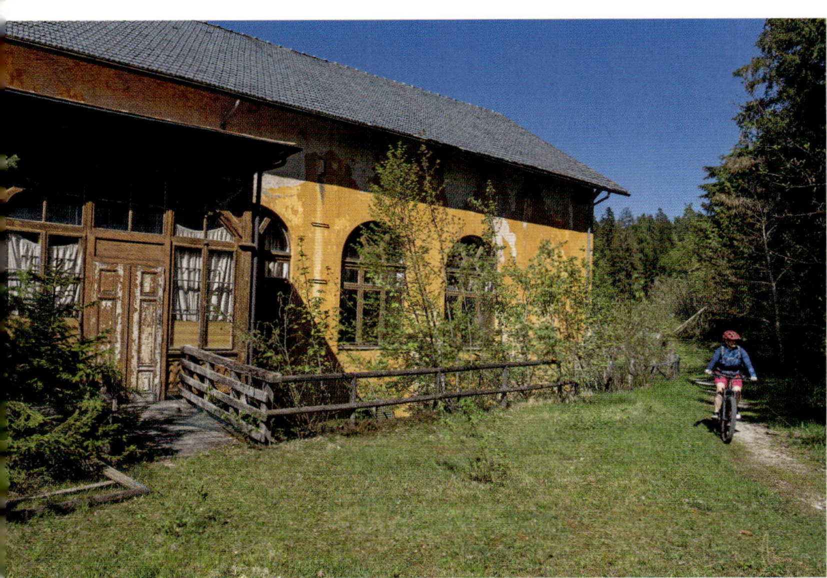

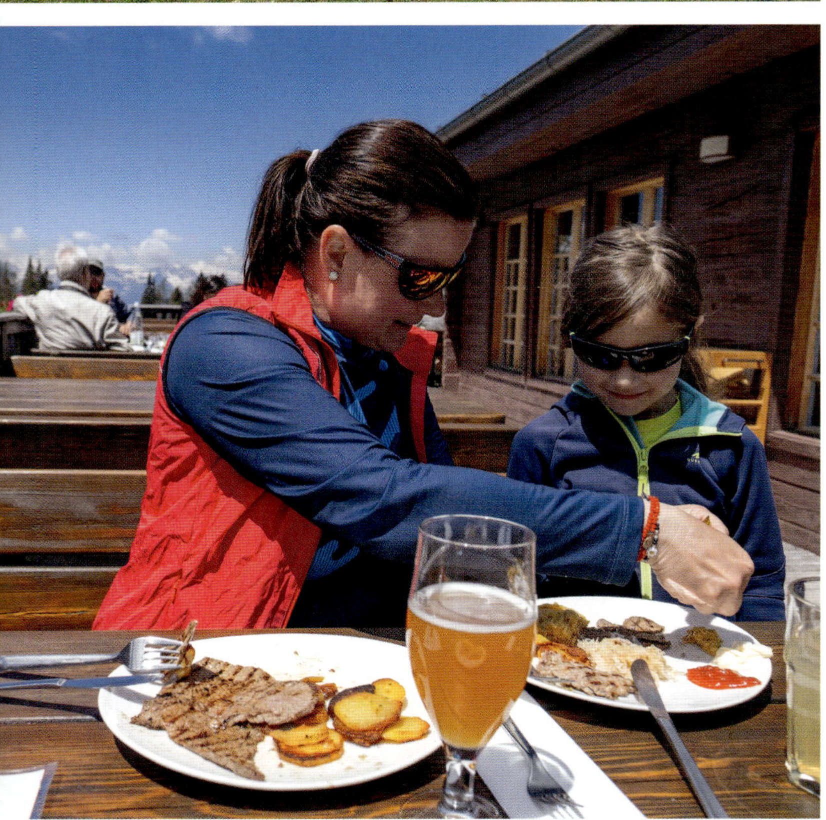

Vordergründig: modernes Passleben mit Sportgeschäften, Cafés und Restaurants.

Hintergründig: Verfall – der Mendelpass hat schon bessere Zeiten erlebt.

Feine Trentiner Kost: Kalbsschnitzel mit Bratkartoffeln.

Der Mendelpass ist der tiefste Einschnitt in den Nonsbergen zwischen dem Penegal (1.737 m) und dem Monte Roen (2.116 m). Er verbindet zwei extrem ungleiche Täler. Während das deutschsprachige Etschtal wegen der wichtigen Nord-Süd-Route über den Brenner von Handel und Tourismus profitiert, führt das Val di Non, in dem vorwiegend Italienisch gesprochen wird, auf der Westseite des Passes ein eher unscheinbares Dasein. Kaltern, Eppan und natürlich Bozen kennen viele, doch kaum einer kennt die Orte Fondo, Cavareno oder Romeno. Obwohl – Romeno ist dem ein oder anderen schon ein Begriff. Ist das nicht die schöne Alm auf dem Monte Roen, die man erreicht, wenn man von St. Anton in Kaltern mit der steilen Standseilbahn auf den Mendelpass fährt?
Wer im Etschtal wohnt, kann unsere Tour vom Pass aus mit einer langen Abfahrt ins Nonstal beginnen. Wir aber starten in Amblar, einem kleinen Nachbarort von Cavareno, weil es uns doch sinnvoller erscheint, zuerst die Höhenmeter zu absolvieren. Unspektakulär zieht sich eine breite, aber kaum befahrene Teerstraße 6,5 Kilometer an der Flanke des Monte Roen hoch.

Spaßige Abkürzungen: kurze Trails neben dem Hauptweg.

Gemütliche Pause an den Laghetti dei Masi di Ruffrè.

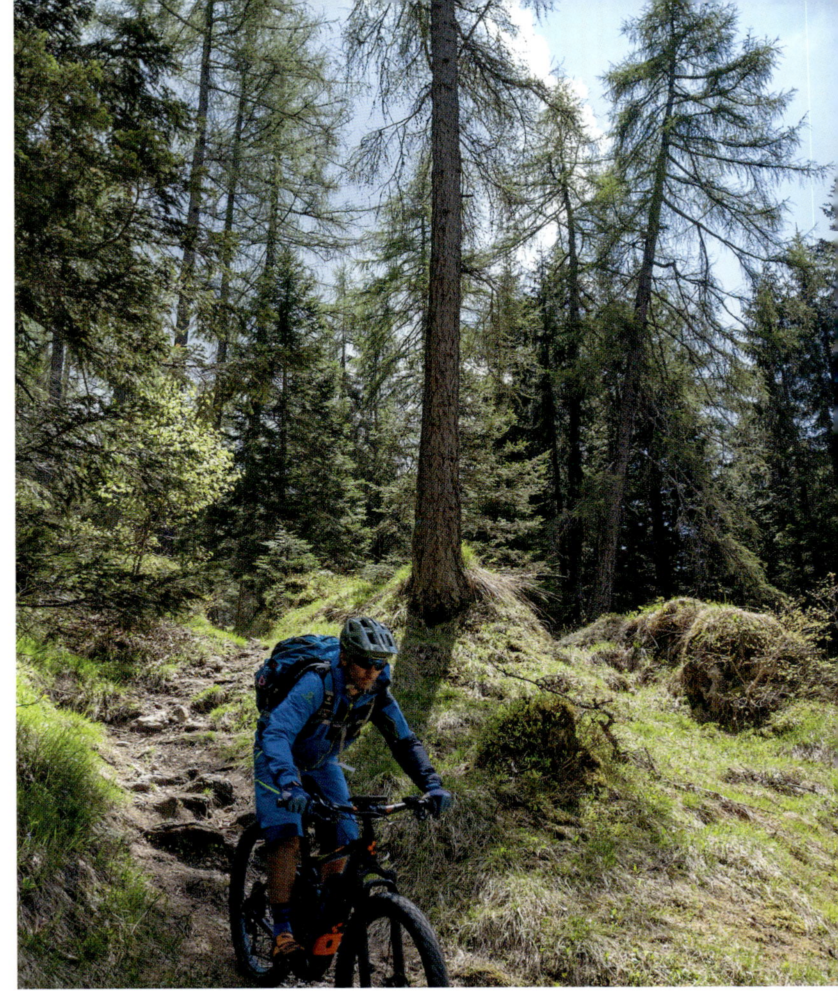

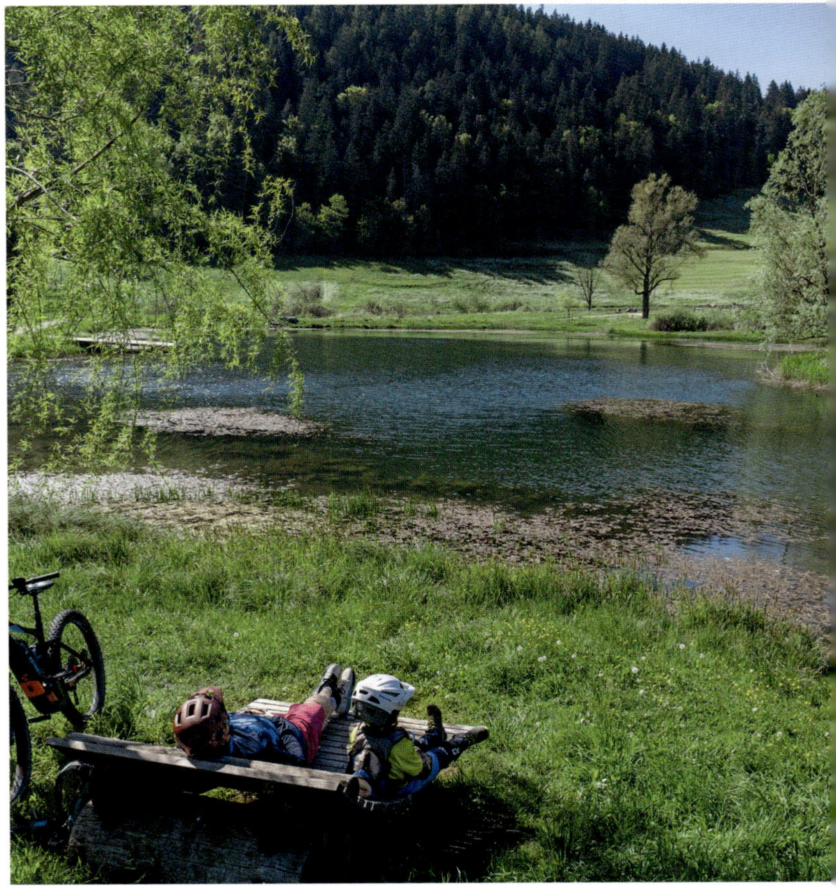

Sie endet am Mendelkamm, ohne einen Ort oder Häuser passiert zu haben, und man fragt sich, wozu ein solcher Straßenbau notwendig ist. Das einzige Ziel scheint die Malga di Romeno (1.771 m) zu sein, die wir nach etwa einer halben Stunde über den weiterführenden Forstweg erreichen.

Die Speisekarte unterscheidet sich deutlich von denen der bekannten Südtiroler Hütten, alles wirkt italienischer: zum Beispiel dünn geschnittenes Kalbfleisch mit feinen Kartoffelscheiben oder Polenta. Die Portionen sind übersichtlich, so bleibt Appetit auf eine der leckeren Nachspeisen. Von der großen Terrasse aus blickt man nach Westen in die Ortler-Alpen mit ihren höchsten Gipfeln Ortler (3.905 m) und Gran Zebrù (Königspitze, 3.851 m).

Ab der Malga zeigt sich die Tour von ihrer schönsten Seite. Ein Höhenweg zieht sich westlich unterhalb des Bergrückens entlang. Hellgrüne Lärchenwälder wechseln sich mit saftigen Almwiesen ab. Einige Male können wir den Schotterweg über kleine Trail-Abschnitte abkürzen. Richtung Mendelpass stehen kleine Wochenendhäuschen auf den Waldlichtungen.

Was haben Pässe und Shoppingmalls gemeinsam? Die immer gleichen Läden, Restaurants und Cafés. Es wirkt tatsächlich so, als gehörten die Sportgeschäfte auf allen italienischen Pässen ein- und demselben Besitzer. Aber so plötzlich wir den Pass erreicht haben, verlassen wir ihn auch schon wieder. Ein unscheinbarer Pfad führt hinter alten Gebäuden in den Wald. Bei einem Gestüt landen wir auf einem perfekt asphaltierten und markierten Radweg. Wie bereits die Straße bei der Auffahrt, passt der Radweg nicht so recht ins Bild. Die Verwirrung währt aber nur kurz, und schon bald erreichen wir die Laghetti dei Masi di Ruffrè, zwei idyllisch gelegene Weiher, die zum Verweilen einladen.

Auf dem Weg hinunter nach Cavareno werden wir von einem Bikeverbotsschild gestoppt. Trotz des wunderbaren Pfades und obwohl uns niemand begegnet, schieben wir etwa zehn Minuten brav bergab. Kurz vor dem Schild hätten wir, leicht links über die Wiese, einen Schotterweg durch die Schlucht nach Cavareno nehmen können. Trotz Schiebepassage ist unsere Strecke an den steilen Abhängen über dem Rio di Linòr jedoch die reizvollere Variante.

Die letzten Meter zurück nach Amblar rollen wir entspannt über Radwege und kleine Straßen. Dabei streifen wir die Schlucht noch einmal von unten. Hier - kurz vor dem Ziel - wären wir über die Alternativroute gelandet.

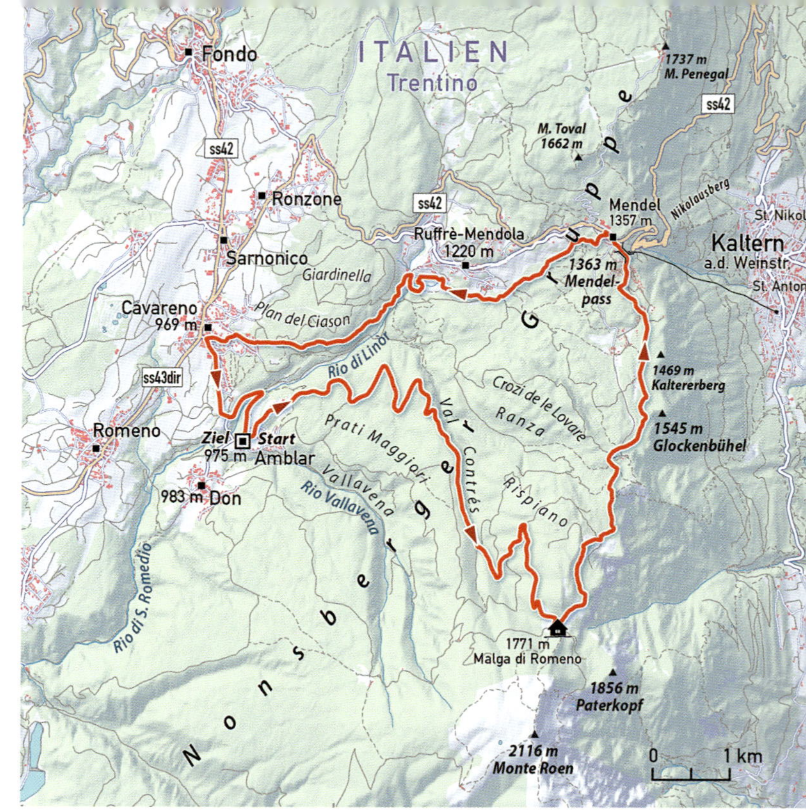


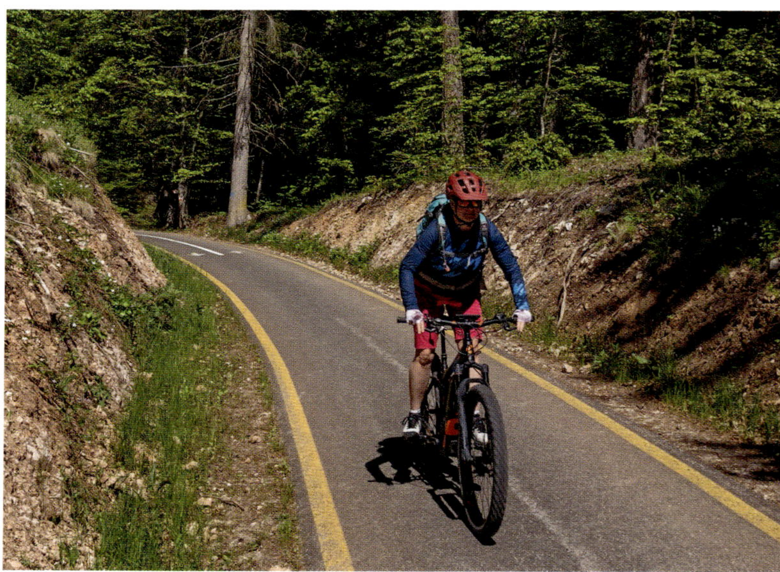

Ungewohnt: perfekter Radweg im Mountainbike-Gebiet.

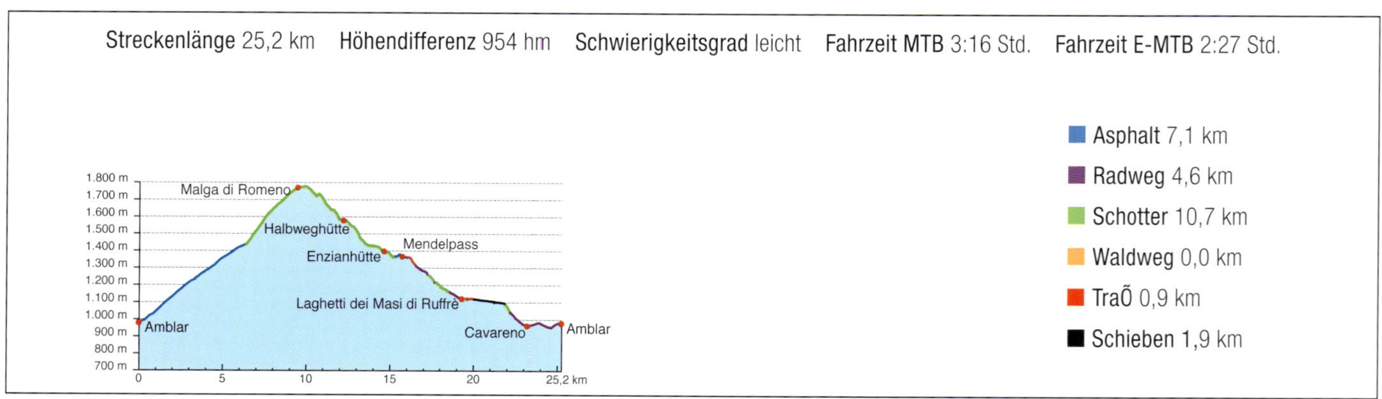

## INFOS

**DIE HÜTTE**

**Rifugio Malga di Romeno** (1.771 m) Schön gelegen am Fuß des Monte Roen, bietet die Malga di Romeno leckere Trentiner Gerichte in gemütlichem Ambiente. Ganzjährig geöffnet. Tel. +39 34 01 55 97 07, www.visitvaldinon.it/de/poi/rifugio-malga-di-romeno

**BIKE-REGION**

Das größte Tal des Trentino ist biketouristisch noch nicht so gut erschlossen. Aber es gibt eine Menge Trail- und Tourenkilometer zu entdecken. Die Tour de Non mit 154 Kilometern und 6.005 Höhenmetern zeigt, welches Potenzial in der Region steckt.

**TOURCHARAKTER**

Einfache Tour, meist auf Asphalt- oder Schotterwegen. Die kurzen Trail-Abschnitte können auf dem Schotterweg umfahren werden. Landschaftlich, vor allem im oberen Teil zwischen der Malga und dem Mendelpass, wunderschön.

**TOURSTART**

Wir beginnen die Tour in Amblar bei der Kirche. Man kann aber auch in Cavareno starten. Alternativ fährt man von der Südtiroler Seite mit der Standseilbahn auf den Mendelpass und startet die Runde dort.

**WEITERE EINKEHRTIPPS**

**Enzianhütte** (1.409 m) Ausflugsziel nahe des Mendelpasses. Tel. +39 04 71 63 21 82

**Rifugio Mezzavia/Halbweghütte** (1.585 m) Tel. +39 04 63 63 60 85, www.rifugiomezzavia.it

**BIKE-VERLEIH**

**Südtirol Rad Rental** Rottenburgerplatz, I-39052 Kaltern, Tel. +39 04 73 20 15 00, www.suedtirol-rad.com

**BIKE-HOTELS**

**La Quiete Resort** Via Marconi 12, I-38010 Romeno – Valle di Non (TN), www.laquieteresort.it

**Seeleiten** Weinstraße 30, I-39052 Kaltern (BZ), Tel. +39 04 71 96 02 00, www.seeleiten.it

**LANDKARTEN**

**Kompass-Karte WK 95**
*Nonstal, Mendelpass, Val di Non, Passo della Mendola,* 1:50.000

**BIKE-INFOS**

www.tourdenon.it/de

**TOURIST-INFOS**

**Tourismusbüro Val di Non** Via Roma 2, I-38013 Borgo d'Anaunia (TN), Tel. +39 04 63 83 01 33, www.visitvaldinon.it/de

**Tourismusbüro Kaltern am See** Marktplatz 8, I-39052 Kaltern, Tel. +39 04 71 96 31 69, www.kaltern.com

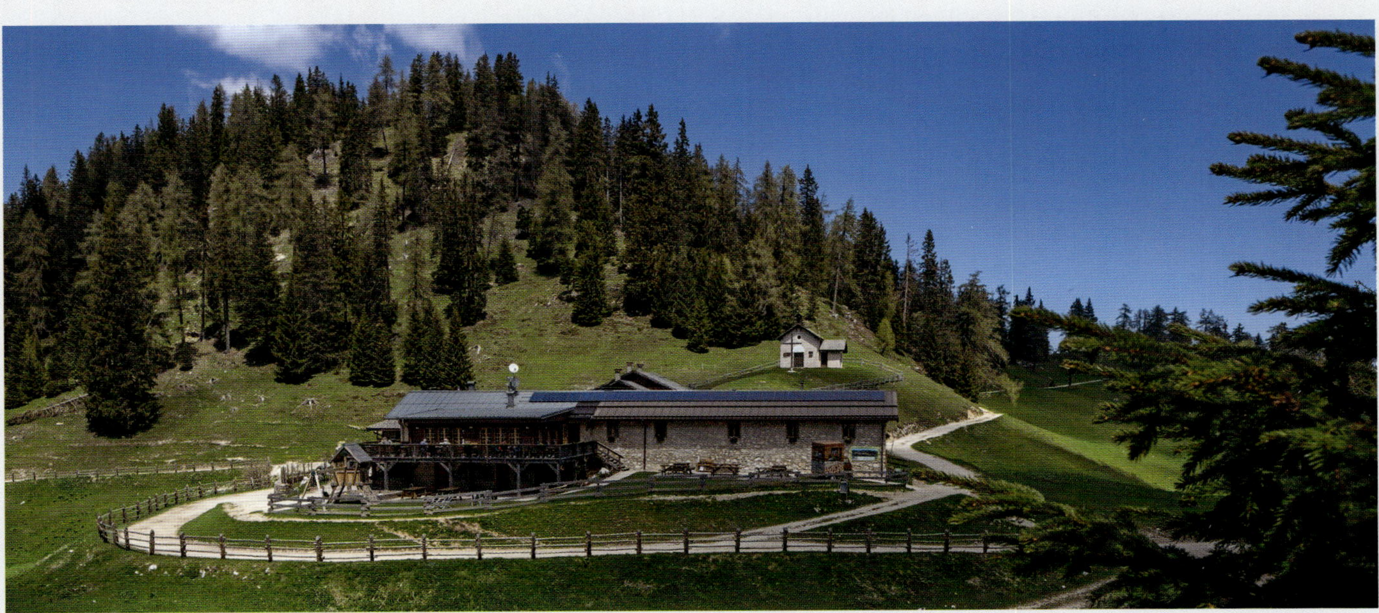

**Malga di Romeno: am Fuß des Monte Roen (2.116 m) vor dem Wiesenbuckel der Pra Marin (1.884 m).**

# BAIT DEL GERMANO

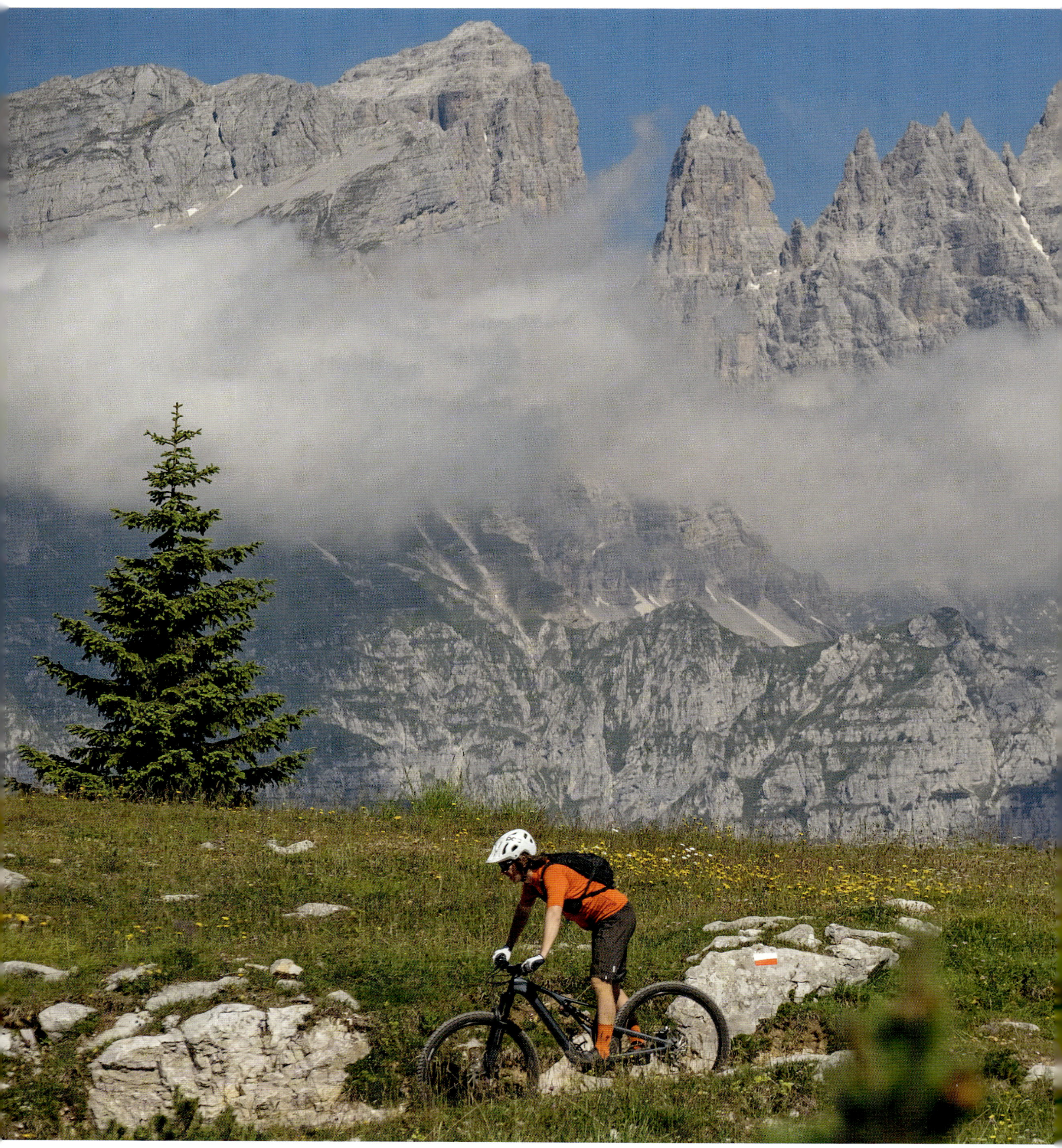

Streckenlänge: 31,8 km | Höhenmeter: 1.128 m | Schwierigkeit: mittel | Fahrzeit: MTB: 4:00 Std. – E-MTB: 3:00 Std.

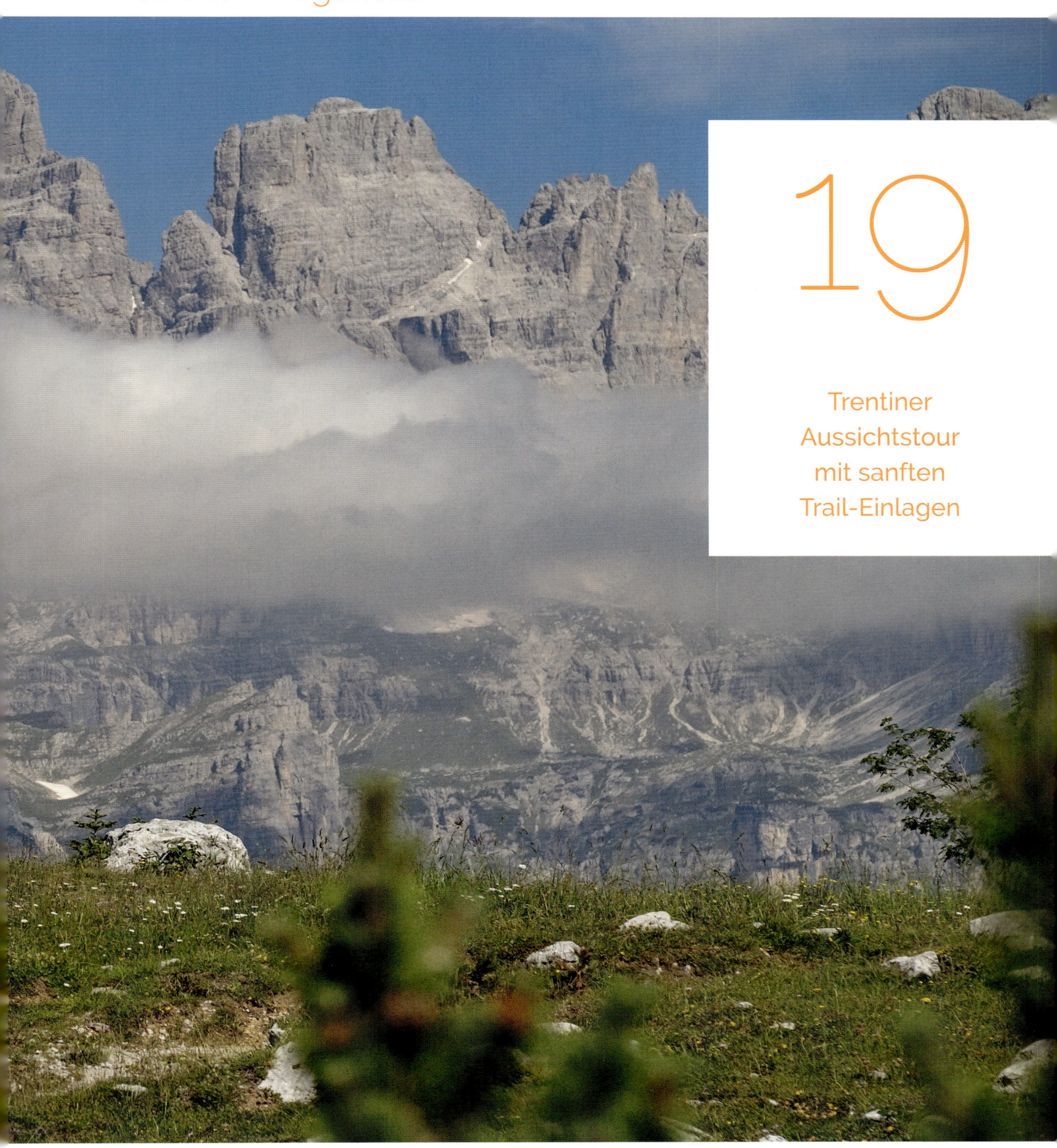

# 19

## Trentiner Aussichtstour mit sanften Trail-Einlagen

Super Kulisse: die Felszacken der Brenta-Dolomiten.

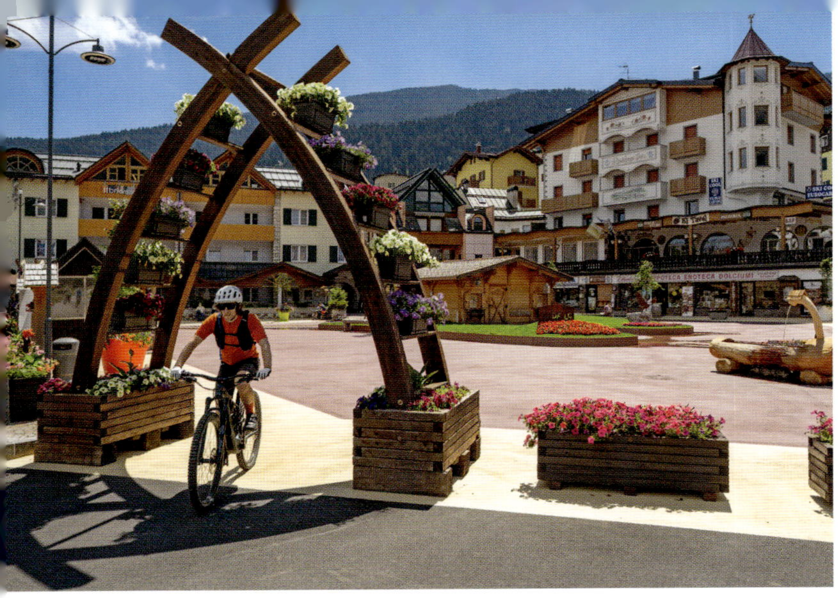

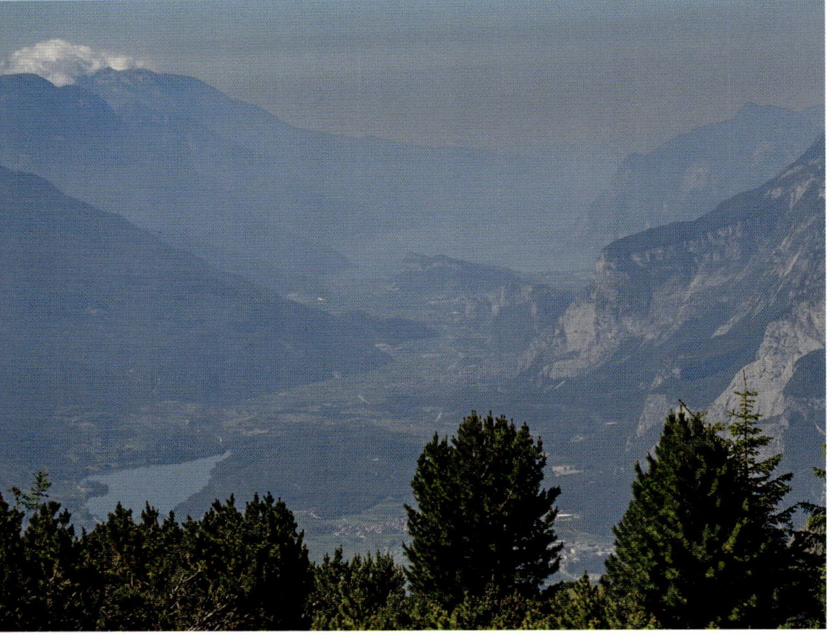

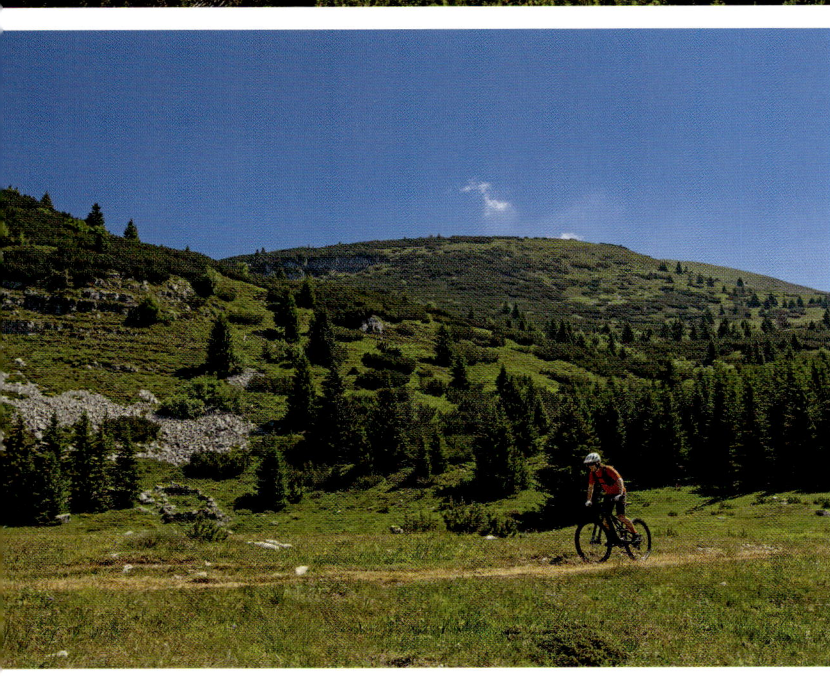

**Neo-Alpiner Charme: Piazza Dolomiti in Andalo.**

**Weit nach Süden: Blick von der Bait del Germano bis zum Gardasee.**

**Beim Passo San Giovanni (1.676 m).**

**Toplage: die Wiese v der Bait del German**

**Steilkurve auf dem Zanna Bianca Tra**

**Gut markie Einfahrt in den Bear Tra**

Die reinen Zahlen klingen nach viel Spaß: 80 Kilometer Singletrails, drei Bikezonen, sieben Flowtrails, vier Pumptracks, neun Liftanlagen zum Shutteln und 14 Hütten fürs leibliche Wohl. Verbunden mit einer Traumlandschaft, einem coolen Bergsee und italienischem Lifestyle. Bikerherz, was willst du mehr? Na ja, wir wollen Touren fahren. Ist das Revier, in dem sich so viele protektorbewehrte Trail-Enthusiasten tummeln, denn auch das Richtige für uns? Probieren geht über Studieren – und so reisen wir an einem Wochentag außerhalb der Ferienzeit an. Schon bei der Durchfahrt durch Andalo herrscht geschäftiges Treiben. In Molveno sind die Hotels gut besucht, und der Campingplatz ist ausgebucht. Aber wir finden ein gemütliches Plätzchen für unseren Camper auf dem großen Wohnmobilstellplatz im Ort. In der Pizzeria checken wir die Touren und Trails auf der informativen 3D-App, die Dolomiti Paganella Bike anbietet. Unsere morgige Tour ist nicht dabei, die haben wir aber bereits im Vorfeld recherchiert.

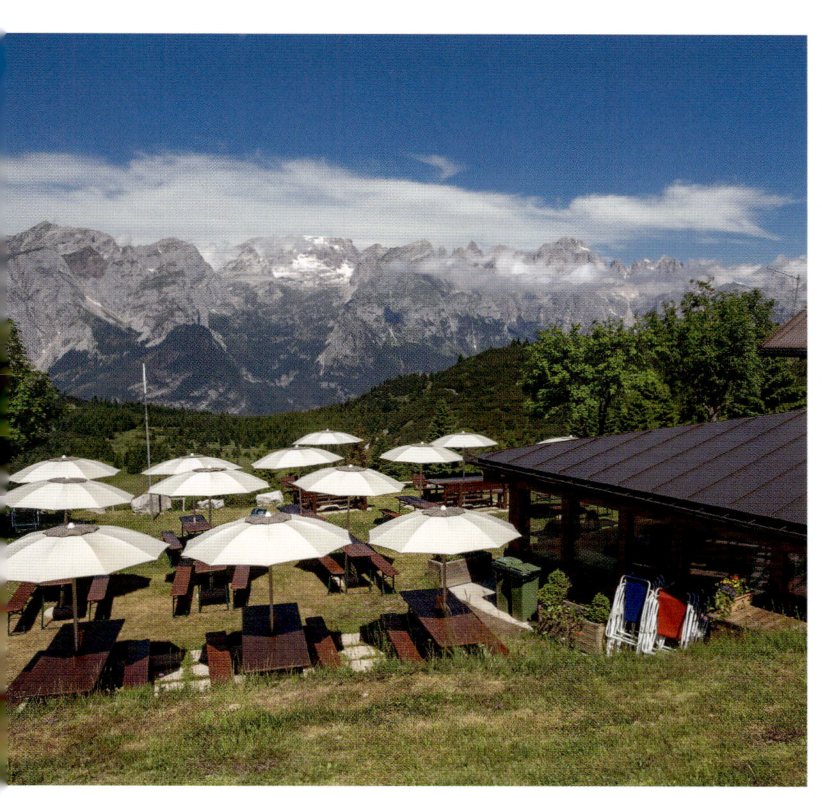

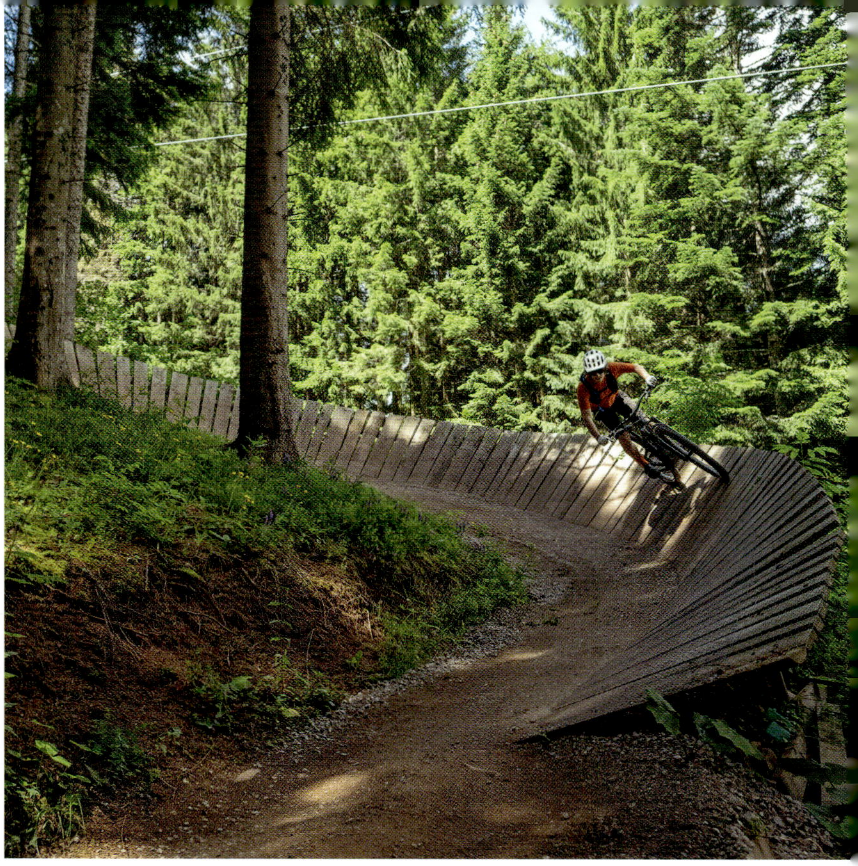

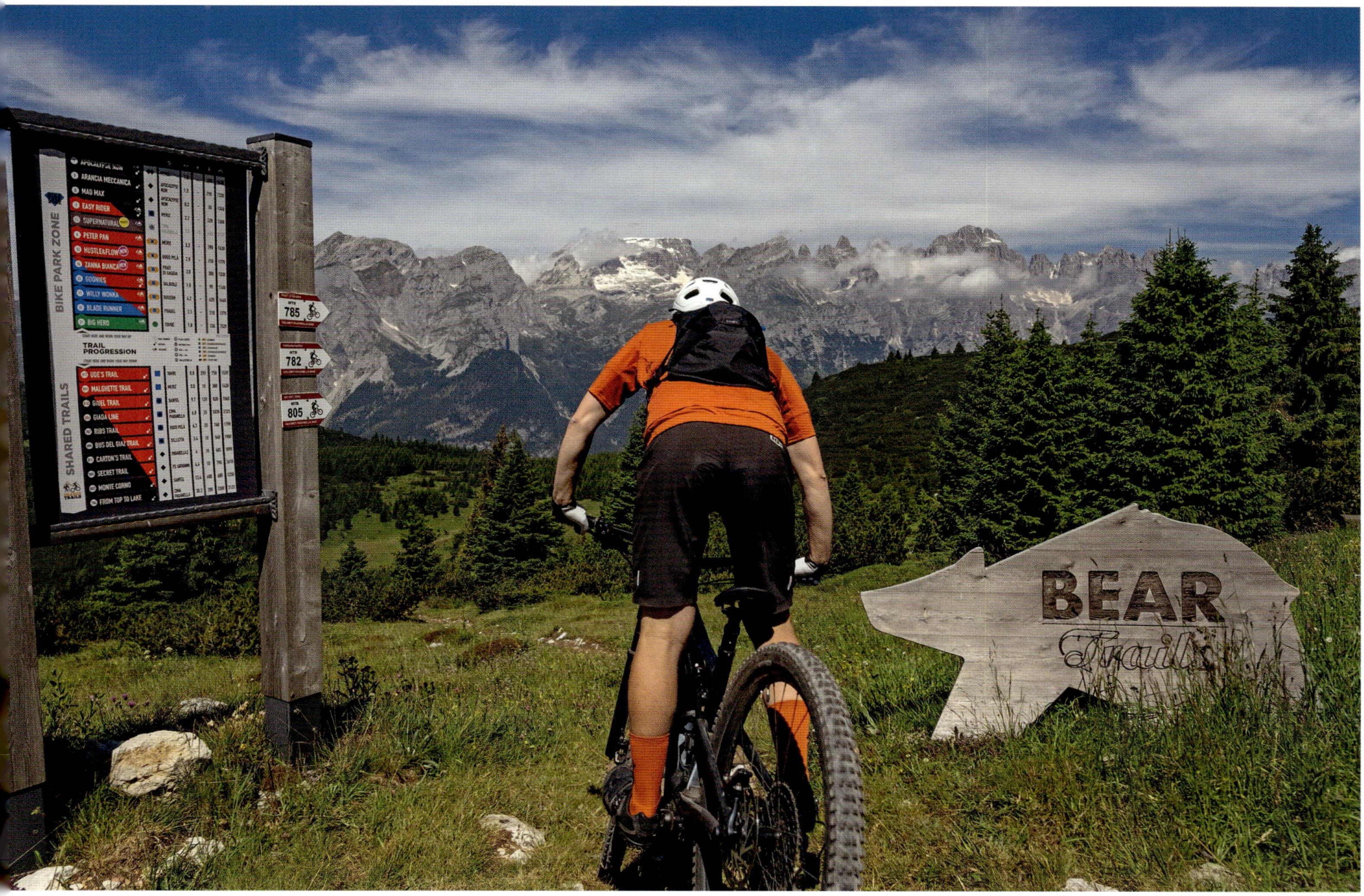

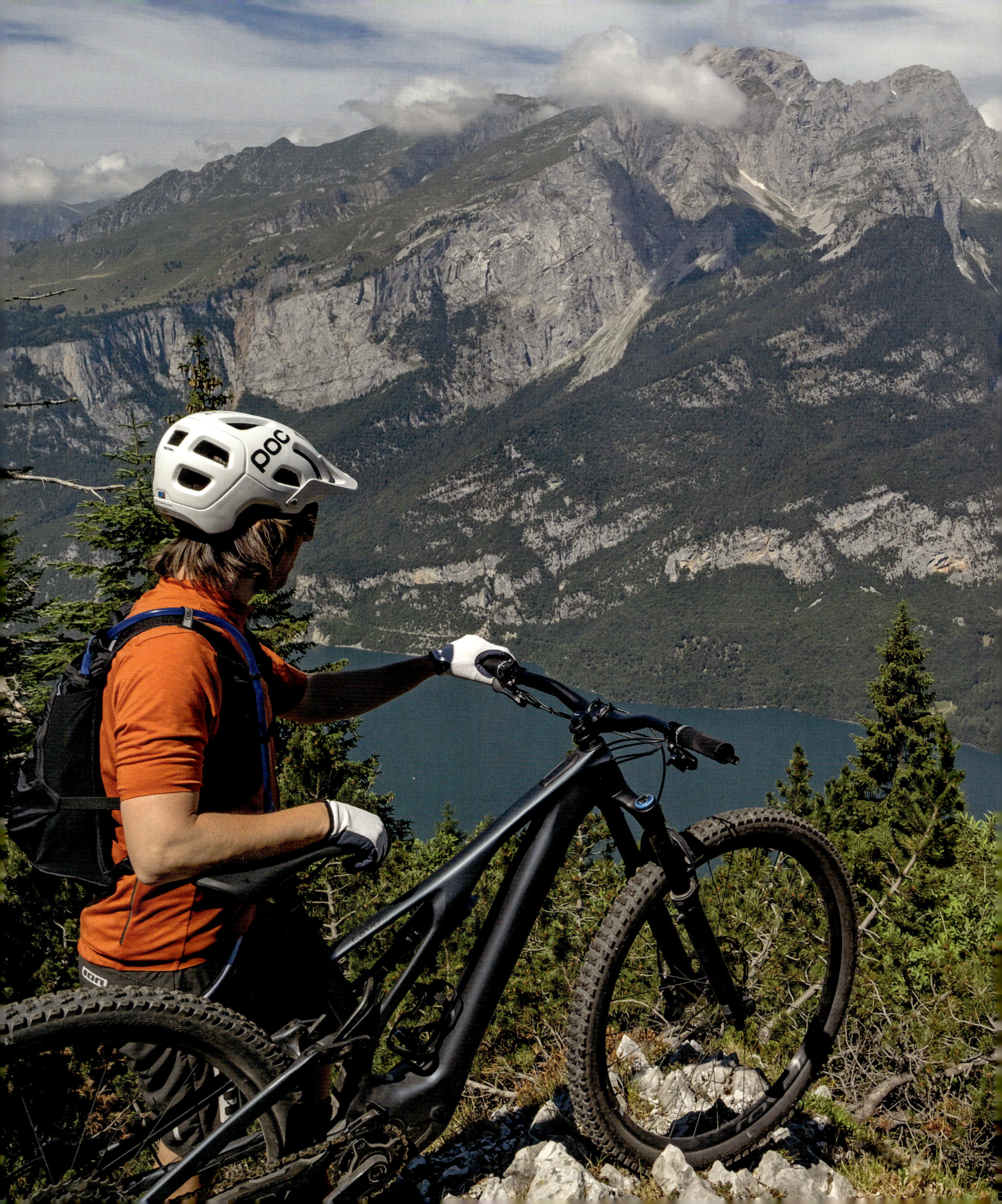
poc

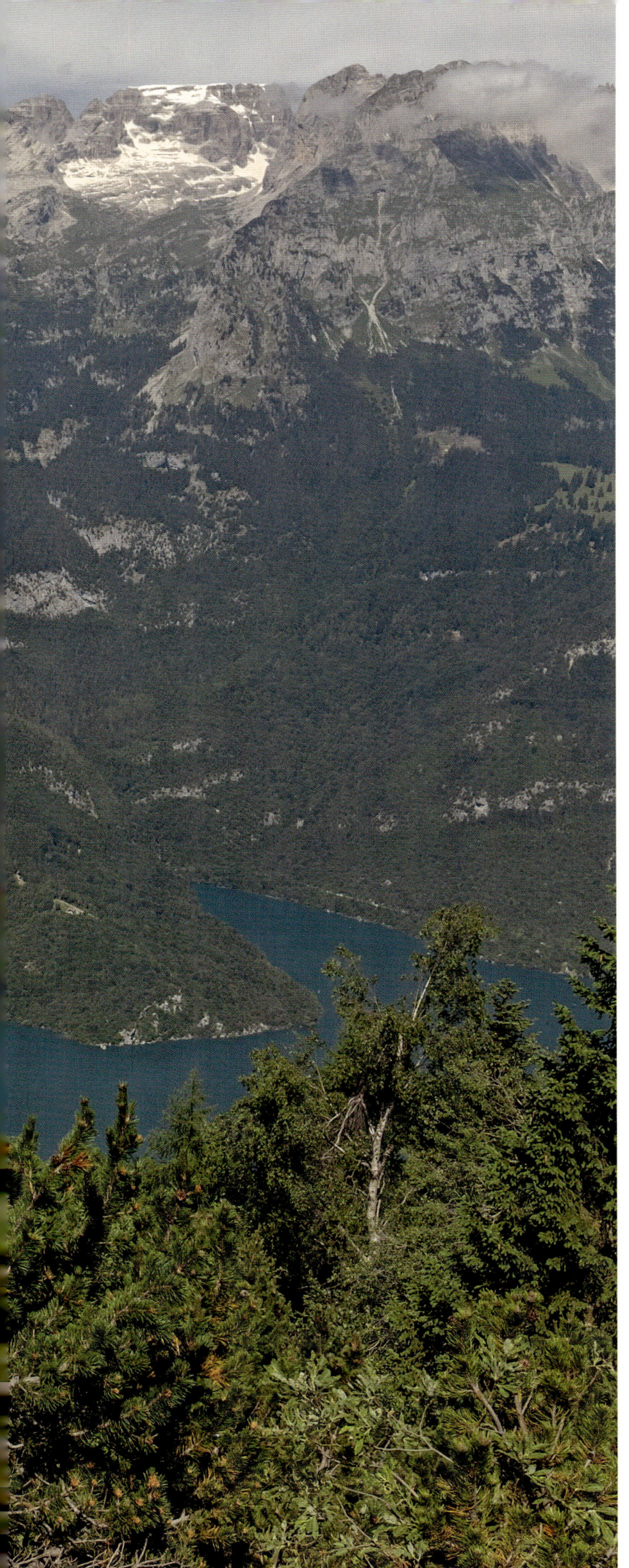

Ganz weit oben: Aussichtspunkt über dem Molvenosee.

Nach einem Espresso mit Brioche starten wir am nächsten Morgen vom nördlichen Seeufer Richtung Andalo. Entlang des Rio di Lambin ist es auf dem Waldweg noch recht frisch, aber eine ordentliche Steigung gleich zu Beginn bringt uns auf Betriebstemperatur. Andalo mit seiner typischen Trentiner Architektur wirkt plötzlich verschlafener als wir. Wir arbeiten uns erst auf einer kleinen Straße, dann auf Forstwegen im Wald stetig hoch. An der Mittelstation der Seilbahn am Pian Dosson kreuzen wir zweimal die Skipiste, dann verschwindet der Weg wieder zwischen den Bäumen. Nach knapp 1.000 Höhenmetern Steigungsarbeit ist der letzte Kilometer zur Bait del Germano angenehm gerade, und es bieten sich atemberaubende Blicke auf die zackigen Felsspitzen der Brenta-Dolomiten.

Zum Mittagessen auf der Bait sind wir zu früh dran. Die jungen Mitarbeiter beginnen gerade erst, alles vorzubereiten. Für eine Berghütte untypisch, aber sehr italienisch: alle Tische werden schön eingedeckt. Wir gönnen uns ein zweites Frühstück und genießen die Sonne auf Liegestühlen auf der großen Wiese vor der Hütte. Direkt an der Bait del Germano befindet sich der Einstieg zu einem Teilstück der Bear Trails – eine ausgedehnte Runde über die schönsten Trails der Paganella. Die Tour ist eigentlich guten Fahrern vorbehalten. Aber der Abschnitt, dem wir durch Almwiesen folgen, ist relativ einfach, und wir landen auch schon bald wieder auf einem breiteren Bergweg. Eine Etage tiefer als bei der Fahrt zur Bait cruisen wir über einen tollen Aussichtsspot über dem Molvenosee zurück Richtung Andalo. Auf den Prati di Gaggia reihen wir uns ein in die Riege derer, die mit Seilbahnunterstützung zum Startpunkt des Zanna Bianca kommen, um den mit Steilkurven und Holzelementen bestückten Trail runterzuschreddern. In der mittleren Passage teilt sich der Zanna Bianca die Strecke mit dem etwas leichteren Willy Wonka Trail, auf den wir wechseln, um bald darauf die Talstation von Andalo zu erreichen. Durch die Schlucht entlang des Rio di Lambin rollen wir bis Molveno locker aus. Alle Biker, die fraktionsübergreifend unterwegs sind und neben dem großen Netz an Naturpfaden auch die gebauten Trails in den Parks in ihre Tourenplanung aufnehmen, finden rund um den Molvenosee super Bedingungen. Die Paganella ist eine ernst zu nehmende Alternative zum altbekannten Gardasee. Da der nur eine Autostunde entfernt ist, kann man beide Reviere allerdings auch perfekt für einen Bikeurlaub kombinieren.

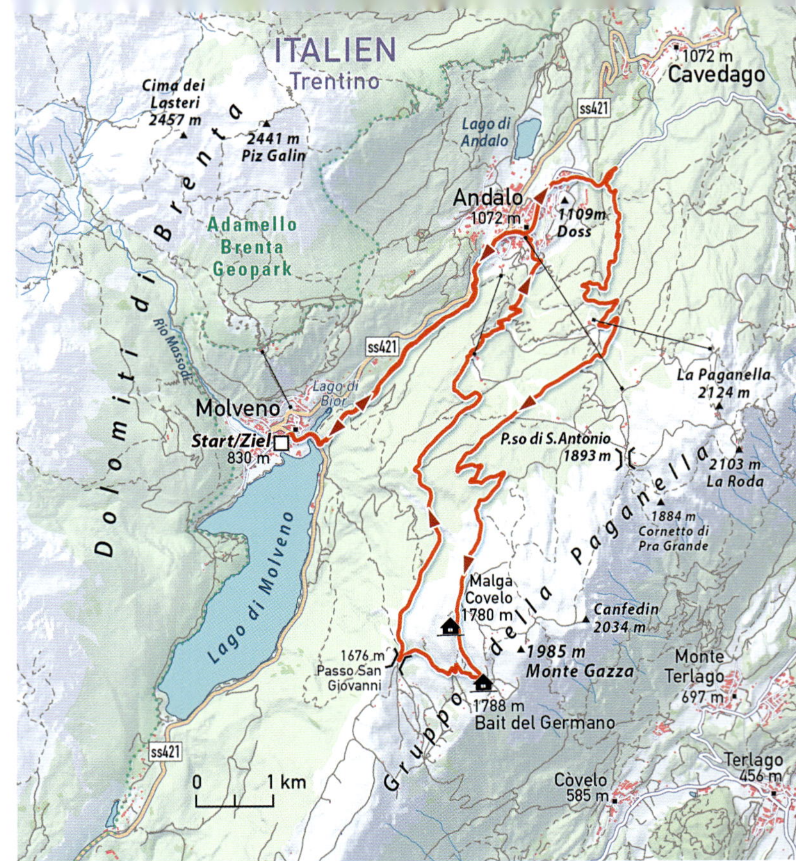


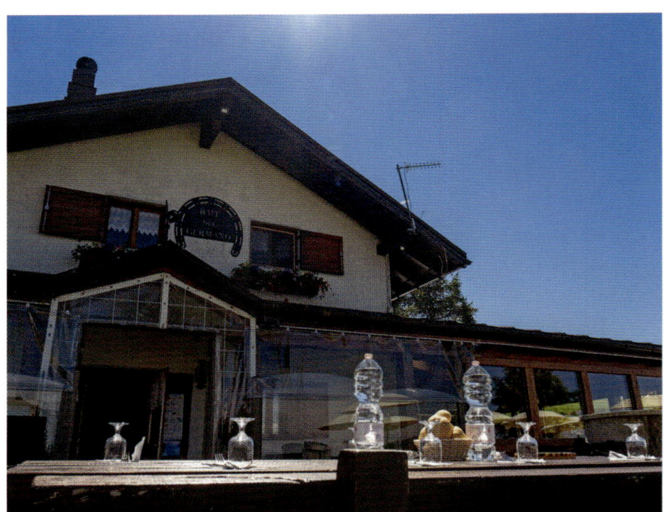

Bait del Germano: gedeckt für die Mittagsgäste.

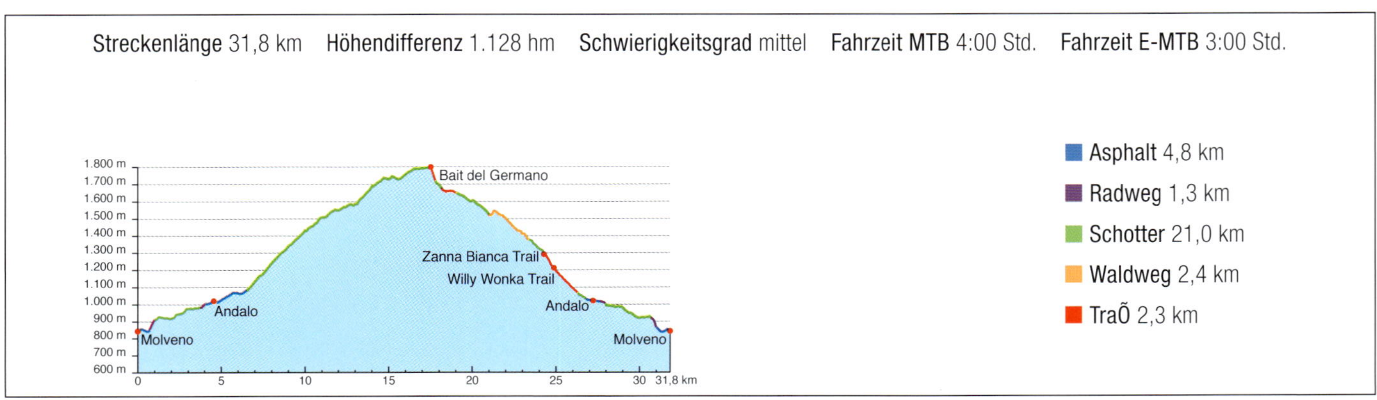

# INFOS

DIE HÜTTE
An schönen Tagen will man gar nicht mehr weg. Nach einem guten Trentiner Essen liegt man auf der großen Wiese vor der Hütte auf einem der vielen Liegestühle und genießt die Aussicht auf die Brenta oder bis über den Gardasee.
**Bait del Germano** (1.788 m) Monte Gazza, Paganella, I-38010 Andalo, Tel. +39 34 83 74 37 10

BIKE-REGION
Bekannt und beliebt ist die Paganella vor allem bei Freeridern. Liftanlagen, gebaute Trails und viele Naturtrails bieten eine perfekte Infrastruktur für downhillbegeisterte Biker. Das Revier in den Brenta-Dolomiten hat aber auch viele Tourenkilometer zu bieten. Neben der Paganella führen weitere schöne Strecken auf die andere Seite des Molvenosees.

TOURCHARAKTER
Das steilste, aber kurze Stück mit bis zu 20 Prozent Steigung wartet gleich zu Beginn Richtung Andalo, die restlichen 16 Kilometer zur Bait del Germano ziehen mäßig steil den Monte Gazza hinauf. Die Abfahrt verläuft über gut fahrbare Naturtrails, gute Bergwege und zwei gebaute Trails. Zurück von Andalo nach Molveno nutzt man den bereits bekannten Hinweg.

TOURSTART
Wir starten am Parkplatz vor dem kleinen Freizeithafen in Molveno.

BIKE-VERLEIH
**Santa Cruz Official Rent Point** Via Paganella 3/A, I-38010 Andalo, Tel. +39 04 61 58 53 53, www.andalo.bike/noleggio
**Bear Bike Center** Zona Lago (neben Tennisplatz und Minigolf), Tel. +39 34 88 52 56 69 , www.andalo.bike/noleggio

GEFÜHRTE TOUREN
**Paganella Bike Academy** Tel. +39 34 27 08 20 95, www.dolomitipaganellabike.com/de/gefuhrte-touren

BIKE-HOTELS
Alle bikefreundlichen Unterkünfte werden übersichtlich auf der Website von **Dolomiti Paganella Bike** präsentiert. www.dolomitipaganellabike.com/de/bike-hotel

LANDKARTEN
**Kompass-Karte WK 73**
*Brentagruppe, Weltnaturerbe, Dolomiti di Brenta,* 1:50.000
**3D-Karte Dolomiti Paganella Bike**
www.dolomitipaganellabike.com/de

BIKE-INFOS
www.dolomitipaganellabike.com/de
App »Mowi Bike« (Google Play, App-Store)

TOURIST-INFOS
**Dolomiti Paganella**
**Büro Molveno** Piazza Marconi 5, Tel. +39 04 61 58 69 2,
**Büro Andalo** Piazza Dolomiti 1, Tel. +39 04 61 58 58 36,
www.visitdolomitipaganella.it

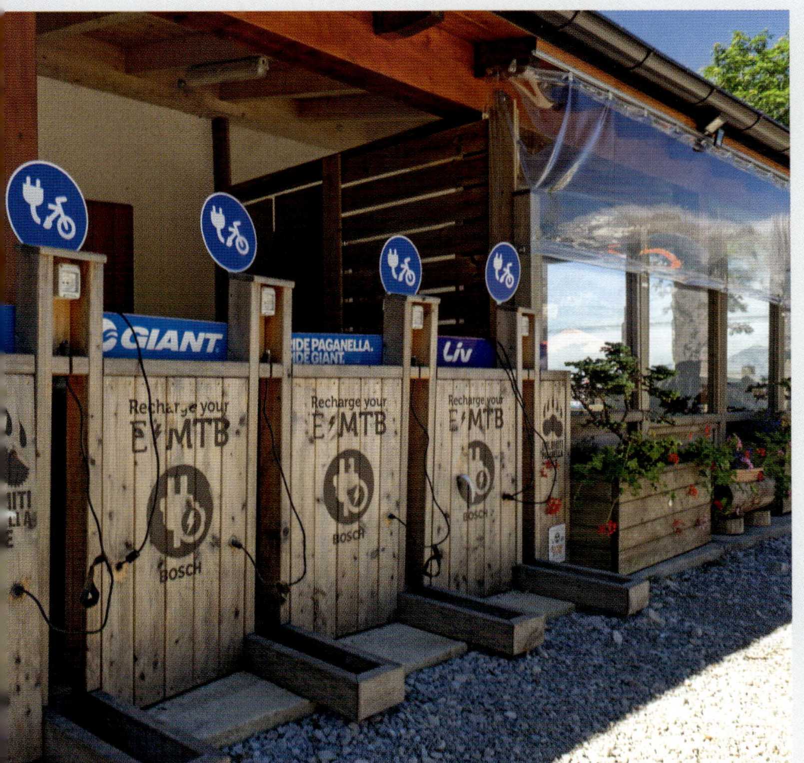


**Luxus-Ladestation auf der Bait, leider nur für Bosch-Akkus.**

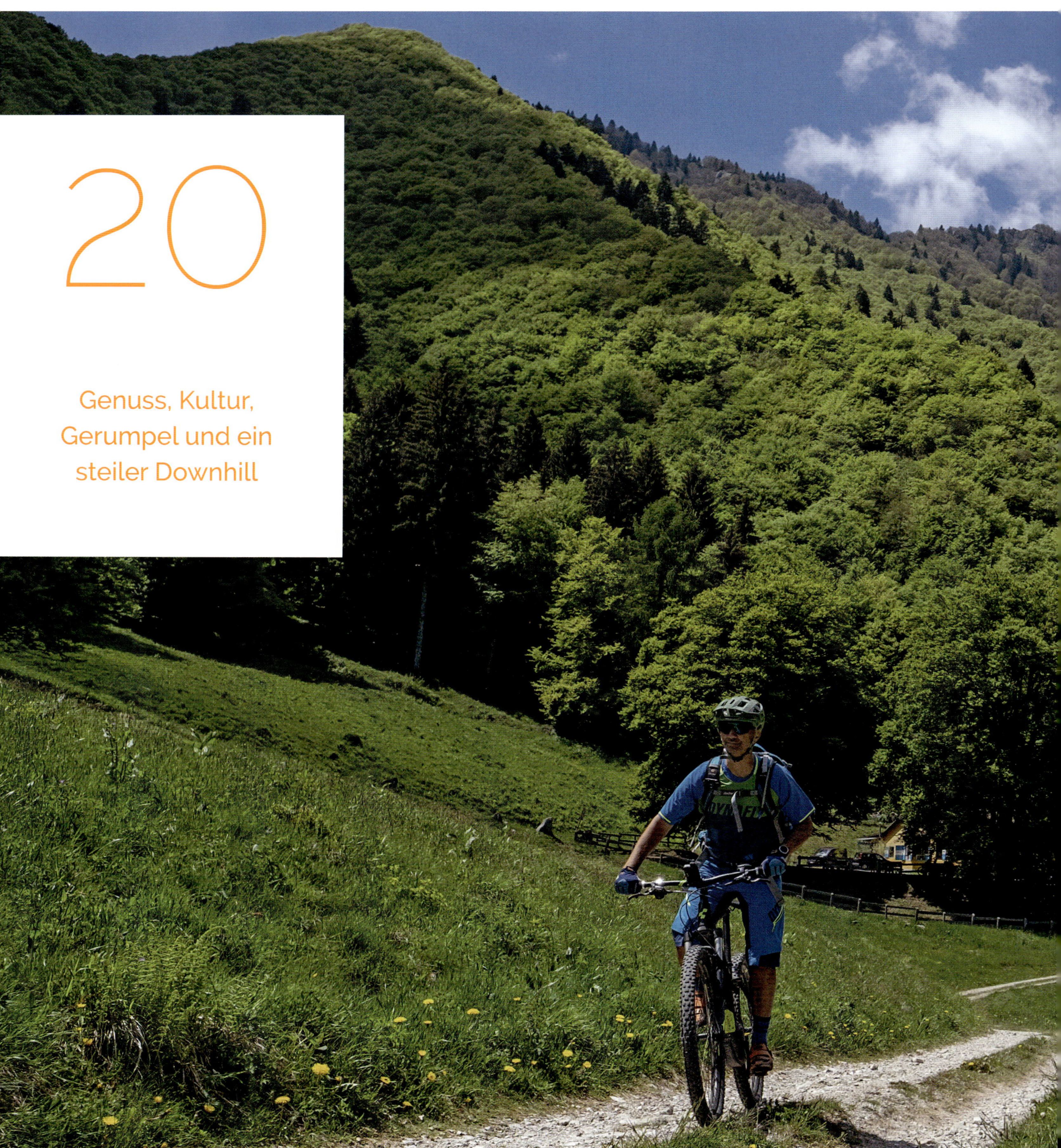

# 20

## Genuss, Kultur, Gerumpel und ein steiler Downhill

Idylle: Capanna Grassi vor der Mazza di Pichèa.

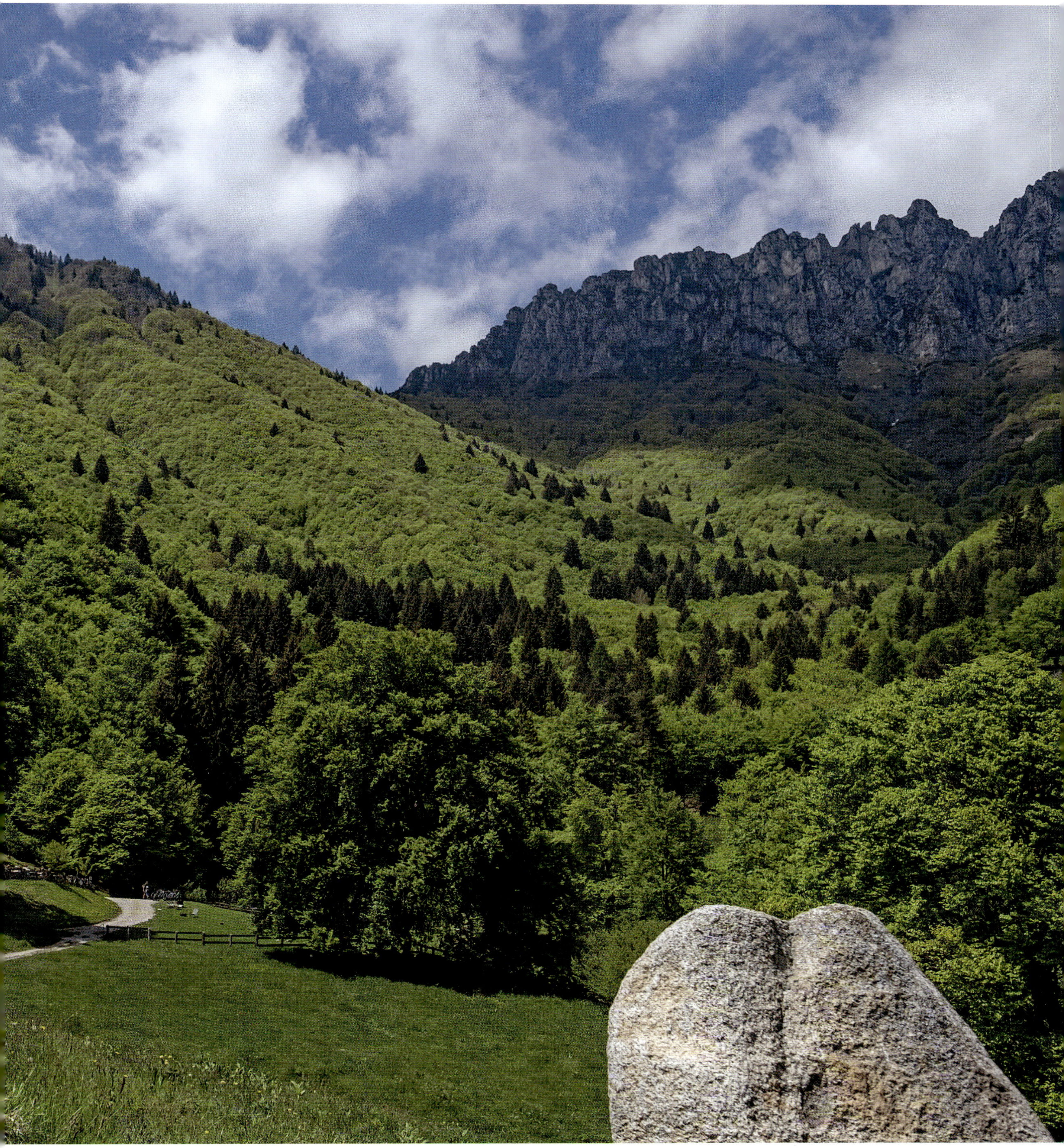

Streckenlänge: 23,1 km | Höhenmeter: 1.091 m | Schwierigkeit: mittel | Fahrzeit: MTB: 3:22 Std. – E-MTB: 2:32 Std.

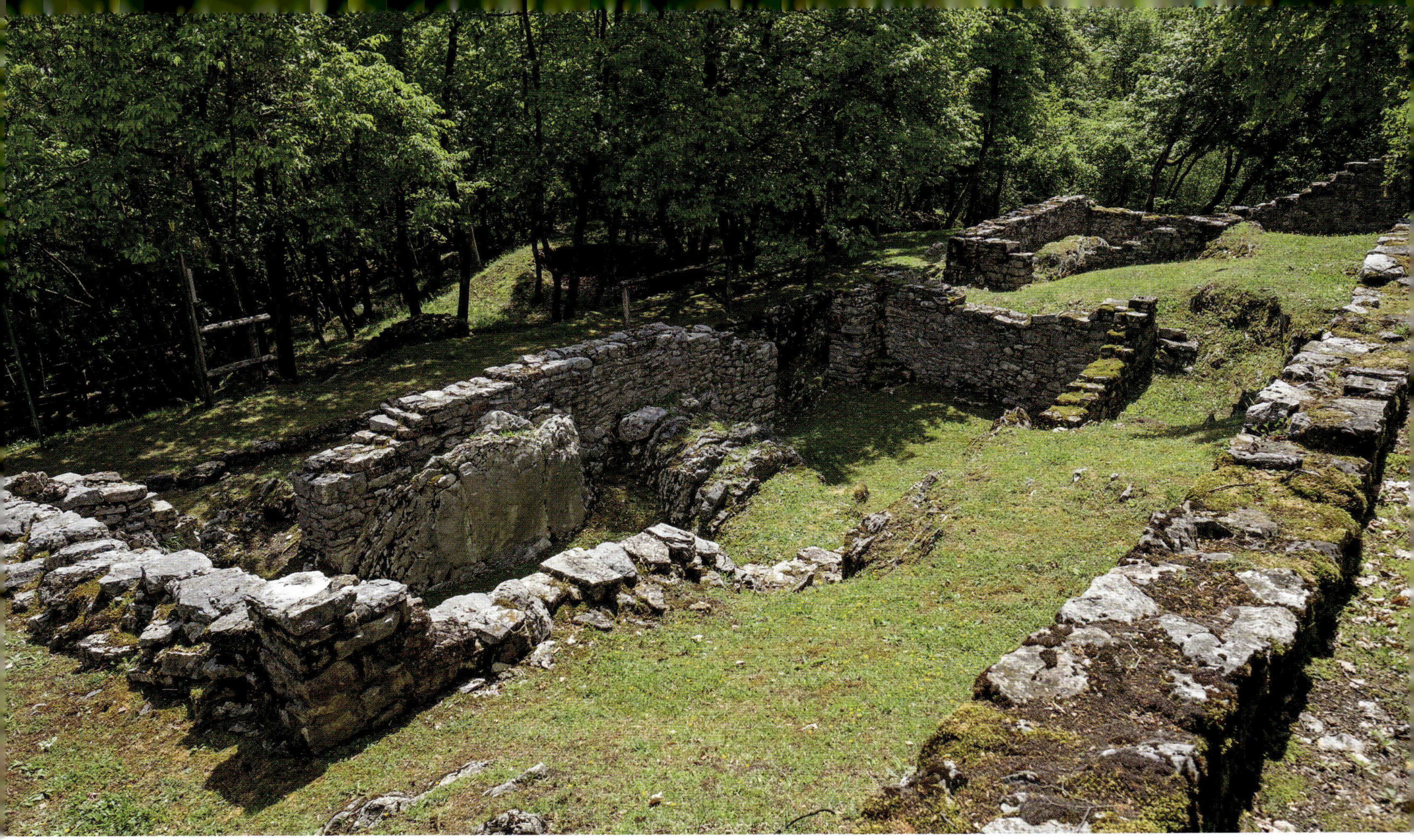

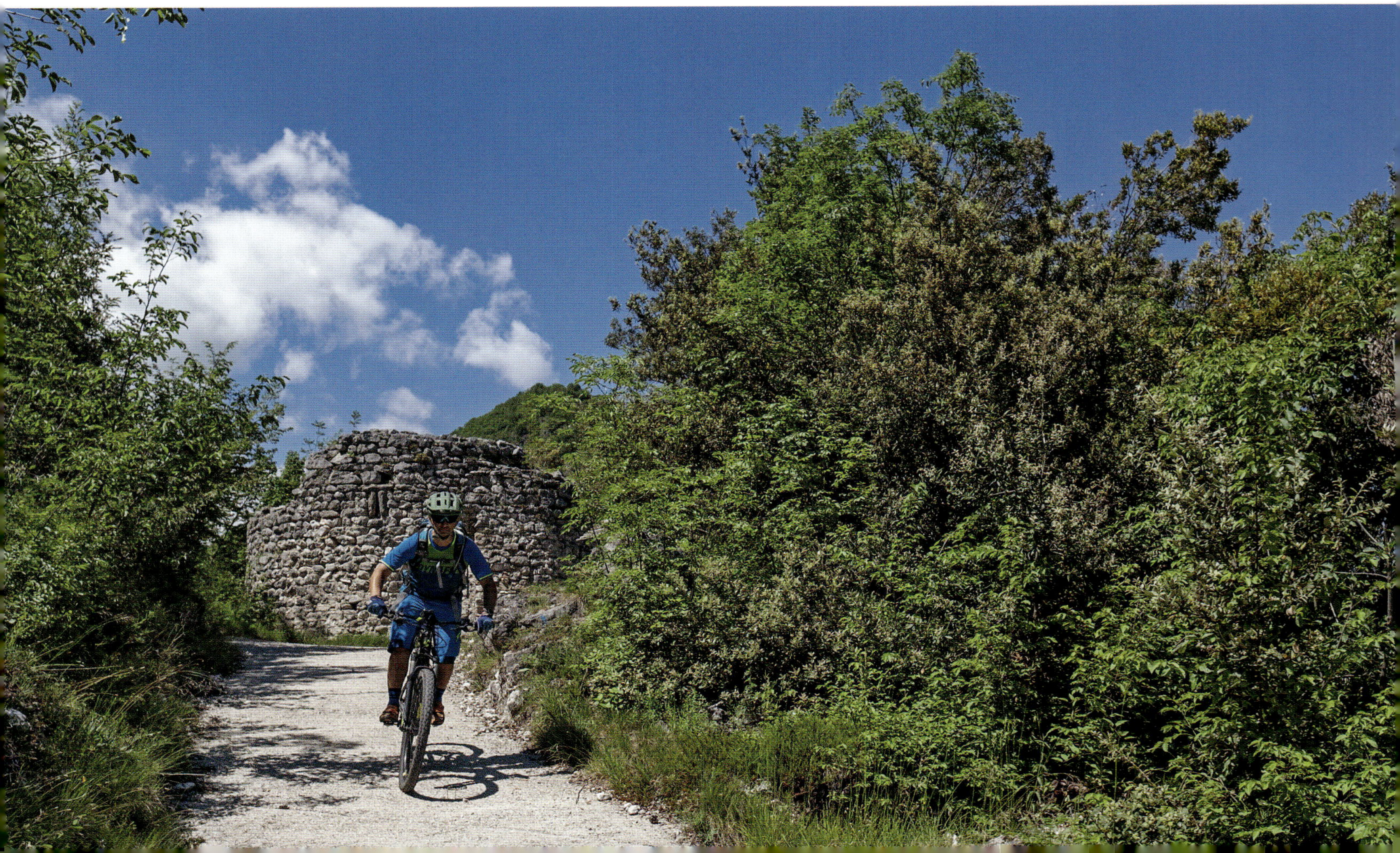

ultstätte aus der Eisenzeit:
usgrabung am Monte San Martino.

b hier wird's steil:
or dem Torrione San Giovanni.

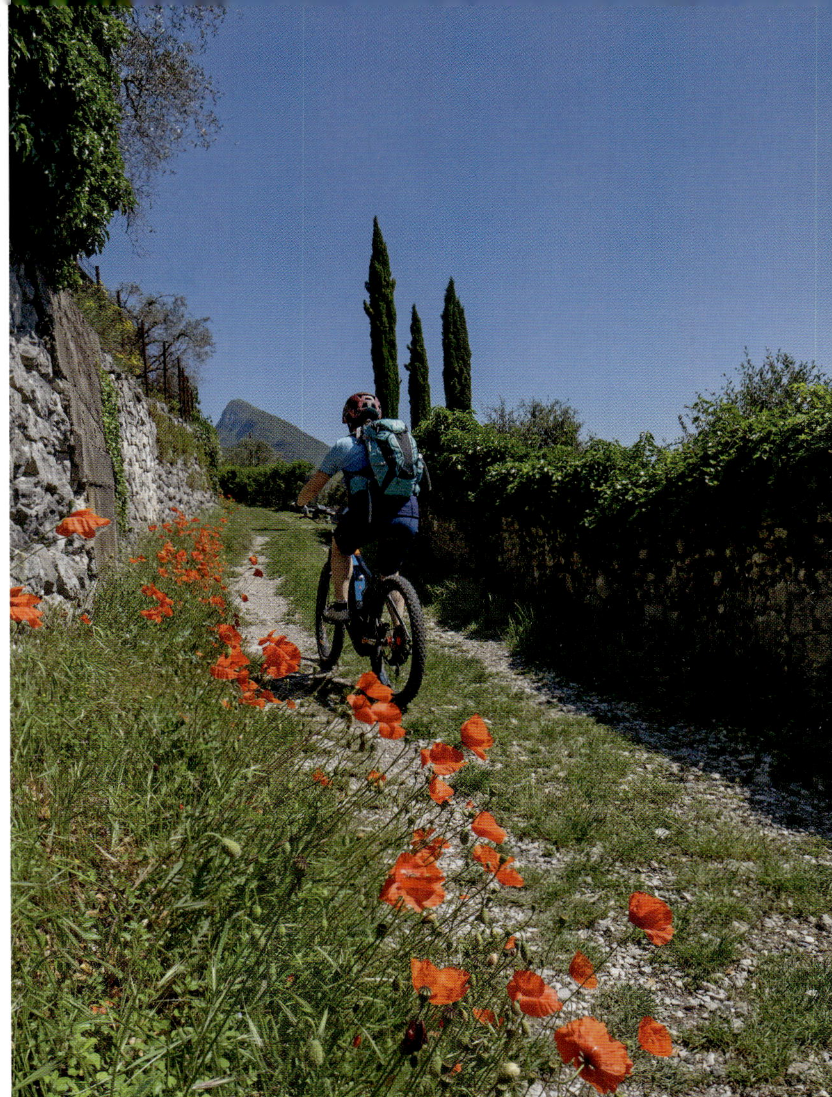

Zwischen alten Steinmauern:
Wirtschaftsweg Richtung Pranzo.

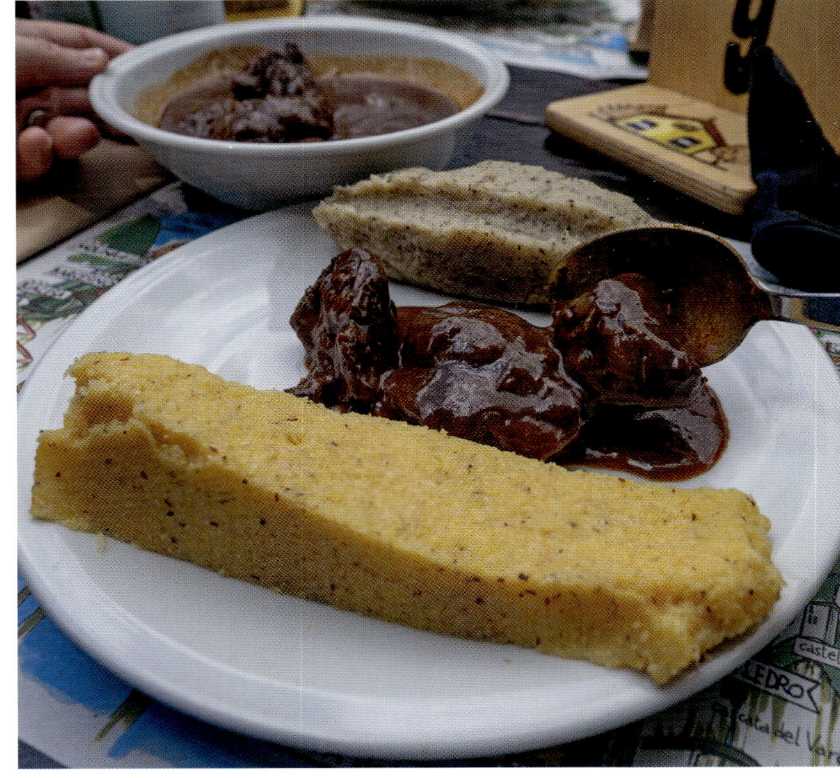

Zergeht auf der Zunge:
Gulasch mit Polenta auf der Capanna.

Endlich wieder biken! Endlich wieder am Lago! Wenn fast überall in den Alpen die Gipfel noch schneebedeckt sind und sich die Skitourengeher auf ihre Hauptsaison vorbereiten, gibt es für die Mountainbiker ein kleines Fleckchen Hoffnung auf der Landkarte. Und das heißt Gardasee. Vielen von uns fehlt nach dem langen Winter noch die Kraft in den Waden für die schweren und langen Klassiker. Da bietet sich als Einstiegstour eine Fahrt ins Tennogebirge zu einer malerisch gelegenen Hütte an, die noch dazu mit fantastischem Essen aufwarten kann.

Egal, in welchem der vielen bikerfreundlichen Hotels man am nördlichen Seeende residiert, am schönsten fährt man »lungolago« – entlang des Ufers durch den beliebten Park in die Altstadt von Riva. Nach ein paar Schlenkern durch die Gassen und das zersiedelte Gemeindegebiet beginnt unter den Felsen des Monte Tombio (847 m) der Anstieg ins Valle di Magnone. Zwischen alten Steinmauern lohnt auf den Wiesen- und Schotterwegen ein Blick zurück über den See auf das Massiv des Monte Baldo. Wir kreuzen einige Male die Straße, die in großen

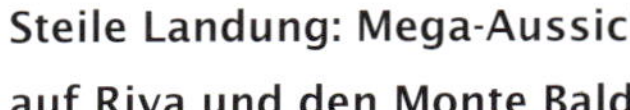

Steile Landung: Mega-Aussich
auf Riva und den Monte Bald

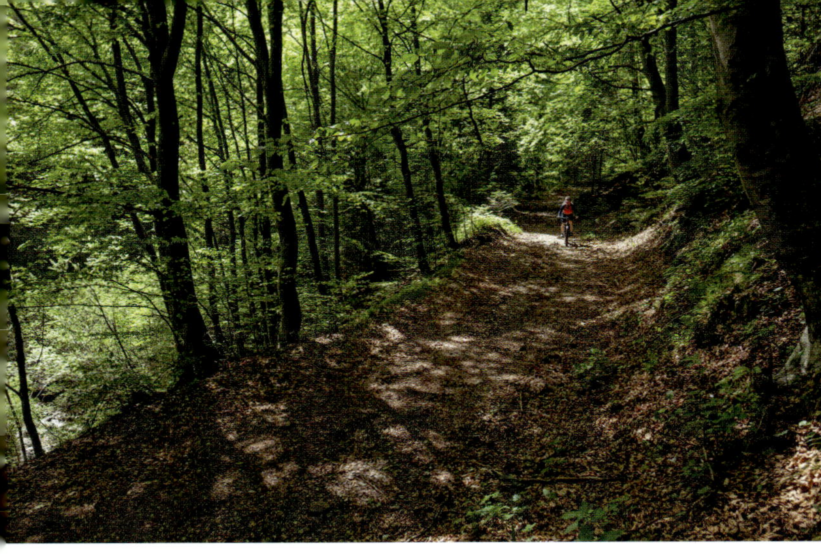

**Grobes Geläuf:**
**Waldabfahrt nach Campi.**

**Alte Gemäuer:**
**Ortsdurchfahrt von Malacarne.**

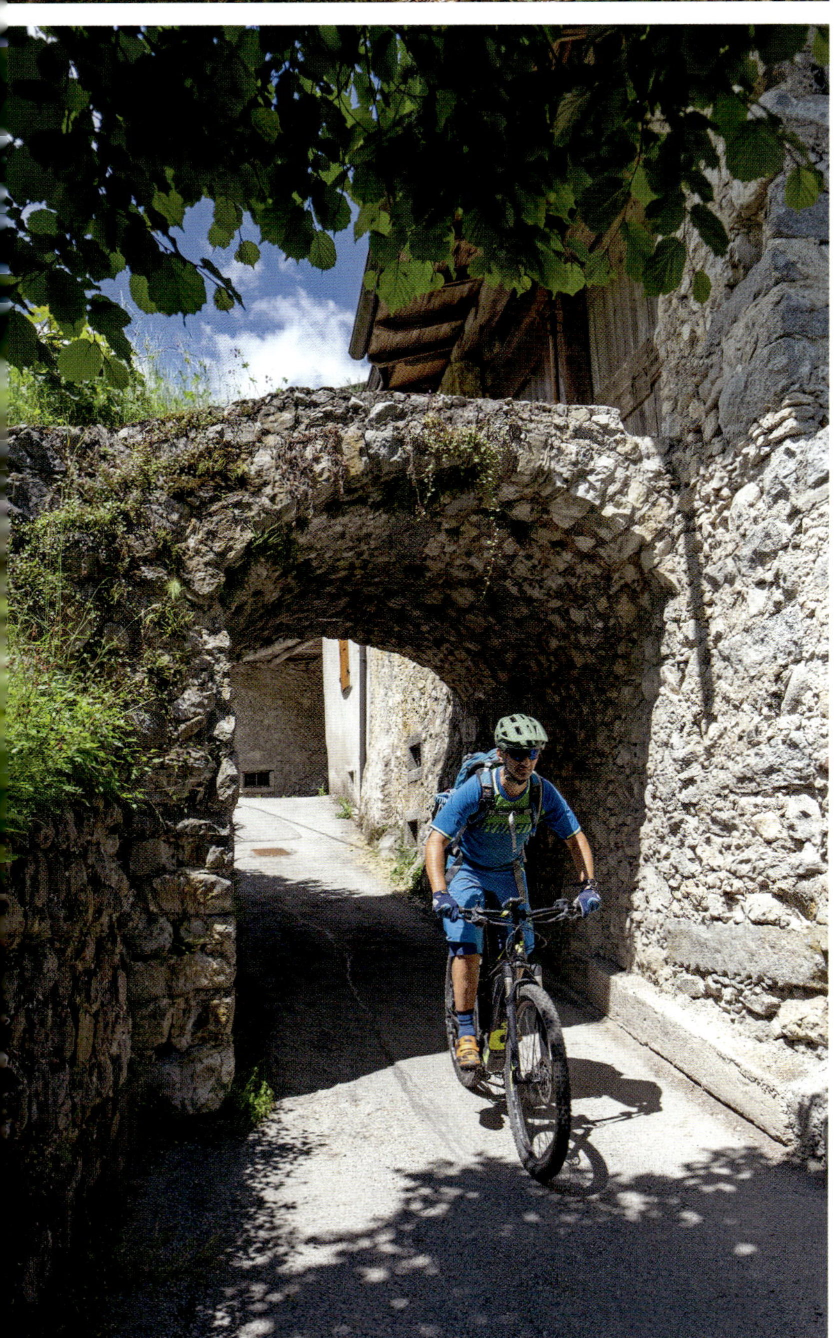

Kehren Richtung Tennosee führt. Hier herrscht reger Verkehr, aber es sind weniger die Autos als vielmehr andere Biker, die die schönen Abkürzungen durch die Olivenhaine und den Wald nicht zu kennen scheinen.

Noch ist es zu früh für eine Rast, auch wenn der Name des Örtchens Pranzo auf Deutsch Mittagessen bedeutet. Hinter Campi auf dem Monte San Martino lockt eine interessante Ausgrabung: Überreste aus der späten Eisen- und Römerzeit, aber auch die Ruine einer Kirche aus dem Mittelalter.

Nach einem Rundgang durch die frei zugängliche Stätte geht's auf die letzten Höhenmeter zum eigentlichen Ziel der Tour. Bald schon blitzt das markante Gelb der Capanna Grassi (1.056 m) mit den blau-weißen Fensterläden durch die Bäume. Das Rifugio – im Besitz der Gemeinde Riva del Garda – liegt eingebettet zwischen den Almflächen der Malga Pranzo und der Malga Grassi unterhalb der markanten Felszacken der Pichèa-Gruppe. Obwohl die Speisekarte übersichtlich ist, fällt die Wahl schwer. Sollen wir nun die vielgerühmten Spaghetti aglio e olio bestellen oder doch lieber die fantastische Polenta mit Gulasch oder Wurstel?

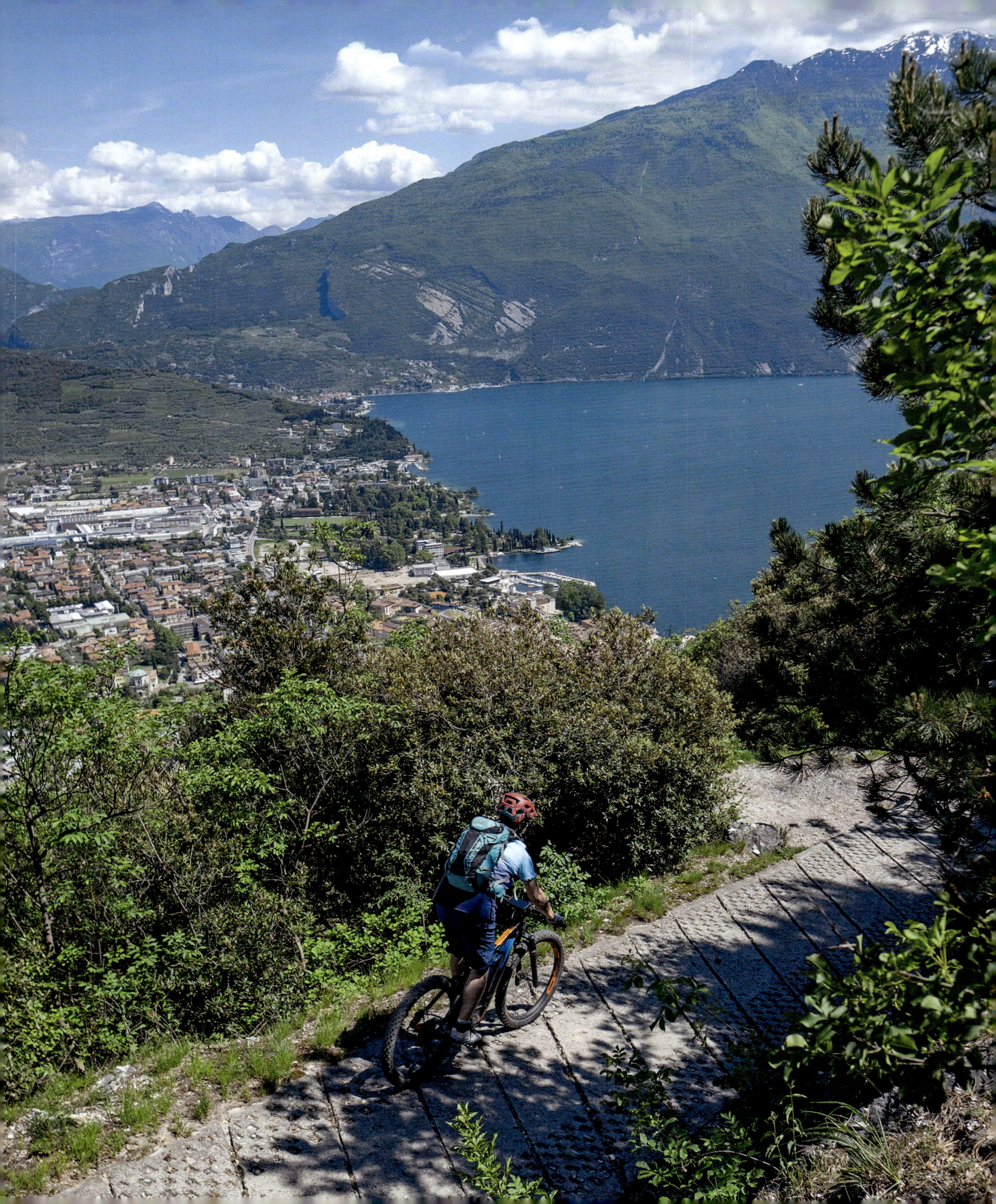

Auch bei der Abfahrt müssen wir uns entscheiden – drei Varianten stehen zur Auswahl. Die leichte für Genießer oder wenn die Polenta zu schwer im Magen liegt, führt auf dem Anfahrtsweg bequem zurück. Die zweite biegt kurz unterhalb des Rifugio in den Wald; dort lässt man sich auf einem breiten, aber ziemlich felsigen Hohlweg ordentlich durchschütteln. Auf der dritten Variante geht's hinter der Capanna ein paar Höhenmeter die Malga hinauf und nach einer kurzen Schiebepassage über einen Hangrutsch noch mal holpriger über grobe Trail- und Wegpassagen hinunter nach Campi. Dort an der Brücke treffen alle drei Varianten wieder aufeinander. Hinter dem Weiler Zucchetti beginnt der Sentiero della Pinza, ein Waldweg, der sich langsam an die extrem steile Hangkante vorarbeitet. Kurz hinter der markanten Ruine des Torrione San Giovanni öffnet sich ein herrlicher Blick auf den Lago. Gefühlt steht man senkrecht über den Dächern von Riva. Die Abfahrt mit teilweise über 30 Prozent Gefälle ist Schwerstarbeit für die Bremsen, aber auf den griffigen Betonplatten fährt es sich gut. Am meisten freuen sich unsere geschundenen Finger auf die Ankunft am See.

Wir sind die Tour am nächsten Tag gleich noch einmal gefahren. Nicht wegen der herrlichen Landschaft oder unserer untrainierten Waden – das Mittagessen auf der Capanna Grassi hatte es uns einfach angetan!

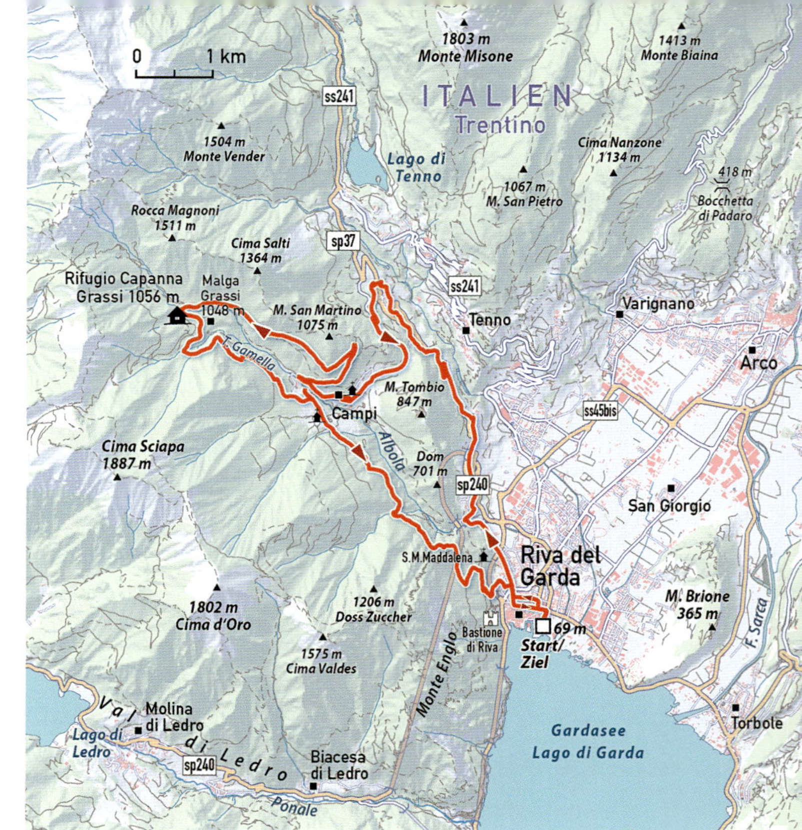


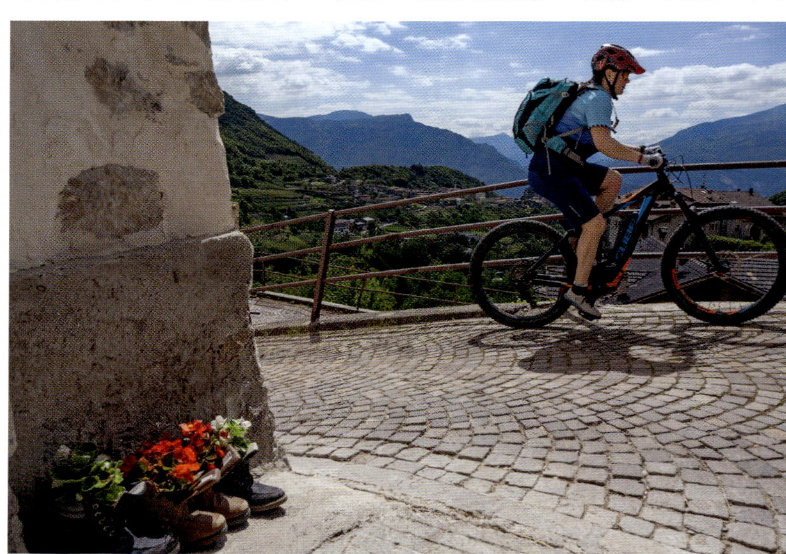
**Auffahrt durch Pranzo.**

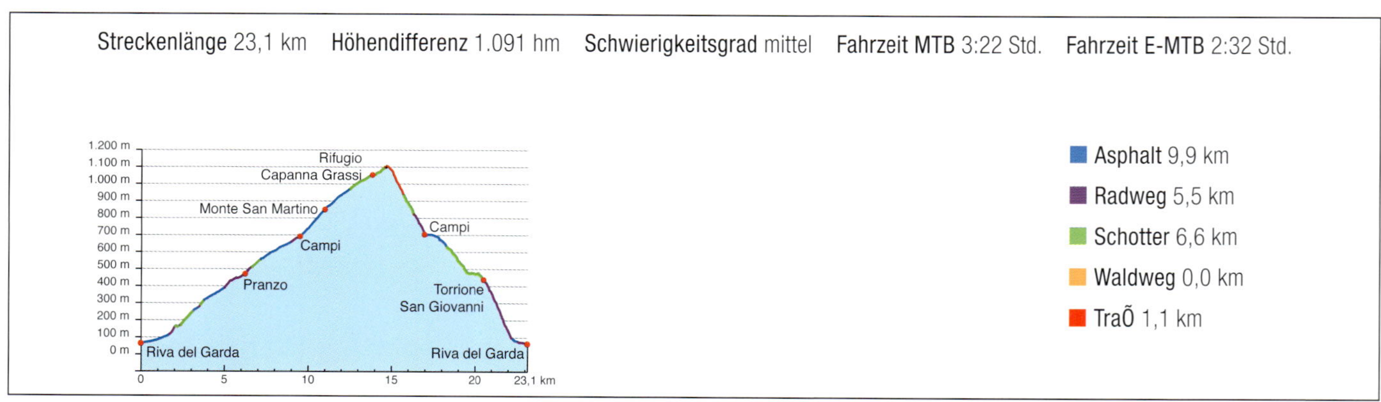

## INFOS

### DIE HÜTTE

**Rifugio Capanna Grassi** (1.056 m) Wahrscheinlich die einzige Tour am Gardasee, die viele nur wegen des Essens auf der Hütte fahren. Öffnungszeiten Mai bis Oktober jeden Tag, in den Monaten März, April, Oktober und November nur an den Wochenenden. Localita' Grassi 1, I-38066 Riva del Garda TN, Tel. +39 04 64 50 11 81, www.malgagrassi.it

### BIKE-REGION

Der Gardasee ist das ultimative Bikerevier, das Touren in allen Schwierigkeitsgraden bereithält. Von einfachen Familientouren im Sarcatal bis zu hammerharten Abenteuern auf der West- und Ostseite des nördlichen Sees.

### TOURCHARAKTER

Die 15 Kilometer Auffahrt zur Capanna Grassi erfordern gute Kondition, sind aber nie sehr steil. Je nach Abfahrtsvariante im oberen Teil als Genusstour oder ordentliche Trailtour fahrbar. Die supersteile Abfahrt hinunter nach Riva ist technisch unschwierig, setzt aber schon ein gewisses Maß an Bikeerfahrung voraus.

### TOURSTART

Wir starten beim Tourismusbüro in der Via Fabio Filizi vor dem Kongresszentrum in der Nähe der Marina.

### VARIANTEN

Wie im Text beschrieben, bieten sich im oberen Teil drei Abfahrtsvarianten von einfach bis schwer an.
Viele gut trainierte Lagobiker lieben die brutal steile Auffahrt von Riva zum Torrione San Giovanni. Sie fahren also unsere Abfahrtsstrecke von der Capanna hinwärts und retour.

### BIKE-VERLEIH

**Garda Bike Shop**
Viale Rovereto 3A, I-38066 Riva del Garda (TN),
Tel. +39 04 64 56 70 11, www.gardabikeshop.com
**Carpentari Bike Shop**
Via Matteotti 95, I-38069 Torbole sul Garda (TN),
Tel. +39 04 64 50 55 00, www.carpentari.com/de

### GEFÜHRTE TOUREN

www.gardamtbtours.com/de
www.aktivhotel.it/de/mountainbike-urlaub/mtb-touren/32-0.html

### BIKE-HOTELS

**Hotel Portici**
Piazza 3 Novembre 19, I-38066 Riva del Garda (TN),
Tel. +39 04 64 55 54 00, www.hotelportici.it
**Aktivhotel Santa Lucia**
Via Santa Lucia 6, I-38069 Torbole (TN),
Tel. +39 04 64 50 51 40, www.aktivhotel.it

### LANDKARTEN

**Kompass-Karte WK 096**
*Alto Garda, Ledro, Valle del Sarca,* inkl. Offline-Verwendung in der Kompass-App, 1:50.000

### BIKE-INFOS

www.gardamtb.com
www.visitgarda.com/de/mountain-bike-gardasee
www.gardatrentino.it/de/mountainbike-urlaub-gardasee

### TOURIST-INFOS

**Visit Garda** Largo Medaglie d'Oro al V.M. 5,
I-38066 Riva del Garda (TN), www.visitgarda.com

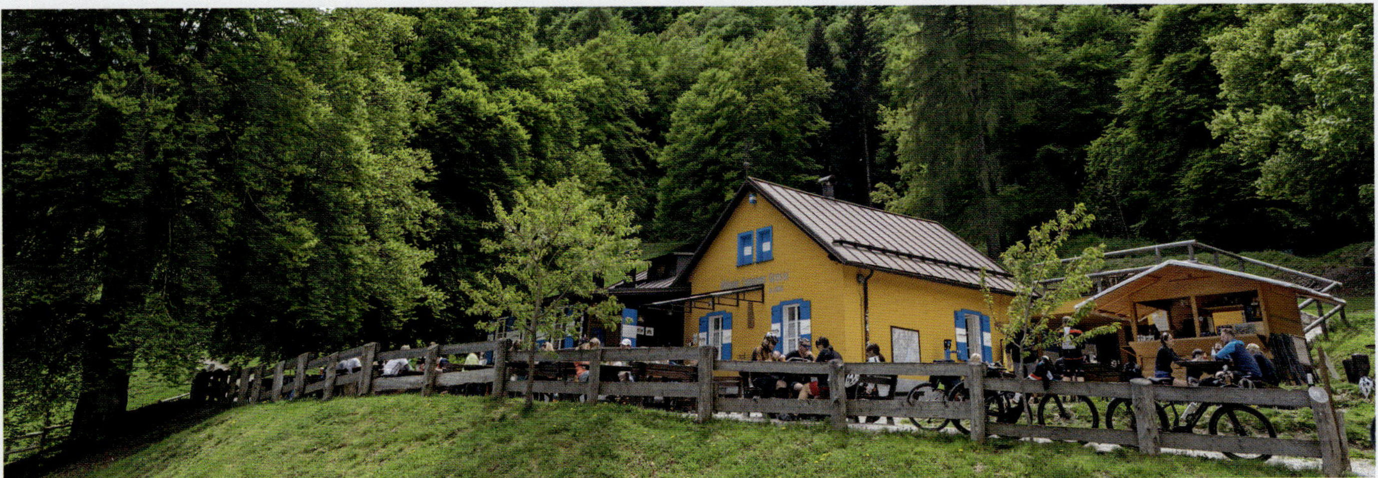

**Farbenfroh: Sonnenterrasse vor der Capanna Grassi.**

Danksagung

Wir danken Karin Michaelis, Helena Simon, Karin Simon, Florian Ettenberger, Thomas Niederreiter
für die Tourenbegleitung und Kathrin Simon fürs Korrekturlesen.

Landkarten und Navigation: Kompass, Garmin
Mountainbikes/E-MTBs: Cube, Specialized
Equipment: Alpina, Craft, Deuter, Dynafit, Endura, Evoc, Gonso, Gore, Löffler, Roeckl, Vaude

Die GPS-Daten für die Routen dieses Buches erhalten Sie über die Website unseres Magazins BIKE.
Bitte gehen Sie auf www.bike-magazin.de und geben Sie dort in das Feld für die Suche den Webcode #6295a ein.
Der Download ist kostenlos.

**Folgende Bücher von Armin Herb und Daniel Simon sind bisher im Delius Klasing Verlag erschienen:**
Best-of Alpen · Hausreviere · Bike & Wellness in den Alpen · Die schönsten E-MTB-Touren in den Alpen · Die schönsten E-Bike-Touren in den Alpen · Die schönsten Almentouren für Mountainbiker · Radreisen · Die schönsten Hüttentouren für Mountainbiker · Leichte Alpentrails Rennrad - Reparaturen unterwegs · Mountainbike - Reparaturen unterwegs · Trekkingbike - Reparaturen unterwegs · E-Bike - Reparaturen unterwegs · Mountainbiken rund um Garmisch-Partenkirchen · BIKE Guide Zugspitzregion

Bibliografische Information der Deutschen Nationalbibliothek
Die Deutsche Nationalbibliothek verzeichnet diese Publikation
in der Deutschen Nationalbibliografie; detaillierte bibliografische
Daten sind im Internet über http://dnb.dnb.de abrufbar.

1. Auflage
ISBN 978-3-667-12359-6


Texte und Fotos: Armin Herb und Daniel Simon
Lektorat: Stephanie Jaeschke, Katja Ernst
Kartografie: Karin Kunkel-Jarvers
Layout: Daniel Simon
Umschlaggestaltung: Felix Kempf, www.fx68.de
Lithografie: Mohn Media, Gütersloh
Druck: COULEURS Print & More GmbH, Köln
Printed in Slovenia 2022



Delius Klasing Verlag, Siekerwall 21,
D - 33602 Bielefeld
Tel.: 0521/559-0, Fax: 0521/559-115
E-Mail: info@delius-klasing.de
www.delius-klasing.de

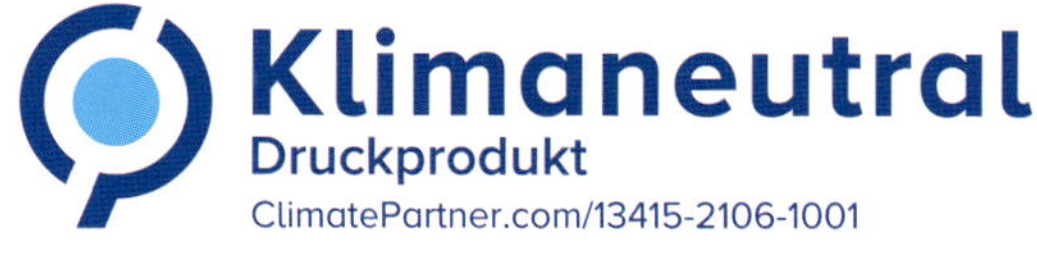